Nicole Jordan
Londres
l'automne 1977

£16.90

LES RELATIONS
FRANCO-BRITANNIQUES

DE 1935 A 1939

LES RELATIONS FRANCO-BRITANNIQUES

DE 1935 A 1939

Communications présentées
aux colloques franco-britanniques tenus à :
Londres (Imperial War Museum)
du 18 au 21 octobre 1971,
Paris (Comité d'Histoire de la 2ème Guerre Mondiale)
du 25 au 29 septembre 1972

ÉDITIONS DU
CENTRE NATIONAL DE LA RECHERCHE SCIENTIFIQUE
15, quai Anatole France — 75700 Paris
1975

© Centre National de la Recherche Scientifique, Paris, 1975.

ISBN 2-222-01693-2

TABLE DES MATIÈRES

Liste des participants 9

Préface 11

PREMIÈRE PARTIE
Communications présentées à Londres

M. P. Renouvin : « Les relations franco-anglaises, 1935-1939.
Esquisse provisoire » 15

M. J.M. d'Hoop : La France, la Grande-Bretagne et les Pays
balkaniques de 1936 à 1939 » 53

M. F.W. Deakin : " Anglo-French Policy in relation to South-
East Europe, 1936-1939 " 63

C.Al.P.N. Buckley - L.Cl. N.B. Neave-Hill - Group Captain
E.B. Haslam : " Anglo-French staff conversations, 1938-
1939 " 91

M. Ph. Masson : « Les conversations militaires franco-britanniques, 1935-1938 » 119

Cl. P. Le Goyet : « Les conversations de 1939 sur la coopération franco-britannique en temps de guerre » 127

MM. P. Fridenson et J. Lecuir : « L'aviation dans les projets
franco-britanniques de 1935 à 1939 » 149

Mrs. M. Gowing : " Anglo-French economic collaboration up
to the outbreak of the 2nd World War " 179

Cl. P. Le goyet : « Les relations économiques franco-britanniques à la veille de la 2e Guerre Mondiale » 189

M. R. Wheatley : " Britain and the Anglo-Franco-Russian
negotiations in 1939 " 201

M. H. Michel : « Le Front Populaire et l'U.R.S.S. » 215

DEUXIÈME PARTIE

Communications présentées à Paris

M. J.B. DUROSELLE : « L'influence de la politique intérieure sur la politique extérieure de la France. L'exemple de 1938 et 1939 » 225

M. D.C. WATT : " British domestic Politics and the Onset of War. Notes for a discussion " 243

Mrs M. GOWING : " Anglo-French economic collaboration before the second World War : oil and coal " 263

M. D. WATT : " Britain, France and the Italian problem, 1937-1939 " 277

M. P. RENOUVIN : « Les relations de la Grande-Bretagne et de la France avec l'Italie en 1938-1939 " 295

Cl. P. LE GOYET : « Le théâtre d'opérations du Nord-Est » 319

Lt-Cl. B.R. NEAVE-HILL : " Franco-British strategic policy, 1939 " 337

M. P. FRIDENSON : « Forces et faiblesses des conversations aériennes franco-britanniques » 359

Gr.Cap. E.B. HASLAM : " Anglo-French conversations Air staff views on preparations for the North-East theatre of operations " 373

M. H. MICHEL : « France, Grande-Bretagne et Pologne, mars-août 1939 " 383

M. J. LALOY : « Remarques sur les négociations anglo-franco-soviétiques de 1939 » 403

M. P. RENOUVIN : « Rapport général présenté à la séance de clôture, 28 septembre 1972 » 415

INDEX (Noms de lieux, de personnes et des thèmes étudiés). 431

PARTICIPANTS AUX COLLOQUES

I. - A Londres, la délégation britannique se composait de :

Contre-Amiral BUCKLEY, Directeur de la Section d'Histoire de la Marine, Ministère de la Défense, Londres.

M. BULLOCK, vice-Chancelier de l'Université d'Oxford.

M. CHADWICK, *Imperial War Museum.*

M. CHILD, *Historical Section, Cabinet Office.*

M. CRAWFORD, *Imperial War Museum.*

M. DEAKIN, Président du Comité britannique d'Histoire de la 2ᵉ Guerre mondiale.

M. EDE, Directeur des Archives Nationales, Londres.

M. GIBBS, *All Soul's College,* Oxford.

Mrs GOWING, Professeur d'histoire des Sciences à l'Université d'Oxford.

Group Captain HASLAM, Chef de la Section historique de l'Air R.A.F.), Ministère de la Défense, Londres.

M. HOWARD, *All Soul's College,* Oxford.

M. JOLL, Professeur d'histoire internationale à l'Université de Londres.

Lt-Colonel NEAVE-HILL, Bibliothèque du Ministère de la Défense, Londres.

Sir NOBLE FRANKLAND, Directeur de l'*Imperial War Museum.*

M. SETON-WATSON, Professeur à l'Université de Londres.

M. WATT, Professeur à l'Institut des Sciences politiques et économiques, Londres.

M. WHEATLEY, Comité britannique d'Histoire de la 2ᵉ Guerre mondiale.

La délégation française comprenait :

Commandant ADDE, Service historique de l'Armée.

M. d'HOOP, Maître-Assistant à l'Université de Paris I.

M. FRIDENSON, Maître-Assistant à l'Université de Paris X.

M. Masson, Service historique de la Marine.

M. Michel, Directeur de Recherche au Centre National de la Recherche Scientifique, Président du Comité International d'Histoire de la 2ᵉ Guerre Mondiale.

II. - A Paris, la délégation française comprenait :

Commandant Adde.

M. Duroselle, Professeur à l'Université de Paris I.

Général Fournier, Chef du Service historique de l'Armée.

M. Fridenson.

Général Hayez, Chef du Service historique de l'Armée de l'Air.

M. Laloy, Ministre plénipotentiaire, Directeur des Archives diplomatiques.

M. Masson.

M. Michel.

M. Renouvin, Membre de l'Institut (†).

La délégation britannique se composait de :

M. Child.

M. Deakin.

Mrs. Gowing.

Group Captain Haslam.

M. Howard.

M. Joll.

Colonel Neave-Hill.

M. Seton-Watson.

M. Watt.

M. Wheatley.

PRÉFACE

Le Colloque franco-britannique, organisé conjointement par le Comité d'Histoire de la Deuxième Guerre Mondiale et par un organisme correspondant en Grande-Bretagne, sous les auspices du Comité international, s'est donné pour tâche d'étudier les relations franco-anglaises, et l'attitude, concertée ou non, des deux pays dans les questions internationales qui se sont posées dans la période qui précède immédiatement le déclenchement de la guerre, de 1935 à 1939 — c'est-à-dire pratiquement la politique mondiale au cours de cette période.

S'inspirant de la méthode suivie au cours des rencontres franco-belges où ont été étudiées les relations militaires de la France et de la Belgique entre 1936 et 1940 (1), ce colloque, strictement fermé, a groupé un petit nombre de spécialistes, civils ou militaires, qui, dans l'un et l'autre pays, ont constitué une équipe homogène de chercheurs. Deux rencontres ont eu lieu jusqu'à présent, la première à Londres en septembre 1971, la seconde à Paris en septembre 1972. Chaque fois, les organisateurs se sont mis d'accord sur le choix des thèmes à discuter ; des rapports ont été rédigés et communiqués à l'avance, chaque question étant étudiée en même temps par un spécialiste français et un spécialiste britannique, qui s'étaient informés régulièrement de la progression et des résultats de leurs recherches.

Il convient d'ajouter que les rapporteurs ont eu accès à toute la documentation existant sur le sujet et que, sur de nombreux points, grâce à une large et franche discussion, que ne gênait aucun tabou, un large accord a été réalisé, comme en témoigne le rapport final élaboré par le doyen Pierre Renouvin.

Les rapports des deux colloques sont publiés dans l'ordre où ils ont été présentés et discutés, la rencontre de 1971 précédant évi-

---

(1) Editions du C.N.R.S., 1968.

demment celle de 1972. Ils sont reproduits dans la langue de leur auteur. Un index des thèmes, des lieux et des personnes en facilitera la consultation (2).

Président du Comité International d'Histoire
de la Deuxième Guerre Mondiale
Directeur de Recherche au Centre National
de la Recherche Scientifique
Juin 1973.
Henri MICHEL

(2) La préparation des manuscrits pour l'édition a été effectuée par Annick Besnard (Comité d'Histoire de la 2ᵉ Guerre Mondiale), Jean-Marie d'Hoop (Comité d'Histoire de la 2ᵉ Guerre Mondiale) et Patrick Fridenson (Université de Paris X — Nanterre).

Les résumés sont dûs à Jean-Marie d'Hoop pour les communications françaises et à Patrick Fridenson pour les communications britanniques.

Les nécessités de l'édition nous ont obligés à supprimer plusieurs communications et la totalité des documents annexes.

PREMIÈRE PARTIE

COMMUNICATIONS PRÉSENTÉES
A LONDRES

LES RELATIONS FRANCO-ANGLAISES
(1935-1939)

Esquisse provisoire

Pierre RENOUVIN (†)

Membre de l'Institut

Anglo-French relations, 1935-1939 : Provisional outline. — At the start and as a result of the different positions adopted towards Germany and Italy, there existed a malaise between the two governments. In the Ethiopian crisis, as far as sanctions were concerned, their collaboration was almost constantly mediocre. Concerning the Rhineland, it was obvious that the British government had done everything to discourage the French from taking any action, for Britain was not ready for action, either morally or materially. But the French policy also had been very timid, and, on the whole, this crisis may very well have tended to bring the two countries closer together.

In the Spanish Civil War, the British government was favourable to a policy of non-intervention right from the start, for they feared a possible extension of the war. The British contrived to persuade the French government to align its position on theirs, and the collaboration appears to have been very close. The collaboration asserted itself more clearly when the Rome-Berlin Axis was formed, at least as far as Italy was concerned. But the divergences subsisted in their aptitude to Germany concerning Central European problems, and they were clearly manifested on the occasion of the *Anschluss*. As regards the Czechoslovakian issue, there were the same divergences at the outset, but, under the pressure of events, Britain was led finally to agree to join in a war, whereas, on the contrary, France yielded ground, without the British attitude having a decisive influence on her evolution. In the confused situation of Munich, no serious effort was made to draw up a common plan of defence. It was only after the 15 March 1939 that British policy was reversed and a climate of confidence was created for collaboration. However, certain divergences subsisted up to the end.

The essential facts are, on the one hand, the timidity of French government circles, who did not consider it possible to oppose Germany without the assistance of Britain, and, on the other, the slowness of the British rearmament drive.

La question essentielle à laquelle l'étude de ces relations doit répondre est évidemment celle-ci : pourquoi la Grande-Bretagne et la France, conscientes de leur solidarité, ont-elles fini pourtant par entreprendre, dans de mauvaises conditions, une guerre qu'elles ne souhaitaient pas ?

Pour comprendre le comportement des gouvernements, il est nécessaire de tenir grand compte des conditions générales qui dominent l'histoire des deux pays au cours de cette période. Ces conditions sont :

1° *L'état de la politique intérieure.* En Grande-Bretagne, le parti conservateur possède au Parlement une majorité stable, d'octobre 1931 à septembre 1939. En France, la vie politique est profondément marquée, entre 1936 et 1938, par l'existence, au Parlement, d'une majorité de *Front Populaire.* Mais, en outre, il faut tenir compte en Grande-Bretagne de la question impériale (relations avec les Dominions), tandis que cette question ne se pose pas en France.

2° *La situation économique et financière.* En Grande-Bretagne, après la période critique de 1931-1932 et l'effort de réorganisation industrielle accompli en 1933-1934, la période 1935-1939 est marquée par la stabilité monétaire, le mouvement de « reprise » de la production agricole et industrielle, l'augmentation des exportations, la légère « remontée » du salaire *réel,* etc.). En France, l'état des finances publiques reste beaucoup plus précaire.

3° *Les mentalités collectives.*

a) Quelle conception chacun des deux peuples se forme-t-il de ses *intérêts vitaux* ? (En Grande-Bretagne : sécurité assurée par la supériorité de la marine de guerre ; importance des routes maritimes impériales. En France, désir d'assurer la sécurité soit par le désarmement allemand, soit par la Société des Nations, soit par des « alliances de revers »...).

b) Quelle image chacun des deux peuples se forme-t-il de son partenaire ? Dans l'esprit des Français, les caractéristiques de l'Anglais sont le flegme, la lenteur à discerner les dangers futurs, le dédain des prévisions lointaines dans le domaine de la politique extérieure, la conviction que la vie « est régie par les compromis », etc. Et dans l'esprit des Anglais, le Français est léger, instable, souvent chauvin, etc.

4° *Le caractère et les idées personnelles* des hommes d'Etat qui ont dirigé la politique extérieure.

C'est dans ces directions que nous aurons à chercher des éléments d'explication. Mais le point de départ indispensable est l'étude des *relations diplomatiques* (y compris les grands mouvements de l'opinion publique). Le présent rapport en présente une esquisse provisoire (1).

I. — Le printemps 1935

Au début de 1935, les relations internationales sont dominées par deux faits nouveaux : 1°) la décision italienne de mettre à profit l'incident d'Oual-Oual pour mener une politique d'expansion en Afrique orientale, aux dépens de l'Ethiopie ; 2°) la décision allemande de réarmement terrestre et aérien (16 mars 1935), qui apparaît comme le prélude à une expansion allemande en Europe centrale.

Devant ces initiatives, quels ont été les comportements du gouvernement français et du gouvernement anglais ?

I. Les réactions immédiates des deux gouvernements (de janvier à mars 1935) n'ont pas été vraiment *divergentes,* mais elles ont eu un accent nettement différent.

a) *A l'égard de l'Italie.*

Le gouvernement français cherche un accord avec l'Italie. Les entretiens Laval-Mussolini aboutissent aux accords du 7 janvier, dont le but n'est pas seulement de régler les litiges franco-italiens sur les questions africaines, mais de manifester une solidarité en cas de menace allemande dirigée contre l'indépendance et l'intégrité de l'Autriche. Dans ces accords, il n'est pas fait mention de l'Ethiopie ; mais, tout de suite, les informations données par les journaux indiquent que Laval et Mussolini ont abordé cette question le 6 janvier, sans que l'on puisse connaître, à ce moment, le sens de cet entretien.

Le 29 janvier (semble-t-il), le gouvernement italien avise le gouvernement anglais qu'il a eu un échange de vues avec le gouvernement français au sujet de l'Ethiopie, et qu'il souhaite « mettre en harmonie » les intérêts anglais et italiens à ce sujet. La réponse anglaise est « évasive » [a dit plus tard Mussolini (2)]. Dans un

(1) Cette esquisse a été établie en utilisant :
— les collections de documents diplomatiques publiés en Grande-Bretagne et en France (et, pour la France, les volumes préparés, mais non encore imprimés) ;
— les témoignages principaux (y compris, en France, les témoignages recueillis par la *Commission parlementaire d'enquête*) ;
— l'importante étude (restée inédite) que M. André Reussner, du Service historique de la Marine, a établie d'après les documents conservés par ce service.
(2) Dans une interview au *Morning Post,* 17 septembre 1935. Mais le texte de cette réponse anglaise n'a pas été publié.

mémorandum adressé au secrétaire d'Etat, sir John Simon, le 26 février, le sous-secrétaire d'Etat Anthony Eden estime que l'Italie doit négocier avec l'Ethiopie, membre de la Société des Nations, sans recourir aux armes. La Grande-Bretagne ne doit pas oublier qu'elle a un intérêt certain à empêcher l'Italie d'acquérir « une position dominante » en Afrique orientale (3).

Donc, dès ce moment, le gouvernement français paraît enclin à faire des concessions à l'Italie dans la question d'Ethiopie, pour obtenir le concours italien dans la question d'Autriche, tandis que le gouvernement anglais songe avant tout à sauvegarder les grandes lignes de communications impériales.

b) *A l'égard de l'Allemagne.*

Le 3 février (visite de Flandin et Laval à Londres), un communiqué commun franco-anglais avait offert à l'Allemagne d'engager un échange de vues sur la question des armements. Il avait été convenu que les ministres anglais iraient à Berlin dans ce but. Or, sans attendre cette visite, le gouvernement allemand annonce, le 16 mars, sa décision de réarmement, en violation du traité de Versailles. Le gouvernement anglais, comme le gouvernement français, adresse à l'Allemagne une protestation ; mais il en annule aussitôt l'effet en annonçant que les ministres anglais restent disposés à aller à Berlin (4).

Pourtant, en avril, l'harmonie entre la politique anglaise et la politique française paraît complètement rétablie, sans doute parce que sir John Simon, lors de sa visite à Berlin, a constaté des « divergences considérables d'opinions » entre la Grande-Bretagne et l'Allemagne (5). Le gouvernement anglais accepte, à la conférence de Stresa, d'établir contre elle une collaboration avec l'Italie. Dans la déclaration du 14 avril, les trois gouvernements constatent « leur accord complet pour s'opposer, par tous les moyens appropriés, à toute répudiation unilatérale des traités susceptibles de mettre en danger la paix de l'Europe ». Mais la fragilité de cette entente est évidente puisque la conférence n'a pas essayé de régler la divergence de vues anglo-italienne au sujet de l'Ethiopie (6).

En fait, quelques semaines après la conférence de Stresa, l'orientation différente des politiques française et anglaise recommence à s'affirmer, qu'il s'agisse de l'Italie ou de l'Allemagne.

(3) Eden, *Facing the dictators*, I, p. 128.
(4) Eden, I, p. 129.
(5) Cf. la déclaration de sir John Simon aux Communes le 28 mars.
(6) Les documents actuellement publiés ne permettent pas de savoir si les chefs de délégations avaient abordé la question *en marge* des séances de la conférence.

Au sujet de l'Italie. Le 19 mai, Mussolini déclare à l'ambassadeur anglais qu'il est résolu à régler la question d'Ethiopie, au besoin par les armes, et, le cas échéant, à quitter la Société des Nations. Anthony Eden, qui vient de prendre la charge de « ministre des Affaires de la Société des Nations » dans le cabinet Baldwin, adresse au représentant de l'Italie au Conseil de la Société des Nations une « mise en garde » (7) (nous ne savons pas en quels termes). Le 23 juin, à Rome, il offre à Mussolini un règlement partiel de l'affaire d'Ethiopie qui assurerait à l'Italie, outre une petite cession de territoire, une prépondérance économique : cette offre est repoussée. Eden avertit le Duce que la Grande-Bretagne, si l'Italie veut réaliser un plan d'annexion, exécutera les obligations que lui impose le pacte de la Société des Nations. Il est donc évident que la politique de Stresa est en train de péricliter. Le gouvernement français, dans ce conflit italo-anglais, tend à prendre la position d'un médiateur.

Au sujet de l'Allemagne, le désaccord est nettement marqué.

Le gouvernement français négocie avec l'Italie — sur l'initiative de Mussolini — une convention militaire qui jouerait dans le cas où l'Allemagne chercherait à annexer l'Autriche (cf. le procès-verbal d'entretien signé le 27 juin par le général Gamelin et le général Badoglio). Il mène cette négociation sans avertir la Grande-Bretagne. Le procès-verbal reste secret.

Le gouvernement anglais, au même moment, accepte, le 16 juin, sur l'initiative de Hitler, un réarmement naval allemand, à condition qu'il soit limité à 35 % du tonnage global de la flotte anglaise. Il mène cette négociation sans avertir le gouvernement français qui proteste : cet accord naval est « une brèche » nouvelle dans le traité de Versailles, et rompt, en fait, le « front de Stresa ». Eden répond que le cabinet, s'il avait écarté l'offre allemande, aurait provoqué, dans l'opinion publique anglaise, « une émotion sérieuse qui aurait entraîné une véritable crise dans les rapports franco-anglais ». Laval affirme, le 20 juin, qu'il ne veut pas insister davantage, afin de ne pas « endommager » la coopération franco- britannique. Mais, le 16 juillet, dans un télégramme adressé à l'ambassadeur à Londres, il indique que le réarmement naval allemand peut obliger la France à accroître ses constructions navales et peut-être à chercher une « collaboration éventuelle » au point de vue naval, avec l'Italie.

**

La situation est donc celle-ci :

1) Le gouvernement français est conduit, pour obtenir un appui contre l'expansion allemande en Europe centrale, à interpréter dans un sens large les espérances ou les promesses qu'il avait données à l'Italie au sujet de l'Ethiopie — et cela au moment même où le cabi-

---

(7) Eden, I, p. 209.

net anglais adresse au gouvernement italien un avertissement catégorique.

2) Le cabinet anglais, qui est indifférent à la question d'Autriche, adopte de son côté, à l'égard du réarmement allemand, une attitude qui paraît difficilement conciliable avec la Déclaration de Stresa, et qui est de nature à encourager ce réarmement.

Où comptent-ils, l'un et l'autre, en venir ?

Le gouvernement français ne peut pas ignorer que l'affaire d'Ethiopie peut le contraindre à « *choisir* » entre l'Italie et la Grande-Bretagne. Comment pourra-t-il ménager l'Italie sans prendre une position qui serait en antagonisme avec celle de la Grande-Bretagne ? Pour éviter d'être acculé à ce choix, il faut que Mussolini se contente d'obtenir en Ethiopie des satisfactions partielles, qui pourraient être acceptables pour la Grande-Bretagne. Mais Pierre Laval connaît-il le dialogue Eden-Mussolini du 23 juin, qui laisse peu de chances à cette solution diplomatique ?

Le gouvernement anglais, depuis que Eden a remplacé sir John Simon, a pris à l'égard de l'Italie un ton plus ferme ; il y a été encouragé par le mouvement d'opinion dont le *Peace Ballott* a été l'expression. Il ne peut ignorer pourtant qu'à Genève il aura besoin de l'appui de la France pour appliquer contre l'Italie la politique de « sécurité collective ». Il peut donc être acculé, lui aussi, à un choix difficile. Mais a-t-il vraiment conscience de ces difficultés ? Connaît-il l'existence de l'accord militaire Badoglio-Gamelin ? A-t-il songé, en négociant l'accord naval anglo-allemand, à « contrebalancer » les effets du rapprochement franco-italien ? (8).

Il n'est pas surprenant que Laval (dans un télégramme du 16 juillet) constate « l'atmosphère de malaise » qui règne dans les relations franco-britanniques. Les milieux dirigeants britanniques ont-ils eu le même sentiment ?

II. — La guerre italo-éthiopienne

Après avoir repoussé, au début d'août, l'offre franco-anglaise d'une sorte de « mandat international », qui aurait donné à l'Italie un rôle prépondérant en Ethiopie, non seulement au point de vue économique, mais dans le domaine de l'administration et de la police, et après avoir écarté le 6 septembre une offre analogue faite par le Conseil de la Société des Nations, Mussolini, le 2 octobre, engage contre l'Ethiopie, membre de la Société des Nations, des opérations

(8) Certains milieux français l'ont pensé en juin 1935, mais sans pouvoir appuyer cette hypothèse sur le moindre indice. Que disent à ce sujet les archives anglaises ?

militaires qui, en sept mois, vont aboutir à la conquête. Devant l'événement, les réactions du gouvernement anglais et celles du gouvernement français sont associées ; elles restent pourtant différentes.

1) Le cabinet britannique décide, à la fin d'août, de concentrer en Méditerranée orientale la majeure partie de ses forces navales. Il menace donc d'établir, à *distance,* un blocus du canal de Suez. Il espère que cette menace suffira à empêcher Mussolini de régler la question d'Ethiopie par la guerre. Il annonce, en même temps, qu'il est résolu à remplir ses obligations au titre de la *sécurité collective,* si l'Italie attaque l'Ethiopie, membre de la Société des Nations. Il envisage (9) que l'Italie peut répliquer par une attaque dirigée soit contre Malte, soit contre des navires anglais ; aussi demande-t-il, le 24 septembre, s'il pourrait compter, en pareil cas, sur l'assistance de la marine de guerre française. Le 5 octobre, le gouvernement français promet cette assistance, sous certaines réserves, et sous condition de réciprocité. Mais Mussolini, en dépit de cette menace, a commencé, le 2 octobre, les opérations de guerre en Ethiopie.

2) La politique anglaise s'engage alors dans la voie des sanctions économiques contre l'Italie, elle obtient le 10 octobre que le Conseil de la Société des Nations décide ces sanctions. Mais Pierre Laval demande que leur champ d'application soit limité. Il confirme pourtant (18 octobre) la promesse d'appui naval qui avait été donnée à la Grande-Bretagne.

3) Après deux mois d'expérience, il apparaît que ces sanctions limitées ne peuvent pas suffire à entraver sérieusement l'action de l'Italie. A la fin de novembre, le comité spécial de la Société des Nations envisage d'élargir le champ d'application des sanctions, et de les étendre au pétrole. Mais le président du Conseil français craint de voir cette sanction acculer Mussolini à la guerre. Le secrétaire d'Etat aux Affaires étrangères, Samuel Hoare, partage cette crainte (10), tandis que Anthony Eden la croit vaine. Le cabinet anglais, divisé, ajourne sa décision.

4) Le secrétaire d'Etat, le 7 décembre, envisage alors, sur l'initiative de Laval, une médiation dans le conflit italo-éthiopien. Le plan Laval-Hoare offre à l'Italie des avantages bien supérieurs à ceux qui lui avaient été offerts avant le début des hostilités : l'annexion des parties du territoire éthiopien limitrophes de l'Erythrée et de la Somalie, et le droit exclusif de « coloniser » le Sud-Ouest. Ce plan est accepté par Mussolini et repoussé par le Négus. Aprement critiqué par la chambre des Députés française, il est pourtant accepté, de justesse; mais il est rejeté par la chambre des Communes où le gros du parti conservateur est d'accord avec l'opposition libérale et tra-

(9) Eden, I, p. 264.
(10) Eden, I, p. 292.

vailliste pour dénoncer cette « transaction honteuse ». Hoare est donc acculé à la démission.

5) Le nouveau secrétaire d'Etat, Anthony Eden, essaie d'élargir le champ d'application des sanctions. Mais lorsque le comité spécial de la Société des Nations envisage, le 21 janvier 1936, d'appliquer la *sanction pétrole*, le gouvernement des Etats-Unis refuse d'interdire l'exportation du pétrole à destination de l'Italie. Dans ces conditions, la sanction serait inefficace. Le nouveau ministre des Affaires étrangères français, P.E. Flandin, reprenant la politique de Laval, met en échec la suggestion anglaise. Il est désormais certain que le gouvernement italien pourra mener les opérations militaires en Ethiopie jusqu'à la victoire.

La collaboration franco-anglaise a donc été presque constamment médiocre. Sans doute le gouvernement français s'est décidé à promettre à la Grande-Bretagne, à deux reprises, le 5 et le 18 octobre, l'appui de sa flotte et l'usage de ses bases navales, en cas d'attaque italienne ; mais il n'a donné cette promesse qu'après bien des hésitations et avec bien des réticences. Il a accepté la politique des sanctions, mais s'est appliqué à en restreindre le champ d'application. Enfin il a pris l'initiative d'un plan de médiation qui était dangereux pour le système de la sécurité collective, puisqu'il accordait une « prime à l'agresseur ». Ces réticences n'étaient pas inattendues : dès le 5 septembre, Eden avait écrit à Hoare : « Mon opinion personnelle est que Laval agira avec nous loyalement, pour autant qu'il sera *contraint* de le faire ».

Dans ces conditions, deux questions doivent être examinées :

1. - La politique hésitante du gouvernement français a-t-elle été inspirée par un sentiment de méfiance à l'égard de la Grande-Bretagne (11), ou a-t-elle été déterminée par une certaine conception des intérêts généraux de la France ?

2. - La politique anglaise, si elle avait reçu du gouvernement français un appui sans réserve, aurait-elle été plus efficace, c'est-à-dire aurait-elle réussi à mettre en échec le dessein italien ?

1) La politique du gouvernement français — celle de Pierre Laval — a été constamment critiquée très âprement, dans la presse et dans les débats parlementaires. L'argument essentiel de cette opposition (radicale, socialiste et communiste) a été le suivant : la France avait intérêt à faire respecter le principe de la sécurité collective et le pacte de la Société des Nations. La position prise par le cabinet britannique dans le conflit italo-éthiopien, et plus encore l'attitude de l'opinion publique anglaise, exprimée lors du *Peace Bal-*

(11) Cette méfiance existait dans une partie de l'opinion publique qui reprochait à la politique anglaise d'invoquer les principes de la sécurité collective comme « une couverture pour ses intérêts nationaux ».

lott, étaient conformes à ces intérêts français. Pourquoi le gouvernement de Pierre Laval n'a-t-il pas tenu compte de cet argument ? Le motif essentiel a été le désir de conserver le bénéfice de l'accord militaire franco-italien conclu le 27 juin par Gamelin et Badoglio et destiné à tenir en échec l'expansion allemande en Europe centrale. Il était donc nécessaire, disait Laval, de ménager l'Italie pour maintenir le « front de Stresa ». Pourtant il ne fallait pas aller trop loin dans cette voie, pour éviter de se mettre en opposition ouverte avec la politique anglaise.

Ces arguments ont été pesés, à la fin de septembre et au début d'octobre : c'est-à-dire au moment où le gouvernement français a eu à examiner la demande anglaise du 24 septembre (12).

Promettre à la Grande-Bretagne un appui naval, c'était selon toute vraisemblance perdre le bénéfice des accords du 7 janvier avec l'Italie, et surtout de l'accord de Stresa qui permettait de compter sur la neutralité de l'Italie en cas de guerre franco-allemande, et même sur son concours militaire pour protéger l'indépendance de l'Autriche; le chef de l'état-major de l'Armée indiquait que, en cas de guerre franco-allemande, l'assurance de la neutralité italienne rendait « disponibles » 17 divisions. Si ces 17 divisions étaient maintenues dans les Alpes et en Afrique du Nord, il serait difficile de porter secours à la Petite Entente. Et dans l'hypothèse où l'Italie deviendrait l'adversaire de la France et de la Grande-Bretagne, il n'était même pas certain que les forces armées françaises puissent protéger la Belgique.

Mais refuser à la Grande-Bretagne le concours naval qu'elle sollicitait, c'était courir un risque « beaucoup plus grave » que ne pourrait l'être « une brouille avec l'Italie ». Dans une lettre personnelle adressée à Pierre Laval le 1er septembre, le ministre de la Marine, Piétri, lui avait rappelé qu'en cas de guerre franco-allemande, la France avait absolument besoin du concours de la marine de guerre anglaise pour maintenir la liberté de ses communications maritimes, indispensable à son ravitaillement en matières premières et en denrées alimentaires. « C'est toujours la mer qui termine les conflits », disait le ministre, qui affirmait : « La solution la moins mauvaise est celle qui ne nous sépare pas de l'Angleterre ».

En fait, Laval a cru que, par des manœuvres diplomatiques, il pouvait, sans se séparer de la Grande-Bretagne, ménager l'Italie afin de conserver le bénéfice de l'accord Gamelin-Badoglio. Peut-être a-t-il cru pendant quelques semaines qu'il avait des chances de succès puisque le 4 novembre Badoglio disait à l'attaché militaire français que cet accord conservait toute sa valeur, en dépit du concours accordé par la France à la flotte anglaise. Le plan qu'il a fait accepter

(12) L'étude de Reussner apporte sur ce point des indications importantes, *Conversations d'états-majors franco-britanniques, 1935-1939* (manuscrit au Service historique de la Marine).

24

par Samuel Hoare le 14 décembre a tenté de réaliser son dessein. Il a échoué parce qu'il portait atteinte au principe de la sécurité collective. Alors l'espoir fragile qu'avait eu la politique française de pouvoir conserver l'appui de l'Italie dans la politique européenne, tout en la combattant, à arme mouchetée, dans la politique coloniale, s'est effondré : le 28 décembre 1935, le gouvernement italien a annoncé qu'il ne ratifierait pas les accords franco-italiens du 7 janvier et passé sous silence, bien entendu, le procès-verbal d'entretien du 27 juin, signé par les chefs d'états-majors.

2) La politique anglaise a eu à se plaindre, incontestablement, des manœuvres diplomatiques de Laval, et de son attitude « exaspérante » (Eden). Mais il ne faut pas oublier qu'elle se trouvait dans une position plus simple et plus solide. D'une part le principe de la sécurité collective et le respect du pacte de la Société des Nations coïncidaient, en l'occurrence, avec les intérêts britanniques (protection de la route navale de la mer Rouge, et du régime des eaux du Nil). D'autre part la question d'Autriche et la perspective d'une expansion allemande en Europe centrale n'éveillaient aucun intérêt dans l'opinion publique anglaise. Le cabinet britannique pouvait donc exercer sans réticence une pression sur l'Italie, et il aurait pu l'accroître encore, si Laval avait été moins réticent. Mais jusqu'à quel point envisageait-il de la pousser ?

En fait, le cabinet n'a pas manifesté une résolution très ferme. Le 24 septembre, Samuel Hoare écrivait à Eden (13) qu'il était « en difficulté avec ses collègues » au sujet de la question des sanctions contre l'Italie. Le 18 octobre, lorsque le parti travailliste a suggéré de fermer le canal de Suez (au titre des sanctions), le gouvernement a estimé, conformément à l'avis des juristes de la Couronne, que cette mesure était incompatible avec le statut du Canal. A la fin de novembre, il a « ajourné » la *sanction pétrole*. L'opinion publique, qui avait donné, en octobre 1935, une large approbation à la politique de sécurité collective est devenue beaucoup plus réticente trois mois plus tard (14). Faut-il penser que la politique anglaise, après avoir admis, au début de la crise, l'hypothèse d'un bluff mussolinien, dont elle pensait venir à bout par des mesures de « guerre économique », sans envisager le recours aux armes, est devenue hésitante lorsqu'elle a constaté que cette pression économique pouvait mener à la guerre ? La réponse à cette question se trouve peut-être dans les archives diplomatiques et navales anglaises.

Or les résultats de cette crise dépassent largement l'affaire éthiopienne. D'une part, le système de la sécurité collective a subi un grave échec, plus grave encore que lors de l'affaire de Mandchourie

(13) Eden, I, p. 269.
(14) Cette remarque a été faite par H.G. Nichols, dans un rapport présenté en 1954, à une « Table Ronde » organisée par l'Institut d'études politiques de Paris.

en 1932-1933, qui compromet l'autorité de la Société des Nations. D'autre part, le gouvernement italien fait dire par la presse que la Grande-Bretagne et la France ont manqué à leur « devoir moral » en refusant de reconnaître les besoins d'expansion de l'Italie et qu'il ne pourra pas oublier cet « égoïsme » et cette « lâcheté » : il annonce donc une nouvelle orientation de sa politique extérieure (15). Les intérêts nationaux de la Grande-Bretagne peuvent en souffrir, tout autant que les intérêts nationaux français.

III. — La réoccupation de la zone rhénane démilitarisée
(mars 1936)

Le 7 mars 1936, Hitler, en prenant prétexte de la contradiction qui existe, dit-il, entre le pacte franco-soviétique du 2 mai 1935 et le traité de Locarno, fait entrer des troupes dans la zone rhénane démilitarisée. Il compte que les « garants » de Locarno resteront passifs : l'Italie, parce qu'elle est soumise aux sanctions, ne donnera certainement aucun appui à la France ; la Grande-Bretagne ne voudra pas perdre le bénéfice de l'accord naval signé en juin 1935. Le gouvernement français — c'est depuis la démission de Pierre Laval, en janvier 1936, un cabinet dont le chef est Camille Chautemps, radical-socialiste, et le ministre des Affaires étrangères est P.-E. Flandin — n'osera pas, sans l'appui de la Grande-Bretagne, recourir à une action de force. En fait, ce « coup de dés » réussit : le gouvernement français, après avoir laissé prévoir une intervention armée (allocution radiodiffusée d'Albert Sarraut, le 8 mars), se borne à une réplique diplomatique, dont l'inefficacité est certaine. Il se résigne donc à accepter une nouvelle violation du traité de Versailles, et il laisse passer l'occasion d'infliger au gouvernement hitlérien un échec qui aurait pu freiner le réarmement allemand, peut-être même porter au régime un coup fatal. Pour expliquer cette carence de la politique française, faut-il faire une part à l'attitude du gouvernement anglais et de l'opinion publique anglaise ?

Le 3 mars 1936, à Genève, dans un entretien avec sir Anthony Eden, le ministre français des Affaires étrangères affirme que, dans le cas de réoccupation de la zone rhénane démilitarisée, il « ne procédera à aucune action isolée » (16) ; il demandera immédiatement aux « garants » de Locarno de préparer « une action commune » et saisira le Conseil de la Société des Nations ; pourtant il se réserve de prendre, « en attendant » de connaître l'avis des uns et des autres,

(15) Mais l'alliance italo-allemande n'était-elle pas « fatale », en tout état de cause, car l'Italie avait besoin d'expansion en Méditerranée ? C'est la thèse indiquée par Paul Reynaud. Seule l'étude des archives diplomatiques italiennes pourrait permettre d'en apprécier le bien-fondé.
(16) *Documents diplomatiques français, 1932-1939*, 2ᵉ série, Tome I, n° 283.

des mesures militaires « préparatoires », en vue de l'action collective qui « pourrait être décidée par le Conseil de la Société des Nations ou par les garants de Locarno ». Sir Anthony Eden se borne à prendre acte de cette déclaration.

Le 7 mars, devant le fait accompli, Eden recommande à l'ambassadeur de France à Londres que le gouvernement français n'entreprenne « aucune action tendant à engager irrémédiablement l'avenir » (17), avant consultation avec la Grande-Bretagne.

Le 8 mars, un télégramme de Eden invite le gouvernement français à « garder son sang-froid » et à « ne rien faire d'irréparable ».

Le 9 mars, le même homme d'Etat, à la chambre des Communes, déclare que la réoccupation de la zone rhénane est « inexcusable », puisqu'elle répudie des promesses (celles de Locarno) qui avaient été données librement ; pourtant, dès lors que le Chancelier allemand offre à la France un pacte de non-agression, la réoccupation n'implique aucune menace d'hostilité ; le cabinet estime donc qu'il y a lieu d'examiner cette offre allemande, c'est-à-dire de négocier. Dans le cas où, au cours du délai nécessaire à cet examen, la France serait attaquée par l'Allemagne, la Grande-Bretagne se considérerait comme tenue de lui donner une assistance armée.

Le 10, Eden est à Paris. Les témoignages de Flandin et de Eden sont concordants sur le point essentiel : la Grande-Bretagne « ne peut pas se joindre à une action militaire française » ; elle propose seulement, pour l'avenir, un « renouvellement et un renforcement » des engagements pris à Locarno.

Le 11, sur le rapport de Eden, le cabinet décide que la Grande-Bretagne pourra, dans un nouveau traité destiné à remplacer le pacte rhénan de Locarno, accorder à la France et à la Belgique une promesse d'appui armé, en cas d'attaque allemande. Mais il refuse d'envisager une « prise de gage » (par exemple l'occupation d'Heligoland) suggérée par les états-majors français.

Il n'est donc pas douteux que le cabinet britannique a constamment freiné la politique française et qu'il a nettement condamné toute velléité d'action armée. Ses recommandations ont été pressantes et réitérées.

Cette attitude a été approuvée par la chambre des Communes où personne n'a préconisé une autre ligne de conduite. Winston Churchill n'a présenté aucune objection. Parmi les grands journaux, deux seulement ont exprimé le regret que la Grande-Bretagne ferme les yeux devant cette violation des traités ; ce sont le *Daily Worker* communiste, dont les préoccupations étaient évidentes, et le *Daily Telegraph,* dont les suggestions restaient très vagues. L'opinion publique a été indifférente : il n'y a pas « un homme sur mille », note Eden,

(17) *Documents diplomatiques français,* n° 301.

qui soit disposé à promettre à la France, en cette occasion, une assistance armée ; et Baldwin estime lui aussi « qu'il n'y a aucun support en Grande-Bretagne pour une action militaire de la France ».

De ce comportement, les explications paraissent être :

1) L'état d'esprit d'un « grand nombre » d'Anglais qui tiennent — au fond — pour légitime la restauration de la souveraineté allemande sur la totalité de son territoire, « près de vingt ans après la fin de la guerre » ; il serait donc « déraisonnable » d'y mettre obstacle. Ces idées ont été largement exprimées dans la presse.

2) La conviction que la Grande-Bretagne n'est pas prête à agir par la force, sauf dans le domaine naval, et qu'elle ne peut donc pas envisager de participer à des actions militaires contre l'Allemagne : même si l'application de ces sanctions n'avait « qu'une chance sur dix » d'entraîner une guerre, il ne faudrait pas, dit Eden, courir ce risque. Telle paraît être aussi l'opinion de Winston Churchill, qui, dans son discours du 10 mars à la chambre des Communes, insiste sur la gravité du danger allemand et l'insuffisance du plan anglais de réarmement

3) Probablement une méfiance contre la politique française qui vise à « encercler » l'Allemagne par un système d'alliances.

4) Peut-être enfin une certaine rancune contre les atermoiements du gouvernement français en octobre 1935.

Il n'est pas douteux que cette attitude a exercé une influence importante sur l'orientation de la politique française, car à Paris le gouvernement et les états-majors, dans le plan qu'ils avaient établi en février, n'avaient jamais envisagé d'entreprendre une action armée sans avoir obtenu « le plein accord » du gouvernement britannique (lettre du général Maurin, ministre de la Guerre, le 17 février).

Mais il est incontestable que la politique française a été timide. Lorsque, après le 7 mars, quelques hommes politiques importants et quelques hauts fonctionnaires du ministère des Affaires étrangères ont envisagé de passer outre aux conseils anglais, dans la conviction que la Grande-Bretagne, mise en face d'un fait accompli, se sentirait obligée de s'associer à l'action armée, la majorité du cabinet a refusé de s'engager dans cette voie, qui lui a paru dangereuse, et s'est prononcée à deux reprises, le 8 et le 10 mars, en faveur d'une négociation. Le 11, à la chambre des Députés, le président du Conseil a déclaré qu'il n'entreprendrait pas une « action isolée ».

Cette timidité n'est pas surprenante, si l'on tient compte de l'attitude des chefs militaires, de l'état d'esprit du Parlement, et de l'état de l'opinion publique.

Le ministre de la Guerre et le chef de l'état-major général estiment, le 10 mars, qu'il n'est pas possible de chasser de la zone rhénane démilitarisée les troupes allemandes, sans décider la mobilisation

28

générale de l'armée française, et sans envisager une guerre franco-allemande ; or la France ne pourrait pas entreprendre cette guerre de longue durée si elle n'avait pas d'alliés, c'est-à-dire si elle n'avait pas l'appui de la flotte anglaise.

La chambre des Députés, dans sa séance du 10 mars, manifeste une froideur significative lorsque quelques-uns de ses membres suggèrent une « action isolée ». La proximité des élections générales, qui doivent avoir lieu en mai, conduit les milieux politiques à penser que le moment ne serait pas opportun pour amener le corps électoral à prendre position dans une question de politique extérieure, même si elle intéresse au premier chef la sécurité du territoire national.

Les journaux parisiens, à de rares exceptions près, refusent d'envisager le recours à la force. La presse socialiste recommande de maintenir, avant tout, l'accord avec la Grande-Bretagne. La presse de droite (*Echo de Paris* du 8 mars) écarte l'éventualité d'une action armée, et, à l'extrême-droite, l'*Action française* est tout aussi réticente. Le pays n'est donc pas « moralement prêt » à s'engager dans une guerre.

Ces constatations semblent confirmer le jugement porté par Paul Reynaud : « Le gouvernement de l'époque fut heureux de trouver dans la résistance anglaise une couverture à sa défaillance ». Mais il faut ajouter que cette défaillance a été collective, et que les milieux dirigeants, dans le Parlement et dans la presse, n'ont même pas tenté de redresser l'opinion publique.

Cette carence répand l'inquiétude parmi les Etats alliés de la France en Europe centrale et orientale ; ils constatent que la construction d'un système fortifié allemand en Rhénanie va rendre beaucoup plus difficile une intervention armée de la France à leur profit. Elle inquiète aussi la Belgique — et c'est là une conséquence qui affecte directement les intérêts anglais.

Mais cette crise ne laisse, semble-t-il, aucune ombre dans les relations franco-anglaises. Ces relations deviennent même plus étroites, puisque le gouvernement anglais, conformément à la décision qu'il avait prise le 11 mars, accepte de mener avec la France et la Belgique des conversations d'états-majors et de promettre, le 16 avril, une intervention armée, dans le cas où l'Allemagne se livrerait à une « agression non provoquée » contre le territoire français. A la différence de promesses d'assistance navale données en octobre 1935 par la France, cet engagement a une *valeur permanente*. Il n'est pas superflu de remarquer que ce résultat avait été escompté, dès le début de la crise, par l'état-major français : en cas de violation par l'Allemagne du statut de la zone rhénane démilitarisée, il faudrait — disait une note du 18 février — chercher « une exploitation politique », c'est-à-dire obtenir de la Grande-Bretagne « un traité d'assistance mutuelle, prolongé par un accord militaire » ; ce serait « une compensation à la perte du *no man's land* rhénan ».

IV. — La décision de « non-intervention »
dans la guerre civile d'Espagne (juillet-août 1936)

Le 17 juillet 1936 commence, au Maroc espagnol, une insurrection militaire dirigée contre le gouvernement républicain, sous le commandement du général Franco ; elle s'étend le lendemain au territoire métropolitain. Cette guerre civile n'est pas seulement un aspect des conflits idéologiques qui opposent en Europe les régimes politiques ; elle a d'emblée une portée internationale, parce que, dès le 18 juillet, le mouvement insurrectionnel reçoit l'assistance de l'Italie et de l'Allemagne et parce que la position géographique de l'Espagne est essentielle pour le contrôle des voies maritimes en Méditerranée et même dans l'Atlantique. La Grande-Bretagne et la France avaient bénéficié l'une et l'autre, depuis plus d'un siècle, de la décadence espagnole qui avait laissé à leur politique méditerranéenne une large liberté d'action. La présence à Madrid d'un gouvernement fort, surtout si ce gouvernement a partie liée avec l'Italie fasciste, peut donc leur apparaître comme une menace. Sur ce point, leurs intérêts sont solidaires. Mais le gouvernement français est, depuis le mois de juin, un cabinet de Front Populaire qui est en sympathie avec le *Frente Popular* espagnol; le cabinet conservateur anglais ignore ce sentiment.

Cette circonstance explique la différence qui se manifeste au début du conflit, dans le comportement des deux gouvernements.

Le cabinet anglais désire amener toutes les grandes puissances à adopter une politique de non-intervention dans la guerre civile, et il est prêt à donner l'exemple ; cette attitude est approuvée par l'opinion publique : l'opposition travailliste, bien qu'elle blâme les insurgés, ne demande pas que la Grande-Bretagne donne une assistance aux républicains.

Le cabinet français est, au premier abord, tenté d'accorder au gouvernement espagnol une assistance, pour contrebalancer celle que l'Italie et l'Allemagne donnent à Franco. Pendant près de trois semaines, il hésite. Le 21 juillet, le président du Conseil dit au ministre des Affaires étrangères qu'il est prêt à livrer des armes et des munitions, mais le 25, le Conseil des ministres annonce, dans un communiqué à la presse, qu'il a décidé « de n'intervenir, en aucune manière, dans le conflit intérieur de l'Espagne », et le 27 une circulaire adressée aux postes diplomatiques affirme que « toute livraison de matériel de guerre terrestre ou aérien est interdite à destination de l'Espagne ». Le 1ᵉʳ août pourtant, parce qu'il vient d'apprendre que les Italiens envoient des avions au Maroc espagnol, il reprend la livraison, tout en déclarant qu'il est prêt à la cesser si les autres Etats adoptent la non-intervention. Le 9 août, il se décide à interdire de nouveau toutes les exportations de matériel de guerre à destination de l'Espagne, sans attendre que l'Italie et l'Allemagne aient pris l'engagement d'en faire autant, mais il se réserve le droit de lever cette interdiction si un accord général de non-intervention n'était pas conclu « à bref délai ». Le 15 août, le principe de non-intervention est admis officiellement par toutes les grandes puissances.

Pourquoi le cabinet Léon Blum s'est-il résigné à cette abstention ? Il a certainement tenu grand compte des conditions de politique intérieure : le président de la République, les présidents de la chambre des Députés et du Sénat, le ministre des Affaires étrangères Yvon Delbos (qui appartient au parti radical) ont déclaré au président du Conseil que, par le jeu des interventions rivales, la guerre civile espagnole pourrait ouvrir la voie à une guerre générale ; l'opinion publique, dès le 25 juillet, a été divisée, et la presse de droite a commencé une campagne contre la politique espagnole de Léon Blum. Peut-être aussi le gouvernement français a-t-il pensé qu'en tout état de cause l'intervention de l'Italie et de l'Allemagne serait plus efficace que la sienne. Mais faut-il aussi accorder une part importante aux « conseils » anglais ? Sur ce point, trois faits retiennent l'attention :

Le 23 juillet, le président du Conseil et le ministre des Affaires étrangères français sont venus à Londres. L'objet de cette visite était d'étudier les nouveaux accords destinés à remplacer les traités de Locarno ; d'après le procès-verbal, aucune autre question n'a été abordée au cours de cet entretien. Mais la question de la guerre civile espagnole a été abordée en marge de la conférence. Léon Blum, d'après son propre témoignage, confirmé par un témoignage espagnol, a reçu de ses interlocuteurs anglais des conseils de prudence ; mais le témoignage de Eden passe la question sous silence. Les archives diplomatiques françaises ne donnent à cet égard, aucun élément d'information. En est-il de même des archives anglaises ?

Le 31 juillet, Winston Churchill, dans une lettre à l'ambassadeur de France, a exprimé, à titre personnel, l'avis que le gouvernement français devait s'abstenir d'envoyer des avions à l'Espagne .

Le 5 août, l'amiral Darlan, chef d'état-major de la Marine, vient conférer à Londres avec l'amiral Chatfield, premier Lord naval : la France et la Grande-Bretagne ne devraient-elles pas prévoir comment elles empêcheront, en cas de victoire de Franco, l'installation d'une « base » italienne aux Baléares ou d'une base allemande aux Canaries ? Ne devraient-elles pas tenter une démarche de médiation entre le *Frente Popular* et les insurgés ? Le premier Lord naval répond qu'il ne constate aucun indice « des intentions prêtées à l'Italie ou à l'Allemagne, et que le cabinet britannique ne veut « s'immiscer en aucune façon dans la guerre civile espagnole ».

En somme, la politique du gouvernement français de Front Populaire a fini, après quelques atermoiements, par s'aligner sur la politique anglaise. Mais il serait intéressant d'examiner de plus près les fondements de cette politique anglaise : l'Amirauté affirmait qu'il n'y avait pas lieu de craindre l'installation d'une base navale ou aérienne italienne aux Baléares ; quels renseignements précis possédait-elle à ce sujet ?

A vrai dire, dès le 30 septembre, le gouvernement républicain espagnol apporte la preuve que l'accord de non-intervention n'est pas respecté par l'Italie et l'Allemagne (il ne l'est pas non plus par l'U.R.S.S.). Pourtant sir Anthony Eden déclare le 29 octobre à la la chambre des Communes que la libre exportation des armes accroîtrait le risque d'une guerre générale : mieux vaut donc maintenir le principe qui est « un rideau de sécurité », même s'il est mal appliqué. Et Léon Blum (discours du 5 décembre à la chambre des Députés) se déclare convaincu que le principe de non-intervention a préservé la paix. L'harmonie établie en août entre la politique française et la politique anglaise est donc maintenue. Elle se maintiendra en 1937, au sein du Comité de non-intervention, où la collaboration entre le président et l'ambassadeur de France à Londres semble avoir été étroite et constante.

V. — La formation de l'axe Berlin-Rome

C'est le 1er novembre 1936 que Mussolini annonce la formation de l'axe Berlin-Rome, dont le but, dit-il, est de protéger « la civilisation européenne » contre le danger communiste, d' « éliminer l'influence de la Russie en Occident » et de « freiner l'amitié franco-anglaise » (visite de Goering à Rome, le 23 janvier 1937). Pour enrayer les effets de cette collaboration italo-allemande, les gouvernements français et anglais ont-ils confirmé et renforcé la leur ?

En examinant leur comportement, il ne faut certes pas oublier d'une part que le gouvernement de Front Populaire ne dispose plus au Parlement d'une majorité stable et qu'il est aux prises avec des difficultés financières, d'autre part que le cabinet anglais, dont la majorité parlementaire est solide, a de graves préoccupations dans l'Inde, en Palestine et, à partir de juillet 1937, en Extrême-Orient où commence la guerre sino-japonaise. Pourtant l'Italie et l'Allemagne restent les questions majeures.

1°) *A l'égard de l'Italie.*

Mussolini, dans son discours du 1er novembre, a prédit qu'un conflit serait « inévitable » dans le cas où la Grande-Bretagne voudrait « étouffer la vie du peuple italien », en refusant de tenir compte des intérêts méditerranéens de l'Italie. Il a annoncé, le 28 novembre, qu'il allait développer son assistance au général Franco pour l'aider à « restaurer l'ordre social et politique » en Espagne, en échange d'une collaboration politique en Méditerranée occidentale. C'est donc à la Grande-Bretagne, plus encore qu'à la France, que s'adresse cette menace.

Or le gouvernement anglais consent à une négociation ; il signe le 2 janvier 1937 un *gentlemen's agreement* où les deux Etats déclarent leur désir de maintenir le *statu quo* « en ce qui concerne la souveraineté territoriale dans la zone méditerranéenne » et à « respecter leurs droits et intérêts réciproques » dans cette zone. En somme, la diplomatie anglaise reconnaît à l'Italie une « parité de droits » en Méditerranée. Le gouvernement français n'est pas invité à participer à cet accord parce que l'Italie ne s'y prête pas, mais il a été informé, dès le 12 décembre, de la négociation anglo-italienne et il a déclaré avoir pleine confiance dans la « loyauté » de la Grande-Bretagne.

La conclusion du *gentlemen's agreement* n'empêche pas le gouvernement italien d'accroître l'assistance qu'il accorde au général Franco, par d'importantes livraisons d'armes et par l'envoi de « volontaires » : en janvier 1937, 44 000 Italiens combattent en Espagne ; en octobre, probablement 60 000. La politique anglaise se borne à compter sur les moyens diplomatiques pour enrayer cette intervention. A son instigation, le Comité de non-intervention travaille laborieusement à établir un plan de retrait des volontaires étrangers. Sur ce point, le gouvernement français s'associe sans réserve à la politique anglaise.

En septembre pourtant, lorsque des sous-marins « inconnus » qui paraissent être italiens, torpillent des navires marchands qui ravitaillent les ports de l'Espagne républicaine, la Grande-Bretagne réagit plus énergiquement. La conférence de Nyon, réunie sur son initiative, décide d'établir une surveillance étroite des routes navales en Méditerranée et de couler les sous-marins. Cette menace suffit à mettre fin aux torpillages. A cette occasion encore, la collaboration anglo-française est totale.

Cette cordialité des relations, dans les questions méditerranéennes, répond certainement au désir du ministre français des Affaires étrangères, Yvon Delbos ; elle est publiquement souhaitée par le parti radical-socialiste.

2°) *A l'égard de l'Allemagne.*

La collaboration entre la France et la Grande-Bretagne se manifeste par des décisions essentielles. Le 21 novembre 1936, le secrétaire d'Etat aux Affaires étrangères déclare que la Grande-Bretagne pourra participer, par les armes, « à la défense de la France et de la Belgique contre une agression non provoquée ». Le programme de réarmement anglais qui est annoncé le 2 mars 1937 et qui doit être exécuté en cinq ans, répond au désir du gouvernement français et au vœu profond de l'opinion française. La Déclaration du 24 avril adressée au gouvernement belge est un acte franco-anglais qui maintient à l'égard de la Belgique les engagements d'assistance, à condition qu'elle admette le droit de passage, si l'article 16 du pacte de la Société des Nations entrait en application. Pourtant sur deux points importants, la question des colonies et la question d'Europe centrale, la solidarité n'est pas établie.

C'est le 11 février 1937 que les revendications coloniales allemandes sont officiellement présentées, par une démarche effectuée à Londres. Elles se heurtent à un refus immédiat : le cabinet anglais fait connaître le 15 février qu'il n'envisage pas de céder à l'Allemagne « un territoire quelconque se trouvant sous la domination politique de la Grande-Bretagne » ; le 2 mars, il ajoute qu'à son avis « la question des revendications coloniales ne se pose pas ». Elles provoquent aussi de vifs remous dans l'opinion publique britannique (dont témoigne le grand nombre de lettres adressées à la rédaction du *Times*) : ces mouvements d'opinion ont été d'abord orientés, en majorité, vers un refus total ; pourtant, en automne, après les nouvelles déclarations de Hitler (12 septembre et 3 octobre), l'idée commence à apparaître qu'il serait possible de donner aux revendications allemandes une satisfaction partielle dans le cadre d'un règlement *général* des litiges entre les Etats européens. Mais, sur cette question, les dirigeants de la politique britannique ne cherchent pas à établir une ligne de conduite commune avec la France. C'est seulement le 24 novembre 1937 qu'il en est question pour la première fois (procès-verbal de la conférence franco-anglaise tenue à Londres). Comment expliquer ce long retard ?

Les intentions allemandes en Europe apparaissent lorsque la presse allemande lance une campagne sur le thème : « la Tchécoslovaquie est aux ordres de Moscou ». Le 2 mars, à la chambre des Communes, l'opposition libérale et travailliste demande si la Grande-Bretagne ne devrait pas annoncer son intention d'intervenir en cas « d'invasion allemande » en Tchécoslovaquie et sir Austen Chamberlain, avec l'autorité que lui donne son passé politique, répond que cette intervention serait impossible, car l'opinion ne l'accepterait pas. Ce jour-là, les membres du cabinet gardent le silence. Mais quelques jours plus tard, Halifax déclare : « Nous ne sommes pas à même de définir d'avance ce que pourrait être notre attitude à l'égard d'hypothétiques complications en Europe centrale ». La promesse d'assistance n'est donc pas valable si l'agression allemande contre la France est « la conséquence de mesures prises par la France en exécution des traités franco-russe, franco-polonais ou franco-tchèque ». La divergence entre les deux politiques apparaît donc. L'ambassadeur de France commente, le 4 mai 1937 (*D.D.F.*, V, n° 397) : le cabinet anglais « retarde le plus possible, conformément aux traditions de la politique britannique, l'instant où une décision sera inévitable ». Elle s'accentue lorsque, en juin, Neville Chamberlain devient Premier ministre et indique son désir « d'apaisement » dans les relations anglo-allemandes, c'est-à-dire le dessein d'accorder à l'Allemagne des satisfactions partielles, à condition que le gouvernement hitlérien renonce à réaliser *par la force* une politique d'expansion. Elle devient manifeste lorsque lord Halifax, du 17 au 20 novembre, fait sa visite à Berlin. Le gouvernement français n'exprime aucune inquiétude, mais la presse critique ces conversations anglo-allemandes, parce qu'elles ont été menées sans qu'un accord préalable ait été établi entre la Grande-Bretagne et la France ; pourtant cette inquiétude est dissipée lorsque, le 29 novembre, le président du Conseil et le ministre des Affaires étrangères viennent à Londres. Les longs échanges de vues sont très cordiaux ; ils montrent que les conversations de Berlin n'ont pas ouvert la voie à un rapprochement anglo-allemand.

La solidarité anglo-française est-elle donc rétablie ? Il est permis d'en douter. D'une part, les politiques respectives en Europe centrale n'ont pas été mises en harmonie : la diplomatie anglaise refuse de prendre un engagement d'assistance envers la Tchécoslovaquie. D'autre part, le désir d' « apaisement » subsiste dans les milieux britanniques dirigeants : le 4 février 1938, lorsque le secrétaire d'Etat aux Affaires étrangères indique, dans une note adressée au cabinet, que le moment serait venu d'engager des conversations d'états-majors avec la France et la Belgique, les chefs d'état-major objectent que ces conversations risqueraient de provoquer « l'irréconciliable suspicion et l'hostilité de l'Allemagne ». Lord Halifax partage ce point de vue (18).

L'ambassadeur de France, dans un entretien avec lord Halifax (19), se plaint des méthodes du cabinet britannique qui, sans accord préalable avec la France, a pris contact avec le gouvernement allemand. En somme, dit Charles Corbin, le gouvernement anglais veut « escamoter les difficultés par le silence ». La France et la Grande-Bretagne risquent de revenir ainsi à la situation de 1935, « où il n'y avait pas de coopération sincère ». Les documents des archives britanniques confirment-ils cette opinion de l'ambassadeur ?

Or, dès le 12 février, Hitler commence à exécuter le plan d'expansion en Europe centrale qu'il avait, nous le savons aujourd'hui, exposé à ses collaborateurs le 5 novembre 1937.

(18) Eden, I, p. 500-501.
(19) Télégramme n° 357 du 26 février 1938.

VI. — L'« Anschluss »

Les faits sont bien connus : le 12 février 1938, le chancelier autrichien, convoqué par Hitler à Berchtesgaden, est sommé de remanier le ministère autrichien et de donner le ministère de l'Intérieur, y compris la direction de la police, à un national-socialiste autrichien, Seyss-Inquart ; le 16 février, Seyss-Inquart entre en fonctions ; le 20, dans un discours au Reichstag, Hitler déclare que les Allemands d'Autriche ont le droit d'invoquer le principe wilsonien de « libre disposition des peuples ». Le dessein allemand est donc clair : obtenir l'*Anschluss* « volontaire », c'est-à-dire provoquer un mouvement des nationaux-socialistes autrichiens, dont Seyss-Inquart favorisera le succès. Le 24 février, Schusschnigg annonce qu'il ne cédera pas davantage à la pression allemande ; le 9 mars, il décide de demander au peuple autrichien d'indiquer, par un plébiscite, sa volonté : désire-t-il ou non maintenir l'indépendance de l'Etat ? Le 11 mars, Hitler exige que Schusschnigg renonce au pébliscite et remettre à Seyss-Inquart la direction du gouvernement ; le 12, il fait entrer ses troupes en Autriche, et le 13 prononce l'annexion.

La crise a donc duré un mois. Le gouvernement français et le gouvernement britannique avaient tout le temps d'adopter une ligne de conduite commune. L'ont-ils tenté ?

Le 16 février, le gouvernement français suggère d'effectuer à Berlin une démarche commune. Il propose d'interroger le gouvernement allemand « sur la portée » de l'entretien de Berchtesgaden. Il insiste, le 24, pour obtenir une réponse. Le 25, cette suggestion est écartée par le gouvernement britannique : faire cette démarche, ce serait donner au chancelier Schusschnigg de « dangereuses illusions », car le cabinet britannique ne peut pas prendre un engagement qui, à son avis, est excessif. Mieux vaut chercher « l'apaisement », par une conversation avec le gouvernement allemand.

Le 2 mars, le gouvernement français insiste. Le destin de l'Autriche et celui de la Tchécoslovaquie sont liés, en fait ; or la France, si elle n'a pris aucun engagement envers l'Autriche, a un traité d'alliance avec la Tchécoslovaquie. Il est donc nécessaire d' « arrêter l'exécution » du programme allemand. Si la Grande-Bretagne ne s'y prête pas, ce sera « regrettable ». Le jour même, lord Halifax dit à l'ambassadeur de France que mieux vaut ne pas « formuler des menaces » lorsqu'on « ne se sent pas prêt à passer aux actes ». C'est donc, ajoute-t-il, dans le cadre d'un « arrangement général » qu'il faudrait chercher la solution : cet arrangement pourrait comporter des dispositions relatives à « l'indépendance des petits Etats ». Cette négociation demanderait d'assez longs délais ; elle postule donc que la politique de l'Allemagne à l'égard de l'Autriche n'évoluera que *lentement*. Telle est bien la conviction qu'exprime la presse anglaise. Serait-il possible de savoir sur quels renseignements elle fondait cette opinion ?

Le 7 mars, dans un débat à la chambre des Communes sur le programme du réarmement anglais, le Premier ministre indique quels sont, par ordre d'importance, les objectifs essentiels de la politique extérieure de la Grande-Bretagne : protéger le territoire national ; assurer la liberté des grandes routes maritimes ; défendre les « territoires britanniques situés au-delà des mers » ; « coopérer à la défense du sol des Alliés, quels qu'ils soient, que nous pourrons avoir en temps de guerre ». De l'Europe centrale, il n'est pas question.

Le 11 mars enfin, lorsque parvient la nouvelle de l'ultimatum adressé à Schusschnigg, Neville Chamberlain déclare que l'événement aura « un effet déplorable » ; il insiste sur l' « extrême gravité de la situation » ; mais, à 16 h 30, il fait connaître à Schusschnigg qu'il ne peut pas prendre la responsabilité de lui conseiller une résistance à l'Allemagne, car cette résistance exposerait l'Autriche « à des dangers contre lesquels le gouvernement de Sa Majesté est incapable de garantir une protection ». Les termes de ce message sont communiqués immédiatement au gouvernement français.

L'attitude du cabinet britannique est donc parfaitement claire. L'ambassadeur de France, dans des rapports du 24 février et du 4 mars, en cherche l'explication. Le Premier ministre, dit-il, a été longtemps chancelier de l'Echiquier. Il est donc sensible à « l'état d'esprit de la Cité, des milieux d'affaires, des grandes banques » ; or, depuis novembre 1937, il constate le « marasme du *Stock Exchange* » et croit apercevoir de nouveau « le spectre de la dépression ». Il attribue ces difficultés à la situation internationale, car les détenteurs de capitaux refusent d'investir. « Pour ranimer la confiance, il croit qu'il n'est pas de meilleur remède que des négociations pacifiques ». En outre, comme le réarmement coûte fort cher, il veut montrer au contribuable britannique qu'il ne néglige aucune occasion de parvenir à une « détente » avec l'Allemagne. Enfin les milieux dirigeants sont d'accord avec la majorité de l'opinion publique pour estimer que la question d'Autriche « ne vaut pas une guerre ». L'ambassadeur ne prétend pas que ces explications de la politique britannique soient *suffisantes* ; mais il leur accorde quelque importance. Quelle valeur convient-il de leur attribuer ?

Encore faut-il examiner quelle a été, en l'occurrence, la portée réelle de cette politique d' « apaisement ». Si le cabinet britannique avait accepté de s'associer à la démarche suggérée le 16 février et le 2 mars par le gouvernement français, cet avertissement aurait-il suffi à « arrêter l'exécution » du programme allemand ? Peut-être, à condition d'être appuyée par des préparatifs militaires ostensibles. Or le gouvernement français, à ces deux dates, ne proposait rien de tel. C'est seulement dans la journée du 11 mars, trop tard pour

exercer une action préventive, qu'il a envisagé de prendre des « mesures militaires », *si la Grande-Bretagne acceptait de s'y associer.*
Mais les témoignages (20) et les documents des archives militaires de l'époque sont d'accord pour indiquer que ces mesures n'auraient eu qu'une portée très restreinte : il s'agissait de prendre, à la frontière franco-allemande, des « mesures d'alerte » (21) qui auraient manifesté la « mauvaise humeur » du gouvernement français en vue d' « intimider » le gouvernement hitlérien. A aucun moment, il n'avait été question de réplique à l'invasion de l'Autriche par une intervention armée.

Pourtant il ne suffit certainement pas, pour comprendre la politique de la Grande-Bretagne et de la France dans cette question d'Autriche, d'examiner leur comportement mutuel. En fait, l'attitude du gouvernement italien était essentielle. La reconstitution du « front de Stresa » aurait pu, sans doute, mettre en échec la politique allemande. C'était la conviction de Schusschnigg qui l'a exprimée à plusieurs reprises au cours de la crise, dans ses entretiens avec les représentants de la France et de la Grande-Bretagne : il voyait là « sa seule chance de salut ». Quelle a été, à cet égard, l'attitude des deux gouvernements français et anglais avant le 11 mars ?

I. - Le cabinet anglais a négocié avec l'Italie. L'initiative est venue du comte Ciano qui, le 16 févier, adressait des instructions à son ambassadeur à Londres : si l'*Anschluss* était réalisé, la « Grande Allemagne » pèserait sur la frontière italienne du poids de ses 70 millions d'habitants ; il fallait donc voir si un accord était possible avec la Grande-Bretagne avant l'*Anschluss* ; ensuite l'Italie n'aurait d'autre ressource que de marcher avec l'Allemagne ! Le thème du débat qui s'engage le 19 février entre Neville Chamberlain, Anthony Eden et Dino Grandi est connu par le rapport italien : Neville Chamberlain demande si l'Italie a « abandonné l'Autriche » ; Grandi établit un lien direct entre la question autrichienne et les problèmes de l'expansion italienne : la Grande-Bretagne accepte-t-elle de reconnaître l'annexion de l'Ethiopie et de reprendre l'examen des questions méditerranéennes ? Eden se refuse à envisager un accord italo-anglais si le gouvernement italien n'accepte pas « une solution satisfaisante de la question espagnole », c'est-à-dire le retrait des volontaires italiens (il fait donc bon marché de la question autrichienne). Mais Neville Chamberlain accepte l'ouverture de pourparlers avec l'Italie. La conséquence immédiate est la démission de Eden, remplacé par Halifax. La voie est donc ouverte à la négociation anglo-italienne. Pourtant Ciano ne paraît pas pressé de l'engager, peut-être parce

(20) Surtout celui du général Gamelin dans *Servir.*
(21) Il s'agissait, semble-t-il, des mesures prévues en cas de « tension allemande, mise en place des garnisons dans les ouvrages fortifiés. Mais cette politique », rappel de permissionnaires, fermeture de la frontière franco- question n'est pas entièrement éclaircie.

qu'il a été plus loin que ne le souhaitait Mussolini. Halifax, de son côté, craint de voir la diplomatie italienne « augmenter ses demandes » en Méditerranée, pour faire « payer à l'avance » le concours qu'elle pourra donner dans l'affaire autrichienne. Il déclare donc, dans sa note au gouvernement français, le 25 février, que « la coopération italienne en Europe centrale, si désirable soit-elle, ne peut être escomptée pour l'instant ».

Il y a donc lieu de penser :

1°) que Neville Chamberlain, lorsqu'il s'est séparé de Eden, n'a pas eu pour but essentiel de « sauver l'Autriche ». Mais cette impression est-elle exacte ?

2°) que Neville Chamberlain croyait que la menace allemande sur l'Autriche était à échéance assez lointaine, et que la diplomatie avait donc le temps de « voir venir ». Mais quelles raisons avait-il de le penser ?

II. - Le gouvernement français n'envisage aucune négociation avec l'Italie.

Le chargé d'affaires de France à Rome, Blondel, sans avoir reçu d'instructions, dit à Ciano, le 24 février, qu'une entente entre la France, la Grande-Bretagne et l'Italie pourrait « sauver l'indépendance autrichienne » ; la réponse du ministre italien des Affaires étrangères n'a pas été encourageante : l'Italie est « allée sur le Brenner une fois » ; elle n'ira pas deux fois, car l'indépendance autrichienne « devrait être avant tout sauvée par les Autrichiens » ; or en Autriche les partisans de l'*Anschluss* sont nombreux. Pourtant Blondel estime que le gouvernement italien traverse une « crise de conscience » et qu'il pourrait adopter, sinon « un retournement complet », au moins une attitude assez différente. Mais ce rapport ne reçoit de Paris aucune réponse.

Le 7 mars, le ministre de France à Vienne, Gabriel Puaux, télégraphie à Paris que, si les accords Badoglio-Gamelin de juin 1935 pouvaient être ranimés, « l'indépendance de l'Autriche pourrait encore être sauvegardée. Mais peut-être bientôt sera-t-il trop tard » : le gouvernement français « risquera de se trouver, à brève échéance, placé, comme le 7 mars 1936, devant l'irréparable ». Le lendemain, il insiste (22) : « Il faut que le gouvernement sache bien où il va en refusant de causer avec Mussolini ». Or à cet avertissement, le ministre des Affaires étrangères répond par une semonce, dont le ton est extrêmement vif : la suggestion faite par Gabriel Puaux est inadmissible et même « inconvenante ». Comment le *Foreign Office* apprécie-t-il ce comportement du gouvernement français ?

Pourtant, lorsque survient l'ultimatum allemand à Schusschnigg,

---

(22) Dans une lettre personnelle adressée à René Massigli, directeur adjoint des affaires politiques.

le gouvernement français et le gouvernement britannique, sans même se concerter, se tournent tous deux vers le gouvernement italien pour lui demander quelle attitude il entend prendre. Ils s'entendent répondre que Ciano « n'a rien à dire ».

Il est difficile de penser, dans l'état actuel de l'information historique, que les chances d'une négociation avec l'Italie, si elle avait été souhaitée par la diplomatie française, et menée plus activement par la diplomatie anglaise, auraient pu être sérieuses. Mais nous ignorons encore ce que pourra apporter l'examen des archives italiennes.

VII. — Munich

Le rattachement à l'Allemagne des Allemands de Tchécoslovaquie est la suite « logique » du rattachement des Allemands d'Autriche. Elle était attendue comme telle par les autres Etats. Elle se développe méthodiquement dès le lendemain de l'*Anschluss,* d'abord par l'action séparatiste menée par le chef des Allemands des Sudètes, Conrad Henlein, et encouragée par le gouvernement allemand, puis, à partir du début de septembre, par l'intervention directe de Hitler, qui, dans son discours du 12 septembre, a renvendiqué pour ces Allemands « le droit de disposer d'eux-mêmes ».

Devant cette menace de démembrement de l'Etat tchèque, la position diplomatique respective de la France et de la Grande-Bretagne est tout à fait différente : l'une a donné sa garantie aux frontières de l'Etat tchécoslovaque par le traité d'alliance signé le 16 octobre 1925 et annoncé l'intention d'exécuter sa promesse ; l'autre n'a jamais pris d'engagement envers cet Etat, dont elle avait même expressément refusé, lors des traités de Locarno, de garantir les frontières. Pourtant les points de vue ont fini par se rapprocher. Comment cette évolution s'est-elle accomplie ? Des étapes en sont connues. Peut-être n'est-il pas superflu de les rappeler.

Le 28 et le 29 avril (conférence franco-anglaise à Londres), le désaccord s'affirme nettement. Daladier et Neville Chamberlain interprètent différemment les revendications formulées le 24 avril par Conrad Henlein : l'un croit que Hitler veut *détruire* l'Etat tchécoslovaque ; l'autre estime que le but de l'Allemagne est peut-être de le contraindre à changer sa structure interne et à devenir un Etat fédéral ; il déclare que le gouvernement de Prague ne peut pas s'opposer, dans la région des Sudètes, à un plébiscite. La divergence de vues n'est pas moins nette quant à la ligne politique à suivre : Daladier envisage une intervention armée pour protéger la Tchécoslovaquie ; Neville Chamberlain estime qu'il est impossible d'empêcher l'armée allemande d'écraser l'armée tchèque ; sans doute la

France et la Grande-Bretagne pourraient envisager une guerre générale ; mais en cas de victoire (d'ailleurs fort incertaine), les vainqueurs envisageraient-ils la restauration de l'Etat tchécoslovaque ? En vain, Daladier insiste : la capitulation devant la menace allemande n'évitera pas la guerre générale ; elle la retardera seulement. Le Premier ministre anglais ne veut pas aller au-delà d'une collaboration *diplomatique* avec la France : il promet son appui à la politique française, mais seulement dans la mesure où cette solidarité permettra de parvenir, dans la question des Allemands des Sudètes, à un « arrangement amiable ». Le 22 mai, au moment où certains renseignements donnent lieu de craindre une attaque allemande contre la Tchécoslovaquie, le cabinet anglais précise, par écrit, qu'il est prêt à soutenir la France en cas d'agression allemande *non provoquée* (selon les engagements pris à Locarno), mais il n'est pas prêt à entreprendre avec la France une « action militaire conjointe » en vue de défendre la Tchécoslovaquie.

En juillet, le gouvernement anglais conseille en vain au gouvernement français de faire pression sur Bénès pour l'amener à faire des concessions plus larges aux Allemands des Sudètes ; il établit aussi un plan de « neutralisation » de la Tchécoslovaquie, mais n'obtient pas l'assentiment du gouvernement français.

Au début d'août, lorsque les Allemands des Sudètes, après avoir obtenu du gouvernement de Prague la promesse d'une autonomie administrative, exigent que ce statut comporte l'exercice du droit de police et se heurtent à un refus, le cabinet britannique décide d'envoyer à Prague lord Runciman, dont la mission est de trouver les bases d'une « médiation amiable » dans la négociation engagée entre Conrad Henlein et Edouard Bénès. C'est un fait nouveau de quelque importance : la Grande-Bretagne accepte de prendre une responsabilité dans les affaires d'Europe centrale.

Après l'échec de cette médiation, le 7 septembre, le cabinet anglais se trouve en face d'une question précise, posée par le gouvernement français : si l'Allemagne attaque la Tchécoslovaquie, l'armée française sera mobilisée ; peut-elle compter sur l'appui des forces armées anglaises ? La réponse est nuancée (23). La Grande-Bretagne n'entend pas se trouver « automatiquement » en guerre avec l'Allemagne, car elle n'a aucune part dans les promesses données à la Tchécoslovaquie par la France, promesses qu'une grande partie de l'opinion publique anglaise tient pour regrettables ; pourtant, « elle ne permettrait jamais que la *sécurité* de la France fût menacée ». C'est dire que la Grande-Bretagne laisserait la France s'engager seule contre l'Allemagne, mais qu'elle interviendrait au cas où la France serait menacée d'invasion, car les intérêts britanniques seraient alors en jeu. La veille, sans consultation préalable avec le

(23) Lettre de lord Halifax à sir Eric Phipps, 14 septembre. (*B. Doc.*, n° 879).

gouvernement français, Neville Chamberlain a décidé de prendre contact personnellement avec Hitler (24).

Le 18, au retour de son voyage à Berchtesgaden, le Premier ministre reçoit Daladier et il obtient que le président du Conseil français se rallie au plan d'action fixé par le cabinet anglais: imposer au gouvernement tchécoslovaque le « transfert » à l'Allemagne de toutes les parties du territoire des Sudètes où les habitants de langue allemande sont en majorité. Ce « plan anglo-français » est remis à Prague le 19 septembre à midi. Le 20, à 17 heures, le ministre de Grande-Bretagne à Prague, en présence du ministre de France, déclare au ministre des Affaires étrangères que, si ce plan n'est pas accepté, la Grande-Bretagne se désintéressera du sort de la Tchécoslovaquie. Dans la nuit du 21 au 22, le gouvernement tchécoslovaque finit par s'incliner.

Mais, lorsque Neville Chamberlain se trouve en présence de nouvelles exigences allemandes (*memorandum* de Godesberg), le gouvernement anglais est d'accord avec le gouvernement français pour estimer que ces exigences sont inacceptables. Dans la conférence franco-anglaise des 25 et 26 septembre, Daladier déclare que la France est prête à soutenir la Tchécoslovaquie par les armes, et Neville Chamberlain promet de donner à la France un appui armé immédiat, si ce conflit entraîne une guerre franco-allemande. La solidarité est donc maintenant complètement rétablie entre la politique française et la politique anglaise. Et c'est aussi d'un commun accord que les deux gouvernements acceptent, sur l'initiative de Mussolini, d'aller à Munich pour chercher un compromis entre le plan franco-anglais du 19 et le *memorandum de Godesberg*.

Dans cette crise, la politique du cabinet britannique a été, jusqu'à l'entrevue de Godesberg, celle que pouvaient laisser prévoir ses déclarations antérieures : il est resté très réticent à l'égard des problèmes d'Europe centrale, et très convaincu que la Tchécoslovaquie n'était pas un Etat « viable » ; il a cru qu'il serait possible de limiter l'expansion allemande aux territoires où cette expansion pouvait se réclamer du droit de « libre disposition des peuples », c'est-à-dire d'un principe dont les démocraties occidentales avaient toujours admis la légitimité ; il admettait sans doute (25) que la Grande-Bretagne devrait se battre si Hitler voulait « dominer le monde », mais il estimait que « l'on n'en était pas là ». L'opinion anglaise, dans son ensemble, a approuvé cette position : au sein du groupe

(24) *B. Doc.*, 862, 875-876, 883. Daladier aurait préféré une conférence *à trois* ; il fait remarquer le 14 à sir Eric Phipps qu'il n'a jamais envisagé une conversation avec l'Allemagne sans participation de la Grande-Bretagne.
(25) Dans une note du 11 septembre.

parlementaire conservateur, qui disposait d'une écrasante majorité à la chambre des Communes, le petit noyau, animé par Winston Churchill et par Anthony Eden, qui critiquait la politique extérieure du Premier ministre, ne comptait pas plus d'une trentaine de membres. Pourtant Neville Chamberlain, lorsqu'il s'est trouvé en présence de nouvelles revendications hitlériennes qui remettaient en question les résultats de l'entrevue de Berchtesgaden, s'est décidé à donner à la France une promesse d'intervention militaire en cas de guerre franco-allemande. Il a donc fini, non sans peine, sous la pression des événements, par envisager une participation immédiate à une guerre européenne (26).

Mais cette image de la politique anglaise est établie seulement d'après les documents diplomatiques. Quels correctifs l'étude des archives militaires permettrait-elle de lui apporter ? Il faudrait examiner de quel poids l'état des armements terrestres et aériens anglais a pesé sur les décisions du cabinet.

La position du gouvernement français, au contraire, est restée fort en deçà des engagements qu'il avait pris envers la Tchécoslovaquie et qu'il avait renouvelés publiquement au cours de l'été 1938. Il s'est aligné sur la politique anglaise dans la question des Allemands des Sudètes, et il a imposé à un Etat allié dont il avait garanti l'intégrité territoriale de lourds sacrifices. Il a donc fait bon marché des valeurs morales et du désarroi que devait entraîner, dans les relations internationales, l'abandon d'un traité d'alliance. Cette politique a été adoptée par la majorité du Conseil des ministres, sur l'initiative du ministre des Affaires étrangères. Ses promoteurs ont insisté sur trois arguments tirés de la situation des forces armées : une offensive française dirigée entre Rhin et Moselle contre les fortifications allemandes, la « ligne Siegfried », serait une opération longue et difficile ; elle ne pouvait être qu'un « abcès de fixation », qui ne permettrait pas d'éviter la défaite de la Tchécoslovaquie ; pour être efficace, cette offensive devrait se développer à travers le territoire belge et avoir le concours d'une action armée de la Russie ; mais la Belgique n'acceptait pas le droit de passage, et l'intervention russe n'aurait été possible que si la Pologne et la Roumanie avaient accordé elles aussi ce droit de passage, qu'elles s'obstinaient à refuser ; enfin le chef d'état-major de l'armée de l'Air, après une visite en Allemagne, avait exprimé la conviction que l'aviation française serait écrasée dès les premiers jours de la guerre ; l'état de l'opinion publique, profondément divisée, a joué dans le même sens. Sans doute les réticences du gouvernement anglais ont accru les perplexités du gouvernement français ; mais il serait excessif de leur attribuer une influence déterminante.

---

(26) Mais cette intervention était limitée à 2 divisions et à 150 avions pendant les six premiers mois du conflit.

VIII. — L'hiver 1938-1939

Sur la période qui s'étend de la conférence de Munich (29 septembre 1938) jusqu'au « coup de Prague » (15 mars 1939) l'étude critique des documents et des témoignages reste encore incomplète. Pourtant l'état actuel de l'information historique suffit à montrer les tâtonnements et les incertitudes dans l'opinion publique et dans les positions diplomatiques des deux gouvernements.

I. - Au lendemain de la conférence de Munich, quelles sont les réactions de l'opinion publique et de l'opinion parlementaire, des dirigeants politiques, et des états-majors, en France et en Grande-Bretagne ?

1°) L'accord de Munich a été accueilli avec soulagement, avec satisfaction, et même avec enthousiasme par une très large partie de l'opinion, dans les deux pays. Les adversaires de l'accord, en France, ont surtout plaidé la thèse du *bluff* allemand : la France et la Grande-Bretagne auraient pu, sans courir aucun risque, faire preuve de fermeté, car Hitler n'aurait pas osé faire la guerre. Ils ne pouvaient évidemment apporter à l'appui de leur thèse aucune preuve. Mais cette réaction est significative dans la mesure où elle évite d'aborder la question fondamentale, c'est-à-dire d'examiner quelles auraient été, en cas de guerre, les chances de victoire.

Quant à l'opinion parlementaire, elle n'est pas moins nette. A Paris, il est vrai, lorsque la chambre des Députés approuve les accords de Munich, 75 voix sont dissidentes, mais ce sont, à deux exceptions près, des communistes qui veulent marquer leur solidarité avec l'U.R.S.S., exclue de la conférence. A Londres, lorsque la chambre des Communes, debout, acclame le Premier ministre, deux députés seulement restent assis. Pourtant, après ces premières manifestations, lorsque le temps de la réflexion est venu, les jugements ont été partiellement révisés. L'opinion parlementaire française a commencé à réagir contre le thème du « repliement ». Mais l'étude de cette évolution de l'esprit public français n'a pas encore été faite. Est-il possible de constater une tendance analogue en Grande-Bretagne ?

2°) Les dirigeants politiques, dans les deux pays, n'ont pas eu d'illusions sur la portée de l'acte auquel ils s'étaient résignés. Pourtant les conclusions qu'ils ont tirées de l'événement ont été différentes. Les uns ont pensé que la décision avait été nécessaire pour gagner du temps : la guerre générale restait probable, mais la France et la Grande-Bretagne pourraient l'engager dans des conditions meilleures si, pendant ce délai, elles pouvaient améliorer l'état de leur armement. Tel paraît avoir été l'état d'esprit de Daladier. Les autres, et c'était, semble-t-il, l'opinion de Neville Chamberlain, voulaient espérer que Hitler, après avoir obtenu gain de cause dans deux occasions, ne mènerait pas une politique d'expansion aux dépens de populations non allemandes ; ils avaient donc tendance à continuer la politique d' « apaisement » et à éviter toutes les initiatives qui auraient pu la compromettre. Rien n'indique que les deux gouvernements aient estimé nécessaire de dresser en commun un bilan, ou d'évaluer les conséquences économiques et stratégiques de la solution munichoise.

3°) Ces conséquences stratégiques, à Paris et à Londres, les états-majors les ont, bien entendu, examinées ; mais ont-ils essayé de confronter leurs vues et d'établir, *en commun*, un plan d'accroissement des armements ? Nous n'avons encore aucune information à cet égard.

II. - En fait, dans cet hiver 1938-1939, comme antérieurement, les gouvernements anglais et français se bornent à attendre les initiatives italiennes et allemandes et à esquisser de vagues répliques.

Le gouvernement italien, convaincu depuis l'expérience munichoise que la France est incapable d'une réaction vigoureuse, lance en décembre 1938, une campagne de presse qui formule des revendications sur Djibouti et qui exige une révision du statut des Italiens établis en Tunisie ; quelques journaux font même allusion à la Corse et à Nice. La réplique est catégorique : le ministre des Affaires étrangères déclare le 4 décembre que la France ne cédera jamais à l'Italie « un pouce de son territoire », et qu'elle est prête à résister par les armes ; le président du Conseil ajoute, le 26 janvier 1939, qu'elle n'abandonnera pas non plus « un seul de ses droits ». Cette fermeté est approuvée, à l'unanimité, par le chambre des Députés.

Le gouvernement allemand se montre d'abord conciliant : il négocie avec la France une Déclaration (6 décembre 1938) qui reconnaît « solennellement » comme définitive la frontière entre les deux Etats et qui prévoit une consultation mutuelle « au cas où les questions qui intéressent les deux pays risqueraient de conduire à des difficultés internationales » ; il envoie à Londres le Dr. Schacht, président de la *Reichsbank,* pour engager une négociation sur les questions économiques. Mais, lorsqu'il est sollicité de garantir le statut territorial de la Tchécoslovaquie fixé par l'accord de Munich, il élude toute promesse : ce refus ne peut laisser aucun doute sur ses intentions.

III. - Devant ces perspectives, la collaboration franco-anglaise est-elle effective ?

Sur le plan diplomatique, le gouvernement britannique est d'abord très réticent devant le conflit franco-italien ; le Premier ministre refuse, au milieu de décembre, de prendre parti, et il accomplit même, le 14 janvier, une visite à Rome, que la presse française déclare « regrettable ». Pourtant, il finit par annoncer à la chambre des Communes, le 6 février, que « toute menace aux intérêts vitaux » de la France provoquerait nécessairement la « coopération immédiate » de la Grande-Bretagne ; la presse anglaise est unanime à interpréter cette déclaration comme une promesse d'appui armé. Mais quels sont les « intérêts vitaux » ? Le 2 mars, le gouvernement anglais conseille au gouvernement français de ne pas envoyer de renforts en Tunisie « afin de ne pas aggraver la tension franco-italienne ». Le 11 mars, il offre ses « bons offices » pour apaiser cette tension; le 28, il renouvelle ses conseils de prudence. Vains efforts. Le secrétaire général du ministère des Affaires étrangères, Alexis Léger, invoque le « sentiment national », et le président du Conseil dit à l'ambassadeur de Grande-Bretagne qu'il ne cédera rien. L'ambassadeur estime que toute insistance serait inutile.

D'autre part, à la fin de janvier, lorsque parviennent à Londres des renseignements qui font craindre un coup de force allemand contre les Pays-Bas, le gouvernement anglais n'hésite pas à envisager qu'en pareil cas il devrait faire la guerre. Mais il persiste à refuser de s'associer à la politique française d'assistance à la Pologne, à la Roumanie et à l'U.R.S.S. Il ne donne même pas une garantie à la Tchécoslovaquie mutilée. Et l'opinion publique approuve cette ligne de conduite.

Sur le plan militaire et naval, les deux gouvernements déclarent (conférence du 24 novembre 1938, à Paris) (27) souhaiter « une organisation plus solide et un fonctionnement plus régulier » des entretiens d'état-major. Mais sur les problèmes essentiels les conversations entre les gouvernements ne s'engagent pas : lorsque Daladier, le 29 janvier, demande à l'ambassadeur de Grande-Bretagne si son gouvernement n'envisage pas d' « introduire » le service militaire obligatoire », l'ambassadeur répond que cela lui semble « impossible ». Les entretiens d'états-majors ont-ils eu un meilleur sort ?

IX. — La préparation à la guerre
(15 mars - 3 septembre 1939)

La destruction de l'Etat tchécoslovaque qui donne lieu seulement à une protestation diplomatique de la Grande-Bretagne et de la France, met fin aux espoirs de ceux qui, à Paris ou à Londres, avaient cru pouvoir sauver la paix par des solutions de compromis. Le revirement de Neville Chamberlain entre le 15 et le 17 mars est bien connu. La solidarité franco-anglaise s'affirme désormais dans la série de déclarations ou de pactes d'assistance qui se succèdent du 23 mars au 12 mai, et qui essaient d'établir un barrage soit contre l'expansion allemande soit contre une expansion italienne

(27) Procès-verbal dans *B. Doc.*, III, n° 325.

dans les Balkans ou dans la Méditerranée orientale. Dans cette action diplomatique, les initiatives anglaises viennent au premier plan. Sans entrer dans le détail des échanges de vues destinés à mettre en harmonie les politiques des deux Etats, il suffit de constater que cette harmonie s'établit aisément, dans la plupart des cas. La collaboration franco-anglaise est moins étroite mais reste tout à fait confiante, lorsque les revendications allemandes du 28 avril ouvrent le conflit diplomatique germano-polonais. Dans la « guerre des nerfs » de l'été 1939, les prises de position de la Grande-Bretagne et de la France sont parallèles : la mise en garde adressée par Halifax à Goering (28 mai) est donnée au moment où le ministre de la Guerre polonais négocie à Paris un accord militaire ; la déclaration de Neville Chamberlain à la chambre des Communes le 10 juillet est suivie le 21 juillet par la lettre où Georges Bonnet avertit Ribbentrop que le gouvernement français est résolu à exécuter ses obligations d'alliance envers la Pologne ; le 15 et le 16 août, les avertissements sont renouvelés, à peu près dans les mêmes termes, par les deux gouvernements. Enfin la collaboration des forces armées s'est affirmée par la décision d'établir en Grande-Bretagne le service militaire obligatoire (26 avril) et par les conversations d'états-majors.

Pourtant, entre les deux politiques, certaines divergences subsistent sur des questions importantes : l'attitude à adopter envers l'Italie, les relations avec l'U.R.S.S., les perspectives stratégiques en cas de guerre générale.

Le cabinet britannique n'ignore pas que, depuis la fin de mars, le gouvernement français a tenté, à trois reprises, de reprendre une négociation avec l'Italie, sans recevoir une réponse. A la fin de juin (28), il souhaite pourtant que ces tentatives soient renouvelées. Le gouvernement français a obtenu de la Grande-Bretagne une réponse favorable dans une question qui lui tenait à cœur, l'établissement du service militaire obligatoire. Ne devrait-il pas, en contrepartie, tenir compte du point de vue anglais dans la question italienne ? Le 13 juillet, Neville Chamberlain, dans une lettre à Daladier, déclare qu'il est urgent de « reconsidérer » les relations franco-italiennes, car Mussolini peut avoir sur Hitler une influence heureuse : c'est une affaire « dont dépend probablement le sort de la guerre ou de la paix ». Mais Daladier répond que « toute initiative nouvelle » serait considérée par le gouvernement italien comme « révélatrice de faiblesse » et donnerait à Mussolini des doutes sur « la réalité de notre force, de notre confiance et de notre solidarité ». Le Premier ministre anglais n'insiste pas davantage. Il serait pourtant intéressant de savoir quels motifs il avait eu de croire à la possibilité d'une négociation avec l'Italie, et pourquoi il la désirait en 1939 (tandis qu'en 1935 la politique anglaise avait été toute différente).

(28) *B.D.*, VI, n° 195, 317, 428.

L'importance primordiale que présenterait l'adhésion de l'U.R.S.S. au système diplomatique anglo-français n'est pas contestée bien que le Premier ministre et les bureaux du *Foreign Office* restent méfiants. Le dessein immédiat est d'obtenir du gouvernement soviétique une promesse d'appui armé, non pas à la Pologne — qui la refuse — mais à la France et à la Grande-Bretagne, si celles-ci se trouvaient en guerre avec l'Allemagne ; bien entendu, l'U.R.S.S. recevrait des assurances réciproques. A quels cas s'appliquerait cette garantie mutuelle ? La négociation commencée en avril traîne pendant trois mois, non seulement à cause des atermoiements du gouvernement soviétique, mais à cause des divergences de vues entre la France et la Grande-Bretagne. Le gouvernement français, en mai, suggère une formule d'assistance, qui aurait pour but de prévenir toute modification du *statu quo,* opérée par la force, en Europe centrale ou orientale ; le cabinet anglais refuse d'envisager un engagement si large, et désire limiter la garantie à *certains* Etats. Mais lorsque le gouvernement soviétique propose d'étendre cette garantie aux Etats baltes et à la Finlande, qui ne la souhaitent pas, les négociateurs anglais repoussent cette solution, bien que les Français soient résignés à l'accepter. C'est seulement le 29 juin que cette difficulté est levée. Le gouvernement russe, sans attendre l'achèvement de la négociation politique, propose alors d'engager des conversations d'états-majors ; mais une partie de la presse anglaise exprime la crainte de voir cette alliance « militaire » précipiter le heurt entre les « blocs ». Le cabinet britannique finit pourtant par céder à une pression très vive du gouvernement français. Dans ces conversations d'états-majors d'août 1939 et jusqu'à leur échec final, la solidarité franco-anglaise reste complète ; mais pourquoi, avant de les entreprendre, les gouvernements français et anglais n'avaient-ils pas étudié en commun la difficulté majeure : la question du droit de passage à travers le territoire polonais ?

Enfin les contacts qui ont été établis entre les états-majors anglais et français et qui prévoient les détails techniques d'une coopération entre les forces armées des deux pays laissent pourtant dans l'ombre les options majeures. Lorsque le 16 juillet, Neville Chamberlain propose la formation d'un *Conseil suprême interallié,* assisté d'un Etat-major qui coordonnerait les plans stratégiques, le chef de l'état-major général français n'accepte pas ce pouvoir de coordination, parce qu'il craint de voir cet état-major interallié appliquer « la stratégie impériale britannique ». En fait, les états-majors français terrestre et naval ont tendance à réserver « une place de choix » à la Méditerranée dans leurs plans d'opérations, parce qu'ils estiment que l'Italie interviendra certainement aux côtés de l'Allemagne, et qu'ils pensent pouvoir remporter contre elle des succès faciles, mais aussi parce que, devant la difficulté de percer la ligne Siegfried, ils envisagent la nécessité d'établir, comme en 1915, un « front balkanique ». Or l'Amirauté britannique continue à considérer que l'Atlantique et la mer du Nord seront les théâtres d'opérations les plus importantes (29). Les gouvernements et les Etats-majors ont-ils tenté de confronter leurs points de vue ?

*
* *

Au-delà de ces divergences ou de ces incertitudes, dont la portée pratique a été restreinte, la question reste de savoir si la nouvelle politique de « fermeté », annoncée à partir de la fin de mars 1939, a été acceptée sans réticences par les gouvernements et par l'opinion publique dans les deux pays.

En Grande-Bretagne, les promoteurs de la politique d' « apaisement » y ont-ils complètement renoncé ? Le Premier ministre déclare, en mai, à la chambre des Communes, qu'il ne veut pas entraver, sur le plan économique, les « aspirations raisonnables » de l'Allemagne, et le secrétaire d'Etat aux Affaires étrangères fait allusion, en juin, à une conférence internationale qui serait destinée à « ajuster les revendications allemandes d'expansion ». Jusqu'où est-il possible d'aller, dans cette voie ? A la fin de juillet, la presse signale les propos tenus à un haut fonctionnaire allemand, Wohlthat, par Hudson, secrétaire du département du commerce extérieur : « il serait possible de reconnaître à l'Allemagne un rôle prépondérant dans les marchés du Sud-Est européen, et d'établir sur les territoires coloniaux en Afrique une administration conjointe ». Neville Chamberlain déclare, le 27 juillet, à la chambre des Communes que Hudson a agi « sans l'approbation » des autres membres du gouvernement. Ce désaveu pourtant est mis en doute par une partie de la presse française (30). Mais la presse ignore, à Londres comme à Paris, que le collaborateur le plus direct du Premier ministre, sir Horace Wilson, a ouvert au même personnage allemand des perspectives beaucoup plus vastes, dont les archives diplomatiques anglaises ne semblent pas avoir gardé trace (30). Ce n'est sans doute qu'un épisode. Peut-être ne serait-il pas sans intérêt d'en entreprendre l'étude critique pour apercevoir l'état d'esprit des milieux dirigeants, à cette date ?

En France, certains groupes politiques d'extrême-droite et certains socialistes indépendants refusent de « mourir pour Dantzig » ; mais à la différence de ce qui s'était passé au moment de Munich, ces attitudes ne trouvent pas d'écho dans la masse de l'opinion publique. Au sein du gouvernement, le ministre des Affaires étrangères, Georges Bonnet, bien qu'il conserve dans ses déclarations publiques un ton de fermeté, persiste à espérer jusqu'au milieu d'août que le conflit germano-polonais pourra être réglé par un compromis ; mais cette éventualité est rejetée par les principaux collaborateurs du

(29) Reussner, op. cit., p. 244.
(30) Ces propos ne sont connus que par les rapports et les souvenirs de l'ambassadeur allemand.

ministre ; elle l'est aussi par ses collègues du gouvernement. L'ambassadeur de Grande-Bretagne qui, en septembre 1938, avait suivi de jour en jour les divergences de vues qui s'étaient manifestées dans les milieux dirigeants français ne trouve plus rien de tel à signaler dans ses rapports en août 1939. Pourtant, d'après des témoignages encore inédits, les hauts fonctionnaires du *Foreign Office,* dans leurs conversations avec Charles Corbin et ses collaborateurs, expriment leur méfiance à l'égard de Georges Bonnet. Cette méfiance a-t-elle laissé des traces écrites dans les archives publiques ou privées ?

Dans les derniers jours qui précèdent la guerre, à partir de la conclusion du pacte germano-russe, c'est, dans le couple franco-anglais, le gouvernement anglais qui prend la direction. Il la conserve jusqu'au bout, en dépit des hésitations de Georges Bonnet. Le 2 et le 3 septembre, l'ambassadeur de France à Londres, très inquiet de ce comportement, en a relaté les péripéties, dans un important rapport qu'il a rédigé quelques jours plus tard. Il serait intéressant de connaître quelles ont été les réactions du cabinet britannique devant ces hésitations.

Réflexions finales

Il serait certes prématuré d'ébaucher une conclusion, puisque les recherches et la confrontation des points de vue sont à peine commencées. Mais il n'est peut-être pas superflu, pour orienter ces recherches, de souligner quelques constatations.

I. - La situation internationale à laquelle la Grande-Bretagne et la France ont eu à faire face, entre 1935 et 1939, a été dominée par des desseins *politiques.* Dans la politique italienne et dans la politique allemande, le rôle des mobiles économiques a été secondaire : les nécessités économiques n'ont jamais été invoquées par Hitler dans les conférences où il a exposé à ses collaborateurs les buts de sa politique extérieure. Sans doute la nécessité s'imposait de « réintégrer l'économie capitaliste allemande dans l'économie mondiale ». Mais la Grande-Bretagne et la France se déclaraient disposées à ouvrir à l'économie allemande de vastes champs d'action en Europe et hors d'Europe, à condition que Hitler renonce aux méthodes de force. Cette offre est restée vaine. C'est donc contre une *volonté de puissance* qu'il fallait lutter. La question était celle d'un *rapport de forces.*

II. - Cette volonté de puissance s'est affirmée, dès mars 1935, lorsque le gouvernement allemand a décidé le réarmement. Or il a suffi d'une année pour que ce réarmement prenne une telle ampleur que le *rapport de forces* a été profondément modifié. Devant cette

50

situation nouvelle, quelles ont été les réactions de la France et de la Grande-Bretagne ?

En France, le trait caractéristique a été la timidité des milieux dirigeants : dans tous les moments critiques, ils n'ont pas cru pouvoir exercer sur l'Allemagne une contrainte. De cette timidité, les deux causes essentielles paraissent avoir été :

1°) L'état d'esprit des chefs de l'armée : dès le début de 1936, donc six mois environ après la décision allemande de réarmement, et plusieurs mois *avant* la construction de la ligne Siegfried, le général Gamelin estimait déjà qu'il n'avait pas de moyens militaires suffisants pour entreprendre une guerre contre l'Allemagne avec la certitude de vaincre.

2°) L'état de l'opinion publique : en septembre-octobre 1935, en mars 1936, en juillet 1936, en septembre 1938, elle a été profondément divisée.

Mais à ces deux causes, il est nécessaire d'en ajouter une autre, qui a été fort importante : les milieux dirigeants ont eu, dès septembre 1935, et ont conservé sans cesse la conviction que la France ne pouvait pas mener une guerre contre l'Allemagne sans avoir l'assistance armée de la Grande-Bretagne, indispensable pour assurer la sécurité des liaisons maritimes. C'était aussi la conviction de la majorité du Parlement.

En Grande-Bretagne, le trait caractéristique a été la *lenteur du réarmement ;* rassuré par l'accord naval anglo-allemand de juin 1935, le cabinet britannique n'a pas jugé nécessaire de faire un effort dans le domaine militaire et aérien. C'est seulement en février 1937, deux ans après la décision allemande, qu'un programme de réarmement a été établi. Encore était-ce un programme dont la réalisation devait s'échelonner sur cinq années.

Quelles ont été les causes de ce retard ?

1°) La longue indifférence que le gouvernement et l'opinion publique ont manifestée à l'égard des problèmes de l'Europe centrale : c'est seulement en août 1938 (mission Runciman) que sont apparus les premiers signes d'un état d'esprit nouveau. Or le gouvernement et l'opinion publique restaient pourtant convaincus que la Grande-Bretagne devait s'opposer à une entreprise de domination allemande sur le continent. Dès lors le destin de l'Europe centrale ne présentait-il pas une importance certaine, pour les intérêts britanniques ?

2°) La conviction que la politique hitlérienne d'expansion visait à « récupérer » au profit de l'Allemagne des populations de langue allemande et qu'elle n'irait pas au-delà : c'était semble-t-il, le postulat essentiel de la politique d' « apaisement ».

Et faut-il ajouter (hypothèse formulée par Max Beloff) qu'une

partie de l'opinion publique souhaitait ménager l'Allemagne hitlérienne, parce qu'elle était un rempart contre le communisme ?

III. - Ces conditions permettent sans doute d'expliquer :

1°) Les caractères de la collaboration franco-anglaise : le progrès
des promesses données à la France par le cabinet anglais a été
constant depuis le 16 avril 1936 ; mais il a été fort lent.

2°) Les lacunes de cette collaboration :

a) L'harmonie entre les politiques en Europe centrale n'a été
réalisée qu'en mars 1939 ; elle n'a jamais été complète en ce qui
concerne les relations avec l'Italie et avec l'U.R.S.S.

b) La collaboration entre les états-majors est restée limitée :
elle ne s'est pas étendue à la confrontation des vues générales et
à l'étude en commun d'une politique de guerre.

Il apparaît qu'au-delà de l'examen des documents diplomatiques,
militaires et navals, nous aurons à faire une large place à l'étude
des mouvements d'opinion et des mentalités, et à nous demander
aussi pourquoi les gouvernements, en Grande-Bretagne et surtout
en France, n'ont pas cherché davantage à redresser l'opinion et à la
diriger.

LA FRANCE, LA GRANDE-BRETAGNE
ET LES PAYS BALKANIQUES DE 1936 A 1939

Jean-Marie d'HOOP

Maître-Assistant à l'Université de Paris I

France, Great Britain and the Balkan states from 1936 to 1939. — One
can scarcely speak of Franco-British cooperation in the Balkans from
1936 to 1939. After 1936, France was concerned, with no great success, with
preserving its links with the countries of the *Petite Entente*, whereas
Britain was above all concerned with keeping her freedom of action,
and even after Munich she refused to commit herself in any way. It was
only in March 1939 that she began taking an interest in the Balkan states,
and then it was her turn to take the initiative, with France following.
They gave their united pledge to Romania and Greece. But, not being
in a position to supply these two countries with the military and economic
assistance they expected, their pledge was of little interest. The most
interesting negotiations were those that opened with Turkey. But a number
of difficulties between France and Turkey delayed a tripartite agreement,
which was not concluded until October 1939.

Du point de vue des relations franco-britanniques, les pays du
Sud-Est européen — Yougoslavie, Roumanie, Grèce, Bulgarie et
même Turquie — ne formaient pas dans la période 1935-1939 un bloc
homogène et ne posaient pas un problème unique, clairement et simplement définissable. Car la France et la Grande-Bretagne n'avaient
pas en face d'eux une position commune : sans être franchement
opposés ni même fondamentalement divergents, leurs intérêts et leurs
préoccupations dans cette zone de l'Europe n'ont guère coïncidé, du
moins jusqu'en mars-avril 1939.

On peut d'abord constater que les soucis permanents des deux
gouvernements, français et britannique, ne sont pas tournés vers les
mêmes pays, ce qui s'explique aisément, et que les liens qu'ils ont
avec tel ou tel Etat ne sont pas de même nature. Si on se place
au point de vue français, on constate que les rapports avec les pays
qui pourraient entrer dans un « bloc méditerranéen », Turquie et
Grèce notamment, sont au second plan. Avec la Turquie, les relations

sont « bonnes » sans plus ; elles seront même plutôt médiocres lorsque le gouvernement d'Ankara posera la question du Sandjak d'Alexandrette, et ce n'est guère qu'après son règlement que s'opèrera l'évolution qui aboutira au traité d'alliance d'octobre 1939. Les relations ne sont pas non plus très étroites avec la Grèce. Celle-ci présente cependant un intérêt pour l'état-major français. Dès 1936, lorsqu'il faut envisager la perspective d'une guerre contre l'Allemagne, le général Gamelin songe au plan qu'il cherchera, d'ailleurs vainement, à mettre à exécution en 1939-1940. Devant l'impossibilité d'obtenir une décision sur le front étroit de la frontière franco-allemande et les risques politiques et militaires d'une entrée en Belgique, il évoque, dans une réunion des chefs d'état-major du 30 avril 1936 (1), « une manœuvre du même genre que l'expédition de Salonique, mais peut-être d'envergure plus considérable ». L'amiral Durand-Viel, qui représente la Marine à cette réunion ne manifeste pas d'opposition. Il fait seulement remarquer qu'une telle expédition ne s'improvise pas ; il faudrait en commencer l'étude. Il va de soi que la liberté des mers devrait être assurée. Mais, dans la pensée des Français, il semble bien que ce point ne soulève pas de difficultés. On paraît compter à la fois sur la volonté politique de l'Angleterre d'intervenir et sur la puissance de sa flotte. Mais on ne voit nulle part qu'il ait été envisagé de vérifier si ces deux conditions étaient remplies.

La France ne se préoccupe pas beaucoup non plus de la Bulgarie, nation « révisionniste » dont on n'a rien à espérer (encore que Gamelin, en 1939-1940, ne semble pas avoir renoncé à obtenir au moins sa « neutralité bienveillante »). Tout au plus peut-on compter sur la solidarité de l'Entente balkanique pour la contenir, en cas de conflit général. C'est donc surtout la Yougoslavie et la Roumanie qui sont ici en question, et c'est pourquoi les dates significatives sont, avant mars 1939, celles de mars 1936 et de Munich. Il est inutile de souligner les répercussions de la crise de mars 1936 sur les petites puissances que la France s'efforçait de maintenir dans son alliance, mais les signes d'ébranlement se multiplient rapidement. En Roumanie, Titulesco, fidèle défenseur de l'alliance française, doit démissionner en octobre 1936. L'évolution est encore plus nette en Yougoslavie : les accords avec la Bulgarie et l'Italie (janvier et mars 1937), le voyage de von Neurath (juin 1937) sont autant d'échecs pour la politique française. En grande partie sous la pression de la Tchécoslovaquie, qui se sent très menacée, la France s'est efforcée, dans l'hiver de 1936-1937, de consolider la Petite Entente, en harmonisant les différents traités qui la liaient à ses membres et en obtenant qu'ils se lient entre eux par un traité d'assistance mutuelle. Mais aussitôt de multiples difficultés apparurent, notamment du côté de la Yougoslavie. A Paris, on reconnaissait à l'Angleterre une influence certaine

(1) *Documents diplomatiques français*, 2ᵉ série, tome II, n° 138.

sur le gouvernement yougoslave : si Stoyadinovitch était généralement qualifié de germanophile, on soulignait à chaque occasion que
le prince Paul était d'éducation britannique, et sensible aux suggestions du *Foreign Office*. Delbos, ministre des Affaires étrangères, fit
donc demander à Anthony Eden de soutenir ces projets d'accords
auprès du gouvernement de Belgrade. La réponse du secrétaire
d'Etat (2) est nettement décourageante. Ni la Yougoslavie, ni la
Roumanie, dit-il, ne se lieront par un pacte dont le but essentiel
est de venir en aide à la Tchécoslovaquie. Pour sa part, il est
convaincu de « l'impossibilité de convaincre la Yougoslavie de prendre des engagements qu'elle ne pourrait tenir et (de) l'inutilité de
conclure des accords qui ne répondent pas au sentiment profond
des pays intéressés ». Bien qu'ayant pris soin de présenter ces engagements comme une simple application de l'article 16 du pacte de
la S.D.N. pour, disait-il (3), « assurer à notre entreprise les sympathies britanniques », Delbos n'avait donc rien obtenu. Cette affaire
illustre bien le manque de solidarité totale entre Paris et Londres
dans les affaires balkaniques. La France sentait que ses alliés traditionnels lui échappaient parce qu'ils n'avaient plus confiance en
elle ; elle était incapable de lutter contre la concurrence économique
de l'Allemagne, attirant les pays du Sud-Est européen dans son orbite
politique par un habile système de troc, et elle s'efforçait de les
retenir par un appareil juridique. Non seulement l'Angleterre ne
croyait pas à l'efficacité de cette politique, mais elle partageait, surtout depuis le déclenchement de la guerre d'Espagne, les préventions
de la Yougoslavie et de la Roumanie contre l'U.R.S.S. et elle s'in-
quiétait du pacte franco-soviétique. Elle demeurait fidèle à sa position qui était de ne prendre aucun engagement à l'Est du Rhin et,
en ce qui concernait l'Europe orientale, de « conserver toute liberté
d'examiner les circonstances et les mérites du cas particulier qui se
présenterait » (4). On ne peut donc parler de collaboration franco-
britannique dans cette partie de l'Europe après la crise de 1936.

La crise de Munich n'apporte pas de réels changements dans ces
rapports franco-anglais. Du côté français, il est évident qu'après les
événements de septembre 1938, le trouble est profond. Comme le dit
R. Massigli, alors directeur des affaires politiques au ministère des
Affaires étrangères, c'est une « période de recueillement » qui
s'ouvre : il faut bien étudier les bases sur lesquelles établir notre
politique extérieure. Malheureusement, du moment qu'on ne se rési-
gnait pas à abandonner de plein gré toute l'Europe du Sud-Est à
l'Allemagne, les incertitudes antérieures subsistaient et les difficultés
demeuraient du même ordre, et accrues bien entendu par le désastre
diplomatique que venaient de subir les puissances occidentales. La

(2) *Documents diplomatiques français*, 2ᵉ série, tome IV, nᵒ 404.
(3) *Idem*, nᵒ 251.
(4) Chamberlain à la chambre des Communes, 5 novembre 1936, cf. *Documents diplomatiques français*, 2ᵉ série, tome III, nᵒ 471.

France s'efforça donc de ramener à elle des Etats plus ou moins réticents, et avec des moyens dérisoires. Partout, les problèmes étaient les mêmes. Sans doute, chacun redoutait-il une hégémonie allemande qu'on voyait se dessiner de plus en plus nettement (encore que l'idéologie nazie marquât de sensibles progrès, en Roumanie par exemple). Mais les petites puissances prévoyaient avec une crainte grandissante un affrontement entre les Grands; elles s'efforçaient surtout de se maintenir à l'écart et d'éviter tout engagement compromettant. Elles réclamaient, pour le moins, des Occidentaux, des moyens de préserver leur indépendance, en manifestant une double préoccupation. Elles demandaient à vendre à l'Ouest une part plus importante de leurs productions agricoles ou minières, pour échapper à un monopole des échanges avec l'Allemagne, et elles voulaient en même temps se procurer l'armement qui leur faisait cruellement défaut. Cette préoccupation était particulièrement aiguë en Yougoslavie et en Roumanie qui se fournissaient auparavant d'armes en Tchécoslovaquie, dans le cadre de la Petite Entente, et qui, de ce fait, dépendaient maintenant du bon vouloir de l'Allemagne. Etait-il possible de construire une politique franco-britannique sur ces données ? La France seule était incapable de répondre à ces demandes. Les achats de denrées dans les Pays balkaniques se heurtaient aux résistances des agriculteurs français, et du ministère qui défendait leurs intérêts immédiats. Une politique d'ouverture de crédits était impossible dans l'état de nos finances. Quant aux fournitures d'armes, elles ne purent qu'être dérisoires malgré les appels pathétiques venus de divers pays, par suite de la pénurie dont la France souffrait elle-même. Mais rien ne prouve qu'une tentative ait été faite pour mettre sur pied une politique commune dans ces domaines. Des recherches complémentaires permettraient-elles d'en trouver les indices ? On peut en douter car on constate que, dans d'autres domaines, il n'y a pas alors le moindre effort de coordination.

Sur le plan militaire, le général Gamelin, examinant dans une « note sur la situation actuelle » du 12 octobre 1938 les répercussions de la crise de Munich, arrivait bien à cette conclusion qu'il fallait un « accord étroit avec l'Angleterre », mais il n'envisageait aucune modalité pratique et ne présentait qu'un programme strictement défensif où n'était prévue aucune action dans l'Europe du Sud-Est. Un peu plus tard eurent lieu, à Paris, des conversations franco-britanniques (le 24 novembre). Daladier et Chamberlain y prirent part, et c'était la première fois qu'ils se revoyaient depuis Munich. Diverses mesures furent envisagées pour assurer une éventuelle défense commune, mais il ne fut à aucun moment question des problèmes du Sud-Est européen.

Sur le plan diplomatique, les positions demeuraient également figées. A la même époque, la Turquie, qui commençait à s'inquiéter, non seulement de la pénétration allemande, mais aussi des ambitions italiennes, sortait de sa réserve. Elle avait fait des avances à la France pour un accord éventuel, et elle suggérait un arrangement tripartite. Le *Foreign Office,* consulté par l'ambassadeur de France, lui répondit par une « note verbale » que Corbin transmit aussitôt à Paris (5) et dont les conclusions étaient les suivantes. Entre la France et l'Angleterre, les relations étaient cordiales ; il n'était donc pas besoin d'un engagement supplémentaire, « son utilité serait médiocre, sinon nulle ». Le gouvernement anglais émettait aussi des « doutes sérieux » sur l'intérêt d'un accord formel avec la Turquie, qui n'apporterait rien en ce qui concernaît les relations entre les deux pays, mais aurait un grave inconvénient, car il entraînerait sans doute un accord similaire avec la Grèce, ce qui serait mal apprécié par l'Allemagne et l'Italie. Elles y verraient des menaces d'encerclement pour la première, de front anti-italien en Méditerranée pour la seconde ; quant à y inclure l'Italie, cela aboutirait à un pacte méditerranéen dont l'Italie ne voulait probablement pas, et l'Angleterre non plus. Le *Foreign Office* concluait donc que ce pacte n'était pas désirable. La négociation en resta là. L'Angleterre professait alors que la prédominance de l'Allemagne en Europe centrale était inévitable (6) et qu'il serait vain de vouloir s'y opposer. Il fallait se contenter de défendre les positions à l'Ouest. Le gouvernement français était sans doute mal résigné à ce repli. Il l'accepta cependant et demeura tout l'hiver dans cette position équivoque.

La crise de mars 1939 marque le grand tournant. Mais ce qui change, c'est essentiellement la position britannique. L'étude de ce changement et son explication appartiennent au rapporteur britannique, M. Deakin, qui dispose d'autres sources que les documents diplomatiques déjà publiés. Ce qui importe ici, c'est de voir si les gouvernements français et anglais se sont concertés pour définir une position commune et adopter la même ligne de conduite.

Si l'on considère que le fait de s'informer mutuellement est une marque de coopération, celle-ci a effectivement existé. Les échanges de dépêches et de télégrammes, les visites d'ambassadeurs montrent qu'un contact étroit existe entre les deux gouvernements. Mais il n'y a pas eu au départ véritable concertation : c'est de Londres que viennent les initiatives, et Paris ne fait que suivre. Cela apparaît nettement dans l'incident qui est le point de départ de la garantie à la Roumanie. Le 17 mars, sur la foi d'une démarche du ministre de Roumanie, lord Halifax a cru à un ultimatum adressé de Berlin à Bucarest. Il a immédiatement pris l'initiative de demander aux voisins de la Roumanie dans quelle mesure et de quelle manière ils seraient disposés à coopérer à la formation d'un front commun pour la défendre ; il a informé en même temps Paris de ses démarches, qui devaient lui permettre de décider ensuite de sa propre attitude. Le gouvernement français a répondu aussitôt, en donnant son plein

---

(5) Dépêche n° 1060, du 20 novembre 1938.
(6) C'est ce qu'écrivait Halifax à son ambassadeur à Paris, le 1er novembre 1938, *Documents on British foreign policy,* tome III, n° 285.

accord : il était « prêt à collaborer avec le gouvernement britannique à un examen d'une action concertée des deux gouvernements ». Très vite, l'ultimatum allemand à la Roumanie a été démenti, mais Londres ne renonce pas à son initiative ; le *Foreign Office* émet alors la proposition d'une consultation commune des principales puissances intéressées à la paix pour s'opposer à toute nouvelle action de Hitler : bien que la Roumanie ne soit pas parmi les premiers pays consultés, c'est elle encore qu'il s'agit surtout de défendre, car on considère qu'avec son blé et son pétrole, c'est elle qui est la plus menacée. Pour le moment, cette initiative n'aura pas de suite : le gouvernement roumain la repousse précipitamment ; il ne veut pas se laisser compromettre par une démarche qui pourrait être interprétée en Allemagne comme une provocation, et il ne souhaite pas non plus coopérer de trop près avec l'U.R.S.S. Mais, dès qu'elle a été sollicitée, la France a donné, cette fois encore, son plein accord, sans observations ni réserves : Georges Bonnet en a informé lord Halifax lors du voyage qu'il a fait à Londres avec le président de la République, les 22 et 23 mars.

Londres ne reste pas sur cet échec. Le 27 mars, le *Foreign Office* charge son ambassadeur à Bucarest d'offrir à la Roumanie l'aide du gouvernement britannique, si elle est attaquée et si elle s'engage à se défendre ; la même offre sera faite en même temps à Varsovie. Mais les ambassadeurs ne devront entreprendre cette démarche qu'en accord avec leurs collègues français, et l'adhésion à cette nouvelle formule est aussitôt demandée à Paris. Il ne semble d'ailleurs pas que cette adhésion fasse le moindre doute à Londres, puisque dès le 27, il en était fait état auprès des deux ambassadeurs (« Le gouvernement français est d'accord pour faire une approche correspondante »), alors que c'est seulement dans la nuit du 28 au 29 que le télégramme l'annonçant est parvenu à Londres. Une difficulté venait de ce que l'Angleterre voulait subordonner sa garantie à la Roumanie à un accord polono-roumain que le colonel Beck, venu précisément en visite à Londres au début d'avril, refusait. Là-dessus, Mussolini occupa l'Albanie. Dès le 9 avril, le gouvernement de Londres se déclarait prêt à soutenir la Grèce, qu'il considérait comme menacée à son tour, et demandait à Paris s'il pouvait compter sur l'appui de la France. La réponse lui parvint aussitôt, sous la forme d'une promesse que, dans ce cas, la France déclarerait la guerre à l'Italie. Rien ne s'opposait donc à une déclaration commune de garantie à la Grèce de la part de la France et de l'Angleterre. Toutefois, Paris tint à annoncer en même temps la garantie à la Roumanie, pour que celle-ci ne demeurât pas dangereusement isolée ; Londres aurait au contraire souhaité attendre d'être éclairé sur l'attitude de la Turquie, car le conflit risquait désormais de s'étendre à la Méditerranée. L'insistance française l'emporta, et une déclaration commune, visant les deux pays, fut faite simultanément à Paris et à Londres le 13 avril.

Au long de cette crise, on constate donc qu'il y a eu réellement contact étroit entre les deux diplomaties. Mais, sauf sur le dernier point — le parallélisme des déclarations en faveur de la Grèce et de la Roumanie — l'initiative est toujours venue de Londres, et Paris a suivi. C'est la caractéristique essentielle de ces rapports.

Les développements de la situation faisaient maintenant de la Turquie un partenaire important. Depuis longtemps sollicitée par l'Allemagne qui y poussait son offensive économique et politique avec la nomination de von Papen à l'ambassade d'Ankara en avril 1939, elle l'était aussi maintenant dans l'autre sens : elle avait des liens assez étroits avec la Grèce et pouvait contenir la Bulgarie, éventuellement soutenir la Roumanie. De son côté, elle avait lieu de craindre les entreprises italiennes en Méditerranée orientale. La solidarité franco-britannique pouvait donc se manifester sur ce terrain. De fait, tant à Paris qu'à Londres, on s'efforça de mettre sur pied un pacte d'assistance mutuelle anglo-franco-turc. La meilleure formule eut été celle du pacte tripartite, et elle parut un moment sur le point de se réaliser. Mais tout échoua au dernier moment, devant les exigences turques à l'égard de la France : Ankara demandait en effet la cession immédiate du Sandjak d'Alexandrette, qui faisait toujours l'objet de négociations. Paris répugnait à cet abandon, après les récents échecs diplomatiques. Malgré les conseils pressants de R. Massigli, ambassadeur à Ankara, le quai d'Orsay temporisait ; le gouvernement turc refusa de s'engager dans ces conditions, et finalement, c'est seulement une déclaration anglo-turque qui fut signée le 12 mai. Si la solidarité des démocraties n'a pas joué dans cette affaire, c'est donc essentiellement par suite des conditions particulières des relations franco-turques.

Désormais, les problèmes balkaniques passent d'ailleurs quelque peu au second plan, car la menace s'est précisée du côté de la Pologne, et la grande négociation qui préoccupe les chancelleries occidentales est celle qu'elles entreprennent avec l'U.R.S.S. La Roumanie paraît maintenant moins menacée. Bien qu'elle soit intéressée directement au problème du passage éventuel des troupes soviétiques sur son territoire, elle n'est pas mêlée à la discussion : on évite d'ailleurs de lui poser une question à laquelle on sait que la réponse sera négative. Aucun effort commun ne semble non plus avoir été tenté sérieusement du côté de la Yougoslavie, dont le manque de réaction devant l'entrée des Italiens en Albanie a été jugé très décevant aussi bien à Paris qu'à Londres, et qui s'en tient à une attitude équivoque, montrant qu'elle cherche surtout à ne pas mécontenter les dirigeants de l'Axe.

Sur le plan diplomatique, l'action franco-britannique se borne donc aux garanties à la Grèce et à la Roumanie, dues à l'initiative anglaise. Mais ces garanties, de même que le rapprochement avec la Turquie, n'avaient de signification que si les Occidentaux pouvaient les appuyer sur une force réelle. En fait, lors du tour d'horizon du 22 mars, Chamberlain avait admis que ni la France ni l'Angleterre ne pouvaient apporter d'aide directe à la Roumanie. Leur assistance prendrait la forme d'une pression sur les frontières occidentales de l'Allemagne. Mais une telle éventualité ne satisfaisait aucun des pays du « bloc balkanique » qu'on s'efforçait de constituer. Chacun d'eux demandait une aide plus substantielle, et surtout du matériel, à fournir immédiatement (car comment parviendrait-il aux pays intéressés, une fois les hostilités commencées ?). Sur ce plan, les Occidentaux étaient bien embarrassés pour répondre, car ils étaient aussi démunis l'un que l'autre ; leur collaboration ne pouvait pas aller très loin. A la suite de la mission du général Weygand en Turquie et en Roumanie, aussi bien que des demandes qui venaient de Grèce, le général Gamelin était certainement informé du prix que nos partenaires attachaient à ces livraisons : le 16 mai, il demandait à Daladier d'obtenir la contribution des Anglais et de créer un organisme commun qui répartisse les commandes. En fait, la France livra quelques matériels à la Turquie et à la Roumanie ; l'Angleterre leur ouvrit quelques crédits d'achat de matériel. Mais là encore, il n'y a pas de politique commune et il ne pouvait sans doute pas y en avoir.

On se préoccupait cependant d'organiser ce « front balkanique » dont la Turquie paraissait de plus en plus devoir être la clé de voûte. Après l'échec de la négociation d'un traité tripartite franco-anglo-turc, les conversations reprirent. Entre la France et la Turquie, elles aboutirent à l'arrangement du 23 juin qui réglait la question du Sandjak et permettait ainsi d'ouvrir une négociation plus large. Entre l'Angleterre et la Turquie, se discutait un « accord intérimaire », dérivé de la déclaration du 12 mai. On en vint bientôt à une discussion tripartite, mais qui ne devait aboutir à un traité d'alliance qu'en octobre 1939. En même temps, France et Angleterre entamaient à Ankara des discussions militaires d'ordre technique, mais là encore, la collaboration n'était guère assurée. En effet, on s'était bien mis d'accord sur un schéma général, attribuant aux Britanniques le commandement en Méditerranée orientale ; mais en juillet, le général Hutzinger, envoyé en mission en Turquie, convenait que ce front n'existait que « sur le papier ». C'est d'ailleurs à ce moment que Chamberlain proposait à Daladier d'envisager, en période de guerre, la création d'un Conseil suprême interallié, pour coordonner les efforts dans tous les domaines. Daladier répondait en suggérant que, dès le temps de paix, soit créé un comité d'études interallié : il pourrait préparer l'étude des plans communs, la mise sur pied de missions, l'organisation de théâtres d'opérations extérieurs. Mais rien de tout cela ne fut réalisé avant le début des hostilités.

Ainsi, il est difficile de parler de véritable coopération franco-britannique dans les Balkans entre 1936 et 1939. Jusqu'au « coup de Prague », la France seule s'efforce de faire face au dynamisme allemand dans cette zone de l'Europe. Prise d'ailleurs dans de multiples contradictions, extérieures et intérieures, manquant d'une ligne de conduite ferme et de moyens d'action efficaces, elle n'y parvient pas. A partir de mars 1939, c'est, au contraire, la politique britannique qui se montre active ; Londres prend des initiatives, et Paris suit. Mais les résultats demeurent extrêmement précaires et lorsque les hostilités s'engagent le front balkanique dont on a rêvé à Paris comme à Londres n'est nullement constitué.

ANGLO-FRENCH POLICY
IN RELATION TO SOUTH-EAST EUROPE
1936-1939

M. F.W. DEAKIN
*Président du Comité britannique d'Histoire de la
Deuxième Guerre Mondiale*

La politique franco-britannique et l'Europe du Sud-Est (1935-1939). —
Après la remilitarisation de la Rhénanie, les Français et les Britanniques
adoptèrent une attitude de passivité à l'égard de la pénétration de l'Italie
et surtout de l'Allemagne en Europe du Sud-Est, région qu'ils considéraient comme une zone de « vide colonial ». Ils ne revinrent à une
politique active qu'à partir de mars 1939, cherchant alors à bâtir une série
de pactes d'assistance mutuelle avec les Etats balkaniques et négociant
parallèlement avec l'U.R.S.S. et la Turquie. Mais l'édifice était fragile
(tout comme celui qu'avait envisagé Barthou en 1934) et il s'effondra à
l'annonce du pacte germano-soviétique.

I. — Part one : to March 1936

A. — *Preliminary remarks.*

(1) Although the concept " Southern-Eastern Europe " has no
unity in strictly historical, political, geographical, or strategic terms, it
can be treated for the purposes of this paper as comprising the states
of Yugoslavia, Roumania, Bulgaria, Greece, and Albania, and the
stages of German (and Italian) expansion eastwards and south-
eastwards during the late 1930's justify the use of such a geographical expression as representing the last remaining regions in the
marches of Eastern Europe as yet not under direct Axis control.

The whole region from the Baltic to the Black Sea, comprising
the new states of Poland, Czechoslovakia, and Yugoslavia ; the
rewarded allies of the Western Powers, Roumania a·1d Greece ; the

revisionist defeated states of Hungary and Bulgaria, and the truncated Austrian republic, represented the "unfinished business" of the Peace Treaties of 1919-1921. The area was essentially a political void in the new balance of power in continental Europe and marked by the absence of the traditional German influence (until 1933) and of Russian interests (until 1939) (1), and by the consequences of the break up of the Austro-Hungarian, German, and Russian Empires.

The dangers of the existence of this 'void' to the future security of the Versailles system in these regions, with specific reference to the South-Eastern sector — the areas bordering on the Middle and Southern stretches of the Danube, and the shores of the Adriatic and Eastern Mediterranean — had emerged with alarming fatality by the 1930's (1).

(2) Within this Baltic-Danube-Black Sea region, there was no natural bloc that could be formed. The area was marked by innate divisions, the threats of future pressures without the historical traditions of a 'Third Force', but exposed to the temporarily suppressed imperial designs of neighbouring powers.

Attempts at regional pacts and federations were hampered by national rivalries, unresolved territorial claims, between the successor nations, by the divisions between revisionist and 'Versailles' states, the inevitable clients of the victors and the vanquished of 1918. (The Little Entente formed by Czechoslovakia, Roumania, and Yugoslavia in 1921 was aimed at prevening Hungarian revionism and an Austro-Hungarian restoration — and prompted by an ephemeral French design in 1919-1920 for such a combination. The Balkan Entente of 1934 was formed by Yugoslavia, Roumania, Greece and Turkey and aimed at Bulgarian revisionism. Poland refused at any stage during the post-war years to join the Little Entente and her loose treaty association with Roumania was aimed solely against eventual Russian moves).

B. — *The conditioning factors of French and British policy.*

These sprung from contrasting interpretations of the future of European security as expressed, or left unexpressed, in the Versailles

(1) The debates in the French chamber in September 1919 reveal significant warnings : " *La balkanisation de l'Europe danubienne* [...] *Dans la carte politique de l'Europe, les nouveaux états danubiens sont une zone de faiblesse, un « trou » vers lequel peut se diriger une poussée allemande. Enfin, dans ce règlement européen, la Russie reste « absente ».* [...] *La France a perdu le « contrepoids » qu'elle possédait avant 1914 contre l'Allemagne, et ne doit compter que la Pologne puisse en tenir lieu suffisamment ; elle peut même craindre une alliance future entre l'Allemagne et la Russie.*" (See Professor Pierre Renouvin, *Le Traité de Versailles*, Paris, Flammarion, Questions d'histoire, p. 127).

settlement, and in the League Convenant. [These general propositions are too familiar to be set out in this paper]. In regard to South-Eastern Europe, Franco-British policies are an indirect reflection of their mutual relations and divergencies of view in relation to the balance of forces in continental Europe after 1919.

(1) Britain and South-East Europe.

British attitudes to the creation of the new states in Eastern Europe, Poland, Czechoslovakia and Yugoslavia and to the territorial expansion of Greater Roumania had been benevolent and cautious.√ (Representatives of these "nationalities" had formed influential lobbies in London (Professor R. W. Seton-Watson and Mr Wickham Steed) as in Paris and Washington). Britain had accepted the Versailles √ veto on an Austro-German union, and the Allied conditions imposed upon Hungary and Bulgaria. British policy was opposed to any specific commitments to preserve the peace settlement in Eastern √ Europe outside the articles of the League Convenant. Britain was not favourable in principe to regional pacts or conventions, and displayed little interest in the Little Entente or the Balkan Pact.√ The main centre of diplomatic contact with representatives of these √ South-Eastern countries was Geneva. The British diplomatic posts in the region were of minor rank. During the years 1919-1938 there were no state visits to or from the Balkan capitale, or missions of √ senior members of the British governments or of the statesmen of these countries to London. Apart from the League meetings, there was no direct contact on either side except at routine diplomatic level (An exception was the funeral of King George V on 20 January 1936 — a solemn occasion for vague diplomatic soundings).

Britain had, therefore, no specific or individual treaty obligations in South-Eastern Europe, and her commercial interests, e.g. in Yugo- √ slav minerals and Roumanian oil, were marginal. Her general concern was with the political and economic stability of the area. [but not status quo]

(2) France and South-Eastern Europe.

The guarantees to French security against a German revival were limited by the Locarno Pact signed in October 1925 (Britain, Italy, and Germany) in the West, to a military convention with Belgium (2), and to a temporary occupation of certain German territories of the left bank of the Rhine.

In Eastern Europe, France, unlike Britain, established the bases of an alliance system, directed against any future threat of German moves to reclaim lost territories of strategical and racial significance (Upper Silesia : Sudetenland) ; of Russian bolchevisation spreading

(2) Signed 7 September 1920.

in those regions ; and above all as the elements of a defensive front
to defend the Versailles structure in event of a German-Russian
understanding, initiated already in 1922 at the Treaty of Rapallo, and
during the following years in secret military agreements.

Poland was the key to this French skeleton structure and a
Franco-Polish Treaty was signed on 19 February 1921, which included
a military convention defining mutual assistance in event of aggression (3). By origin this pact was the logical result of the abandonment
of the Western Allies of interventionist plans in the Soviet Union,
but by 1925 came to be regarded in certain French political circles
as a possible main link in an Eastern Locarno (Ironically, Franco-
Polish misunderstandings were to start at this time as the Poles
regarded the Locarno Pact as a sign of Anglo-French abandonment
of the East to Germany).

A similar Treaty was signed by France with Czechoslovakia in
February 1924 and a specific mutual guarantee in the following
year, linked to the Locarno agreements.

In June 1926 a general guarantee was accepted from France by
Roumania, and in November 1927 a Yugoslav-French Treaty of
Friendship was ratified. Neither of these two latter pacts contained
military conventions. but ex change of letters

By 1928 France had assumed precise military and political obligations towards Poland and Czechoslovakia, and a paternal relationship with Roumania and Yugoslavia. Unlike Britain, France showed,
in general, a more positive concern with the affairs of the Little
Entente powers.

(This Eastern system has been often and inaccurately referred
to by historians and propagandists as a *cordon sanitaire* directed
primarily against Bolshevik penetration of Europe from the East.
This subject needs much more careful and objective study, as does
the implications of these links — the main exceptions of Poland and
Czechoslovakia — in regard to Franco-Italian relations).

C. — *Franco-British reactions after Hitler's take over of power (January 1933) to the German re-occupation of the Rhineland
(March 1936) — in regard to South-Eastern Europe.*

These must be briefly summarized. Britain was exclusively concerned with promoting the Disarmament Conference at Geneva and
seeking a 'reasonable' compromise with Hitler's future intentions.
Successive British statesmen, with mounting conviction and self-
assurance, elaborated a series of concessions or rather pronounce-
ments of disinterest in certain German claims to equality in European

(3) A further Franco-Polish pact was negotiated in 1925.

affairs and to revise certain 'injustices' in the Versailles settlement. The underlying assumption of early British policy towards Hitler was that there existed an innate reasonableness in most of the German demande presented with skilful selection and timing, and that a fair attitude, which British leaders were peculiarly endowed to compre- hend and promote, would remove any threat to the existing European order, and, at the same time, to the recognized needs of French security. In any event, Britain was not committed except to the Locarno Pact and the League Convenant.

On the French side, the sense of the national insecurity was paramount and obsessive. The limitations of British support in event of a major crisis in Europe impelled France, after 1933, to consider two national allies on the continent : Italy and Russia, and any approaches to either or both of these powers involved the situation in Eastern and South-Eastern Europe, and equally reflected on to Franco-British relations generally.

In January 1934, Louis Barthou became French Foreign Minister, and quickly realized the weaknesses of the French position. A personal tour of Eastern Europe revealed the extent to which the 'alliance system' of France bore little real content.

With the exception of Czechoslovakia, no state with whom France had treaty relations was prepared to stand by their varying obliga- tions, least of all the 'model' ally Poland who had taken the first steps towards a rapprochement with Hitler Germany in January 1934. Barthou evolved an ambitious plan of en Eastern Locarno based on a Franco-Soviet pact in its turn dependent on prior Soviet agreements with Poland and Roumania (Czechoslovakia was prepared to support French moves in this direction and to supplement them). This diplo- matic action was then to be crowned by the admission of the Soviet Union to the League — an act which would at the same time preserve British obligations to France under the Locarno Pact of 1925 within the frame of the Convenant.

Franco-Soviet feelers had been made before Barthou's accession to office and without the knowledge of Britain (4).

On 9-11 July 1934 Barthou visited London having previously sent via M. Corbin, the French Ambassador, a draft plan for an Eastern Locarno (5).

The first and central British reaction was that Germany must

---

(4) Lord Tyrrell, British Ambassador in Paris, reported to London on 8 January 1934 : " During recent visits to the Ministry for Foreign Affairs. I have more than once endeavoured to find out what exactly has been passing between France and the Soviets [...]. I hardly expect the French government to take us into their confidence until some thing, whatever it may be, has taken definite shape ". (British Documents on Foreign Policy, Second Series, Vol. 6, page 263).
(5) See B.D.F.P., Vol. 6, pp. 803-22.

be invited formally to adhere to such a pact as "a necessary element of reciprocity", and that the series of agreements proposed should be linked with German equality of rights in armaments. Neither party was open and sincere in these discussions. The British government was opposed to regional conventions, but agreed to approach Berlin, Warsaw, and Rome (as a signatory of Locarno). She hoped for negative reactions and to obstruct an eventual Franco-Soviet pact. Barthou hoped to complete an Eastern Locarno before dealing with German claims en re-armament (6).

The only enthusiastic support for the Barthou plan came from Czechoslovakia and Roumania. Poland was hostile : "Can't you see it, a Russo-German war and Russian troops demanding passage through our territory ? That is just the way the partition of Poland began" (7).

By September the plan of an Eastern Locarno was dead, but Barthou had succeeded in gaining the entry of Russia in the League (16 September 1934), and turned to his parallel 'operation' of winning the acquiescence of Italy to a revised Franco-Soviet pact, to be linked ambitiously with a Mediterranean Agreement. France and Italy shared a common interest in the independence of Austria. Italy was concerned at recent German moves towards creating a favourable climate in Vienna for an *Anschluss*. Such an action would give Hitler a central base for the political and economic penetration of the Danube valley.

(In event of a European crisis, the only military route, since the evacuation of the Rhineland in 1930, for the French to link up with an Eastern Front — in particular Czechoslovakia — was through Austrian territory).

The extent of the gap between British and French attitudes at this moment in 1934 is revealed in the minutes of a meeting of the British Cabinet on 25 September 1934 (8). The British delegation at Geneva had declined to take any part in the discussions there between France and Italy, with a view to a guarantee of Austria : "Italy wanted the proposed guarantee in order that she might have a free hand, when the time came, to go into Austria. She had hitherto refused to allow Yugoslavia to participate in the discussions [...]. If another revolt occured in Austria, Italy might march in, Yugoslavia would do the same, and this might well be the start of a general conflagration." The British must maintain their influence with Mussolini, and at the same time not undertake any commitment regarding Austria. Every effort should be made "to bring about better relations between the members of the Little Entente, and

(6) This whole subject has been admirably studied by W.E. Scott, *Alliance Against Hitler,* Duke University Press, 1962.
(7) Jules Laroche (French Ambassador in Warsaw), *La Pologne de Pilsuski,* Paris, 1953, p. 170. (Conversation with Count Szembeck).
(8) CAB 23/79, Cabinet 32 (34) of 376-8.

particularly between Yugoslavia and Italy. Could it not be pointed out that, if Austria collapsed, the whole Danubian settlement would be in the melting pot ?"

The Foreign Secretary (Sir John Simon) was satisfied that it was most important for us to maintain close contact with Mussolini, and the problem was "how to keep him in such a of mind that he would be prepared to consult us before taking action, and in any case do nothing violent on his own."

L. Barthou would have agreed with the last statement, and intented to visit Rome in mid-October. But this next move was an attempt to act as mediator between Yugoslavia and Italy, and the French government extended a formal invitation to King Alexander to visit France. The Yugoslav Royal party landed at Marseille on 9 October 1934. The King and L. Barthou were shot down by an assassin trained in Hungary, hired by the Croat terrorist organisation — the Ustashia —, the main internal enemies of the united Yugoslav state, whose leaders were in exile partly in Italy, in Austria, and in Berlin.

The blow to French prestige through Europe was harsh and deliberate. But in what quarters lay the responsabilities and with what aims ?

The British Cabinet met on the following day, 10 October 1934 (9). It was as yet "too early to estimate the probable outcome of the shocking events at Marseilles." The Yugoslav press was being abusive against France just as it had been recently in regard to Italy.

If the Yugoslav kingdom shows signs of breaking up, the Italian government might act. "At the moment there was nothing useful that we could do, and he [Sir John Simon] had already conveyed to the French and Yugoslav authorities the condolences of EMG on the deaths of Barthou and King Alexander. "

The immediate reactions of British and French leaders to this tragedy were disreputable, and the long term repercussions disastrous to the position of France and Britain in Central and Eastern Europe.

On 1-3 February 1935 Flandin and Laval came to London for talks with the British government. The new French leaders, in particular Flandin, hoped to tighten the Franco-British alliance and reach a common European policy.

These discussions were summarized in an Anglo-French Declaration dated 3 February. This document proposed "a general settlement freely negotiated between Germany and the other Powers [...] (It) would make provision for the organisation of security in Europe, particularly by securing mutual assistance in Eastern Europe and

(9) CAB 23/80, Cabinet 34 (34) of 28-9.

the system foreseen in the Rome 'procès-verbal' for Central Europe (a) (10).

A cautious proposal was announced for an Air Pact limited to the West only, and implied direclty a marked division of the European security interests of France and Britain as between West and East to the detriment of any defensive considerations in Eastern or South-Eastern Europe.

As Sir John Simon told the German Ambassador in London, on the eve of these Franco-British talks : "The spirit of Barthou no longer reigned in the Flandin-Laval cabinet and use must be made of this opportunity. The British government would strive to make 1935 the year in which all problems were resolved (11).

One of the convictions held by Sir John Simon in dealing with Germany was that Hitler would still need international agreement in proceeding with German re-armament, and that no pretext must be afforded him to take unilateral action on the grounds that the French and British were considering a policy of encirclement in the East.

As a cautious concession to French pressure to strengthen the Franco-British entente a modest British White Paper on British re-armament was issued on 4 March 1935. Six days later, on 10 March, Goering, on the ironical pretext of supporting the proposed Western Air Pact (announced the militarization of German aviation. On 16 March Hitler declared the introduction of conscription in Germany and the expansion of the Reichswehr to 30 divisions.

This calculated and revolutionary act produced, as it was intended to do, an element of confusion and dissension between Paris and London. The French had already increased military service to two years on 12 March in step with the British White Paper — thus affording Hitler his 'excuse' for proclaiming conscription. The League council was summoned to debate the issue of German re-armament. Simon insisted on continuing with a planned visit to Berlin together with Eden (25-26 March 1935), to the indignation of the French (12).

The British were, however, no longer prepared to object to an eventual Franco-Soviet Pact. At the League meeting, Titulescu, the Roumanian Foreign Minister and spokesman of the Little Entente, urged Laval to hasten the completion of this agreement : "If France does not do so, Roumania and all the small states of the Danubian region would have to submit to dictation from Germany and follow

---

(a) The proposed 'Danubian pact' aired during Laval's visit to Rome (4-8 January 1935).

(10) *Documents on International Affairs* (Chatham House), 1935, I, pp. 25-7.

(11) Simon to Dr Von Heesch, 10 January 1935 (*German Foreign Documents,* III, p. 797-8).

(12) " French resentment against England [...] is primarily based on the French belief that Simon's visit to Berlin after Hitler's declaration had violated the consultation agreement with France ". (Dispatch from the American Minister in Berne, 21 March 1935, *Foreign Relations of the United States,* 1935, I, p. 204.

the German line rather than the French to save themselves from German oppression" (13).

Having assured the British that "a Franco-Soviet agreement must not only be subordinated to the working of the Covenant but also of the Locarno Treaty" a draft Treaty of Mutual Assistance was initialled in Paris between France and Russia on 2 May 1935 (14).

The pact was not ratified by the French Chamber until 27 February 1936, and without a military convention proposed by Moscow.

The logical collorary, in French government circles, particulary Laval, was to mach this commitment with a Franco-Italian-British agreement protecting the *statu quo* in the Mediterranean, and by a separate Franco-Italian secret military agreement to protect Austria against Hitler and bar the Danube valley, in event of a crisis, to German expansion (15).

The main official British reaction to these developments was to gamble on an understanding with Mussolini, and to manœuvre Italy out of the German orbit in Europe. Such an alignement, coupled with sympathetic reactions to German intentions as construed by Simon after his Berlin visit in March 1935, formed the essence of British policy throughout the following year.

There is little mention in the British documents of any such reactions, but the crisis over sanctions both obliged the British government to seek a definition of her vital and essential interests as a Great Power, and, in South-Eastern Europe, contributed to a reluctant acceptance of the weakness and indifference of France and Britain to the affairs of these countries. The Little Entente Powers at Geneva joined in the initial imposition of sanctions against Italy, but, especially in the case of Yugoslavia, were deeply alarmed at the lack of any firm guarantees of Franco-British support in event of sanctions leading to war with Italy.

A symptomatic incident was the delivery of a British *aide-mémoire* to the Yugoslav government on 4 December 1935, asking to what extent Yugoslavia would afford military assistance in such an event. The answer given by Stoyandinović, the new Yugoslav Prime Minister, was pointed: "We have followed British and French advice and considerably improved our relations with Italy.

(13) Titulescu to the American representatives in Paris and Moscow (6 and 9 April 1935), State Department Archives 751-61/191, quoted by Scott, *op. cit.,* p. 243.

(14) Telegram from British Ambassador in Paris, 27 April 1935, quoted in *British Blue Book,* CMD 5143, p. 25-6.

(15) Simon's note on his Berlin visit in his book *Retrospect,* Hutchinson, 1952, p. 202-3 : " The practical result of our Berlin visit is to establish that greatly desires a good understanding with Britain, but that she is determined to go her own course in re-armament, that she expects in time to get all Germans within her borders including Austria, that she does not fear isolation, and has no intention of Joining collective security ".

A step of this kind, by us, would spoil all this work. Who will then defend us against Italy ? Further, we cannot make such a statement without consulting the states of the Balkan pact". (Roumania and Greece).

The Yugoslav Ambassador in Paris, M. Puric, in a private dispatch, put the issue more charply : "England does not offer us any assistance either on land or sea [...]. The French have said nothing about this to us. Actually, they show us a particulary unobliging attitude as far as re-armament is concerned".

The appreciation of the Yugoslav General Staff to their government was laconic : "Request war material, financial aid, and assistance on the sea from England. Establish the attitude of the Little Entente and the Balkan Pact. Avoid all provocations against Italy". (February 25, 1936) (16).

The only reference in the British Cabinet Minutes to these questions is at a meeting on 4 December 1935 — the date of the instructions given to the British Minister in Belgrade. It was agreed "to approve the principle of some assistance being given to countries, such as Yugoslavia, whose trade was heavily hit by the application of sanctions..." (17).

The militarisation of the Rhineland by Hitler.

On the morning of 7 March 1936 the French, British, and Italian Ambassadors in Berlin were summoned to the German Foreign Ministry and handed a memorandum. This document denounced the Locarno Pact of 1925 and proposed the negociation of a new Treaty based en equality of rights.

Military directives had also been issued on 2 March, and carried out during the course of 7 March, for the German military occupation of the Rhineland.

The Locarno security system in the West was dismantled at one blow. The Rhine represented henceforward the threatened defensive frontier of France.

The Versailles Treaty and the League Covenant were engulfed in the same process of disintegration. France had lost her military superiority in Europe, and was deprived of her ability of rendering any support to her allies in Eastern Europe, Poland and Czechoslovakia. The French military leaders, especially General Gamelin, began to consider, in vague terms, the creation of a Salonika Front (18).

(16) For details, see J.B. Hoptner, " Yugoslavia as Neutralist, 1937 ", *Journal of Central European Affairs,* July 1956.
(17) CAB 23/82, 51 (35) 1, 4 December 1935.
(18) Meeting of the French Chiefs of Staff, 30 April 1936, quoted by Professor Maurice Baumont, *Les origines de la Deuxième Guerre Mondiale,* Paris, 1969, p. 233.

Any attempts to take preliminary action in this direction must be subordinated to securing if not the friendship, at least the neutrality of Italy in the Eastern Mediterranean and South-East Europe.

The British government, bent on seeking to discuss the territorial limits of future German expansion in Europe and coaxing Hitler into a new peace pact, also accepted the French thesis of an accord with Italy.

These diplomatic moves reflected a lack of political realism, and a neglect of military precautions, which in turn engendered an infectious spirit of fatalistic neutralism both at Geneva, and in the European capitals.

II. — Part two : March 1936 - November 1938 (19)

In the British Cabinet papers in little reference to events in Eastern and South-Eastern Europe, and Franco-British consultation in regard to these regions, during the 'Locust Years' (1936-1938).

The denunciation by Hitler of the Locarno Pact and the steps taken to militarize the Rhine frontier of Germany led to a certain re-appraisal of British interests as seen from London.

One direct result of this German move was the abandonment of sanctions, and the expressed intention of repairing relations with Italy.

The British Cabinet met on 23 June 1936, to consider a memorandum from the Chiefs of Staff. This report was summarized in the minutes : "Our interests lie in a peaceful Mediterranean, and this can only be achieved by returning to a state of friendly relations with Italy [...]. One of the objects of raising sanctions is to enable us to withdraw our extra forces at present in the Mediterranean [...] which will permit us to be more ready to defend our interests at Home or in the Far East..."

"Although we want a friendly Greece and Turkey, it is most desirable that... [this] will not increase or perpetuate tension. This applies with even greater force in the case of Yugoslavia, which is very weak and where purely British interests are small".

Greece, Turkey, and Yugoslavia were anyway presumably covered by Article 16 of the Convenant. The Chiefs of States objected to "the assumption of any new commitment in the Mediterranean".

The Foreign Secretary was about to go to Geneva and "would frame his remarks [...] in such a way as to avoid provocation to Italy while reassuring Turkey, Greece and Yugoslavia".

(19) This section consists mainly of selected and summarized British Cabinet documents and constitutes a very preliminary draft.

Such and attitude was convenient to all parties concerned. The 'void' of South-Eastern Europe was a fiction to be maintened : Germany in view of her plans for the economic ressources of the region which would preserve her from the effects of sanctions or blockade ; Italy as her 'natural' field of influence ; France and Britain in order to avoid further political and military commitments, and to secure Italian benevolence.

not so much TV

The year 1937 in South-Eastern Europe was marked by the acceleration of German economic penetration into the Balkans linked to the stockpiling of the strategic war materials (e.g. Roumanian oil, Yugoslav bauxite, copper and chrome) ; the increasing fragmentation of the Little Entente as a possible focus of support to the Western Powers, and as an organisation for regional defence : the development of a policy of re-insurance or active alliance with the Axis powers of the countries concerned ; and the passivity of France and Britain (20).

no real consideration of Blum's efforts

Between the German annexation of Austria, marked by the military occupation of 10 March 1938, and the signature of the Munich Agreements (21) on 29 September, the British government gave no indications that South-East Europe represented an area of active political, military, or diplomatic concern. The basic assumptions of this attitude (it can hardly be called a policy) remained at least constant : (a) concessions to Berlin of 'legitimate' territorial claims based on considerations of uniting the German populations of Austria and the Sudetenland with the Reich ; (b) the admission of the 'fair' strategic implications of such expansion in the interests of *German* security ; (c) the preservation of the 'void' in South-Eastern Europe as a 'natural' field of German economic interests as a major industrial power, together with the secondary consideration that Italian political ambitions in the Danube and Balkan regions, if respected by Hitler and frequently proclaimed as an Italian zone of influence, would be tacitly admitted as reasonable (and also circumscribed by the commitment of exploiting Ethiopia).

The realities of the strategic situation in Eastern Europe, created by the *Anschluss* and Munich, were omitted from such a political appreciation (22). *< strategic situation in W. Eur.*

---

(20) Léon Blum as French Prime Minister in 1936 attempted to strengthen the French agreements with Yugoslavia. He was told by his Yugoslav colleague : " We are compelled to reckon with the German danger, which you have permitted to grow and flourish ". Blum added, before the post-war French parliamentary enquiry, that the question was every where the same : " Now that Germany occupies the Rhineland, would you come to our rescue if we are threatened ? » French relations with the countries concerned were good " but something was broken — a principle — confidence ". (*Les événements survenus en France de 1933 à 1945*, I, pp. 126-8).

(21) The repercussions of Munich in East Europe are only touched of indirectly in this paper.

(22) See the remarks of the Yugoslav Ambassador in Paris, M. Purić in a

In May 1938 the British Foreign Secretary had prepared a paper for the Cabinet on "the more important results of German domination in Central and South-Eastern Europe" as a result of the *Anschluss* (23). This document stated that is way very much a British interest "that Germany should not attain a virtual hegemony in Europe" and all the more so as, at some stage, the Western Powers might be ready to concede colonial territories to Germany "in which case her predominance in Europe would be even more dangerous to us than if she were still to be deprived of any colonial territory".

The British government should therefore, as explained in this Cabinet paper, make an effort to counteract Germany's advance into Central and South-Eastern Europe "if, indeed, it was not considered vital to our interests. But such action is not and should have hat the appearance of being designed to create an anti-German bloc. Such a bloc could in reality be organised if this country, and perhaps France, were ready to grant military guarantees, which clearly they are not".

The British objective should therefore be to indicate that "this area of Europe shall look specifically to this country, and generally towards the Western Powers, rather than feel obliged, in default of any other point d'appui, to allow itself to be exploited by Berlin".

An Inter-Departmental Committee was set up as the result of this memorandum by Lord Halifax "to consider the technical aspects of the question". This body did not issue an Interim Report until 26 October 1938 (24).

This report, couched in cautious language, can be paraphrased in simple terms. The countries concerned acceded free exchange and credits. Their exports were of little interest to the British market; their imports from British amounted to less than £6,000,000 annually and "in several countries there has been an accumulation of unpaid trade debts". It might be possible to modify quotas and increase imports from the area (e.g. Greek tobacco and currants; and Roumanian wheat and oil; although British interests controlled 40 % of the latter production, imports to the United Kingdom were falling).

The British government might also consider credits on a "frankly non-commercial basis". This would be only a temporary palliative: "the real solution is to be found in an increase of normal trade".

dispatch to Belgrade (1 October 1938): " if Chamberlain keeps on as he is doing we will reach an era when war will not be waged at all because he intends to solve the question of colonies, Spain, and the Mediterranean by a policy of giving to Hitler so that he does not take it by himself ". (Quoted by J.B. Hoptner, *Yugoslavia in Crisis (1934-1937)*, 1962.

(23) CP 127 (38).

(24) Attached to CP 257 (28) CAB 24/280.4077. A footnote defined " South-Eastern Europe " as Bulgaria, Greece, Hungary, Roumania, Yugoslavia. " In view of recent developments Czechoslovakia has been excluded from consideration in this report ".

On the other hand, this report stresses that each country concerned required credits essentially for the purchase of war materials (in the case of Greece for coastal defence, anti-aircraft guns and aircraft). The British agencies concerned were, however, debarred by statute from sanctioning such requests.

Even the contemplation of large scale commercial credits depended on increased imports from the arca "to keep up our influence in that part of Europe so far as this depends on commercial, as opposed (sic) to military or politicals, factors".

This interim Report formed the basis of a cabinet memorandum drafted by the Foreign Secretary on 10 November 1938 and submitted to the Cabinet on 16 November (25). The paper was entitled " Some political implications of the Anschluss and the recent incorporation by Germany of the Sudeten districts of Czechoslovakia".

The basic assumption of this paper was that "Germany now has 80,000,000 inhabitants, and it is natural that she should increase her trade. Central and South-Eastern Europe clearly provides the most convenient direction [...]. Trade between industrial Germany and predominantly agricultural Central and South-Eastern Europe is complementary and therefore mutually beneficial".

The issue now was whether there should be a limit to German economic monopoly of these countries, and what means, if any, were at the disposal of the British government "to stop Germany from realizing the greater part of her ambitions in this area". Alliances and military conventions would "lead directly to war". Greece and Turkey were possible allies in such an event, but little reliance could be placed on the others. The only alternative course would be massive commercial credits which might affect "the goodwill of the Dominions" (e.g. in the case of Roumanian wheat). Britain could only pursue very limited objectives.

The whole tone of this Cabinet paper reflects the underlying assumptions of the British policy that the Munich compromise represented the limits of German political and strategic aims ; that South-Eastern Europe was a legitimate "colonial" area of economic exploitation ; and that the conciliatory attitude of the Chamberlain government at Munich still left the British with a limited but exclusive position as a mediator.

This memorandum recalled the conversation between Hitler and Chamberlain on 30 September 1938, during which the latter raised the question of relations between Germany and South-Eastern Europe. Did Hitler have any suspicions of British intentions to encircle Germany, not militarily but economically, in this area ? Chamberlain assured the Fuehrer that the British were only concerned with an improvement in international trade. Hitler stated that in South-

(25) CP /257 (38) CAB 24/280 4077.

Eastern Europe German relations were economic, but that there were no political ties. This appeared to be encouraging and there might be " some possibilities of cooperation between German and British endeavours in this area". Munich might be considered as the starting point of a new phase in Anglo-German relations. "Our object admittedly is to get on friendly terms with the Germans, and, in general, frankness pays between actual or prospective friends".

If the British embarked on any development of commercial relations in South-Eastern Europe, there was every reason to explain our policy and motives to the German and ask them in return "to inform us of any large-scale economic operations they have in mind to undertake in the countries in question".

The British should " in any case, inform the French government confidentially of our general policy in South-Eastern Europe".

The military aspects of this situation are not faced in this Cabinet memorandum, and the consequences of the *Anschluss* and Munich had not as yet been referred to the Chiefs of Staff for their appreciation.

Of the countries concerned Greece was the only Mediterranean power. It would be strategically disastrous if this country came within the German orbit, but at "this present embryonic stage it might be in the nature of putting the cart before the horse to submit this question to the Chiefs of Staff".

If Roumania were directly threatened any military aid would depend on British relations with Turkey as "apart from naval action in the Black Sea we are virtually powerless to afford military assistance to Roumania".

In the case of Yugoslavia, the policy of her government "is to be friends with everyone ". Her common frontier with Italy and Germany was a reason for her unwillingness, "above all other countries in the Balkans", to take risks. It was therefore less pressing for the British government to consider a development of economic support. Bulgaria could not receive any assistance prior to considerable British backing of Greece, and strategically her position in regard to eventual military aid was the same as that of Roumania.

The Greek situation was of strategic concern to British interests in the Eastern Mediterranean, and the question of some military support might have to be considered, which would inevitably involve "new commitments of a political characters" — even to the point of supplying temporarily war material, "e.g. second-hand and cast-off guns of our own".

The Foreign Secretary concluded his paper by stating "that to permit our political influence in these countries now to go by the board may well have in the long run a most serious affect on security.

That in why I am most anxious that we should do what we can now to promote that influence, particulary and above all in Greece".

At a meeting of the Cabinet on 22 November 1938 (26) the Prime Minister (in the absence of the Foreign Secretary) remarked that on the issue of Central Europe and the Balkans, he doubted whether much progress could be made "as we ourselves had not yet been able to formulate any concrete policy in this matter". The British government wished to know "more about the French position *vis-à-vis* Soviet Russia [...]. Our attitude would be governed largely by the fact that we did not wish to see France drawn into a war with Germany on account of some quarrel between Russia and Germany, with the result that we should be drawn into war in France's wake".

In the Eastern Mediterranean, Chamberlain reported on a proposed Franco-Turkish alliance which would depend on British adhesion. The British would have to insist on the inclusion of Greece. Such a pact "would be certain to arouse suspicion in the mind of Italy", who would not join such an agreement. "We had reached the conclusion that the best plan would be to be content with the existing position, and not to proceed with the proposed Alliance".

III. — Part three : March-August 1939

(1) *German annexation of Czechoslovakia (March 1939)*.

On 15 March 1939 German troops marched into Prague, and the Protectorate of Bohemia and Moravia was annexed to the Reich. Slovakia was set up as a separate satellite state under German 'protection'.

Five months had elapsed since the Munich agreement. The latest act of Hitler removed all the assumptions upon which the British policy towards Hitler had been conducted. As Mr Churchill expressed it, in a speech on 24 March in the House of Commons : "the entire apparatus of confidence and goodwill which was sedulously constructed in Great Britain has been shattered into innumerable fragments. It can never again be mended whilst the present domination rules in Germany. A veritable revolution in feeling and opinion has occurred in Britain [...]. One can understand very easily how Hitler's mind has worked. He regarded Munich as an act of submission on the part of Britain and France under the threat of war [...]. He had assumed that the Munich Agreement implied the final ending of British and French resistance to his domination of Eastern Europe [...]. If they would not fight for Czechoslovakia, how much less would they fight,

(26) CAB 56 (38), cf. 249-51.

under more adverse circumstances, for Roumania ? A broad road down the Danube valley to the Black Sea was open. The guardian bastion had been abandoned " (27).

The extent of Chamberlain's disillusionment was not revealed in his speech on the afternoon of 15 March in the Commons; he merely stated : "I cannot regard the manner and method [...] as in accord with the spirit of the Munich agreement". Two days later, at a public speech in Birmingham, Chamberlain listed Hitler's previous pledges. Hitherto, from the Rhineland onwards, for every German agression "there was something to be said, whether on account of racial affinity or of just claims too long resisted". But there was nothing to be said now. "Is this the end of an old adventure or the beginning of a new ? Is this, in fact, a step in the direction or an attempt to dominate the world by force ? " (28).

On 18 March, the first alarm bell sounded. The Roumanian Ambassador in London, M. Tilea, told the Foreign Office that his government had in fact received an ultimatum — to give Germany monopoly of Roumanian exports in return for a guarantee of her frontiers. An emergency meeting of the British Cabinet was summoned by the Prime Minister. He had sounded the French Ambassador (M. Corbin) who thought that the Birmingham speech of the previous day "was on absolutely the right lines [...]. British opinion had reacted somewhat slowly to recent events, but that, after a little time for reflection, British opinion had, as was so often the case, taken up a very definite line" (29).

The British Chiefs of Staff had been hastily consulted (30). Their reaction was that, "once Roumanian agriculture and oil production had been organized with German efficiency, Germany's strategic position would be greatly improved since she would be able almost to neutralise the efforts of the British Navy to blockade her in time of war [...]. We ourselves, however, could not take any action which would prevent Germany from dominating Roumania. The position [...] was very similar to that which had faced us in September in regard to Czechoslovakia. The only help which this country could give would be to engage in conjunction with France in hostilities on the Western Front and such hostilities would have no practical effect in preventing Roumania from being overrun. If, however, the support of Poland and Russia could be secured the position would be entirely changed".

Otherwise the only plan would be to obtain the support of Greece and Turkey. The latter had a greater military value, and Greek

(27) W.S. Churchill, Step by Step, pp. 341-3.
(28) Keith Feiling, Neville Chamberlain, p. 400.
(29) CAB 23/98 cf. 4007. CAB 12 (39). Minutes of Cabinet meeting of 18 March 1939.
(30) Ibid. Statement of the Minister for Co-ordination of Defence (Sir Thomas Inskip).

neutraly might be more in British interests. "The position in regard to Yugoslavia was uncertain".

The Chiefs of Staff made it clear "that they attached considerable importance to Italy's attitude".

The Prime Minister stated : "Up to a week ago we had proceeded on the assumption that we should be able to continue with our policy of getting on better terms with the Dictator Powers, and that although those powers had aims, those aims were limited" [...]. He had now come definitely to the conclusion that Herr Hitler's attitude made it impossible to continue on the old basis with the Nazi regime. If Germany intended to dominate the whole of Southern Europe, "*after warning had been given,* we had no alternative but to take up the challenge. Our next course was to ascertain what friends we had who would join us in resisting aggression. [...]. He thought at least we could rely on the French".

The Secretary of State for Dominion Affairs remarked, somewhat unhappily, that "if Roumania was overrun and Germany advanced to the Mediterranean and the Aegean we should be in danger of becoming a second-class power".

The Prime Minister continued : "Poland was likely to be the key to the situation", and we should go further in enquiries as to what common action should be considered.

The latest news from Bucharest seemed to point to no immediate German threat, but it was agreed by the Cabinet that approaches should be made to Russia, Poland, Yugoslavia, Turkey, Greece, and Roumania to seek assurances that they would join with Britain in resisting any German act of aggression aimed at dominating South-East Europe. "The French government would, of course, be kept fully informed and action concerted with them".

The Chiefs of Staff would not be asked for a further appreciation until the results of these approaches had been ascertained.

Chamberlain appears to have thought up this hasty proposal of a Peace bloc and drafted the formula itself. This was discussed at a Cabinet meeting on 20 March, and dispatched to Paris, Moscow and Warsaw for comments.

This draft declaration by Britain, France, Russia, and Poland would pledge themselves "to consult together in the event of any action being taken which appears to constitute a threat" to the security and political independence of European States.

On the following day, M. Georges Bonnet, the French Foreign Minister, came to London for urgent discussions (31).

(31) Record of Conversations. CP 73 (39) CAB 24/284.

(2) *Conversations between British and French Ministers in London (21-22 March 1939)* (32).

A) *21 March at 5 pm at the Foreign Office.*

The central subject at the opening of these talks was the reported imminent German threat to Roumania. M. Bonnet told Lord Halifax that he had similar information during an interview, on 18 March, with the Roumanian Ambassador in Paris. The "question of Russia" had also arisen. With reluctance, the Ambassador had "raised no objection to an approach being made by the French government to Moscow, but he begged that the French would not involve the Roumanian government".

M. Bonnet had seen the Soviet Ambassador in Paris and asked what would be the Russian attitude to French aid to Roumania.

"He (M. Bonnet) had not subordinated the assistance of France to that of other countries".. The Soviet Ambassador had replied, on 20 March, that "the best course would be to call a conference at Bucharest of the States chiefly concerned (Great Britain, France, Poland, Turkey, Roumania, and the Soviet Union) to consider measures for the assistance of Roumania".

The French Foreign Minister had answered that one would have to proceed with caution with the border states. He did not think that Roumania would be enthusiastic at the Russian proposal. What could each party give in the way of assistance ?

The Poles had also replied to Paris on this issue. The Franco-Polish alliance was only valid in event of a German attack on France. Poland had reservations about bringing in Russia and also in undertaking separate commitments themselves with Roumania.

Halifax told his French guest that it was now a question of checking German aggression in any direction. The British "saw no escape from this". Hence their proposal for a Four-Power Declaration, the text of which was handed to M. Bonnet.

If this could be agreed, the next step would be to approach the Balkan Entente to ask them "whether they were prepared to act together, with the knowledge that if they did so, the Great Powers would act with them".

Halifax had also been informed by M. Maisky, the Soviet Ambassador in London, of the Russian proposal for a Bucharest conference but had replied that he preferred the British plan.

The British Foreign Secretary had also consulted with the Turkish Ambassador, who had stated that "Turkey would in all cases observe her Balkan engagements". If Britain were prepared

(32) CAB 24/284, of 4032, three conversations.

to act with Turkey in the Mediterranean, Turkey would be prepared "to go as far as Great Britain in her own geographical area".

M. Bonnet stressed that it was absolutely essential to get Poland in, an that the strongest pressure should be brought to bear on her. Indeed, each country involved must define its precise contribution in military terms.

He agreed that "the time had come to call a halt to Germany, but the proposed obligation was so vast that it was necessary to know how each country stood. The French army was in a good state, but the French government did not want to bear the burden of the war alone. British help on land would at first be very small; if, in an eastern war, there was no help from Poland or any other eastern country, France would be in a bad position".

The conclusion of Halifax was that even if the French and British could not obtain prior assurances from Poland they could not afford to take no action in event of further German aggression.

There were three main possible causes for such action : a German attack on Poland ; an assault in the West ; an advance towards the Balkans. If the last were the case "and the Balkans were solid, then, if Britain and France acted firmly, this would probably be the best chance of bringing Poland also into collaboration".

B) *Anglo-French conversation in the Prime Minister's room in the House of Commons on 22 March 1939 at 5 p.m.*

M. Bonnet informed the British Prime Minister that M. Daladier was prepared to sign the Declaration proposed by the British, but, as Mr Chamberlain pointed out, "the value of the Declaration lay in its being signed by the Four Powers. If two refused to sign, it would not carry the same weight. The participation of the Soviet Union in a public declaration made the participation of Poland and others difficulties".

It was agreed to await the formal reply from Poland to the proposed declaration. If it were negative or evasive, as was to be expected, "the new procedure now proposed" (i.e. an approach primarily through Turkey to the Balkan Entente) should be tried (33).

---

(33) The third conversation took place between M. Bonnet and Lord Halifax after luncheon at Windsor on 23 March. The points touched on were a) whether or not the French should follow up certain informal moves, through intermediaries, made by Mussolini to the French. It was agreed that attention should only be paid to an official *démarche*.
b) M. Bonnet pleaded for the establishment of conscription in Britain to accelerate military support at the end of 6-8 rather than 18 months in event of war in the West.

Cabinet meeting of 22 March 1939 (34).

Halifax reported on his first conversation with M. Bonnet "who had said that France would go to war to save Roumania but he kept on emphasizing that Poland's attitude was of capital importance".

The British Foreign Secretary throught that Poland would fight if Roumania were attacked. If M. Litvinov attached considerable importance to his proposed conference (in Bucharest) it might be necessary to get closer to the Soviet view in this respect.

Mr Chamberlain pointed out that Turkey was included in the Russian proposal and stressed "the supreme importance of bearing in mind Italy's point of view".

If Turkey joined in, "Italy would certainly regard the conference as directed against her interests".

The proposed Four Power Declaration (end of March 1939).

The Cabinet Committee on Foreign Policy met on 27 March 1939 to discuss the reactions to the proposed Four Power consultation (35). The Prime Minister reported that the French had agreed; the Russians also "with some hesitation"; the Poles were unwilling to join.

The main cause for the latter's attitude was Polish distrust of the Soviet Union and the fear that a public association with Moscow would provoke a German attak on Poland.

The Poles proposed a secret bilateral understanding with Britain on the lines of the Four-Power Declaration to "be concealed *not* only from the public, but also from the French government. Poland feared that a disclosure to France would mean that the information would leak out...". But, at the same time, this would be fitted into existing Polish obligations under the Franco-Polish pact.

Other diplomatic messages reaching London from Roumania and Yugoslavia also warned that "any public association of Russia with the scheme would greatly diminish and weaken the authority of the common front".

The Cabinet Committee felt, therefore, it must abandon the policy of the Four Power Declaration, and concentrate on Roumania as the most likely next victim of German aggression. But control by Hitler of Roumania would be a major threat to Poland, and, if France and Britain were prepared to guarantee the former, Poland must reach agreement whereby she would assist Roumania in event of a German invasion.

(34) CAB 14 (39) cf. 92-97.
(35) CP 74 (39) CAB 24/284, 27 March 1939. Cabinet Committee on Foreign Policy.

Some explanation of these moves would have to be given to the Soviet Union, and some from of secret agreement suggested perhaps to be linked with the Franco-Soviet Pact.

In any event, Britain should now be prepared to give a unilateral guarantee to Poland.

Yugoslavia seemed in less immediate danger owing to the conflicting balance of German and Italian interests in that country.

Lord Halifax added that the Yugoslavs had informed the Foreign Office that there was a real threat of an Axis partition of their country, and arped whether Yugoslavia could count on the "same kind of support that we thought of extending to Poland and Roumania". The Yugoslavs had been told to await an answer regarding the Polish attitude.

Certain members of the Cabinet Committee attached "very great importance" to bringing Russia in a common front. According to Halifax, Bonnet "seemed little interested in Russia", but attached vital importance to the inclusion of Poland in the proposed pact.

Sir Thomas Inskip (Minister for Co-ordination of Defence) stressed that "so far as Great Britain was concerned the worst that could happen would be for us to get involved war without any allies in the Eastern Front [...]. On the whole, Poland was, from the military point of view, the best of potential Eastern allies, but he thought Soviet Russia would act as a greater deterrent so far as Germany was concerned".

Halifax remarked that "there was probably no way in which France and ourselves could prevent Poland and Roumania from being overrun. We were faced with the dilemma of doing nothing or entering into a devastating war. If we did nothing this in itself would mean a great accession of Germany's strength and a great loss to ourselves of sympathy and support in the United States, in the Balkan countries, and in other parts of the world. In thoses circumstances, if we had to choose between two great evils he favoured our going to war".

Inskip agreed : "In a sentence we were in a weak military position to meet a political situation which we could not avoid".

Anglo-French staff talks began, for the first time on a senior level, on 29 March to study joint policy in event of war (36). Inskip had pointed out to their Cabinet Committee that "up till now he had discouraged the Chiefs of Staff from going into too much detail until decisions had been reached on a political level".

The Cabinet met again on 29 March (37). The Prime Minister

---

(36) See the paper on "Anglo-French Staff Talks 1938-9" presented to this Colloquium.
(37) CAB 15 (30) CAB 23/98. Minutes of 29 March 1939.

had discussed with the leaders of the opposition the implications of the proposed Four Power Declaration. He had stressed the importance of Polish support, and pointed out that this could not be secured if Russia was brought into the Declaration. Some leaders "were however less amenable to this argument".

The general feeling in the Cabinet was that Russia should be associated in some form in a common front, and that it was up to the French to find a formula. Halifax remarked that "the essential point was to manage matters so as to secure the support of Poland. At the same time he would take what steps were possible to keep in with Russia".

Visit of Colonel Beck to London (2 April 1939).

The Prime Minister reported to the Cabinet on 5 April to result of his discussions with his Polish colleague (38).

"Colonel Beck had been prepared [...] to pledge Poland to a mutual reciprocity arrangement with this country in case of a direct attack on either party. This arrangement would put us on the same basis an *vis-à-vis* Poland as the French". This would be an interim and temporary commitment on the Polish side pending formal negotiations. Beck was unwilling to commit Poland to reciprocity in event of a German attack in the West.

The question of Yugoslavia was evaded. Beck thought that this should be dealt with "as part of the general Balkan problem". In regard to Roumania, Beck was not prepared to extend the scope of the present Polish-Roumanian alliance which was limited to possible Russian aggression to include attack by Germany or Hungary.

Halifax could not move Colonel Beck on dealings with Russia. "If Britain and France entered into any closer relationship with Russia, he (Colonel Beck) would have to make a public declaration to the effect that Poland was not thereby affected". Halifax "had been surprised by the vigour and persistance of Colonel Beck's reactions to the Russian problem".

On 6 April Colonel Beck signed in London an agreement openly accepting the British guarantee, which the British Prime Minister had announced in the House of Commons on 31 March. There had been reports of an imminent German attack on Poland. Chamberlain told the House that consultations were proceeding with other governments, but in the event, before they materialized, "if any action which clearly threatened Polish independance, and which the Polish government accordingly considered it vital to resist [...]. His Majesty's Government would feel themselves bound at once to lend the Polish

(38) See Feiline, *op. cit.*, p. 403.

government all support in their power". France authorized him to say that they would do the same.

The Italian invasion of Albania (7 April 1939).

On the following day, 7 April 1939, Italian forces landed in Albanian ports and annexed the country without encountering any resistance. The Western Powers were now faced with a further set of complications.

It seems that the British had some prior warning of this Italian move. At a meeting of the Cabinet on 5 April (39), Halifax reminded his colleagues Italy's special position in Albania "had been recognized after the War [...] and if Italy took any action in Albania her action would be taken in a manner, which, in formal grounds, would perhaps not be open to strong criticism".

Conference held at No 10 Downing Street on 8 April 1939 (40).

The Foreign Secretary reported on the 'obscure' position in Albania. No particular information had been received as to the attitude of France. It looked as if the Italian action was a riposte to the Anglo-Polish pact. "He felt that Yugoslavia was the key to the present situation and [...] that it was impossible that we should take a more forward position than Yugoslavia took". The British could not start a war by sending an ultimatum to Mussolini but "we should take early steps to reach agreements both with Greece and Turkey which would make it clear that we would tolerate no interference with these two countries".

After his conversations with Colonel Beck, Halifax thought that it would be some time before any definite arrangement was reached with regard to Roumania. "He thought that the right course would be to isolate our arrangements with Greece and Turkey from the Roumania question".

Cabinet Meeting 10 April 1939 (41).

Halifax reported that, although "Italian action in Albania was, in some degree, a riposte to the Anglo-Polish pact, it had been planned long before and without consultation with Germany".

The Greek minister in London had called at the Foreign Office and expressed fears of an imminent attack on Corfu. Mussolini had informed the British government, however, that the had given assurances to Athens to respect "her territorial and insular territory in the most absolute manner".

(39) CAB 18 (39).
(40) CAB 23/98. The Prime Minister appears to have been absent from this meeting.
(41) CAB 19 (39) CAB 23/98.

Halifax had informed the French government of these conversations, but they "seemed to take rather too excited a view of the situation since it appeared unlikely that Signor Mussolini had any intention of becoming involved in war with us at the present time".

Halifax thought "it was important that we should not act so as to drive Italy into greater reliance on Germany".

Franco-British approach to Turkey.

The Foreign Policy Committee of the Cabinet, which had just met, concluded that, while Greece was the more immediate issue, the position of Roumania was essentially part of the same problem and in regard to both countries the attitude of Turkey was of great importance (42).

The views of the Turkish government should be sought "on the wider question of ensuring Turkish support for our efforts to create a Balkan *bloc* in support of Roumania".

Halifax reported that the French government agreed to our proposed policy towards Greece (namely, a joint unilateral guarantee in event of aggression), but that the French wished to extend the unconditionnal guarantee to Roumania and proposed to make an immediate announcement.

Halifax had received the French Ambassador, M. Corbin, and told him that he thought that the French plan was a mistaken one since it destroyed the leverage which, as the result of our pledges to Poland and Turkey, we hoped to be able to bring those two Powers into a wider arrangement.

The French, however, attached great importance to this matter (43). In their view, "if Roumania were left out of the proposed arrangements, German pressure would at once be exerted against that country".

Both Chamberlain and Halifax feared that an immediate guarantee to Roumania would encourage the latter to refuse any concessions to Bulgaria (i.e. the cession of the Southern Dobrudja).

It was hoped that Bulgaria, with Turkish encouragement, might still be brought into a Balkan bloc.

A telegram from Paris (No 164) had just arrived confirming the view of the French government "that Turkey would only guarantee Roumania if Great Britain and France did likewise, and they feared that unless a guarantee was given, Germany might deliver an ultimatum to Roumania within a few hours".

The British Cabinet agreed that they must accept the French suggested declaration but with no specific assurance (of reciprocity).

(42) CAB 20 (39) CAB 23/98. Cabinet meeting 13 April 1939.
(43) See Gamelin's trip to Bucharest...

"Greece had already asked us not to let it appear that she had asked for an assurance from us".

The Prime Minister therefore proposed that the British declarations to both Greece and Roumania should be "in a unilateral form, i.e. that we should announce to the world that, if aggression took place against either of these two countries, and they resisted, we should come to their aid".

One member of the Cabinet commented "that the French might be activated by the motive that, this country having taken the initiative in the proposed guarantee to Poland and Greece, M. Daladier's supporters thought it was time that France took the initiative and made a statement in which this country concurred".

On the same afternoon, 13 April 1939, Mr Chamberlain announced in the House of Commons that, together with France, Britain intended to guarantee unilaterally both Roumania and Greece in event of external aggression.

Franco-British attitudes towards the Soviet Union and developments in South-East Europe.

The 'void' of Eastern Europe from the Baltic to the Black Sea and been essentially the result of the 'absence' of Germany up to 1933, and of the Soviet Union until 1939. The security interests of the latter, after Munich, and the abrupt reversal of British attitudes to Hitler after the events of March 1939, created the elements of a possible future collaboration in the East between Russia, Britain, and France.

The British Cabinet met on 26 April to consider this situation (44).

A British proposal of 14 April to Moscow had suggested a public declaration by the Soviet government "that in event of an act of aggression against any European neighbour of the Soviet Union, that government would render assistance — if desired, in such a manner as would be most convenient."

The reply of the Soviet Government, on 18 April, contained their counter-proposal. Britain, France and Russia should consider a Tripartite Agreement "in event of aggression in Europe against any of the three parties. The Agreement would be to render military assistance to the Eastern European states".

Each party would pledge "not to conclude a separate peace, would provide for Staff talks and for a special Agreement between the Three Powers and Turkey".

On 21 April the British had sent to Paris a draft of their proposed reply. It was felt that "the time was not yet ripe for so comprehensive a proposal and we proposed to ask the Russian govern-

(44) CAB 23/99. Paper CAB 24 (39) 26 April 1939.

ment to give further consideration to our plan (of a Four-Power consultation), which aimed at giving early protection where it was most needed, and did not ask the Soviet government to do more than come in when we were already involved."

The French reply (45) seemed mode favourable to the Soviet suggestion "providing, first, that if Great Britain and France were at war with Germany in consequence of fulfilling their obligations to Eastern European countries Russia would assist; secondly, if as a result of giving this assistance, Russia was at war with Germany, Great Britain and France would assist her".

Halifax, in reporting this answer from Paris, to the Cabinet, pointed out that such an agreement if implemented must involve at least indirect Soviet assistance to Poland, and that this would « provoke disastrous consequences" in Warsaw. He added that he had now concluded that "the value of Russia as a potential Ally was by no means as high as seemed to be believed by prominent members of the Labour Party".

"We should, of course, endeavour to order our policy so that, if war broke out, Russia would be either neutral or should come in on our side (46). At the same time, it was essential to bear in mind the effects of our relations with Russia on Poland, Roumania, and other countries, not excluding Germany [...]. We had given certain assurances to Roumania and Poland, and we had asked Russia to give similar assurances. If we were to go further, we should run a serious risk of breaking the common front which we were seeking to establish ". (47)

Anglo-French negociations with Turkey (May-August 1939) (48).

The Turkish government had been roused by the Italian occupation of Albania in April, which had prompted the French and British guarantees to Roumania and Greece (on 13 April). These latter diplomatic moves could not lead to any effective implementation in event of war unless they were pursued in two directions :

(a) The construction of a political front of pro-Allied Balkan powers based on the Balkan Entente, and initiated by Turkey.

(b) The conclusion of Treaties of mutual assistance, in event of Italian or German aggression, in the Eastern Mediterranean area between France, Britain and Turkey.

---

(45) Telegram No. 118 from British Embassy, Paris.
(46) Halifax's analysis of Russia's potentialities as an Ally was primarily based on a Report of the Chiefs of Staff (CAB 24/285. C.O.S. CP 95 (39)) dated 25 April 1939 on the " Military Value of Russia ".
(47) See the paper of Mr Wheatley presented to this colloquium.
(48) This subject has been dealt with in detail by Dr J.M. d'Hoop in his paper delivered in April 1971 at a colloquium in Sofia: " *La politique militaire de la France dans les Balkans au début de la deuxième Guerre Mondiale* ".

(c) The whole of such a structure to be embodied in an overall and interlocking treaty of these three powers with the Soviet Union.

(a) Was to break down on (i) the refusal of Bulgaria (already firmly in the German orbit) to join unless she received not only the territorial concession of the Southern Dobrudja from Roumania, but the satisfaction of all her irredentist claims, i.e. against Greece and Turkey ; (ii) the rejection by Roumania of Bulgarian claims and her economic agreement with Germany of 23 March 1939 and her secret assurances to Berlin (visit of the Roumanian Foreign Minister M. Gafencu to London of 18-19 April) that she "would take no action that was directed against a Great Power" ; (iii) the desperate determination of Yugoslavia to maintain her strict neutrality, and not to accept any Franco-British guarantees. (49)

As to (b), Turkey signed, on 12 May 1939, a joint declaration with Britain for mutual assistance in event of an act of aggression leading to war in the Mediterranean area. *This did not apply to the Balkans.* On 23 June, a similar agreement was signed between France and Turkey.

At the same time Turkey was engaged in negociations with Moscow, with encouragement from Paris and London. These talks represented a parallel approach to the Soviet government to the direct and simultaneous exchange of views on the security of Eastern Europe being conducted by France and Britain with the Soviet Union.

The text of a Soviet-Turkish agreement was under review when the news was broadcast of the German-Russian Pact on 24 August 1939.

The whole fragile structure of patchwork Anglo-French diplomacy framed in confusion, and lacking in tight co-ordination, at a series of mutual assistance agreements with 'promising' states in South Eastern Europe, linked with essential supplementary treaties with the Soviet Union and Turkey collapsed in a matter of hours.

(49) Hungary was ignored in this paper pyramid as being inextricably under exclusive German influence.

ANGLO-FRENCH STAFF CONVERSATIONS, 1938-1939*

Contre Amiral P.N. BUCKLEY
Chef de la Section d'Histoire de la Marine
Ministère de la Défense, Londres
Chef de la Section d'Histoire de l'Armée

Group Captain E.B. HASLAM
Chef de la Section historique de l'Air (R.A.F.)
Ministère de la Défense, Londres

Lieutenant-Colonel W.B.R. NEAVE-HILL
Ministère de la Défense, Londres

Les conversations d'états-majors franco-britanniques (1938-1939). —
Les chefs d'état-major britanniques se sont longtemps opposés à l'ouverture
des conversations avec les Français, que ceux-ci réclamaient. L'état des
forces armées britanniques les amenait à repousser tout engagement avec
un allié qui aurait pu limiter la liberté d'action de leur pays et à appuyer
la politique d'apaisement. De décembre 1937 à février 1938, le *Foreign
Office* entreprit pourtant contre leur gré, de convaincre le Cabinet du
bien-fondé de la demande française. Lorsqu'il eut réussi, les chefs
d'état-major parvinrent à limiter la portée de ces conversations et de
leurs engagements. Mais à la fin de 1938 et en janvier 1939, leur point
de vue changea. Ils voulaient désormais des plans communs avec les
Français pour une guerre contre l'Axe Rome-Berlin. La seconde phase
des conversations de 1939, qui se déroula après l'annonce de l'introduction
de la conscription en Grande Bretagne, fut particulièrement importante.
Elle régla la question de la force expéditionnaire britannique et révisa la
stratégie commune (qui avait été fixée surtout à partir de " l'appréciation
européenne pour 1939-1940 » établie par les chefs d'état-major britanniques le 20 février) en fonction de deux nouvelles hypothèses : une
alliance avec la Pologne, une intervention du Japon. La guerre à venir
serait longue, et le temps donnerait la victoire aux Alliés.

Introduction

During 1938 and 1939 the British and French conducted a series of talks between the three Services to consider common and co-ordinated action in the event of German aggression. During 1938 the conversations were carried on through the Services attachés on a limited basis, and it was not until 1939 that any attempt was made by the British to widen their scope. This paper deals in the main with the 1939 Staff talks, but some account is given of the 1938 conversations to set the scene, and to indicate the great change in the British approach to France after Munich. As a preliminary, however, British military policy before World War II is briefly touched upon.

British defence policy and the services before 1939.

For over 200 years British defence policy had been built on a powerful Navy and a small army, whilst alliances with European powers had released the army for Colonial Service, to keep and guard the Empire and to secure bases for the Fleet. Consequently the strength of the volunteer Regular Army at home before the Second World War was not, and never had been, related to the provision of an expeditionary force to meet continental liabilities. Under the Cardwell system whereby the regular battalion of an infrantry regiment at home provided the foreign British battalion with drafts, the battalions at home were seldom up to strength and were without their full complement of weapons and vehicles ; deficiencies were made good on mobilization by the recall of regular reservists to the colours, and the drawing of mobilization equipment and stores. Mobilization took time, but the availability of equipment dictated when

* Glossary :

A.A.S.F.	Advanced Air Striking Force
A.D.G.B.	Air Defence Great Britain
A.F.C.	Anglo-French Conversations
Bn(s)	Battalion(s)
C.I.D.	Committcc of Imperial Defense
C.O.S.	Chiefs of Staff
C.P.	Cabinet Paper
Mk	Mark
Mtg	Meeting
R.A.	Royal Artillery
R.A.F.	Royal Air Force
T.A.	Territorial Army
W.O.	War Office (papers)

N.B. Cette communication comprenait des documents annexes qui ont été supprimés à la publication.

any particular division could take the field. Similarly the Territorial Army (TA), also a volunteer force, was based on the divisional area organisation of the United Kingdom command structure which dictated the number of TA divisions and was quite unrelated to strategical requirements. At that time although a Middle East Reserve of two Colonial Divisions was being formed it remained for events in 1938/39 to force on Great British a continental commitment. The third service, the Royal Air Force, was as yet untried against a continental enemy apart from the tentative beginnings of strategic bombing in 1918. Moreover, like the Royal Navy, the R.A.F. had imperial and overseas commitments which made calls upon its inadequate resources. (Annex III to Appendix A refers. Appendix A contains some details of the deployment and organisation at that time of the three Services).

I. — The 1938 staff conversations

Position vis-à-vis *France.*

It was not until 1934 that the C.I.D. (C.I.D. 1147-B) assumed that we need not incur expenditure on measures of defence required to provide exclusively against attack by France. From 1923 onwards and as late as 1932 (C.I.D. 1087-B), the French Air Force was used as a measure of the Continental air threat to this country capable of a knock-out blow against London and Southern England. 1932 was also the year in which the Chiefs of Staff recommended the cancellation of the assumption that no major war would take place within ten years. Consequently a certain reluctance on the part of the Staffs of the countries to discuss plans and defensive capabilities was only to be expected. This reluctance, however, perceptibly diminished as the threat from a resurgent Germany became more and more apparent. The rise to power of Hitler as Chancellor of the Reich in 1933, the withdrawal of Germany from the League of Nations in 1933, the startling growth of the German Air Force and the failure of the Disarmament Conference in 1935 were preludes to overt German aggressive action in March 1936 (1).

Thus during the rearmament period leading up to the Second World War in 1939 Britain assumed that France, in the event of war, as was then thought likely, would not be unfriendly. Despite the worsening of relationships in 1935 it was appreciated that France would not only be a friend, but an ally, and the Chiefs of Staff stated :

"...it is impossible to conceive a situation in which France would

(1) See also Gibbs, *Narrative, Rearmament Programme*, p. 74 et seq.

willingly range herself against us... With France it is essential that our relations should be close and friendly".

This need was mutual, for against Germany, whether in east and south-east Europe or in support of Czechoslovakia, France depended on our support, particularly should a threat develop against the Channel Ports.

Reluctance of Chiefs of Staff to institute Staff Conversations.

Nevertheless the Chiefs of Staff were for a long time averse to a formal expression of friendship through the institution of Staff Conversations. Not only were they shy of becoming committed by such talks to what might become a virtual alliance, but also feared that, apart from practical difficulties, we should inevitably tend to become involved in military commitments "which would fetter our freedom of action [...] when the occasion arose" (3). Consequently they decided that "no provision should be made for staff conversations with any Power" (4). Furthermore the Chiefs of Staff wished to avoid "the irreconcilable suspicion and hostility of Germany or Italy or both". The Admiralty particularly feared that Goering was waiting for any excuse to denounce the Anglo-German Naval Agreement of 1935.

Visits and interchanges of information authorised.

In December 1937, however, Mr. Eden, then Foreign Secretary, advocated fresh and wider conversations with the French and Belgians, for in his opinion "Conciliation with Germany had failed and consequently fuller plans were demanded for the deployment of our Air Force in France and Belgium" where they were better able, with the limited range of bomber aircraft at the time, to operate against Germany. The French had repeatedly pressed for wider conversations. Their proposals, however, were resisted by the Chiefs of Staff (5) who considered it politically inadvisable to conduct Staff conversations with the French at a time when the Prime Minister was determined on an effort to liquidate the hostility of either Germany or Italy.

Accordingly the Chiefs of Staff proposed that the mutual requirements of Britain, France and Belgium (6) should be met "by the

---

(2) C.I.D. 1191-B para. 13.
(3) DP(P) 1st Mtg. C.I.D. paper 1394-B summarises C.O.S. objections.
(4) C.I.D. paper 1260-B, para. 61.
(5) C.I.D. 1405-B.
(6) In regard to the Belgians, Mr. Eden considered that a full discussion on the Attaché level would be sufficient : for we had rebuffed an offer of wider Staff Conservations with Belgium in May 1936 and since October 1936 the Belgians had, under the guidance of King Leopold III, reverted to a policy of pure neutrality.

ordinary procedure of an exchange of visits which is open to all countries in time of peace, [...] combined with the normal means of interchange of information provided by the Service Attachés" (7).

Nevertheless the reluctance of the Chiefs of Staff to engage in Staff Conversations was not entirely shared by the Cabinet, and the Prime Minister inquired whether the Chiefs of Staff view implied that "We were to go to war without any staff conversations".

Whilst he agreed that it would be unwise, as had happened in 1914, to compromise our freedom of action by Staff talks, nevertheless he wished to make sure that conversations with our allies at the proper time were not overlooked (8). The agreement between Britain, France and Belgium in March 1936, which followed the reoccupation of the Rhineland by Germany and her repudiation of the Treaty of Locarno, however, entailed military obligations between the Powers concerned. Since it was understood that the French were anxious to know the military contribution that Britain proposed to make, the Cabinet decided, in February 1938, that preparations for Staff Conversations with the French should be made. Initially it was intended to confine these talks to air (9) matters but following the occupation of Austria in March 1938 the Cabinet decided, on 6 April 1938, that they should embrace the Army and Navy too.

The Chiefs of Staff, however, so narrowed the scope of the talks that they could hardly be considered a serious contribution to Anglo-French co-operation. In their opinion Military and Naval conversations were scarcely necessary, since the possibility of our sending an Expeditionary Force to the Continent was slight, and limited to two divisions, for Home Defence came first with any continental commitments last. At sea, it was appreciated that we could deal adequately with Germany by ourselves (10).

Since Italy was assumed to be neutral, and Japan so committed in China, the discussion of Far Eastern matters was thought unnecessary. The basic assumption of the proposed conversations was thus that Germany alone would be the aggressor and the "background" was to be not so much the German invasion of France as an attempted "Knock-out blow" by the German Air Force against the industrial areas of Great Britain. Even on air staff collaboration which thus remained a possibility, the Chiefs of Staff took a restrictive line (11), stating that our numerical inferiority was so great that we

(7) C.I.D. Paper 1395-B, para. 15.
(8) DP(P) 1ts Mtg.
(9) The Cabinet authorised confidential communications on a purely technical footing between the British and French Air Staffs on aerodrome and other facilities in France. Exchange of visits of officers of the two Air Forces was also approved. The Cabinet pointed out, however, that with the development of the long range bomber our dependance on French aerodromes would diminish (C.I.D. 1405-B).
(10) Cabinet 19 (38) Conclusion 4. See also Gibbs Narrative.
(11) DP(P) 24 C.O.S. and C.I.D. Minutes 39 Mtg (1).

should be in no position to help France save that any action to reduce the scale of attack on Great Britain would also benefit the French.

The real point constantly before the minds of the Chiefs of Staff when they approved the Air Conversations and opposed Naval and Military conversation was that our medium-range bombers of that time would operate against Germany more effectively from France than from Great Britain.

The Prime Minister, with the Secretary of State for Foreign Affairs (12), held preliminary talks with the French in Paris on 28-29 April 1938, but the French plea for fuller co-operation met with little success apart from the decision by the Cabinet (13) to include the three Services in the Staff Conversations : as already stated these were to be conducted through the Service Attachés and our representatives in Paris were instructed to resist (14) "any attempt on the part of the French to raise the contacts to a higher level, at any rate in the early stages". In particular the Navy was specifically instructed that "at no stage should the conversations reach the level on our side of higher than Directors of Admiralty Divisions".

As regards the Army the position was that at that time only two regular divisions would be available to provide a continental expeditionary force, and then only if circumstances elsewhere permitted. If the French asked for more then they were to be told that there would be plenty of time once war had been declared to discuss detailed arrangements for reinforcements.

Meanwhile during the visit of the French Ministers to London (April 1938) agreement had been reached on the scope of the projected Air Staff Conversations. These were to cover interchange of information on present and future capacities ; plans for the movement, maintenance and protection of a British Advanced Air Striking Force (A.A.S.F.) in France ; and co-ordination of the Air Defence system of the two countries. Co-ordination in general was to be discussed on the assumption that the primary duty of each country was to provide for its own defence. On the insistence of M. Daladier it was also agreed that we should examine the possibility of despatching a military force to France. The French Ministers also pressed for Naval conversations.

As regards Belgium, conversations were to be limited to certain air questions, whilst any thought of triangular British-French-Belgian talks was dismissed as of no advantage from a military point of view (16).

(12) CP 109 (38).
(13) Cabinet 22 (38).
(14) Cabinet 26 (38).
(15) CP 109 (38).
(16) Cabinet 26 (38) and also see DP(P) 29 and Cabinet 22 (38).

Initially the talks were based on the assumption that Britain had fulfilled her undertaking (17) to go to the assistance of France (and Belgium) "in the event of unprovoked aggression by Germany" and that "Italy is neutral". The assumption regarding Italian neutrality, however, was later amended to : "there will be a period, the length of which cannot be forecast, during which Italy will be neutral" (18).

Progress achieved during 1938.

Throughout the summer and autumn of 1938 the conversations were carried on intermittently with the following results :

The Navy.

Useful information was exchanged which would have made possible concerted naval action with the French in the event of war against Germany alone, although nothing approaching the formulation of detailed plans for joint dispositions and operations was attempted. If war against Italy was to be taken into account there was much more detailed work to be done, and conversations would have to be carried out at a higher level than that so far sanctioned.

The Army.

Plans for the despatch of two regular divisions and the Advanced Air Striking Force, and for their arrival in the assembly area, were more or less completed. There had been no discussion on the use of the Force, or even of its concentration, as that would have committed us to the French plan. So far as the army was concerned it was still a matter of "limited liability".

The Royal Air Force.

Munich had been done in concerting administrative arrangements whilst the talks, concerning such subjects as Air Raid Warning systems, aircraft recognition, safety lanes for aicraft etc., were continued. Whilst no plans had been made for the employment of the Advanced Air Striking Force, plans for its movement to France, if necessary, had been made.

(17) Cabinet 19 (38) — Treaty of Locarno as reaffirmed by agreement, 19 March 1936.
(18) C.I.D. Minutes 326th Mtg (2). See also C.I.D. Paper 1432-B.

98

This was, as then planned, to involve 20 Bomber Squadrons at 16 IE each, though only ten could be sent if war broke out within a few months. A demand for ten main and ten satellite aerodromes had been framed, together with a host of other administrative and supply requirements. In facts, the broad framework of AASF arrangements as they were ultimately carried out in September 1939 was prepared — the selection of the Rheims area for the operational aerodromes and of Nantes for the base port being particularly noteworthy. It must be emphasised, however, that the programme of sending 20 Bomber Squadrons was not only not a definite commitment, but was also never presented as specific aid for the French Army. The essence of the matter was one of range : from France these squadrons (still to be kept under the control of R.A.F. Bomber Command) could hit harder than from England, and when these squadrons were replaced by the "ideal" bomber of the future, with its longer range, there would be no need to have British bomber squadrons in France at all. On other matters, such as the Air Defence system, arrangements were very incomplete, and were still proceeding.

The Munich Agreement.

It was against this military background that, on 29 September 1938, the United Kingdom and France, Germany and Italy signed the Munich Agreement.

Change of British attitude at end of 1938 : Basis for talks revised and level raised.

In anticipation of the visit of the British Prime Minister to Paris, en route for Rome, in January 1939 the Chiefs of Staff and the Foreign Office considered a revised basis for renewed staff conversations with the French. Early in February 1939 the Cabinet gave the Chiefs of Staff new terms of reference for extended talks with the French and Belgians, and for starting conversations with the Dutch. The basis (19) for the talks with the French and Belgian Governments was to be "of war against Germany and Italy in combination", their scope being widened to include "all likely fields of operation especially the Mediterranean and Middle East".

By then the Chiefs of Staff had become aware of the urgency of political events and recommended that talks should now be raised to Joint Planning Sub-Committee level. Whilst appreciating that at an even higher level suggestions would be more authoritative and finality reached sooner, the Chiefs of Staff nevertheles opted for

(19) Cabinet 3 (39), Conclusion 5.

something less ambitious to prevent the French from making "political capital" and the Germans from being given an excuse for precipitate action. They recommended (20) "that we should have authority to impart to the French such information as to our plans as is necessary to ensure co-ordination in peace and efficient co-operation in war and full information as to our military resources except with regard to certain technical details".

Conversations with the Belgians and the Dutch were to be postponed until those with the French had been concluded, to avoid complications and delay.

II. — Inception of 1939 talks

Cabinet authorization for talks.

At a meeting held on 8 February 1939 (21) the Cabinet agreed, inter alia : "That Staff Conversations with the French should begin as soon as the European Appreciation by the Chiefs of Staff Sub-Committee had received Ministerial Approval".

The conversations that followed were in three stages, and the first stage, which lasted from 29 March 1939 to 4 April, covered the formulation of a common policy for the conduct of the war.

Conduct.

Although it was originally intented that the Staff Conversations should be based on a Memorandum covering the European Appreciation 1939-1940 (22) prepared by the Chiefs of Staff Sub-Committee of the C.I.D., security considerations precluded this. It was decided (23) instead that whilst the Memorandum (suitably amended) should form the basis for the talks, a complete copy would not be handed to the French, either in Paris or London.

Scope of the Memorandum.

The situation envisaged was a war with Germany and Italy in which Great Britain and France were allied, with the possibility that Japan might intervene against us, the date April 1939.

(20) C.O.S. Paper 838.
(21) DP(P) 56.
(22) C.I.D. No. DP(P) 44 dated 20 February 1939.
(23) DP(P) 45 (SAC 13).

The paper reflected mainly the British point of view, but incorporated possible French action where joint action might have been contemplated, so as to give a general strategical picture.

The Memorandum was designed to provide a basis for discussion and is divided into :

Part I.   A summary of factors leading up to the broad strategic problem.

Part II. An examination on very broad lines of operations in various theatres.

Part III. The broad strategic policy for the conduct of the war.

Strategic Policy.

The European Appreciation 1939-1940 by the Chiefs of Staff regarding Policy sums up the broad strategic policy as follows :

"*Summary of Policy.*

267. To sum up, we should be faced by enemies who would be more fully prepared than ourselves for war on a national scale, would have superiority in air and land forces, but would be inferior at sea and in general economic strength. In these circumstances, we must be prepared to face a major offensive directed against either ourselves or France. To defeat such an offensive we should have to concentrate all our initial efforts, and during this time our major strategy would be defensive.

268. Our subsequent policy should be directed to weakening Germany and Italy by the exercise of economic pressure and by intensive propaganda, while at the same time building up our military strength until we can adopt an offensive major strategy. Command of the sea would then confer freedom of choice in striking at the enemies' most vulnerable points. Once we had been able to develop the full fighting strength of the Empire, we should regard the outcome of the war with confidence".

British Assistance to France.

As regards British assistance to France paragraphs 122-124 (DP(P)44) state :

"*British Assistance to France.*

122. The British naval dispositions for the control of sea communications, which would enable us to protect our own trade, and to attack that of the enemy, would also give cover to the French Channel and Atlantic ports and to their overseas trade and possessions. In consequence, it should be possible, and it would be very desirable, to achieve an early concentration of the main French naval forces in the Western Mediterranean, in order that they shall control that area vis-à-vis the Italian fleet.

123. The weight of attack which Germany could bring to bear on France would have an important bearing on the question of our supporting France on land.

Only two divisions and ancillary troops, the "Intermediate Contingent", would initially be available for despatch overseas in April 1939. This force would still be inadequately equipped and unsupported by reserves and its immediate tactical value must be limited.

Nevertheless the moral aspect of the early assistance of the British Empire on land would be out of proportion to the size of the force despatched, and is a matter upon which the French themselves lay great stress. France faced with Germany and Italy, whose combined populations total 125 millions, might well give up the unequal struggle unless supported with the assurance that we should assist them to our utmost. If France were forced to her knees the further prosecution of the war would be compromised. In establishing the role which the Army was designed to fulfil, the Cabinet in 1937 placed first the defence of the United Kingdom and last co-operation in the defence of the territories of our allies. It is, however, difficult to say how the security of the United Kingdom could be maintained if France were forced to capitulate and therefore the defence of the former may have to include a share in the land defence of French territory[...].

The final decision, of course, could only be taken by His Majesty's Government in the light of the circumstances existing at the time, and having regard to the possible requirements for British troops in other theatres.

124. Irrespective of whether the German air offensive was directed mainly on Great Britain or France, a proportion of the British air striking force would move to France at once. In the circumstances we are now considering this should be available to assist the French".

C.I.D. Comments on the European Appreciation (24).

In commenting on the European Appreciation at their meeting on 24 February 1939 the C.I.D. stated, inter alia :

"*The Army Aspect.*

19. The final sub-paragraph of paragraph 123 reads as follows : " The final decision, of course, could only be taken by His Majesty's Government in the light of the circumstances existing at the time, and having regard to the possible requirements for British troops in other theatres."

20. We think that, in view of the Cabinet Conclusion (25) on this subject, the above passage is too indefinite. We recommend that, in the event of a German land attack on France or Belgium, the despatch of the regular contingents of the Field Force, at certain specified dates after we had entered a war in alliance with the French, should be accepted as a primary commitment."

(24) C.I.D. 348th Mtg.
(25) Cabinet 8 (39), Conclusion 6.

Until then the British policy regarding the provision of an Expeditionary Force for Europe had been that of "limited liability". Despite French representations during the winter this policy was not revoked until the changed situation following Munich and the betrayal of Czechoslovakia forced the Government to face realities. Consequently our commitment to France became in late February 1939 more specific, and the details of its application were worked out during the First and Second Stage talks in April and May 1939. It was then that the size and composition of the B.E.F. and the timings for its move to the Continent were arrived at.

This then formed the basis for the talks. The C.I.D., whilst in general agreement with the considerations set out and the conclusions reached, regarding the Air aspects, nevertheless went on to say :

" We have been advised by the Chief of the Air Staff that the striking power of the German Air Force is estimated to be approximately double that of Great Britain and France combined. Our first task, therefore, would be to secure our base of operations as, in the early stages of the war, we could not afford to attack targets which might be the most suitable for long-term results. It would be essential to reduce the scale of attack on this country.

15. It would not be possible before the outbreak of war to be certain what the conditions would be and what plan, or plans, of air attack the enemy would adopt. Consequently, the Air Ministry have prepared, and keep under constant revision, a number of alternative plans to meet any foreseeable situation which might arise, and it would be necessary to decide at the time which plan to adopt. "

As regards bombing policy they invited attention to DP(P)45 paragraph 256, which reads as follows :

" We assume that it would be not part of our national policy, and it would certainly not be in our own interests, to initiate air attacks against objectives which must involve casualties to the enemy civil population. "

Adding :

" 17. We feel this requires amplification, since it would, in fact, be impossible to ensure that air attack, even when directed against purely "military" objectives in the narrowest sense of the word — i.e. naval, military and air forces and establishments —, would not cause incidental loss of life to civilians in the vicinity. If, therefore, the passage quoted above is taken literally, it virtually means that we should be unable to initiate bombing at all, but must wait till we were bombed before employing our own bombers.

18. Accordingly, instructions have been given to our representatives at the Staff Conversations that the following interpretation is to be applied :

" We shall not initiate air action against any but purely 'military' objectives in the narrowest sense of the term — i.e. naval, army and air forces and establishments ; and the question whether we are the first to bomb at all must be a matter for decision by the respective Governments at the time " "

Russia.

As regards Russia, whilst it was appreciated early in 1939 that she was unlikely to intervene unless attacked, nevertheless by April the British Government had become anxious to draw Russia into their design to form a common front against Nazi aggression. Accordingly political talks were opened with Moscow, and these dragged on over the next few months until early in August an Anglo-French Mission, which was to include the respective military attachés, went to Moscow. Poland, however, with her memories of past aggression and with her deep-seated fear of communism, a fear shared with Roumania and the Baltic States, refused to enter into any military arrangement that would include Russia. Above all, Poland feared that any close Polish-Russian relationship might only serve to provoke Hitler. At that time the British and French General Staffs appreciated that Poland was the "master key in the situation" and consequently considered that in any international defence scheme support for Poland was paramount (26).

Whilst it seems that France might have been willing to make a determined effort, in line with her traditional policy, to call on Russia to "redress the military might of Germany", the British were lukewarm and critical of Russian military prowess (27). Indeed, British Ministers' antipathy towards Russia was only rivalled by their misjudgement of Germany. Despite Eden's (28) efforts the Prime Minister and Foreign Secretary, although they had visited Mussolini, refused to consult Stalin. Inevitably the signing of the Moscow Pact on 23 August 1939 signalled war.

(26) R.J. Minney, *The Private Papers of Hore-Belisha*, Collins, pp. 189-190.
(27) When Hitler attacked Russia in 1941, many in Great Britain including some military experts expected the Russian armies to be defeated within a few months. The J.I.C. on 14 June estimated that the Germans would be in Moscow within six weeks of opening an attack. See : Woodward, *British Foreign Policy in the Second World War*, p. xxxiii and note 1 p. 150, H.M.S.O. See also : *Documents on British Foreign Policy*, 1919-39, Third Series Volumes III-VII, H.M.S.O., and Liddell Hart, *Memoirs*, p. 241. For C.O.S. Report on Military Value of Russia, CP 95 (39).
(28) Anthony Eden (Lord Avon), *The Reckoning*, p. 54.

III. — First stage conversations

The first stage conversations (29), 29 March to 4 April 1939 (30), took place in a frank, co-operative and friendly spirit, so much so that "the question of withholding information from the French" did not arise and they were handed by stages the relevant parts of the Strategical Memorandum.

Broad Strategic Policy.

As regards the Broad Strategic Policy for the Allied Conduct of the War the conclusion reached was :

" Conclusions.

36. To sum up, we should be faced by enemies who would be more fully prepared than ourselves for war on a national scale, would have superiority in air and land forces, but would be inferior at sea and in general economic strength. In these circumstances, we must be prepared to face a major offensive directed against either France or the United Kingdom or against both. To defeat such an offensive we should have to concentrate all our initial efforts, and during this time our major strategy would be defensive.

37. Nevertheless, Italian action in North Africa may give the opportunity for counter-offensive operations early in the war, without prejudice to the success of the defence in Europe.

38. Our control of Italian communications to East Africa and adequate measures to raise the tribes in Ethiopia might achieve early results in that area.

39. In general, therefore, we should be ready to seize any opportunity of obtaining, without undue cost, successes against Italy which might reduce her will to fight.

40. Our subsequent policy should be directed to holding Germany and to dealing decisively with Italy, while at the same time building up our military strength to a point at which we shall be in a position to undertake the offensive against Germany.

41. During these stages the steady and rigorous application of economic pressure would be reducing the powers of resistance of our enemies.

42. Meanwhile, in peace, as later in war, all the ressources of diplomacy should be directed to securing the benevolent neutrality or active assistance of other Powers, particularly the United States of America. "

(29) DP(P) 56.
(30) The British Delegation consisted of the Joint Planning Staff. Captain Danckwerts represented the Navy, Brigadier John Kennedy the Army, and Group-Captain Slessor the R.A.F. General Lelong the French Military Attaché headed the French Delegation, which included Colonel Noiret and Colonel Aymé of Gamelin's Staff.

Provision of British Field Force.

As was only to be expected the French showed intense interest in the provision and size, equipment, rate of despatch and employment of the British Field Force on the Continent. As at April 1939 the French were informed "that the rate of despatch would be as follows :

(a) 2 Divisions could be produced in their assembly area by Z + 30 days.

(b) The third Division will not be available for embarkation until about Z + 3 months.

(c) It would be several months before a fourth Division could be despatched.

(d) No Territorial Divisions would be available until Z + 10 to Z + 12 months.

(e) Neither of the Mobile Divisions would be available before about Z + 15 months."

It was pointed out, however, that the programme of equipment was now under consideration, and it was hoped to give the French Delegation more firm dates in the second stage of the Conversations. The French view of the above programme was expressed by General Lelong leader of the French Delegation and was one of deep dismay (31), and is recorded as follows :

" They were fully aware that at the present time the first two Divisions of the Regular force would not arrive in their assembly area until Z + 30 days, and that the third Division would not be available for embarkation until about Z + 3 months. The remaining schedule, however, with regard to the despatch of the fourth Division, the Territorial Army and the Mobile Divisions, filled them with dismay. They felt strongly that this programme would have a very bad effect on the morale of the French people. They noted that we were taking steps to maintain the morale of our own people — a step which they themselves commended. It was appreciated that the conditions for the despatch of the Field Force to the Continent were entirely different from those obtaining in 1914. Mechanisation, the provision of adequate naval escorts, the dangers of air attack and the longer sea voyage, all contributed to a changed situation. All these factors, however, would not be apparent to the French people, who would remember that in 1914 a field force of six Divisions was despatched at a very much faster rate than that now contemplated."

As regards the future programme for Field Force authorised by His Majesty's Government, the French representatives were informed that :

" (a) The first echelon, consisting of two Divisions, and one Mobile Division, would be ready to embark by Z + 21 days.

(31) Kennedy, *The Business of War*, p. 8.

(b) The second echelon of two Divisions and one Mobile Division would be ready to embark by Z + 60 days.

(c) Four Territorial Army Divisions, ready for use according to circumstances, would be ready to embark by Z + 6 months."

The French representatives pointed out that the French Army would have to carry a heavy burden while the British divisions were assembling, and they regarded this programme with the greatest anxiety. The French wished to impress on us how strongly they felt on this subject.

As regards the degree of certainty to be attached to despatch of the Field Force to France, the French Delegation was also informed that the commitment to despatch an army to the Continent only related to Regular Divisions, and no commitment could be made in advance of the use to be made of the Territorial Army. This did not, of course, preclude discussions on the best use of the Territorial Army divisions from the military point of view. It was emphasised, however, that the Territorial Army would be used in the best interests of the Allied cause, and the final decision, once war had begun, on the deployment of the Territorial Army, whether in France or elsewhere, would doubtless only be taken after consultation with the French Government.

The French Delegates recognised that this was a political matter, and said that they would report accordingly to their Government.

Employment of the Field Force.

As for the employment of the Field Force the French representatives stated that the first objective would be to "ensure a solid defence against attack" and that this would be based on the Maginot Line. This phase would be followed by an endeavour to encircle the enemy and to exert economic pressure whilst safeguarding communications, and the third objective would be to launch a counter-offensive. In this phase it might be desirable to attack Italy first rather than Germany, and that to enable the French to do this the British Army should replace French divisions in the line thus releasing them for an Italian offensive. The pace of British build-up on the Continent might make all the difference to the French Commander-in-Chief in the staging and timing of such an offensive. The United Kingdom delegates, however, pointed out that their instructions

" were not to discuss plans regarding the British Field Force beyond assembly areas until information had been received of the proposed dispositions of the French, and this matter was, therefore, reserved for future consideration."

Chiefs of Staff Comments on First Stage.

The C.O.S. considered the report (32) on the First Stage Conversations, and their comments covered matters of principle, as well as of detail. Matters of principle concerned :
  a. Co-ordination of Plans with the Belgians.
  b. Offensive Operations in North Africa.
  c. Programme for Despatch of Field Force.
  d. The defence of Egypt.
  e. Discussions between French and British Commanders.
  f. Joint Intelligence.
  g. Exchange of economic information.
  h. New political hypothesis.
  i. The French Army Plan and the role of the British Field Force in France.
  j. The organisation of the Higher Command in France in War.
  k. Organisation of insurrection in Italian Territories in North and East Africa.

The importance of co-ordinating British and French action, particularly to ensure a similar political background, was stressed, and the need to complete plans without delay.

The above matters formed the basis for the Agenda for the Second stage Conversations.

The doubling of the Territorial Army and the introduction of conscription.

On 29 March 1939, the day the First Stage Conversations opened, the Prime Minister announced that it had been decided to double the Territorial Army. In order to secure maximum effect abroad the Prime Minister made the announcement himself in preference to the Secretary of State (33). Sir John Kennedy records (34).

" The doubling of the Territorial Army sounded a big thing to the public, and it may have been a good political move, but it was by no means sound from a military point of view, because, although the number of our divisions was at once increased on paper, this was not the quickest way to get the Army ready for war. It pleased the French, however, as a public gesture that we were taking the situation a little more seriously... "

On 1st May 1939 the Military Training Bill introducing conscription (35) was published. This was hailed by the French as a mo-

(32) DP(P) 56 Annex II AFC 7 (Revised) 11 April 1939.
(33) R.J. Minney, *The Private Papers of Hore-Belisha*, pp. 187-188.
(34) John Kennedy, *The Business of War.*
(35) Minney, *ibid.*, pp. 203-4.

mentous step, and pleased them even more than the doubling of the Territorial Army had done. Conscription enabled the British "to produce a bigger and faster programme for the despatch of divisions overseas, and a more effective scheme for the expansion of the Army" (36).

Furthermore, the Reserve and Auxiliary Forces Bill, published on the same day, provided for the permanent manning of the anti-aircraft defences by the Territorial Army without the declaration of a "state of emergency". These were historic changes for, to the British people, voluntary military service in peace-time had always been a dominant principle. The days of "limited liability" were over. As Walter Lippman wrote in the New York Times :

" These revolitionary changes inside Great Britain are not mere gestures [...] improvised for an emergency. They are the organisation for a long pull." (37)

Doubtless the dismay voiced by General Lelong and the French Delegation at the First Stage Talks (38) was important in persuading the British Prime Minister (and Cabinet) to accept such important measures.

IV. — Second stage conversations

The Second Stage of the Staff Conversations commenced on 24 April 1939, ending on 3 May, and covered the formulation of joint plans in greater detail following Ministerial approval of the broad lines of policy reached in the First Stage.

Conduct.

The Report on Stage One (39) contained an Agenda for discussion during the Second Stage, and this formed the basis for the talks (40).

(36) Kennedy, *ibid.*, p. 8.
(37) R.J. Minney, *ibid.*, p. 203.
(38) Whether Lelong's speech enabled Hore-Belisha to get the Prime Minister to agree to double the T.A. is, however, doubtful. Although Kennedy (*ibid.*, p. 8) states that the conversations began on 27 March, this was not so. The talks started on 29 March. Hore-Belisha, according to Minney, saw Chamberlain on 28 March and the announcement was made on the 29 March.
(39) Enclosure II Report on Stage II, DP(P) 56, AFC 25.
(40) AFC 7 Pt. IV.

Scope of the Second Stage Conversations.

Although the First Stage conversations had been based on a war (41) against Germany and Italy as our enemies, with Japan potentially hostile in the background, events were moving fast. Consequently the scope of the Second Stage talks was enlarged to take account of two new hypotheses, arising from a possible alliance with Poland and from intervention by Japan. Accordingly the delegates were instructed to consider :

" 1. The situation which would arise in the event of Poland being an ally of the United Kingdom and France, considered in the light of the political situation prevailing at the time of the renewed discussions.

2. The situation which would arise in the event of Japan entering the war on the side of Germany and Italy, leading to a detailed discussion of Franco-British co-operation in the Far East, the effect in the Mediterranean, and embracing the possible partition of Holland and the attitude of British dominions. "

The idea then dominating German policy was apparently to eliminate all possibilities of a coalition on her eastern front. This was necessary not only to free her from the fear of a war on two fronts, but also to enable her to establish her military or economic hegemony on that front. Economically this would ensure her valuable resources in the event of a blockade. German policy had been the methodical elimination of every obstacle that might threaten or contain her in Eastern Europe (42). Consequently the possible intervention on one side or another of such countries as Roumania, Turkey, Greece, Bulgaria and Yugoslavia in addition to Poland, demanded thoughtful consideration. As a background the Foreign Office prepared a revised political setting to enable the United Kingdom Delegation to study the new problems raised by the changing political scene.

Additional important factors not previously considered covering for example Joint Intelligence, exchange of economic information, the organisation of the Higher Command in war and insurrection in Italian African territories etc. were also discussed.

New political Hypotheses and Conclusions.

The conclusions reached as a result of considering the new political hypotheses are recorded at Annexe I to the Stage Two Report. The French view coincided very much with the British, and regarding Eastern Europe it is recorded that :

(41) AFC 25.
(42) DP(P) 56, AFC 25 Annex I. (non publiée).

" They agreed that the value of the alliance with Poland and Rou-mania lay in their ability, such as it is, to form a long, solid and durable Eastern front which would, at the least, contain considerable German forces. It was agreed that the distances in Poland were so great, and the communications so bad, that it would be difficult for Germany to obtain a quick decision. Even if Poland were conquered the number of troops which would be tied up in holding the country and in providing against a possible threat from Russia would be as great as the number required for the offensive against Poland."

The French thought that we rated the value of the Roumanian Army somewhat low, considering that her Army as a whole was capable of greater resistance to German attack than we appreciated. As for Russia the British view was that her lack of communications and poor organisation and command might limit offensive operations beyond her frontiers. The French view, however, was :

" that Russia should be in a position to supply guns, ammunition and tanks to Poland, but they do not think that we could count on Russian Air Forces operating from Polish territory in the initial stages. The lack of mobile ground organisation, in their opinion, ruled out this possibility. Even the maintenance of this effort by air by using the older-type Russian bombers as transport machines would take at least a month to organise."

Nevertheless should need be, the French appreciated that Russia would not hesitate to take the offensive.

Regarding the intervention of Japan (43) it was agreed that for strategical reasons the active participation on the allied side of the U.S.A. would be of vital importance, whilst the participation of the U.S.S.R. would also have important strategical advantages. As regards Siam and the Dutch East Indies their neutrality would be to our advantage, whilst any violation of their territory would constitute a serious threat to Allied interest in south-east Asia, particularly to Singapore and Indo-China. Consequently the co-ordination of Allied plans to meet possible Japanese aggression was important whilst the integrity of Singapore was vital for the prosecution of Allied defence policy. It was recognised, however, that "Singapore cannot hold out indefinitely". Consequently our Allied policy in the Far East had, in view of our likely preoccupation in the West, initially to be defensive, although the theatre should be reinforced, but at what stage it was not then possible to decide. Should, however, the Allies be defeated in the West, then :

" the collapse of our position in the Far East would automatically follow. Moreover, we have to consider our guarantees to the Eastern Mediterranean Powers, and the hope that operations against Italy will offer prospects of early results."

It was thus a problem of balancing risks, although it was stressed that "the weakening of the British Eastern Mediterranean Fleet

(43) Annex II to AFC 25 (non publiée).

should not lightly be undertaken". Accordingly it was agreed that the two governments must decide in consultation at the time on any redistribution of British naval forces, although plans should provide for a "number of possible solutions" including the "pratical abandonment temporarily of the naval control in the Far East, or the Eastern Mediterranean".

In addition plans for the support of China were also required, and the withdrawal of the Allied Garrisons in North China was envisaged.

The Despatch of the Field Force to France.

Further progress was made regarding the despatch of the Field Force to France, and the following programme constituted the "general aim of His Majesty's Government".

" (a) to send over the Regular Army of 4 Infantry Divisions and 2 Mobile Divisions as soon as possible after the outbreak of war, namely, in the first six weeks.

(b) the first 10 Territorial Divisions to be available for service where required in the 4th, 5th and 6th months after the outbreak of war.

(c) the last 16 Divisions of the Territorial Army to be available for service where required in the 9th-12th months after the outbreak of war."

The British stressed, however, that nothing in the above programme altered the decision that "the commitment to despatch an Army to the Continent only relates to Regular Divisions". Consequently the deployment of the Territorial Divisions would be decided at the time, in consultation with the French Government, and would be in the best interests of the Allied cause as a whole.

French support of the Belgians.

The C.O.S. (44) when considering the First Stage Report had drawn particular attention to the co-ordination of plans with the Belgians, stating :

" We regard it as important that the action of French troops in support of the Belgian Army should be fully co-ordinated, and that preparatory measures such as the improvement of the roads in Belgium, where necessary, should be taken. The line on which the Allies should aim at stopping the German advance should also be chosen and prepared. We suggest that the Chief of the Imperial General Staff should he authorised to make an unofficial approach to the Chief of the Belgian Staff on this point with a view to facilitating contact between the French and the Belgians."

(44) DP(P) 56 Enclosure 1 (non publiée).

Accordingly the question of French support to the Belgian Army was examined. This disclosed that :

" (A) The intervention of French forces in Belgium is dependent on the permission of the Belgium Government to enter its territory. A further condition as regards land forces is the necessity of avoiding an encounter battle against superior forces on the Belgium plains in unprepared positions and with insufficient reserves.

Initially the choice will lie, according to circumstances, between the following courses :

at best — to reinforce the Belgians on their line of resistence itself, i.e. the Meuse and the Albert Canal.

as a minimum — to hold the Scheldt on the Line Tournai — Audenarde so as to connect the French defences at Maulde with the Belgian "National Redoubt" above Ghent and thus deny to the enemy direct access to the sea.

The choice between these courses will depend on the situation and particularly on when the Belgians ask for French assistance.

Even if the intervention of land forces had to be limited in depth, Franco-British air forces would have a leading part to play in slowing up the German advance owing to the numerous defiles where the roads cross the water-courses. The most important of these crossings should be classified as objectives of urgent importance for the Franco-British air forces.

(B) Although only delaying action or a defensive proper is contemplated initially in Belgium, yet the French High Command have not lost sight of the necessity of passing to the counter-offensive as early as possible, making the most of the extremely favourable position of Belgium territory.

The starting lines for this operation would be either the Albert Canal or the Scheldt, with the possibility of an intermediate position (Brussels-Namur) which it might be possible to hold and organise in sufficient time.

Since, without a full knowledge of the Belgian plans, the occupation in force of the Albert Canal position cannot be guaranteed within the time available, the only safe assumption is that our initial defensive position will be organised on the line of the Scheldt and that it is from here that we must be prepared to launch our offensive. "

Action against Italians in Libya.

Furthermore the C.O.S. (45) had not been satisfied that the possibilities of action against the Italians in Libya had been fully investigated, and proposed to press the French further regarding the desirability of making joint plans for operations from Tunisia and Egypt. They stated : "Offensive Operations in North Africa (Part I, para 37)

4. We are not satisfied that the possibilities of offensive action against the Italians in Libya have been fully investigated. In the course of the

(45) DP(P) 56. Enclosure 1 (non publiée).

Conversations the French Delegation informed the United Kingdom Delegation that they would mobilise fourteen divisions in North Africa, none of which would be taken to France at the outset. They did not disclose fully the action which these fourteen divisions would take, and, in general, their attitude to an offensive operation against Libya was that it might come either as a counter-offensive if the Italians attacked Jibuti or Corsica, or invaded Egypt.

5. We think that the French, although they did not say so, have every intention of carrying out an early offensive against Tripoli, and they admitted that their divisions in North Africa would be up to strength and fully equipped."

During the Second Stage talks regarding Libya (46) it was agreed that it would be unwise to raise the Libyan tribes unless decisive military operations were undertaken, but that we should aim in the meantime to establish useful contacts, and prepare to arm the tribesmen when the time became ripe.

As for initiating offensive action against Libya the French High Command explained that their policy should be placed on record as :

" (i) The French offensive against Tripolitania will not be able to reach its full force, especially in respect of air force, artillery, tanks and motorised units, and services, until the threat from Spanish Morocco has been entirely suppressed. This threat consists in a manœuvre directed against our flank and rear for the purpose of immobilising an important part of our forces and of constraining our liberty of action.

(ii) Apart from a riposte or a counter-offensive, which can be speedily started, a French offensive operation, if it is to attain its full power and extent, cannot, as far as can be foreseen at present, be set in motion until about 20 to 30 days after the threat from Spanish Morocco had been removed and the concentration had been achieved.

(iii) Close co-ordination of the actions based on Egypt, Tunisia and the Sahara is indispensable. This co-ordination is the object of the contacts going on at present between the Generals in Command of the theatres of operation."

It was also agreed that the co-ordination and timing of air attacks by the French and British on targets in Libya would be important and held out opportunities of confusing and dispersing the Italian defence. This aspect, however, required further discussion.

Aspects of Franco-British action elsewhere in North and East Africa.

Other aspects of Franco-British action in North and East Africa discussed covered co-operation against the Italians in the Niger-Chad area, and operations against Koufra, and French air assistance to Malta.

(46) DP(P) 56. Annex V. Sec VII (non publiée).

Agreement was also reached regarding British and French air policy in East Africa (47), and the respective Air Officers commanding in Aden and French Somaliland were instructed accordingly. As regards Tunisia discussions covered R.A.F. collaboration in support of a French offensive and it was agreed that the best method of reinforcing the air forces there would be by French units from France after relief by R.A.F. units. Any attack on Italy or Sicily could not be contemplated, however, until the Italians in Libya had been disposed of. The use by the R.A.F. of French air facilities in Tunisia and the provision of British bomb stocks there remained to be considered.

The Mediterranean and Red Sea.

Other relevent points (48) concerning the Mediterranean Theatre and the Red Sea covered arrangements for mutual support, although it was recognised that a large scale offensive would not be possible from Egypt without considerable reinforcements. The French accepted our appreciation of the value of Turkey as an ally, particularly in war against Italy. As regards Palestine the Arab Revolt was being maintained through Syria which raised delicate problems on both sides. Whilst it was not possible for Staff Officers to discuss the implications involved, nevertheless the French promised to examine the question of closing the Syria Palestine frontier in war to prevent raids against our overland reinforcement route from Iraq to Egypt. The French shared our view of the importance of a neutral Spain, pointing out, among other things, the vulnerability to air attack of South and South-West France from aerodromes in Spanish territory, and the grave disadvantage to France of having another frontier to defend. Should Spain threaten Gibraltar then French troops in Morocco were well placed to occupy Spanish Morocco. In the Red Sea whilst French access to British Somaliland to form a "defensive left flank" was considered reasonable no assurances that this would be granted were given at that time.

Other points discussed Second Stage.

Other points came up in the course of the conversations, included discussions between French and British commanders overseas, and at French request an exchange of information between the responsible Staffs. We in our turn drew the attention of the French to the need to co-operate over supplies etc. and suggested talks in London later. Finally, after discussion, the French promised to raise the matter

(47) APC 25 Annex V para 14 et sqq (non publiée).
(48) DP(P) 56.

of propaganda in enemy countries, and collaboration in scientific and technical research. The exchange of intelligence in peace and war, at home and overseas, was also discussed as well as the Higher Command organisation in war.

Terms of Reference for Commanders Abroad.

During the stage Two talks, a full examination was made under the various headings on the Agenda regarding further discussions that should take place between the French and British commanders in the different theatres. Terms of reference (49) were drawn up and were approved by the C.O.S. and comprise :

I. Joint Operations in the Far East.
II. East African Area.
III. Syria, Palestine and Iraq.
IV. Draft telegram for despatch to the Governors of Nigeria, Gambia, Sierre Leone and Gold Coast
V. Draft telegram to Governor, Nigeria.
VI. Draft telegram to Governor of Kenya.
VII. The Mediterranean and Middle East Areas.

Stage Two Achievements.

The most important advance made during Stage II was concerned with the deployment and composition of an expeditionary force for despatch to France in the event of war. Almost as important was the widening of the scope of the talks following the production of a new strategical appreciation covering Eastern Europe and Japan. This enlargement in scope led to the institution of further talks between the British and French commanders on a world wide basis.

V. — Third stage conversations

Conduct.

The third stage (50) of staff conversations took place at the end of August 1939 at the French request to resolve "a number of relatively minor questions outstanding". Full meetings of the delegations were held on 28, 29 and 31st August. In addition there was almost continual contact between the Delegations, their staffs, the Secretariats and also between the French officers and various Service Ministries.

(49) Annex VI to the Report on Stage II. AFC 25 (non publiée).
(50) C.O.S. (39)9.

The conversations continued in a cordial atmosphere which it was felt would "ensure a real and satisfactory liaison during hostilities".

Soviet-German Non-Aggression Pact.

Since May, however, there had been a further development creating a new situation in Europe arising out of the announcement of the Soviet-German non-aggression pact on 21 August 1939 (51).

Regarding the military implications of the pact, however, the opinion of both Delegations was that : "it was impossible to come to any useful conclusions [...] until the situation became more stabilised and the political implications, which would govern the military implications, were clearer".

Furthermore neither the British nor the French at that time intended to re-orientate their military preparations. Nevertheless the Delegations did consider it worthwhile to discuss informally at the last meeting : "the pros and cons of Roumania as an allied belligerent at the outbreak of war or as neutral, wtih particular reference to Russia's position".

Although no conclusions were reached some points made informally during the discussions were recorded :

The Despatch of the Field Force.

Once again the French inquired whether it was still not possible to expedite the despatch of the Field Force to France. We reiterated that the programme was the best that we could do. The possibilities of the early active employment of the Field Force were referred to the War Office.

Agreement was reached regarding the Higher Command of Forces operating on the Continent, whilst the Air aspects were finally agreed after discussion and redrafting. Talks also covered operational command in French ports used by the British.

Bombardment Policy and Joint Declaration.

Discussions on the Bombardment Policy continued and complete agreement between the British and French was reached. It was also agreed that steps should be taken to bring other potential allies into line. These plans covered both Air Forces and the Navies.

As regards a Joint Declaration, following the agreement of the C.I.D. that any statement should include our intention "to adhere

(51) Subsequently signed in Moscow on 23 August 1939.

to the rules of warfare as regards the employment of gas, and submarine and aircraft attack on shipping", the final comprehensive declaration was left to direct negotiation between the two Governments through Foreign Office channels.

Other Points Considered.

Many other points were discussed by the Delegates in London, whilst talks continued overseas based on the terms of reference agreed on during Stage II. Time precludes considering all of these but the following list of topics indicates their far-ranging and often urgent nature :

Instructions to authorities overseas regarding the attitude to be adopted towards Italy in the event of the institution of the precautionary stage or the outbreak of war with Germany.

Command of Franco-British overseas theatres of operations on land.

Co-ordination of Military Missions abroad.

Anglo-French Conference at Singapore (The problem of assistance in China).

Operational Command in French Ports used by the British Field Force.

Local Contact between the French Commanders in the Niger-Tchad Area and the General Officer Commanding Sudan.

Stationing of three Submarines at Djibuti.

French Reinforcements for Kenya and the Sudan.

Export of Oil from Tripoli in War.

Use of Cyprus as a Base for Air Operations.

Native Recruiting in British Colonies.

Salonica Expeditionary Force.

Transport of British Personnel to Malta.

Action in North Africa.

Achievement

The Official Historian (52) records :

" On the day before war was declared the Royal Air Force flew to France a small advance party of eighteen officers and thirty-one other ranks. By the 27 of September the Royal Navy with shipping of the Merchantile Marine under their control had moved to France, without the loss of a single life, 152,031 army personnel, 9,392 air force personnel, 21,424 army vehicles, 2,470 air force vehicles, 36,000 tons of ammunition, 25,000 tons of motor spirit, 60,000 tons of frozen meat, in addition to other

(52) Major L.F. Ellis, *The War in France and Flanders* 1939-1940, H.M.S.O.

stores, equipment and supplies. Thereafter the build-up of our forces and of equipment, stores and supplies continued steadily.

Advance parties sailed from Portsmouth on the 4 September, and the first convoy of troopships left Southampton and the Bristol channel ports on the 9th. The first main landings took place at Cherbourg on the 10th and at Nantes and St-Nazaire two days later. Thereafter convoys bearing men and material followed at frequent intervals.

[...] Our undertaking to have two corps assembled in France thirty three days after mobilisation was fulfilled.

Commanded by Lieutenant-General Sir John Dill, I Corps (1st and 2nd Divisions) began taking over a sector of the frontier defences from French troops on the 3rd of October; II Corps (3rd and 4th Divisions), commanded by Lieutenant-General A.F. Brooke, moved into the line from its concentration area on the 12th of October. The sector for which British troops were eventually responsible lay east of Lille and stretched from Maulde to Halluin with a defensive flank along the River Lys from Halluin to Armentières. On their right was the French First Army ; on their left the French Seventh Army [...]."

The build-up forces was, of course, dependent on the progress made at home in the training and equipment of additional units. By the end of 1939 it had proved possible to form another Regular division in France — the 5th Division. In January 1940, the first Territorial division — the 48th (South Midland) Division arrived. In February came the 50th (Northumbrian) Division and the 51st (Highland) Division, and in April the 42nd (East Lancashire) and 44th (Home Counties) Divisions, all these high-numbered divisions being Territorial troops. By the 9th of April a third corps was operational, under the command of Lieutenant-General Sir Ronald F. Adam, and by the beginning of May 1940 the British Expeditionary Force had been increased from four Regular divisions in two corps to ten divisions (half Regular and half Territorial) in three corps and G.H.Q. reserve. As a measure of unification some "Regular battalions were transferred to Territorial brigades and vice versa [...], three incomplete Territorial divisions were also sent out in April for labour duties and to complete their training [...]".

By the end of April the strengh of the British Army in France had increased to 394,165. Of this total, 237,319 were with G.H.Q. and in corps and divisions — that is the main fighting force ; 18,347 were in the Territorial divisions sent out for labour duties and further training ; 17,665 were reinforcements held at bases ; 78,864 were on lines-of-communication duties ; 23,545 were in Headquarters of various services and missions, hospitals and miscelleanous employment ; 9,051 were in drafts en route ; 2,515 were not yet allocated and 6,859 were with the Advanced Air Striking Force.

Thus behind the main fighting force of nearly a quarter of a million "there were over 150,000 men in the rearward areas. Large numbers of these men were preparing bases, depots and installations..."

LES CONVERSATIONS MILITAIRES
FRANCO-BRITANNIQUES
(1935-1938)

Philippe MASSON
Service historique de la Marine

Franco-British military conversations, 1935-1938. — From 1935 to 1938 intermittent General Staff conversations resulted in very little that was positive. They took place in three stages.

1) From Sepember 1935 to January 1936. The proposal came from Britain. It was a source of embarrassment for the Laval Government, which was then endeavouring to achieve a rapprochement with Italy, and which consequently stipulated two conditions : France would intervene only if Britain were attacked by Italy, and London would avoid doing anything that might aggravate the conflict. The British having accepted, the talks resulted in the drafting of a plan for naval operations.

2) In March-April 1936, it was France which asked Britain to back her after the remilitarisation of the Rhineland. The talks resulted in a mere exchange of information, constituting therefore a setback.

3) In March 1938, the conversations were resumed after the Anschluss and continued until Munich. They confirmed and clarified the previous agreements, but there were no decisive negotiations until March 1939.

The lack of results was not due to technical difficulties, but to the political divergences between the two governments.

En 1912 et en 1913, les conversations d'états-majors franco-britanniques avaient constitué le prélude à un rapprochement contre l'Allemagne. En 1935, des conversations du même ordre s'ouvraient à nouveau entre les experts des deux pays. Mais, cette fois-ci, ces négociations devaient être beaucoup plus longues, coupées de traverses, et n'aboutir à un véritable accord qu'à la veille de l'ouverture des hostilités. Le déroulement pénible de ces conversations ne trouve pas son origine dans de simples difficultés techniques entre états-majors, mais s'explique essentiellement par les divergences politiques qui, à maintes reprises, ont opposé la France et la Grande-Bretagne, que ce soit sur le problème italien ou le problème allemand. Du moins, ces négociations ont eu le mérite de déboucher sur une véritable alliance. En attendant, par souci de simplicité, on peut diviser ces négociations d'états-majors en trois grandes phases.

I. — Les conversations d'états-majors de septembre 1935 - janvier 1936

C'est en septembre 1935, au moment où se dessine le conflit italo-éthiopien, que prennent naissance les premières conversations. L'initiative en revient au gouvernement britannique, dans le cadre de deux demandes verbales, l'une adressée par le secrétaire d'Etat au *Foreign Office* à notre ambassadeur à Londres et l'autre adressée au chef d'état-major de la Marine par l'attaché naval britannique. Ces deux notes envisagent la conclusion de conversations analogues à celle de 1912, « dans l'éventualité d'une alliance franco-anglaise ».

Le moins qu'on puisse dire est que cette proposition provoque dans les milieux politiques et militaires français le plus grand embarras. Pour commencer, le gouvernement Laval juge le moment mal choisi. Le conflit italo-éthiopien ne dépasse pas encore le cadre des incidents et il est prématuré d'envisager un recours à l'article 16 du Pacte de la Société des Nations. Certes, au cours de l'été, l'Italie s'est livrée à un important déploiement de forces en Méditerranée qui a, d'ailleurs, entraîné la concentration du gros de la flotte britannique au Levant. Mais le gouvernement français compte encore sur un règlement diplomatique de l'affaire d'Ethiopie.

En fait, les réticences de Paris s'expliquent essentiellement par le désir de préserver le rapprochement récent avec l'Italie, qui débouche sur des projets d'accords militaires, dans l'hypothèse d'une attaque allemande à l'Ouest ou d'une initiative du Reich en direction de l'Autriche. A cet égard, le général Gamelin ne cache pas qu'un rapprochement avec l'Angleterre risquerait de ruiner les résultats obtenus lors de la rencontre à Rome avec le maréchal Badoglio. Le projet franco-italien permet de consacrer 17 divisions supplémentaires à la défense de la frontière du Nord-Est. L'état-major de la Marine ne cache pas non plus ses réticences à la demande anglaise. Depuis les conférences sur le désarmement, il nourrit une solide méfiance à l'égard de la Grande-Bretagne soupçonnée de vouloir s'assurer, aux moindres frais, une nette supériorité sur les marines française et italienne. Enfin, cette méfiance a encore été renforcée par la signature de l'accord naval anglo-allemand du 18 juin 1935, sur lequel la France n'a pas été consultée.

Toutefois, la Marine n'a pas accueilli non plus sans réticences l'idée d'un rapprochement avec l'Italie dont la politique navale, au cours des années précédentes, a été franchement hostile à celle de la France. Finalement, c'est en grande partie sur l'initative de la rue Royale que le gouvernement Laval décide de ne pas écarter la demande britannique. Tout en étant bien décidé à préserver le rapprochement avec l'Italie, il n'entend pas couper les ponts avec Londres.

Dans sa réponse du 5 octobre, le gouvernement Laval subordonne son acceptation à un élargissement du débat. L'obligation d'assistance devrait être réciproque et jouer aussi bien dans le cas d'une attaque terrestre et aérienne que dans celui d'une attaque par mer. L'obligation devrait être assurée contre tout agresseur, « membre ou non de la S.D.N... ».

Cependant, en émettant ces conditions, le gouvernement ne peut ignorer les réserves de Londres. En effet, dès le 26 septembre, dans une note adressée à Paris, Sir Samuel Hoare a établi une très nette distinction entre « un acte positif d'agression non provoquée » justiciable de la procédure de l'article 16 du Pacte, et « un acte négatif consistant à ne pas exécuter les termes d'un traité ».

On pourrait croire que l'attaque italienne du 11 octobre contre l'Ethiopie, permettant enfin l'application de l'article 16, va modifier la position du gouvernement français. En fait, il n'en est rien et l'intransigeance de Paris va être à l'origine d'une vive controverse franco-britannique. Le gouvernement Laval garde encore l'espoir d'un compromis dans l'affaire italo-éthiopienne. Il entend, par ailleurs, interpréter de la manière la plus restrictive les stipulations de l'article 16. La France s'associera, à la rigueur, à des sanctions économiques, mais ne s'engagera pas dans la voie de sanctions militaires.

Finalement, Paris met deux conditions à l'ouverture de conversations d'états-majors franco-britanniques. La solidarité française ne jouerait que si la Grande-Bretagne était victime d'une attaque de l'Italie, à la suite de mesures prises en vertu de l'exécution du Pacte, mais étant bien entendu que Londres devrait éviter toute mesure de blocus naval et ne jamais envisager de fermer le canal de Suez. Mieux, Paris souhaite un geste de la part du cabinet britannique pour diminuer la tension en Méditerranée et faciliter une tentative de conciliation entre l'Italie et l'Ethiopie. L'Amirauté devrait rappeler dans les eaux métropolitaines les deux croiseurs de bataille basés à Gibraltar. En échange, le gouvernement français s'engage à obtenir de Mussolini une réduction des effectifs italiens en Libye.

Après un échange de notes assez vif, le gouvernement britannique finit par céder. Le 16 octobre, il se déclare prêt à donner l'assurance de ne recourir contre l'Italie à aucune mesure qui ne serait pas conforme aux décisions prises ou à prendre par la S.D.N., « *avec le concours sans réserve de la France* ». Il accepte aussi de retirer les croiseurs de bataille stationnés à Gibraltar, en échange de la promesse d'un concours français en cas d'attaque et « comme un élément d'un arrangement avec l'Italie qui comporterait la réduction des forces italiennes en Libye à un chiffre sensiblement égal à celui des forces britanniques en Egypte ».

En somme, la Grande-Bretagne accepte de ne recourir vis-à-vis de l'Italie qu'à des sanctions adoptées collectivement, puis en subordonnant ses initiatives au « concours sans réserve de la France ».

Dès lors, rien ne s'oppose plus à l'ouverture de conversations d'états-majors. Celles-ci débutent le 29 octobre avec l'arrivée à Londres de l'amiral Decoux. Elles se poursuivent au cours du mois de novembre et concernent à partir du 9 décembre la Guerre et l'Air. Mais, finalement, seul un accord entre états-majors navals aboutit le 15 janvier 1936. Il ne s'agit pas d'une convention comparable à celle de 1913, mais de deux procès-verbaux, assez différents dans la forme. Les résultats n'en sont pas moins substantiels. Indépendamment de la question des bases françaises et des liaisons entre les deux marines, on trouve dans ce projet d'accord l'ébauche d'un plan d'opérations, avec une répartition des commandements. La France aurait une responsabilité majeure en Méditerranée occidentale et le groupe de Gibraltar participerait à la protection des convois de l'Afrique du Nord.

Ainsi, le gouvernement français, en multipliant les conditions, avait fini par accepter le principe de conversations militaires, sans renoncer pour autant au rapprochement avec l'Italie. Le désir de préserver la réconciliation avec Rome avait été l'une des causes de sa lenteur à répondre à l'offre anglaise ; mais ce n'était pas la seule. Il y avait d'abord certaines objections de l'état-major de la Marine. En signant un accord naval avec la Grande-Bretagne, la France, qui n'avait procédé à aucune mesure de mobilisation préventive, ne risquait-elle pas une attaque italienne dirigée contre Bizerte ou Toulon ? Elle pouvait ainsi faire les frais d'une éventuelle politique agressive de Rome.

Mais, surtout, on s'était interrogé à Paris sur les causes profondes qui pouvaient inciter le gouvernement britannique à solliciter l'appui de la marine française.

S'agissait-il uniquement de répliquer à une attaque italienne ou de faire face, dans les meilleures conditions possibles, à l'application de sanctions militaires décidées dans le cadre du Pacte de la S.D.N. ? N'y avait-il pas d'autres raisons, d'autant plus que les négociateurs français croyaient discerner chez les Britanniques d'inquiétantes arrière-pensées ?

Assurée de bénéficier du concours français, la Grande-Bretagne ne serait-elle pas tentée de prendre des initiatives dangereuses risquant de compromettre définitivement la paix en Méditerranée ? Au cours de son voyage à Londres le 29 octobre, l'amiral Decoux avait été défavorablement impressionné par une réflexion de l'amiral Shatfield au sujet d'une éventuelle attaque italienne : « Avec les dictateurs, on ne sait jamais... Personne n'est sûr que Monsieur

Mussolini ne prendra pas un jour des décisions graves et ne sera pas tenté d'accomplir un geste désespéré, si, par exemple, *l'Italie était coupée de l'Afrique* ».

Un autre point suscitait l'inquiétude des représentants français et devait être à l'origine de commentaires désobligeants. Les négociations entre les états-majors navals avaient connu un arrêt complet entre le 9 novembre 1935 et le 15 janvier 1936. Cette mise en sommeil relative contrastait naturellement avec l'impatience fébrile dont le gouvernement britannique avait fait preuve en septembre et en octobre 1935. Pour l'amiral Decoux, il n'y avait qu'une interprétation. L'Amirauté britannique n'avait songé qu'à obtenir une aide passive de la France, c'est-à-dire l'accès à ses bases. Quant au Cabinet, « en pressant la France — la France seule — de prendre parti en faveur de l'assistance navale en Méditerranée dans le cadre de l'article 16, il avait voulu compromettre la France aux yeux de l'Italie et mettre en péril le rapprochement franco-italien ».

Quelle que soit la valeur de ces inquiétudes ou des interprétations, il existait tout de même, au début de 1936, un projet d'accord naval franco-britannique, qui, sans avoir la rigueur de la convention de 1913, n'en avait pas moins valeur d'engagement. Dans l'esprit du gouvernement français, cet accord épisodique, lié à la Méditerranée et au conflit italo-éthiopien, constituait dès lors une base de départ pour les conversations élargies, dans le cadre d'un accord durable.

II. — Les conversations d'états-majors de mars-avril 1936

En 1935, l'initiative de conversations d'états-majors était venue de Londres, à l'occasion du conflit méditerranéen. Quelques mois plus tard, c'est Paris qui entreprend de solliciter l'appui militaire britannique, à l'occasion de la remilitarisation de la Rhénanie.

Le problème est posé dès février 1936. Les responsables militaires français, en cas d'une éventuelle initiative allemande, manifestent de sérieuses réserves à une réaction française isolée. Une réoccupation de la Rhénanie ne pourrait intervenir qu'avec l'appui des forces des puissances garantes de Locarno. Elle nécessiterait du moins une coopération militaire ferme de la Grande-Bretagne. Le coup de force allemand du 7 mars ne fait que souligner les réticences du Haut commandement et amène le gouvernement à solliciter l'appui des pays signataires du Pacte.

Mais, à Londres, du 12 au 19 mars 1936, la France éprouve une sérieuse désillusion. Les puissances garantes se refusent à appliquer à l'Allemagne des sanctions collectives, économiques ou militaires, pour l'obliger à évacuer la Rhénanie. Elle n'obtient que l'évacuation d'une mince bande de territoire le long de la frontière. L'accord du

19 mars prévoit, cependant, l'ouverture de conversations d'états-majors destinées à faciliter la mise en œuvre de l'assistance promise à la France en cas d'agression allemande. Mais on peut se demander un instant s'il ne s'agit pas d'une fiche de consolation destinée à faire accepter par la France le principe d'une révision fondamentale du statut rhénan.

Le gouvernement français doit, en effet, batailler ferme pour obtenir du cabinet britannique l'ouverture de ces conversations et le 11 avril, Anthony Eden en fixe les limites.

Elles n'impliquent nullement l'échec de l'effort de conciliation tenté du côté de l'Allemagne.

Ces conversations auront un caractère technique et ne devront être exécutées qu'en cas d'agression non provoquée.

Elles ne pourront engendrer « aucun engagement d'ordre politique, ni aucune obligation quant à l'organisation de la défense nationale ». Elles ne constituent donc, en aucune manière, un premier pas vers une alliance.

Les conversations se déroulent alors les 15 et 16 avril à Londres, avec la participation, du côté français, des sous-chefs d'état-major. Elles se révèlent, dans l'ensemble, fort limitées, malgré le désir français d'élargir la discussion. Les débats se limitent à un échange d'informations et de renseignements sur l'intervention éventuelle d'un corps expéditionnaire britannique de deux divisions. Mais, à aucun moment, il n'est question d'une organisation du commandement, d'une répartition des zones d'action, de rien qui ressemble à un plan d'opérations commun. Par rapport au projet d'accord naval du 15 janvier précédent, le recul est indiscutable.

Certes, les avantages obtenus par la France ne sont pas entièrement négligeables. Les conversations d'avril s'intègrent dans une politique de défense à long terme, associée à une promesse de soutien britannique en cas d'agression non provoquée, alors que l'accord naval méditerranéen n'avait qu'un caractère accidentel, lié à un problème bien particulier. Ces dernières conversations contribuaient à renforcer, dans une certaine mesure, le pacte de Locarno. Cependant, une question se pose. Quelles sont les raisons qui ont empêché la Grande-Bretagne d'aller jusqu'à un projet d'accord, même dans une optique strictement défensive ?

Sur ce point, on est obligé de recourir aux suppositions faites par le gouvernement français et les responsables militaires. Dans quelle mesure faut-il tenir compte du pacifisme invétéré de l'opinion préoccupée essentiellement du problème éthiopien, de la faiblesse des forces militaires, de l'espoir britannique d'arriver, en accord avec l'Allemagne, à un règlement durable en Europe, de la crainte du cabinet d'encourager la France à commettre quelque imprudence dans le cadre de ses engagements avec certains pays de l'Europe centrale ?

III. — Les conversations de 1938

Quoi qu'il en soit, ces conversations qui, dans l'esprit du gouvernement français, devaient constituer un « commencement », restent sans suite, ou plutôt connaissent une longue interruption de deux ans (sauf pour l'aviation) qui ne peut s'expliquer que par les réticences britanniques, l'affaire d'Espagne et la politique du gouvernement du Front Populaire orientée surtout sur les problèmes intérieurs.

Il faut, en effet, attendre mars 1938 pour assister à une reprise de ces négociations, sur l'initiative du cabinet britannique. Si la brutalité de l'*Anschluss* semble justifier son désir de donner enfin un aspect militaire à son engagement vis-à-vis de la France, en cas d'agression non provoquée, on peut s'interroger sur sa volonté de limiter ces nouvelles conversations à l'Air et d'écarter la Marine et l'Armée. Des précisions seraient souhaitables, car, à cet égard, on en reste toujours, du côté français, au stade des hypothèses : hostilité de l'opinion britannique à toute alliance continentale, retard du réarmement terrestre, crainte en engageant des conversations navales de compromettre le rapprochement anglo-italien ou l'accord naval avec l'Allemagne de juin 1935...

Malgré tout, au cours de la conférence tenue à Londres les 28 et 29 avril 1938, le gouvernement français réussit à vaincre l'opposition britannique et à faire admettre des conversations d'états-majors concernant la Guerre et la Marine.

Commencées en juin, les conversations se déroulent jusqu'au moment de la crise de Munich. Tout en restant bien éloignées d'un projet d'accord, elles aboutissent à compléter et à préciser le dossier constitué deux ans plus tôt. Si les résultats restent médiocres concernant la Terre et l'Air, les conversations navales réalisent un réel progrès et aboutissent même à une ébauche de plan d'opérations.

Cependant, contrairement à ce qu'on pouvait croire, la crise de Munich coïncide avec une nouvelle interruption des négociations. Il faut attendre février-mars 1939 — le coup de Prague — pour assister enfin à l'ouverture de conversations décisives entre la France et la Grande-Bretagne.

Ainsi, la phase préparatoire de ces conversations définitives a duré plus de trois ans. Ce déroulement pénible ne trouve pas son origine dans des difficultés d'ordre technique. Au cours de leurs diverses rencontres, les spécialistes militaires n'ont eu aucune peine à surmonter les problèmes qui ont pu se présenter dans l'hypothèse d'une éventuelle coopération, qu'il s'agisse des ports destinés à un débarquement d'un corps expéditionnaire ou d'une *"advenced striking force"* ou d'une répartition des zones d'opérations entre les deux marines. Les obstacles qui ont pu surgir, unité de commandement, échange des codes, secteur opérationnel réservé au corps expéditionnaire britannique, n'étaient que la manifestation d'instructions gouvernementales.

A cet égard, force est de constater que la Grande-Bretagne et la France ont suivi des politiques, sinon divergentes, du moins différentes. Dans le cas des conversations méditerranéennes de 1935, c'est la France qui joue le rôle de frein et qui tient à éviter tout ce qui pourrait inciter l'Angleterre à commettre des imprudences et rompre le rapprochement franco-italien. Dans le cas des conversations « continentales », les objections surgissent du côté britannique. A cette occasion, on peut constater un décalage entre les deux pays dont les éléments ont été largement soulignés.

Ce sera justement tout l'intérêt de ce colloque d'apporter des éclaircissements dans ce domaine.

LES CONVERSATIONS DE 1939
SUR LA
COOPÉRATION FRANCO-BRITANNIQUE
EN TEMPS DE GUERRE

Colonel P. LE GOYET

Chef de la section « Etudes »
Service historique de l'Armée de Terre

The 1939 conversations on franco-british cooperation in time of war. — In March 1939, faced with the eventuality of a war, Britain proposed to France to set up common organisations, with a view to defining aims, means and requirements.

1) The conduct of the war. A Supreme Council would be set up at the outbreak of hostilities, comprising political and military experts. But a Standing Committee had to be envisaged, in order to prepare such decisions. This was the Interallied Military Study Committee, which held its first meeting in London on 28 August.

2) Strategy. The Allies were in agreement to adopt first of all a defensive attitude, and they thought that the Axis, on the contrary, would endeavour to decide the issue quickly. It was therefore essential to be on one's guard against a land attack through Belgium and the Netherlands, or against an air attack, which would be aiming rather at Britain. It was indispensable to retaliate against any attack on overseas territories, and to ensure mastery of the seas.

3) Higher command of operations : the British agreed to the setting up of an Interallied Military High Committee, but the time was not yet ripe for the question of a single High Command to be raised.

Pour atteindre la victoire finale les pays alliés doivent associer non seulement leurs moyens militaires, mais économiques, industriels, financiers, scientifiques. Cette coopération suppose au préalable la détermination des buts de guerre et d'une stratégie commune, la définition d'un programme général des besoins, l'inventaire des ressources, l'évaluation des déficits et les solutions pour les combler.

Ces différentes opérations nécessitent une organisation générale interalliée, à différents niveaux : gouvernement, commandement, théâtres d'opérations.

Pour l'élaboration des décisions dont les bases doivent être jetées dès le temps de paix, il paraît indispensable de disposer d'un organisme de direction de la guerre. En fonction de la situation politique internationale, diplomatique, et des possibilités économiques pourront être fixés en commun les plans et les modalités de leur exécution.

I. — La situation au 15 mars 1939

Pendant la semaine précédant le 15 mars, dans l'opinion publique comme au sein du gouvernement britannique, se manifeste une vague d'optimisme unanime. On va même jusqu'à envisager une réduction des armements. Le *Daily Express* titre en manchettes : « un accord de limitation des armements pourra être réalisé cette année ». Le *Daily Mail,* de son côté, déclare « que la limitation des armements doit être avec le maintien de la paix le but suprême des hommes d'Etat européens pendant l'année en cours ». La presse en général souligne l'intérêt au point de vue économique que revêtent les prochains voyages des ministres britanniques à Berlin et dans les pays scandinaves.

Aussi le « coup de Prague » est-il une désillusion profonde. L'optimisme fait place à la réprobation, plus qu'à la crainte. Si, après Munich, beaucoup d'Anglais trouvaient des justifications aux initiatives brutales de Hitler, y voyaient l'expression du dynamisme d'un régime révolutionnaire né d'un sursaut de l'énergie nationale, éprouvaient même un certain respect et une sorte d'estime pour ces anciens adversaires, cette annexion au mépris des traités discrédite définitivement le Reich. Les Britanniques se résignent à admettre l'éventualité d'une guerre. Convaincue de l'impérialisme de Hitler, l'Angleterre modifie alors l'orientation de sa politique.

Elle interviendra donc, mais dans quelles conditions ?

La faiblesse de son armée de terre, de l'aviation, même de la marine à certains égards va l'obliger à rechercher des accords avec la France.

Pour la France et la Grande-Bretagne, puissances occidentales aux institutions démocratiques, mais aussi puissances impériales, le problème stratégique se pose à l'échelon mondial. Il déborde le domaine strictement militaire, empiète sur l'économie, la psychologie, c'est dire sa complexité.

Aux propositions britanniques en 1935 d'une intervention aérienne contre l'Italie la France ne répond qu'avec réticence. De même, en 1936 et 1937, après la réoccupation de la Rhénanie et le dégagement belge, la Grande-Bretagne manifeste une très grande réserve.

L'annexion de l'Autriche, l'affaire des Sudètes obligent les deux gouvernements à relancer la coopération militaire, mais elle reste encore au niveau des études et des hypothèses. Chaque puissance se préoccupe d'abord de sa propre défense et s'arme en conséquence.

L'occupation de la Tchécoslovaquie par les troupes hitlériennes, en faisant prendre conscience aux responsables de l'imminence de la guerre, va permettre des progrès substantiels dans le domaine de la collaboration.

En effet, le 10 février 1939, le général Dentz avait reçu du ministre des Affaires étrangères communication d'un *memorandum* anglais demandant que des conversations d'états-majors soient conduites sur la base d'une guerre contre l'Italie et l'Allemagne réunies et embrassant *tous* les théâtres d'opérations.

Le gouvernement britannique est arrivé aux conclusions que l'établissement de plans communs aussi bien pour les opérations que pour les ravitaillements est indispensable. Il insiste sur leur caractère très secret et dégage les points suivants :

a) Une menace ou une agression allemande dirigée contre les Pays-Bas serait considérée comme dirigée également contre le Royaume-Uni;

b) Une attaque contre la Suisse serait interprétée comme une menace contre la France et par conséquent contre le Royaume-Uni;

c) Par réciprocité les Français soutiendraient les Anglais en cas d'agression allemande contre les Pays-Bas ;

d) A une menace italo-allemande contre un des deux pays occidentaux il serait répondu en commun par la mise en œuvre de l'ensemble des forces. Cette disposition comprend bien entendu le cas déjà prévu d'une menace allemande seule contre la France ;

e) En ce qui concerne une action italienne seule, contre la France seule, l'Angleterre agira comme la France le désirera. L'Angleterre est prête à ne pas intervenir si la France estime que cette attitude est de nature à inciter l'Allemagne à rester en dehors du conflit » (1).

L'ambassadeur, M. Corbin, « est d'avis que cette occasion qui peut être fugitive devrait être saisie immédiatement ».

Le général Gamelin sollicite alors du président du Conseil la responsabilité de la centralisation et de la coordination tout en admettant que l'amiral Darlan soit habilité à traiter directement des opérations maritimes avec l'Amirauté britannique. Toutefois le Général déclare :

« Eu égard au rôle de coordination supérieure qui me serait imparti en temps de guerre, j'estime nécessaire que me soit confiée dès le temps de paix, la mission de coordonner les conversations à entreprendre dans les trois domaines : terrestre, maritime, aérien » (2),

(1) C.R. du 20.2.1939, E.M.A.
(2) N° 321/DN/3 Paris le 22 février 1939, général Gamelin à président du Conseil ministre de la Défense nationale (cabinet), conversations d'états-majors.

et il donne aux chefs d'états-majors généraux de l'air et des colonies les délégations les accréditant auprès de leurs correspondants britanniques.

Le 8 mars 1939, le général Gamelin fait connaître les noms des responsables français aux conversations de Londres. Le colonel Aymé, du secrétariat général du conseil supérieur de la Défense nationale, est adjoint au général Lelong attaché militaire représentant le général Gamelin ; à leurs côtés, le chef d'escadron Noiret pour l'état-major de l'Armée, le contre-amiral Bourrague, sous-chef d'état-major général de la Marine, le commandant Bailly de l'état-major de l'Air. Le colonel Aymé appartenant aux troupes coloniales représentera le ministère des Colonies (3).

II. — Direction de la Guerre

La coordination des efforts politiques, militaires, économiques, rend indispensable une direction commune.

Cette nécessité n'a vraiment été évoquée qu'au mois de juillet 1939, à l'initiative des Britanniques. Les Français avaient-ils craint en abordant cette question de susciter chez leurs alliés une certaine méfiance ? Le général Gamelin l'a redouté.

Le 26 juillet 1939, Chamberlain s'adressant au président Daladier rappelle la lettre de Lloyd George à Painlevé le 30 octobre 1917 :

« Si nous gagnons la guerre, ce sera seulement parce que les Nations alliées auront bien voulu tout subordonner au but suprême, à savoir d'exercer sur les Empires centraux de la manière la plus efficace possible le maximum de pression dont les Alliés sont capables, du point de vue militaire, économique et politique.
Il n'y a, j'en suis persuadé, qu'une seule façon d'arriver à ce résultat : c'est de créer un Conseil commun — une sorte d'état-major interallié — qui établisse les plans et suive continuellement le cours des événements pour l'ensemble des Alliés.
Ce Conseil, naturellement, n'usurperait pas la place des différents gouvernements. Il leur servirait simplement de conseiller, les décisions finales et les ordres d'exécution nécessaires restant du ressort des gouvernements intéressés. Mais ce Conseil serait en possession de tous les renseignements concernant les ressources de tous les Alliés, non seulement en hommes et en munitions, mais aussi en navires, matériel de chemin de fer, etc... Il agirait comme une sorte d'état-major général allié, pouvant donner des conseils sur les meilleurs moyens de gagner la guerre, étant donné qu'il aurait connaissance de l'ensemble de la situation militaire et des ressources disponibles ».

(3) Note n° 446/DN/3, Paris, 8 mars 1939, accord d'états-majors franco-britannique, général Gamelin à ministre des Affaires étrangères (direction des Affaires politiques).

Chamberlain poursuit :

« Si nous prenons en considération les modifications apportées à la situation depuis la dernière guerre, le premier point qui frappe l'esprit c'est que, alors que l'effort allié n'avait, à tous points de vue, pratiquement qu'un seul front continu qui s'étendait de la côte belge jusqu'à l'Italie, nous pouvons nous trouver en présence cette fois de trois fronts absolument distincts et très éloignés les uns des autres : le front européen, le front européen oriental, lequel peut s'étendre à la Roumanie et à la Russie, et ce qu'on peut appeler la zone méditerranéenne qui comprendrait un front gréco-turc.

Le problème, tout au moins tel que je le vois, serait de créer un organisme qui pourrait assurer une coordination efficace des efforts de tous les Alliés dans la guerre malgré les grands espaces qui les séparaient ».

A première vue, la création de conseils interalliés sur chacun des principaux théâtres d'opérations peut sembler souhaitable, mais ce procédé irait, dit-il, à l'encontre de l'unité des efforts et c'est pourquoi il estime qu'il ne devrait y avoir qu'un seul conseil supérieur chargé d'émettre des suggestions et des propositions aux gouvernements alliés.

Le lieu de réunion pourrait être alternativement Londres et Paris, le quartier général fixe de l'état-major interallié siégeant dans la capitale britannique.

La représentation serait très souple : le Premier ministre ou plusieurs autres ministres et des conseillers en nombre variable. En cas d'impossibilité — souvent à cause des distances : Pologne et Turquie par exemple —, des nations seraient représentées par leurs ambassadeurs. Des missions franco-britanniques seraient alors envoyées sur les théâtres d'opérations de l'Est et de Grèce-Turquie.

Le Premier britannique propose la réunion immédiate des représentants militaires permanents (un général de division de chacune des trois armes) afin de préparer les décisions du Conseil suprême. En revanche, le Conseil lui-même ne prendrait réellement existence qu'à l'ouverture des hostilités. En outre, d'autres organismes interalliés spécialisés : économie, transports maritimes, ravitaillement, devraient être constitués.

L'état-major de l'armée française se rallie sans réserve au principe de l'organisation de la direction proposée par les Britanniques, mais souhaiterait voir

« étendre les compétences du Conseil suprême à la totalité des théâtres d'opérations et lui attribuer un pouvoir non seulement délibératif [...], mais également exécutif [...]. La présence des Premiers ministres dans le Conseil semble le permettre » (4).

(4) Etat-major de l'Armée, bureau des opérations militaires et instruction générale de l'armée, Paris, le 28 juillet 1939, avis de l'état-major sur les propositions du Premier britannique relatives à la direction générale des opérations interalliées en temps de guerre.

Partant de cette base, l'état-major de l'Armée réclame pour le Conseil suprême un état-major comprenant les représentants accrédités des généraux commandant en chef les forces de chaque pays sous le commandement d'un chef d'état-major général des forces interalliées (en principe le chef d'état-major général de la Défense nationale). Il siégerait en France, théâtre principal ; sa réalisation serait progressive ; il serait chargé de l'élaboration des plans initiaux résultant des accords politiques.

Ce point de vue est étudié au cours de la réunion des chefs d'états-majors généraux le 1ᵉʳ août 1939 à Paris.

Le général Gamelin

« note la confusion commise entre la direction de la guerre et la conduite supérieure des opérations et le danger de voir constituer un état-major non responsable auquel s'adresserait le Conseil suprême en dehors des commandants en chef responsables ».

Il se prononce en faveur du Conseil suprême à condition que les commandants en chef y aient accès, refuse le principe d'un état-major interallié, préconise la création d'un Comité d'études militaires interallié, qui serait en fait le secrétariat du Conseil suprême.

La composition de ce comité serait examinée ultérieurement, mais il faut, dit-il, insister auprès des Britanniques sur le fait qu'il ne s'agit pas d'un état-major mais de représentants des commandants en chef se réunissant pour des études en commun.

De plus, « il ne faut pas désigner de grands personnages pour ce comité qui ne doit pas comporter de président ».

En somme, c'est un simple organisme de travail, les droits du Commandement dans les deux pays étant sauvegardés.

Le 3 août, Daladier fait savoir à Chamberlain qu'il approuve l'initiative britannique en ce qui concerne la création du « Conseil suprême » dans lequel il suggère de faire entrer les plus hautes autorités militaires alliées responsables de l'exécution des décisions du Conseil : pour la France, le chef d'état-major général de la Défense nationale, et suivant les circonstances les commandants en chef des forces terrestres, maritimes, aériennes et le chef d'état-major général des Colonies. Les pays éloignés seraient représentés par les ambassadeurs et les délégués des commandants en chef. Le « Comité d'études militaire interallié » servirait de secrétariat au « Haut Comité militaire interallié », dont la constitution s'impose en temps de guerre. Le président Daladier énumère alors quelques travaux que devrait entreprendre le « C.E.M.I. » :

« — Mise sur pied des Conseils du temps de guerre (Conseil suprême, Haut Comité militaire interallié) ;
— Préparation des missions à envoyer sur le front Est ;
— Etude de plans d'opérations communs ;

— Mise sur pied des services interalliés dont vous envisagez la création (questions économiques, transports maritimes, ravitaillement) ;
— Organisation des théâtres d'opérations interalliés » (5).

Le 8 août, à Portsmouth, l'amiral Darlan précise à l'amiral Dudley Pound le point de vue français : un état-major interallié, indépendant, se superposerait aux états-majors déjà existants sans avoir le pouvoir de décision, et risquerait de se désintéresser de l'Europe qui doit rester le théâtre principal. Quant aux commandants en chef des trois armes, ils devraient faire partie du Comité de guerre, ainsi que les ministres de la Défense nationale ; en cas d'absence, ils seraient représentés par des délégués. Son siège serait alternativement Londres et Paris.

Le poste d'attaché militaire à Londres revêt une importance capitale. En cas de guerre, le général Lelong propose de l'organiser en 3 sections : matériel - renseignements - opérations, où indépendamment de l'organisme d'exploitation de la presse serait organisée une liaison avec :
— le Comité d'études franco-britanniques, sous la direction de l'amiral Odend'Hal, disposant d'un secrétariat permanent ;
— les Sections techniques franco-britanniques : guerre chimique, fournitures du matériel de guerre, échange de matériels ;
— la mission spécialisée dans la guerre économique et relevant de l'attaché commercial.

Les postes d'officiers peuvent être tenus par ceux résidant à Londres ; toutefois, représentant permanent au Comité d'études interallié, le général Lelong demande l'affectation d'un officier supérieur breveté pour remplir les fonctions de chef d'état-major de la mission.

Le 17 août, Chamberlain accepte les propositions de Daladier sur l'organisation du « Conseil suprême » et ajoute que « les chefs d'états-majors eux-mêmes pourraient participer aux importantes réunions du Conseil chaque fois que le Premier ministre le désire ». Ils devraient être représentés par leurs délégués permanents aux quartiers généraux du Conseil suprême, afin d'accomplir le travail quotidien. Dans les réunions du Conseil suprême il apparaît souhaitable que les chefs d'états-majors ou leurs représentants aient « non seulement le droit, mais la responsabilité de faire connaître leurs opinions sur les questions militaires qu'ils soient ou non expressément invités à le faire ».

Il annonce la nomination des conseillers permanents britanniques qui seront en même temps membres du « Comité consultatif pour les plans militaires interalliés ». Il suggère au Président français d'adopter le même système car l'entente déjà réalisée par des officiers habitués à travailler ensemble ne nécessite pas une nouvelle adaptation. En outre, toutes les propositions ayant trait à l'organisation devraient être laissées aux conseillers militaires respectifs.

(5) Lettre de Daladier à Chamberlain, Paris, le 3 août 1939.

Le 19 août, le général Gamelin approuve la composition du C.E.M.I. qui fonctionnera à Londres avant l'ouverture des hostilités. C'est un véritable organe de liaison entre le Comité de guerre et les états-majors généraux.

A Londres, lord Chatfield, ministre de la coordination de la défense convoque le général Lelong le 24 août en présence du général Ismay pour lui exprimer le « très vif désir du Premier britannique — et le sien propre — de passer à l'exécution, c'est-à-dire de mettre sur pied — et à l'épreuve — ce Comité d'études ».

A la surprise de ses interlocuteurs, le général Lelong sort la liste des officiers appelés à en faire partie. Les Anglais ont la satisfaction d'y retrouver « des noms familiers à leurs oreilles et à leur cœur ». Leur seule préoccupation, dit le général, est plutôt : « pourvu que ça dure », c'est-à-dire : pourvu qu'on laisse dans cet organisme interallié des gens qui ont fait leurs preuves dans les conversations franco-britanniques. On craint qu'ils soient trop occupés, dans l'avenir, pour faire partie intégrante d'un organisme dont une des qualités essentielles doit être la permanence » (6).

Le désir de lord Chatfield est en effet de donner à ce Comité la plus grande cohésion possible, et son caractère du temps de guerre. La situation internationale évoluant rapidement, il importe de le réunir « *à une date aussi rapprochée que possible* » (7) pour mettre au point les questions suivantes :

« Que ferons-nous exactement pour aider la Pologne ? Répercussions possibles du pacte russo-allemand ? Attitude à prendre vis-à-vis de l'Italie si celle-ci manifestait peu d'enthousiasme pour être entraînée dans la lutte ? etc... » (8).

Le Comité aurait la composition suivante (Note 1694/DN.3 du 19 août) :

Côté français :

> *Défense nationale :* vice-amiral Odend'Hal et un colonel à désigner;
>
> *Guerre et Colonies :* général Lelong et deux colonels (un métropolitain, un colonial);
>
> *Marine :* vice-amiral Odend'Hal et capitaine de vaisseau à désigner ;
>
> *Air :* colonel Rozoy et un colonel ou lieutenant-colonel à désigner;
>
> *Chef du secrétariat :* chef d'escadron de Souzy.

(6) Lettre n° 338, Londres, le 24 août 1939, le général Lelong au général Jamet, secrétaire général de la Défense nationale, Paris.
(7) Souligné dans le texte.
(8) Cf. note 6, ci-dessus.

Côté britannique : trois généraux, trois colonels ou lieutenants-colonels chefs de sections des Plans - Secrétariat permanent.

La réunion, assez courte, trois à quatre jours, pourrait avoir lieu le 28 août soit à Londres, soit à Paris. Le comité de Défense impériale proposera un ordre du jour, il serait souhaitable que le secrétariat de Défense nationale en fît autant. Ce serait un test pour le nouvel organisme. Le 28 août, Daladier fait savoir à Chamberlain qu'il se réjouit de constater que le « point de vue est le même pour tout ce qui a trait à la responsabilité à laisser, au sein même du Conseil suprême, aux hautes autorités militaires [des] deux pays »; il estime également que la mise sur pied du « Comité d'études militaires interallié » doit être confiée aux conseillers militaires respectifs, qui ont déjà pris contact à ce sujet.

Le « Comité d'études militaires interallié » se réunit à Londres le 28 août.

Du côté anglais, le Comité ne comprend que du personnel entièrement nouveau, auquel sont adjoints provisoirement quelques officiers ayant participé aux précédentes conversations, mais c'est un personnel compétent, en liaison étroite avec les trois états-majors généraux. Si le Conseil suprême doit siéger alternativement en France et en Grande-Bretagne, par contre le vice-amiral Odend'Hal et le général Lelong estiment que pour des raisons d'implantation de différents organismes interalliés : transports, blocus, ravitaillement, il serait intéressant de désigner Londres comme siège du Comité d'études sans que cette concession apparaisse comme une diminution de l'influence française au sein du Comité.

En ce qui concerne l'envoi de missions sur les théâtres d'opérations alliés d'Europe orientale les Britanniques ont prévu pour chacune d'elles : un général de division, deux officiers d'état-major, un officier du chiffre, douze officiers de *l'Intelligence Service*. Ils demandent aux Français d'envisager l'envoi de missions identiques et suggèrent que pour la Pologne et la Roumanie le commandement soit assuré par un Français, pour la Turquie et la Grèce par un Britannique. Il faut remarquer que cette suggestion a été faite avant que ne fût connue la désignation du général Weygand au Moyen-Orient.

A la déclaration des hostilités, l'organisation de « la direction de la guerre » n'est pas encore terminée mais beaucoup de comités, conseils et missions sont en place, et avec un personnel déjà rodé vont pouvoir mener à bien les études qui devraient permettre aux gouvernements de prendre les décisions finales.

III. — La stratégie

A. — *Le problème stratégique franco-britannique*

Dans un conflit avec les puissances de l'Axe, les Franco-Britanniques ont toujours admis pour premier principe la conservation de l'intégrité de leur territoire et de leur Empire avant l'adoption d'une attitude offensive.

Défense de l'Empire britannique.

Depuis 1918 des changements dus surtout à l'évolution des relations entre les différents membres se sont produits dans l'organisation de la défense des Empires. Les Dominions, en particulier, se sont fait reconnaître une complète autonomie tant extérieure qu'intérieure. On ne saurait donc considérer leurs ressources comme des réserves du potentiel militaire à la disposition de la Grande-Bretagne. En revanche ils assurent leur propre sécurité et participent à l'occasion à la défense de certains points sensibles comme Singapour.

La situation internationale, l'amélioration des techniques ont modifié également la hiérarchie et l'urgence des problèmes.

Les rapports anglo-italiens, la guerre d'Espagne peuvent avoir une incidence sur le comportement britannique. Il faut en outre considérer le Japon comme un adversaire possible, alors que la défense des positions au Proche-Orient (Palestine, Egypte, Irak) crée des difficultés nouvelles.

Par ailleurs les progrès dans le domaine aérien font peser une menace sur le territoire britannique et remettent en question la sécurité des routes impériales.

Après la signature de Munich, l'Angleterre fait preuve d'un certain scepticisme vis-à-vis de la France : « La France se considèrerait-elle obligée de venir au secours de l'Angleterre » (9), demande Chamberlain lors des conversations du 24 novembre 1938, si, étant donné l'attitude présentement adoptée par l'Allemagne, une querelle éclatait entre l'Angleterre et l'Allemagne dans laquelle l'Angleterre aurait à subir le premier coup ? « Poser la question c'est la résoudre » répond Daladier et il se déclare prêt à s'engager catégoriquement à ce sujet (10).

(9) N° 3889, 1er décembre 1938, ministre des Affaires étrangères à ministre de Défense nationale, C.R. des conversations franco-britanniques du 24 novembre (partie intéressant défense nationale).
(10) *Idem.*

Les récents entretiens d'états-majors ont déjà permis de réaliser des accords en ce qui concerne le ravitaillement des armées, l'approvisionnement en essence, la collaboration maritime. Après avoir souligné la crise de l'aviation française en cours de résolution, Daladier préconise la poursuite des études « par la création d'un organisme spécialisé » (11). Chamberlain élude le problème, reste sceptique sur les résultats obtenus par l'aviation française en si peu de temps et précise que la vulnérabilité de Londres d'abord, des centres industriels ensuite interdit toute amélioration des forces terrestres tant que la mise en place de la protection de ces agglomérations n'aura pas été réalisée.

Daladier ayant contesté ce point de vue, les deux hommes conviennent d'organiser des rencontres d'experts plus compétents que nombreux, chargés d'étudier une meilleure coordination des forces franco-britanniques.

Conduite générale de la guerre.

Le 29 février 1939, le gouvernement britannique a fait parvenir à la France un aide-mémoire sur « la conception stratégique générale du gouvernement de Sa Majesté ».

Dans une note du 7 mars 1939 le commandement français expose son point de vue :

« Dans un conflit mettant aux prises l'Angleterre et la France d'une part, l'Allemagne et l'Italie d'autre part, le « gros morceau » est à coup sûr l'Allemagne, matériellement et moralement beaucoup plus solide que son alliée. Le Haut Commandement français estime en conséquence que c'est sur l'Italie continentale, insulaire et coloniale que devront porter les premiers efforts offensifs franco-anglais » (12). Ceci n'empêchera pas de se couvrir soigneusement contre l'Allemagne qui, si elle n'était pas accrochée en Europe centrale, « pourrait agir par la Belgique (ou la Hollande) ou la Suisse ». De même la nécessité de porter secours aux puissances de l'Europe orientale qui se joindraient à la France (Pologne et Roumanie) l'amènerait éventuellement à envisager certaines offensives (au moins locales) de diversion. En somme la conception française peut se résumer ainsi : attaque principale contre l'Italie, couverture contre l'Allemagne, action secondaire d'aide aux alliés orientaux. Ainsi tout en maintenant l'intégrité des deux Empires, il s'agit d'isoler l'Italie en l'attaquant aussi bien en Europe qu'en Libye et en Afrique orientale italienne, d'abattre l'adversaire le plus vulnérable, supprimant ainsi la menace méditerranéenne.

(11) *Idem.*
(12) Ministre Défense nationale, C.S.D.N., Paris le 7 mars 1939, très secret, note sur les accords d'états-majors franco-anglais.

Ce n'est qu'après la reddition de l'Italie et le rassemblement de très gros moyens matériels qu'une action franco-anglaise pourra être déclenchée contre l'Allemagne.

En avril 1939, le général Gamelin propose la mise hors de cause de l'Italie par une série d'opérations :

— actions combinées dans le domaine aéronaval (Péninsule, Sardaigne, Sicile) et dans le domaine terrestre (frontière du Sud-Est, entreprise concertée des forces d'Egypte et d'Afrique du Nord) ;

— protection du canal de Suez et blocus éloigné de l'Italie par les forces du Levant.

En cas d'intervention de l'Espagne aux côtés de l'Axe,

« — dégagement du détroit de Gibraltar par la réduction éventuelle du Maroc espagnol ;

— suppression de la menace sur les communications en Méditerranée occidentale par la réduction éventuelle des Baléares ;

— suppression de la menace sur la communication atlantique par une action dans le golfe de Guinée, au Rio de Oro, sur les Canaries ».

Enfin élargissant le débat, il préconise au cas où le Japon et le Siam interviendraient :

« — action en Chine et dans les mers de Chine (en particulier utilisation des bases d'Indochine) ;

— réduction en commun du Siam » (13).

Certains officiers du Haut Commandement estiment que l'objectif initial de l'adversaire sera la destruction des forces aériennes britanniques. Les Anglais espèrent alors causer à l'ennemi de telles pertes que la masse de son aviation de bombardement se trouvera très sensiblement réduite. D'autre part, la lutte entre les forces aériennes nécessitera des délais qui seront mis à profit pour renforcer la défense antiaérienne. Cependant les Britanniques s'attendent à des attaques d'une grande brutalité dans une indifférence totale pour les populations civiles, le but étant la démoralisation : la peur, les pertes matérielles et humaines étant des facteurs décisifs de l'effondrement du moral.

Mais ces bombardements peuvent aussi avoir pour résultat un raidissement de la volonté nationale et une désapprobation des neutres. Les Allemands en prendront-ils le risque ?

En revanche, une attaque contre les dépôts de ravitaillement et les réseaux de communication semble plus plausible : les docks, les entrepôts, les navires au mouillage sont des cibles vulnérables et Londres et sa banlieue paraissent tout désignés. Aux dommages matériels s'ajouteraient d'ailleurs des pertes dans la population civile. Une telle action affecterait également les importations de matières

(13) Note n° 286/DN/3 du 24 avril 1939 sur la collaboration militaire franco-britannique, C.S.D.N.

premières et par là même frapperait la production industrielle dans les entreprises travaillant pour la défense nationale.

Les usines aéronautiques qui ne peuvent être dispersées au début d'une guerre constitueraient un objectif de choix pour l'adversaire.

B. — *Conception stratégique britannique*

Au cours de la première phase des conversations, les Britanniques mesurent la difficulté de résoudre le problème stratégique : les empires français et britannique sont menacés à la fois en métropole, en Méditerranée, en Extrême-Orient par des adversaires belliqueux et fortement armés. L'ennemi grâce à sa supériorité sur terre et dans les airs prévoit une guerre courte. L'attitude initiale ne peut donc être que défensive.

D'autre part pour la Grande-Bretagne la sécurité des communications maritimes en Manche et en Atlantique, en Méditerranée et en mer Rouge est vitale. On peut craindre une pression économique, mais celle-ci sera lente à se faire sentir.

Le commandement britannique émet alors une série d'hypothèses.

1re hypothèse : offensives allemande et italienne dirigées principalement contre la France.

Sous prétexte de manœuvres l'Allemagne pourrait prendre des mesures préparatoires six à sept semaines avant la date prévue pour l'opération qui pourrait prendre la forme d'une attaque brusquée. Elle pourrait engager le maximum de ses forces terrestres et aériennes : 60 à 70 divisions dont 5 blindées, 4 divisions légères, 1 500 avions de bombardements lourds et 320 de bombardements moyens. Les Allemands face à la puissante ligne Maginot seront tentés de la déborder soit par la Suisse, soit par les Pays-Bas et la Belgique. L'attaque par la Suisse paraît très improbable par suite des difficultés de déploiement, de ravitaillement, et de la résistance supposée des Suisses. En revanche l'encerclement par le Nord semble plus plausible. Y aura-t-il violation de la neutralité hollandaise ? Les difficultés éprouvées par l'armée allemande en 1914 permettent de penser que cette hypothèse doit être sérieusement envisagée.

La rapidité de l'action est le plus sûr garant de son succès.

L'Italie après avoir réservé des forces pour sa sécurité et une opération contre l'Egypte et la Tunisie peut disposer encore de 18 divisions contre la France. Heurtera-t-elle de front les fortifications qui couvrent les voies d'accès ? L'offensive est des plus douteuses, et si elle se déclenche elle risque l'échec. En revanche par son aviation l'Italie peut prendre à partie les points sensibles du territoire français, et en attirant une fraction de l'aviation française elle aiderait l'Allemagne.

2me hypothèse : attaque allemande dirigée contre l'Angleterre.

Malgré sa supériorité navale, la Grande-Bretagne étant le point faible du bloc allié occidental sur terre et dans les airs estime qu'il est possible que l'Allemagne, rassemblant toutes ses forces navales et aériennes, tente d'obtenir contre elle, dès le début des hostilités, une décision rapide.

Action navale.

L'action sur mer pourrait prendre l'aspect d'une offensive vigoureuse contre le commerce maritime dans l'Atlantique et peut-être dans des mers plus éloignées, par des croiseurs de bataille du type *Deutschland,* des croiseurs, des croiseurs auxiliaires, des bateaux marchands camouflés et des sous-marins.

L'Allemagne serait obligée de se couvrir en Baltique contre une action éventuelle de l'U.R.S.S., mais la flotte sous-marine pourrait être utilisée à attaquer les navires au large des côtes, en liaison avec les opérations aériennes. Il faut néanmoins signaler que les « pirates » allemands parvenus en haute mer éprouveraient de sérieuses difficultés pour le ravitaillement, à moins de complicité chez quelques « neutres ». A la longue toutefois les Britanniques sont convaincus qu'ils neutraliseront les effets de cette guerre de course.

Cependant, malgré la puissance de son blindage, de son armement, malgré sa mobilité et les mesures de sécurité prises, la flotte britannique demeure vulnérable.

Attaques aériennes.

Les Britanniques envisagent trois possibilités de la part des Allemands :

1) Attaques continues et poussées à l'extrême, causant de telles pertes dans la population civile et une désorganisation des principaux rouages du pays que l'opinion publique exercera une pression sur le gouvernement pour obtenir une paix immédiate.

2) Guerre économique à outrance en liaison avec les forces navales, créant ainsi une disette alimentaire et un manque de matières premières (création d'une situation analogue à celle de l'Allemagne de 1918).

3) Attaque directe sur les fabriques d'armement et les centres vitaux industriels affaiblissant ainsi le potentiel de guerre et mettant le pays hors d'état de continuer la lutte. Des attaques même intermittentes gêneraient le travail et entraîneraient une diminution du rendement.

Conséquences de l'invasion des Pays-Bas.

La situation géographique des Pays-Bas a pour la France et la Grande-Bretagne une importance stratégique considérable. Leur occupation par les Allemands permettrait aux sous-marins et aux forces navales légères d'utiliser les ports hollandais et belges, et d'agir sur les communications maritimes britanniques.

Le danger aérien notamment pour la région londonienne augmenterait considérablement car les bombardiers légers et les chasseurs pourraient accompagner la masse des bombardiers lourds.

Il est donc du plus haut intérêt pour les Britanniques que les Pays-Bas restent neutres ou entrent dans leur camp.

Les Britanniques sont donc persuadés que les Allemands recherchent un résultat rapide par une attaque massive soit de la population civile, soit du système de ravitaillement en vivres et en matières premières ; ce dernier procédé serait de préférence employé.

Par cette action l'Allemagne se montrerait prête à accepter les conséquences d'une guerre totale, et déterminée à régler rapidement le sort de la Grande-Bretagne avant que les répercussions politiques ne se fassent sentir et que les représailles ne puissent s'exercer. L'invasion des Pays-Bas et l'attaque du Nord de la France seront alors vraisemblables.

Quelle peut être la réaction britannique ?

L'attitude initiale est obligatoirement défensive. Il s'agit de repousser avec toutes les ressources de l'Empire les attaques allemandes. Dans un deuxième temps, la supériorité conquise, des opérations offensives pourront être envisagées.

Cette action défensive serait principalement le fait de la marine.

Des forces navales rapides, basées à Scapa-Flow, éclairées par des reconnaissances sous-marines et aériennes, pourraient intercepter et mettre hors d'état de nuire les forces de surface allemandes qui tenteraient de quitter la mer du Nord.

Pour contrecarrer les effets des attaques sous-marines allemandes, la formation de convois pourrait être envisagée avec coopération éventuelle de l'aviation.

Les missions offensives peuvent être appliquées contre le commerce maritime allemand, les bases, les navires croisant en mer du Nord et éventuellement en Baltique.

Le commerce maritime allemand peut être attaqué en mer du Nord et en Méditerranée : capture dès la déclaration de guerre des navires marchands qui ne se seraient pas réfugiés dans les ports neutres, arraisonnement en haute mer des bateaux transportant le fer suédois.

Les bases allemandes et les ports de la mer du Nord sont protégés contre toute attaque par une série d'îles dont la majorité possède des défenses et des aérodromes. Kiel, bien situé dans la Baltique est relié par un canal ; les îles de Sylt et de Heligoland sont fortifiées. Ces objectifs seront donc très difficilement atteints.

Les opérations en mer du Nord consisteraient à détruire les forces adverses rencontrées ou localisées, à tenter de faire sortir l'adversaire pour l'obliger au combat, à monter des raids de sous-marins, à mouiller des mines offensives pour l'obliger à draguer puis à l'attaquer.

L'action en Baltique ne serait vraiment possible que si l'U.R.S.S. se plaçait dans le camp occidental. Dans le cas contraire les raids n'auraient pas d'effet durable et ne justifieraient pas les risques encourus.

La défense des ports est assurée par des bâtiments éclaireurs, la protection rapprochée (canon de 6 pouces) et des pièces à longue portée.

Pour lutter contre des raids et des débarquements de petites unités, il est envisagé la défense des principaux points sensibles. Des réserves sont constituées qui seraient portées au moment voulu sur les points menacés.

La D.C.A. et la défense sont nettement insuffisantes.

L'aviation de chasse se limite à 500 appareils modernes. L'emploi du bombardement dépendra des circonstances.

Représailles.

Des représailles sur les objectifs de la Ruhr sont étudiées mais les deux tiers des appareils ont un rayon d'action insuffisant pour pénétrer profondément en Allemagne s'ils partent d'Angleterre et s'ils sont obligés de contourner les territoires belges et hollandais. Il est donc indispensable de les installer en France. Mais il n'est pas dans l'intérêt des Occidentaux de prendre l'initiative. Tout dépendra de l'attitude allemande.

C. - *Analyse franco-britannique des possibilités des adversaires.*

Dès le début des conversations franco-britanniques les deux délégations s'accordent pour conclure que l'Allemagne et l'Italie mettent leur espoir de succès dans une guerre courte. L'objectif des Occidentaux est donc de tenir jusqu'à ce qu'ils aient pu rassembler des moyens suffisants pour prendre l'initiative, c'est-à-dire l'offensive.

Elles analysent alors les forces et les faiblesses des différents belligérants :

« Il faut mettre à *l'actif de nos adversaires* :
— l'état de mobilisation permanente où l'Allemagne se trouve depuis des mois ;
— une indiscutable supériorité dans les effectifs de l'armée de terre et l'aviation ;
— la ligne Siegfried ;

— l'excellente situation géographique de l'Italie pour des actions maritimes et aériennes en Méditerranée ;
— le fait qu'ils ont l'initiative des opérations.
Il convient par contre de mettre à *leur passif* :
— la nécessité de vivre en économie à peu près fermée ;
— le manque de cadres de l'armée de terre allemande ;
— le fait que l'armée italienne est en cours de refonte;
— la nature impressionnable du peuple italien et son désir d'éviter la guerre ;
— la vulnérabilité de certaines côtes italiennes tant sur le continent qu'aux colonies.

Les points forts du système sont les suivants :
— l'armée française et la ligne Maginot ;
— la puissance de la marine britannique, heureusement complétée par la marine française ;
— le potentiel industriel britannique ;
— les ressources financières des Alliés ;
— de grandes possibilités de ravitaillement sous réserve de la conservation de la maîtrise des mers ;
— l'opinion mondiale qui doit donner aux Franco-Britanniques des neutralités bienveillantes, et dans certains cas, des concours actifs.
Nota : l'aviation britannique se développe rapidement et atteindra prochainement des proportions formidables.

Au passif des Alliés, il convient d'inscrire :
— la vulnérabilité de leurs zones industrielles et plus spécialement de Londres, en présence d'attaques aériennes ;
— la nécessité d'avoir recours aux importations par mer et la vulnérabilité de celles-ci tant au large que dans les ports :
— une dotation insuffisante en escorteurs anti-sous-marins pour la phase initiale ;
— les délais nécessaires afin de doter l'armée britannique du matériel requis pour la guerre contre une puissance de premier ordre ;
— le faible potentiel actuel de l'industrie aéronautique française ;
— la nécessité de renforcer les garnisons d'outre-mer après la mobilisation.

Le facteur temps aura sur tous ces éléments des répercussions considérables. Il semble évident que son action s'exercera au profit des Alliés (effectifs britanniques croissants — aide de l'industrie américaine) et au détriment des Germano-Italiens (épuisement des stocks — difficultés de ravitaillement pouvant atteindre le moral des populations et des armées).

La stratégie franco-anglaise devra en conséquence s'adapter à une guerre longue, comportant :
1) une stratégie initiale défensive, au moins sur le continent, jointe à une pression économique aussi forte que possible ;
2) la réunion des moyens permettant d'adopter une stratégie offensive (14).

Quelles sont *les possibilités* de l'Axe au début du conflit ?

(14) A.F.C. (3) 29, conclusions relatives à la conception générale stratégique de la conduite de la guerre.

L'Allemagne peut porter son effort soit contre la France, soit contre l'Angleterre.

Contre la France.

L'attaque contre la ligne Maginot paraît improbable. Celle-ci pourrait être tournée par les Pays-Bas et la Belgique, éventuellement par la Suisse.

Dans les airs une vaste offensive peut être déclenchée, soit pour appuyer ses armées, soit pour atteindre le potentiel militaire et industriel.

L'Italie peut hésiter à franchir les Alpes, mais peut entreprendre des actions contre la Tunisie et Djibouti et procéder à des raids aériens contre l'Afrique du Nord et notamment Bizerte.

Contre la Grande-Bretagne.

La seule menace est l'attaque aérienne, soit sur les communications maritimes, le potentiel industriel, soit sur la population. L'Italie peut atteindre l'Angleterre en Egypte et à Malte et l'Axe peut frapper les deux Alliés successivement toutes forces réunies.

Quelles sont les parades franco-britanniques ?

1) *En Grande-Bretagne* : C'est uniquement une question de défense antiaérienne. Dans l'ignorance de la direction de l'effort principal, les deux puissances étudient et montent des opérations comportant un appui réciproque.

2) *Sur le continent* : L'objectif essentiel est le maintien de l'intégrité du sol français. Un accord avec la Belgique semble indispensable.

En cas d'invasion des Pays-Bas, les Alliés tenteront d'arrêter l'adversaire en constituant un front au mieux des circonstances.

Si la Tunisie est attaquée, les forces britanniques et égyptiennes essaieront de retenir le maximum de troupes italiennes par des offensives dont l'ampleur sera fonction des effectifs et de la situation générale. Dès que les troupes françaises auront bloqué la progression adverse, elles passeront à la contre-offensive en Tripolitaine.

Ils devront disposer de réserves soit pour parer à cette invasion, soit pour rétablir un front par des contre-attaques.

3) *Outre-Mer* : Si l'Egypte ou Djibouti sont attaqués la France répliquerait immédiatement en partant de Tunisie vers la Tripolitaine.

Le renforcement de la défense de l'Egypte paraît indispensable. Aux opérations militaires doit s'ajouter une action politique en Libye et en Abyssinie pour soulever les populations indigènes.

4) *Sur mer* : S'assurer et maintenir la maîtrise en mer du Nord, Manche et Méditerranée.

Si l'Allemagne et l'Italie se livraient à une guerre sous-marine menée sans discrimination (traité de Londres de 1930 - 4ᵐᵉ partie - emploi des sous-marins), le système des convois serait adopté.

5) *Dans les airs* : Les Alliés ne prendraient pas l'initiative d'attaquer des objectifs qui ne seraient pas strictement militaires au sens le plus étroit du terme.

De toutes ces considérations, il résulte que la première phase d'un conflit sera strictement défensive. La deuxième phase comportera une action défensive contre l'Allemagne, offensive contre l'Italie mais le but final reste la neutralisation ou la destruction des forces allemandes ; toutefois rien ne peut être fixé.

IV. — Conduite supérieure des opérations

La création d'un organisme militaire interallié de conduite supérieure des opérations, émanation de la « Direction de la guerre » est indispensable à l'établissement des directives initiales, à la coordination de la préparation des actions des forces terrestres, maritimes et aériennes. Le « Haut Comité militaire » est chargé de prévoir l'emploi des forces et l'organisation du commandement.

Les Britanniques voient le problème de la façon suivante :

— *1ʳᵉ étape* : « Discussion avec les représentants français sur la conception stratégique générale formée par le gouvernement de Sa Majesté d'une guerre dans laquelle la Grande-Bretagne et la France seraient engagées contre l'Allemagne et l'Italie ».

La discussion suivrait l'accord qui serait réalisé sur « la conception fondamentale qui devrait diriger une action commune ».

— *2ᵐᵉ étape* : « Discussion des lignes générales de plans concernant plusieurs théâtres d'opérations ».

— *3ᵐᵉ étape* : « Préparation des plans communs détaillés ».

Ces conversations seraient dirigées du côté britannique par un représentant de chaque armée : Terre, Mer, Air du grade de colonel ou général de brigade.

Le général Gamelin propose alors, le 6 mars, d'envoyer à Londres cinq officiers supérieurs représentant le secrétariat du Conseil supérieur de la Défense nationale, et les ministères : Terre, Air, Mer, Colonies et de laisser à ces ministères la possibilité de désigner leurs attachés militaires. Le rôle joué par le général Lelong particulièrement apprécié dans les milieux britanniques est mis en évidence.

Lors de la seconde phase des conversations d'états-majors du 24 avril au 4 mai 1939, les Français demandent que l'emploi des forces et l'organisation du commandement soient prévus sur les bases suivantes :

« — dans le domaine aéro-terrestre, le commandement supérieur serait dévolu : en France et en Afrique du Nord, à la France, à la Grande-Bretagne, en Egypte et au Levant ;

— dans le domaine naval des forces de haute mer l'unité de commandement serait réalisée par les conditions de la concentration.

L'utilisation réciproque des bases est à prévoir » (15).

En outre, la délégation française préconise l'envoi en Grande-Bretagne d'une mission de liaison française comprenant un général (ou colonel) de chaque département de la Défense nationale, afin de préparer les décisions du Haut Commandement. De quel Haut Commandement s'agit-il ? Cela n'a pas été précisé. Cette question n'avait jamais fait l'objet d'un accord formel. Si le commandement des théâtres d'opérations terrestres interalliés d'outre-mer n'a été qu'évoqué, le partage des mers d'Europe a été effectué entre les deux alliés. Dans le domaine aérien le stade de la définition des zones où s'exerceraient de préférence les actions de chasse et de bombardement de l'une ou l'autre des deux aviations n'a pas été dépassé.

Le 10 juin 1939, le général Gamelin fait connaître son avis sur cette question capitale du Haut Commandement. Prenant pour exemple la création du « Conseil supérieur des Alliés » le 7 novembre 1917, assisté de « l'organe militaire interallié de Versailles », et l'attribution du commandement unique au général Foch, « il [lui] paraît rationnel de s'inspirer des réalisations pratiques de la dernière guerre en s'appuyant sur le fait que les Alliés seraient en définitive obligés d'adopter ces mesures sous la pression des événements » (16).

Le général Gamelin envisage alors, après la création à la direction de la guerre d'un *Conseil Supérieur des Alliés* comprenant le Premier ministre, les ministres de la Défense nationale de chacun des gouvernements, la constitution d'un *Haut Comité militaire* composé des divers commandants en chef et des chefs d'états-majors généraux des armées de terre, de mer, de l'air et des colonies.

La question du commandement en chef interallié ne lui semble pas pouvoir être résolue en temps de paix. Il suggère simplement la *coordination* par un chef unique des opérations terrestres et aériennes d'une part, navales d'autre part.

La personnalité du coordinateur se dégagera avec le temps et sa désignation comme chef unique pourra être étudiée.

(15) Note n° 286/DN/3, Paris, le 24 avril 1938, sur la collaboration militaire franco-britannique.
(16) Note n° 1199/DN/3, C.S.D.N., Paris, le 10 juin 1939, sur la direction d'une guerre de coalition.

Après un voyage à Londres, le général Gamelin est en mesure d'affirmer « que les Britanniques sont prêts à envisager les questions du commandement commun sur certains des théâtres d'opérations : terrestres, maritimes et aériens où il est nécessaire ».

Des conversations sont en cours entre les chefs militaires :

« — ils envisagent eux aussi l'idée de faire revivre l'ancien organisme de Versailles (Haut Comité militaire interallié) ;

— quant au *commandement unique interallié*, cette affaire n'est pas mûre sous cette forme brutale » (17).

Il convient tout d'abord, par l'échange périodique de missions d'officiers, d'orienter l'action des quatre sous-comités (guerre, marine, air, colonies) qui régleraient un certain nombre de questions pratiques; le Haut Comité militaire déblaierait alors le terrain en fixant les missions générales, les fronts à tenir, les bases, les objectifs, et ce n'est que plus tard, à la lumière des expériences acquises, que pourrait être institué le commandement unique interallié.

Les Britanniques exigent le *secret absolu*. Il y a pour eux, selon le général Gamelin, non seulement une question de politique intérieure, mais une question d' « Empire ». Ce problème met en cause notamment les Dominions, l'Egypte, l'Irak (considérés comme alliés), l'Inde qui a un statut spécial, etc. Ils ne veulent donc pas que l'affaire soit portée sur le plan de l'opinion publique. Nous risquerions, si nous ne tenions pas compte de cette mentalité, de perdre tout le bénéfice du travail accompli » (18).

Le 19 juin 1939, la question du commandement supérieur des forces de terre pendant la guerre est toujours à l'étude au comité de Défense impériale.

Missions.

Au cours de la seconde phase des conversations est apparue la nécessité de constituer des missions de l'armée de terre, de la marine et de l'aviation auprès des forces alliées. Chaque mission devrait être identique afin d'éviter toute différence de traitement apparent entre les divers alliés.

En Europe orientale (Pologne, Roumanie, Turquie), un général de division serait placé à la tête de chacune d'elles, l'armée de terre devant dans ces pays jouer le rôle principal.

Elle comprendrait un chef d'état-major (colonel), un officier d'état-major (commandant ou capitaine), un officier du chiffre, des officiers de renseignements jusqu'à concurrence de 12.

(17) Note n° 1199/DN/3, C.S.D.N., Paris, le 10 juin 1939, sur la direction d'une guerre de coalition.
(18) 1199/DN/3, Paris, le 10 juin 1939, note sur la direction d'une guerre de coalition.

Les attachés navals et de l'air seraient affectés à la mission pour les débuts du moins en attendant la nomination d'autres délégués si les circonstances l'exigeaient.

Les principes suivant lesquels devront travailler les missions sont ainsi définis par les Britanniques :

« a) S'assurer de l'exécution des plans arrêtés en commun.

b) Soutenir la confiance de nos alliés d'Europe orientale car il est difficile de leur fournir une aide militaire directe.

c) Assurer la liaison entre les ministres de la Guerre, de la Marine et de l'Air d'une part, et les états-majors alliés intéressés d'autre part.

d) Fournir au ministre de la Guerre, de la Marine et de l'Air des renseignements sur l'évolution des événements sur les différents théâtres d'opérations.

e) Garder le contact autant qu'il sera possible avec les missions militaires britanniques voisines. ».

Les missions française et anglaise pourraient être combinées en une seule, le chef de la mission mixte pouvant être le chef de la mission française en Pologne et en Roumanie, le chef de la mission britannique en Turquie et en Grèce.

L'envoi des missions est à nouveau discuté au cours de la troisième phase des conversations le 28 août; il est convenu que les Britanniques remettront une note sur le sujet.

Le 29 août, l'amiral Odend'Hal déclare « que les Français n'ont pas l'intention de grouper les représentants de l'Armée, de la Marine et de l'Air dans les missions qu'ils enverraient à l'étranger. En ce qui concerne la Marine française, son intention est de confier cette représentation aux attachés navals déjà accrédités auprès des pays intéressés » (19).

En ce qui concerne les Balkans et l'Europe orientale, les Français ont déjà une mission en Pologne (général Faury) et d'autres sont sur le point de partir en Turquie, Roumanie, Grèce, Yougoslavie. Dans les Balkans elles seront placées sous les ordres du général Weygand.

Les propositions relatives au commandement des missions mixtes n'ont pas encore été soumises à Paris.

Il est alors convenu « qu'une note exposant le point de vue français sur la question de coordination des missions militaires à l'étranger sera établie et diffusée » (20).

Telle est la situation lorsqu'éclate la seconde Guerre mondiale.

(19) P.V. 15ᵉ séance, 29 août 1939, conversations franco-britanniques.
(20) P.V. 15ᵉ séance, 29 août 1939, conversations franco-britanniques.

L'AVIATION DANS LES
PROJETS FRANCO-BRITANNIQUES
DE 1935 A 1939

Patrick FRIDENSON et Jean LECUIR

Université de Paris X-Nanterre
Anciens membres du Service historique de l'Armée de l'Air

Air policy in Franco-British planning from 1935 to 1939. — Conversations on air cooperation took place more regularly and reached conclusions more rapidly than in other fields. Three stages can be distinguished.

1) An unpromising start. In 1935 the initiative came from the British, preoccupied by the Ethiopian crisis, but it met with reticence on the part of the French. In 1936 France, in her turn, relaunched the conversations, subsequent to the Rhineland crisis. There were contacts between General Staffs, which continued into 1937, but, this time, it was the turn of the British to be reticent. Such conversations were merely playing for time.

2) A contradictory collaboration. The discussions were given a fresh impetus by the diplomats, and exchanges of views took place during the whole of 1938. But England's only concern was the defence of her own territory, and it was impossible to come to an agreement on a common strategic policy.

3) The time of common plans. In January 1939, the British, convinced of the necessity of preparing for war, proposed fresh conversations on a broader basis, and little by little a climate of confidence was born. Agreement was reached on the general conduct of the war (defensive first of all, and later offensive) and on the interest of a second front (but without envisaging any precise commitment). In August, the question of the command was settled, as well as that of the graded riposte to German attacks.

France, in a state of inferiority, kept asking for more, whereas England was cautious in committing herself. But any promises she made were honoured.

150

Pourquoi consacrer une étude particulière aux entretiens franco-britanniques sur les problèmes aériens ? (1) Plusieurs raisons ont motivé ce choix. Le cadre général dans lequel s'inscrivent les accords aériens commence à se dessiner avec netteté, qu'il s'agisse de l'évolution contemporaine des relations entre la France et la Grande-Bretagne que traite un ouvrage récent (2) ou plus précisément des conversations entre les deux états-majors de 1935 à 1939 : les rapports soumis à ce colloque en donnent une première analyse. Mais surtout les conversations sur la coopération aérienne ont été plus nombreuses que celles sur les affaires terrestres ou maritimes. Ce sont les seules qui se soient déroulées chaque année dans cette période. Ce sont encore celles qui ont abouti le plus vite et le plus complètement à des résultats concrets. Disons dès maintenant que la nécessité technique d'une coopération aérienne pour une Grande-Bretagne dont les bombardiers n'avaient pas un assez long rayon d'action a beaucoup contribué aux progrès des rapports entre les deux armées de l'Air. Mais leur qualité particulière tient aussi, quoique dans une moindre mesure, au fait que l'aviation était la plus jeune des trois armes et donc dirigée par des officiers supérieurs beaucoup plus aptes à faire évoluer ou à réviser leurs points de vue ; le prestige dont jouissait l'aviation française, depuis 1918, a aussi eu sa part dans cette situation favorable. Tous ces éléments expliquent que nous ayons à notre disposition sur ce sujet des sources — tant écrites qu'orales — en abondance satisfaisante (3).

Cependant une telle recherche débouche très vite sur des questions plus vastes. L'histoire de la coopération aérienne met ainsi en lumière deux systèmes différents d'élaboration de la politique militaire nationale. En France, les militaires ne paraissent pas avoir joué un rôle déterminant dans sa définition. En Grande-Bretagne, au contraire, les militaires semblent avoir eu une plus large autonomie et on relèvera plusieurs cas de divergences flagrantes entre certains ministres et les chefs d'états-majors. De même, l'étude des conversations sur les forces aériennes permet de remonter des divergences

(1) Nous donnons ici une version revue et mise à jour de la communication présentée à Londres, qui reprenait nos travaux antérieurs énumérés ici *infra* pp. 359-360.
(2) Neville Waites (ed.), *Troubled neighbours. Franco-British relations in the 20th century*, London, Weidenfeld and Nicolson, 1971, 386 p. (surtout p. 158-227).
(3) Nous tenons à remercier tout particulièrement le général Hayez, chef du Service historique de l'armée de l'Air, dont cette étude utilise les archives notamment les cartons D1 500 à 506 ; les compléments indispensables ont pu être apportés grâce à l'obligeance des responsables du Service historique de l'Armée et du Service historique de la Marine, des Archives du ministère des Affaires étrangères, de l'*Air Historical Branch* à Londres, et au témoignage du général Paul Bailly : qu'ils trouvent ici la preuve de notre reconnaissance.

d'appréciation entre aviateurs aux différences de mentalité entre les organismes dirigeants des deux pays et même à la discordance des politiques nationales des deux Alliés. Enfin elle apporte une réponse à la controverse engagée après la défaite française de 1940 — notamment par de Gaulle, Daladier, Guy La Chambre, les généraux Gamelin et Vuillemin — sur le prétendu non-respect par les Britanniques des engagements pris entre 1935 et 1939 (4).

On peut distinguer trois étapes dans cette histoire : après des débuts peu encourageants (1935-1937) les Alliés ont jeté les bases d'une collaboration contradictoire (1938) pour n'en venir qu'en 1939 au stade des plans communs.

I. — Un début peu encourageant

L'initiative d'une collaboration militaire franco-britannique a appartenu aux Britanniques, préoccupés en 1935 par la volonté d'expansion de l'Italie en Ethiopie. Mais leurs premières propositions en septembre ne tendaient à instaurer des conversations qu'entre états-majors de la Marine sur le thème de la défense de la Méditerranée. C'est à la demande de la France, en octobre, qu'elles ont été étendues à l'armée de Terre et à l'Air.

Cependant la France restait soucieuse de ménager l'Italie. Aussi laissa-t-elle passer deux mois avant que des conversations sur les problèmes aériens puissent se dérouler à Paris du 9 au 11 décembre 1935. C'était la première fois depuis la mission du général Wilson et les conversations d'états-majors d'avant la guerre de 1914.

Le 9 décembre, l'*Air vice-marshal* de La Ferté expose les demandes britanniques :

« En cas d'attaque sur Malte, l'intervention immédiate de l'aviation française pour bombarder les aérodromes de Sicile et du Sud de l'Italie ; ultérieurement la possibilité d'utiliser des bases en Tunisie.

En cas d'attaque sur Londres, immédiatement l'aide du service de guet français dans le Sud-Est; ultérieurement, la possibilité d'utiliser des bases aériennes françaises dans le Sud-Est, et éventuellement en Corse. »

Il se heurte à de nombreuses objections des officiers français (craintes de représailles italiennes sur le Sud de la France, problème de la défense du Nord-Est, souhait d'en référer au gouvernement). L'après-midi, les trois ministres français responsables de la Défense nationale et les trois chefs d'état-major généraux, réunis chez le

(4) C'est ce qui explique que, dès 1940-1942, le Service historique de l'armée de l'Air, alors replié à Toulouse, ait réalisé la première étude sur le sujet : *les accords aériens franco-britanniques (1935-1939)*, 82 pages dactylographiées (*in Les forces aériennes françaises en 1939-1940*, tome I, 1re partie, chapitre 2, inédit).

ministre de la Guerre Jean Fabry, constatent que l'aide aux Anglais nécessite « le rappel des réservistes, la mise en route de certaines fabrications, etc. C'est donc une question de gouvernement ». Le point de vue de ce dernier leur est expliqué par A. Léger, secrétaire général du Quai d'Orsay :

« C'est pour enlever l'adhésion britannique que M. Laval a accepté la veille l'envoi des délégués anglais Air et Terre et [...] il y a lieu de leur donner satisfaction dans toute la mesure du possible [...]. Sur demande de M. Fabry et du général Denain, il trouve très opportun d'avertir l'Italie des conversations en cours ; cette communication sera faite par M. Laval. »

Aussi le général Denain donne-t-il en fin de journée une réponse affirmative à toutes les questions des Britanniques. Mais il y ajoute d'importantes réserves.

« La préférence du ministre irait à une large utilisation des bases de Tunisie par l'aviation britannique prenant à son compte les bombardements sur la Sicile et le Sud de l'Italie, pendant que l'aviation française couvrirait le Sud-Est et la route de Londres. » Puis le général « indique la différence entre position France et position Grande-Bretagne : expédition lointaine, risques légers pour le pays. France : opérations sur son propre territoire, risques graves et immédiats... Nous ne pouvons prendre que des mesures « actives », des mesures plus complètes nécessiteraient le rappel de réservistes et c'est une mesure autrement grave. »

L'étude des problèmes techniques se poursuit le 10 décembre, quelques renseignements complémentaires s'échangent le 11, et les Britanniques repartent le 12. Le bilan des entretiens est maigre. En effet, Français et Britanniques ont eu pour principale préoccupation la défense de leur territoire national contre les bombardements des agglomérations que pourrait envisager l'Italie à titre de représailles. C'est ainsi que la France met à la disposition des Britanniques des bases en Tunisie de préférence à celles du Sud-Est de la France et de la Corse. De même, elle ne se contente pas de l'assurance donnée par l'*Air vice-marshal* de La Ferté « qu'il n'y a actuellement rien à craindre du côté de l'Allemagne ». Elle suggère que la protection de Londres pourrait être plus appropriée à partir des terrains du Nord de la France. Mais les Anglais répliquent que leur système défensif n'est pas conçu pour une telle hypothèse. Enfin l'état-major français invoque la faiblesse de ses moyens d'active en Tunisie et en métropole pour faire dépendre tout engagement d'une décision de mesures de mobilisation, c'est-à-dire d'un acte politique.

Cette première reprise de contact au niveau des états-majors tourne donc court.

Après l'Italie en 1935, c'est l'Allemagne qui en 1936 passe au premier plan. Les autorités françaises lui expliquent en janvier que les conversations de Paris n'étaient pas dirigées contre elle. Mais très vite le ton change et l'éventualité d'une réoccupation militaire de la Rhénanie préoccupe l'état-major de l'Armée. Dans une note du

18 février, il fait part au gouvernement de la coopération aérienne franco-britannique qui serait nécessaire (5) :

« — Organisation d'une D.A.T. commune (lignes de guet, escadrilles de chasse) à réaliser par ailleurs d'accord avec la Belgique et, si possible, avec la Hollande.

— Envoi d'unités aéronautiques britanniques sur le continent, où elles se trouveraient en bonne situation pour intercepter au retour des raids aériens sur Londres.

[...] Toutefois, il est probable que ces manifestations ne sauraient obtenir du Reich l'évacuation de la Rhénanie, son acte ayant signifié qu'il passait le Rubicon à ses risques et périls [...].

« Il apparaît donc que la principale exploitation immédiate semblant devoir être faite d'une telle situation soit d'ordre politique.

La Grande-Bretagne se trouvera déliée par le geste allemand de ses obligations de Locarno, qui lui imposaient une impartialité très gênante, lui interdisant de conclure avec nous un accord militaire. Elle pourra alors sans entraves faire front avec la France sur le Rhin, frontière commune, contre l'ennemi commun, en concluant *un traité d'assistance mutuelle prolongé par un accord militaire.*

Ainsi serait définitivement soudé le bloc franco-anglo-belge, dont la solidarité massive nous serait une compensation à la perte du *no man's land* rhénan... »

Lorsque les troupes d'Hitler entrent en Rhénanie, le 7 mars, l'armée de l'Air manifeste quelques velléités de résistance et le 8 mars le général Pujo déclare à l'appui de cette thèse qu'en cas de conflit l'Angleterre pourrait envoyer en France « quelques-uns » de ses « 150 avions de chasse [...] ainsi qu'une partie des 150 bombardiers ». Mais « l'affirmation de la solidarité franco-anglaise » dont parlait l'état-major en février ne se manifeste pas par les mesures communes souhaitées et se borne à une réplique diplomatique : c'est l'arrangement du 19 mars 1936 par lequel la France, l'Angleterre, la Belgique se garantissent réciproquement leurs territoires en cas d'attaque allemande. Il prévoit tout de même des contacts entre états-majors « afin de préparer les conditions techniques dans lesquelles s'exécuteraient les engagements qui leur incombent en cas d'agression non provoquée ».

Dans cette perspective se tient, le 23 mars, une réunion des chefs d'états-majors français.

Elle observe que « les Anglais désirent que leurs moyens terrestres soient utilisés en Belgique. Il y a intérêt, dit le général Gamelin, à ne pas essayer de les utiliser ailleurs, mais ils n'ont pas envie de mettre leur aviation en Belgique, qu'ils trouvent trop exposée. Le général Pujo trouve que la chasse anglaise serait mieux en France, mais que les bombardiers anglais seraient mieux en Belgique où ils seraient moins loin de leurs objectifs. On donnerait aux Anglais comme objectif de bombardement la Ruhr, la Westphalie et les ports allemands ».

(5) Nous suivons, jusqu'à fin mars, les *Documents diplomatiques français*, 2ᵉ série, t. I et II.

Contrairement à la situation de 1935, les réticences viennent cette fois des Britanniques. Influencés par la pensée du critique militaire Liddell Hart (fort hostile à tout engagement britannique sur le continent), et en même temps très désireux de ne pas avoir à lutter sur plusieurs fronts à la fois, donc soucieux d'économiser leurs efforts (6), leurs chefs d'états-majors ne vont participer à des conversations avec les Français qu'à contrecœur. Dès lors leur gouvernement va limiter la portée des contacts prévus. Le 1ᵉʳ avril une lettre d'Anthony Eden précise que ces contacts ne peuvent engendrer « aucun engagement politique, ni aucune obligation quant à l'organisation de la défense nationale ».

Les directives du ministre des Affaires étrangères Flandin, au ministre de la Marine, Piétri, le confirment :

« ... Ce n'est pas sans difficultés que le gouvernement britannique a accepté le principe de conversations d'états-majors, et il lui a fallu ensuite plus d'une semaine pour admettre que ce principe se traduisît dès maintenant dans les faits : nous devons voir dans ces hésitations la conséquence des réactions d'une opinion publique qui a toujours nourri de solides préventions contre les « alliances » et qu'une propagande hostile cherche à convaincre du risque de voir des entretiens d'états-majors conduire nécessairement à des alliances, à la fois militaires et politiques, qui pourraient entraîner automatiquement l'Angleterre dans des complications internationales sur le continent.
[...] Les conversations auxquelles l'Angleterre a donné son consentement ne sont dans notre pensée qu'un commencement. C'est pour permettre leur développement ultérieur qu'aucune précaution n'est, au stade actuel, superflue. »

D'autre part, le général Schweisguth, sous-chef de l'état-major de l'Armée qui devait présider la délégation française, avait reçu des instructions complémentaires :

« ... Du général Gamelin, chef d'état-major général (verbalement le 1ᵉʳ avril). S'adresser aux Anglais et aux Belges en offrants et non en demandeurs. Marquer que si un détachement symbolique amenant un drapeau britannique sur notre sol nous ferait plaisir, nous n'avons besoin d'aucun concours pour défendre la frontière franco-allemande. Par contre nous estimons nécessaire que les forces anglaises viennent, comme nous-mêmes, en aide aux Belges. »

C'est les 15 et 16 avril 1936 que la délégation française, comprenant le général Mouchard comme représentant de l'armée de l'Air, rencontre à Londres les Britanniques sous la direction de l'amiral James, et les Belges, conduits par le major général Deffontaine. Le

---

(6) Précision apportée par le professeur Gibbs au colloque. Et plus récemment : Michael Howard, « La pensée stratégique », *Revue d'histoire de la deuxième guerre mondiale,* avril 1973, p. 1-3, et surtout Michael Howard, *The continental commitment,* London, Temple Smith, 1972. On trouvera le point de vue d'un courant de la R.A.F. dans les mémoires de F.W. Winterbotham, *Secret and personal,* London, Kimber, 1969.

rapport du général Mouchard nous donne les résultats des conversations concernant l'aviation qui comparèrent « les forces respectives » et débattirent de « la disponibilité des aérodromes » (7), avançant néanmoins des hypothèses de travail qui ne devaient pas figurer au procès-verbal :

« Le général Mouchard [...] indiqua qu'en ce qui le concernait, il avait envisagé que l'aviation britannique pourrait, en cas de conflit, agir au Nord de la ligne Saint-Quentin, Malmedy, Cologne, Hanovre.

L'*Air vice-marshal* Courtney insista sur ce que les instructions reçues ne lui permettaient pas de préciser le nombre d'unités qui seraient envoyées sur le continent, mais il ajouta : « La totalité de nos escadrilles de bombardement léger a un rayon d'action insuffisant pour agir en partant d'Angleterre, vous pouvez en déduire des conclusions. »

[...] Le général Mouchard indiqua ensuite qu'en raison des faibles effectifs actuels de la chasse britannique la question du guet avait une importance primordiale pour la défense des unités débarquées en France et pour le défense de Londres [...] et que, à première vue, il semblait que l'aviation française serait obligée de coopérer à la défense de Londres [...]. L'*Air V.M.* Courtney se déclara entièrement d'accord et remercia le général Mouchard [...].

Lors de la séance plénière du 16 avril, les représentants français ont déclaré que la protection des ports français incomberait à la France. »

Le général Mouchard conclut :

« Ces conversations, commencées dans une atmosphère extrêmement froide, se terminèrent d'une façon beaucoup plus cordiale.

En particulier, au cours d'une conversation personnelle, l'*Air V.M.* Courtney, obligé par les instructions de son gouvernement de n'accepter aucun échange ultérieur d'informations que par l'intermédiaire des attachés de l'Air, accepta, à titre personnel, que ceux-ci soient accompagnés, le cas échéant, par l'officier spécialiste de l'un ou l'autre état-major (sans que cette mission prenne un caractère officiel).

Au total, le général Schweisguth estime que :

[...] Les chefs de l'armée semblent bien être désireux de reprendre avec nous des relations beaucoup plus étroites que ce que leur permet actuellement un gouvernement très attentif à une opinion publique peu avertie et aux réactions des Dominions insensibles au péril d'outre-Rhin. »

Qu'il y ait eu chez certains aviateurs britanniques une volonté de rapprochement avec leurs partenaires français, on en trouverait confirmation dans une note ultérieure (du 21 juin 1937) de la Direction des plans du ministère de l'Air britannique, aujourd'hui conservée au *Public Record Office*. Dans le cadre d'instructions limitées à l'échange d'informations il serait tout de même important, dit cette note, d'aboutir à une « action coordonnée et concertée » des forces aériennes anglaises et françaises. Mais le général Schweisguth a eu certainement tort d'affirmer que « les chefs de l'armée » partageaient cette façon de voir. Au contraire, ceux-ci refusaient pour de multiples

(7) Anthony Eden, *Mémoires I. — Face aux dictateurs*, Paris, Plon, 1963, p. 420.

156

raisons de voir leur pays impliqué dans une guerre sur le continent européen. En vérité, le général Schweisguth se leurrait sur les intentions réelles de ses homologues britanniques dans leur ensemble.

Cependant les Britanniques respectèrent leurs engagements et les contacts furent maintenus au cours de l'été 1936. Mais alors qu'un progrès dans les relations franco-anglaises avait été marqué par le gouvernement de Front Populaire, ils cessèrent en octobre 1936, et une note de l'état-major de l'Armée pouvait constater que :

« Nous n'avons pas actuellement d'obligations particulières d'assistance à l'égard de nos voisins d'outre-Manche mais nous pourrons en avoir bientôt. Elles seraient surtout d'ordre aérien. »

Pour en terminer avec un tableau peu favorable, la Belgique se dégage de toute alliance le 12 novembre 1936. Dorénavant Français et Britanniques ne pourront se retrouver qu'en tête à tête.

C'est ce qui va se passer tout au long de l'année 1937. A Paris l'attaché de l'Air britannique a plusieurs entretiens avec l'état-major de l'Air pour approfondir les travaux d'avril 1936. Mais les Français tentent d'aller plus loin, comme le rappelle Pierre Cot :

« De premières négociations furent engagées, en 1937, par le général Féquant, qui trouva les Anglais peu disposés à entrer dans la voie de la collaboration militaire proprement dite. Féquant persévéra dans son entreprise. Nous nous rendîmes tous deux à Londres, au mois de juin 1937, et tandis qu'il voyait le chef d'état-major de la R.A.F., je voyais lord Swinton, ministre de l'Air. Les Anglais furent cordiaux et charmants, mais réservés. Nous nous heurtions au mur de leur parfaite éducation, chaque fois que nous abordions le sujet qui nous tenait à cœur : l'organisation de la coalition défensive contre les agresseurs. Quelques mois plus tard, le chef d'état-major de la R.A.F. rendit sa visite au général Féquant, mais on ne sortit pas beaucoup plus du terrain de la courtoisie, c'est-à-dire de la banalité. De telles visites pourtant n'étaient pas inutiles. Le grain semé par Féquant finit par germer » (8).

Les Français croient déceler une amélioration à la fin de l'année.

« Depuis les entretiens de Londres en novembre 1937 entre MM. Chautemps et Delbos d'une part et MM. Neville Chamberlain et Eden d'autre part, un désir très net de collaboration s'est manifesté à l'*Air Ministry*.
Au mois de décembre, M. Pierre Cot, alors ministre de l'Air, a rendu visite à son collègue britannique, lord Swinton. Il a été alors décidé qu'une mission technique française se rendrait en Angleterre pour y étudier d'une manière approfondie tout ce qui concerne les constructions aéronautiques. Cette visite s'est effectuée du 31 janvier au 8 février.
D'autre part, l'attaché de l'Air britannique a indiqué, au cours d'une réception le 20 décembre dernier, à l'issue des manœuvres aériennes d'outre-mer, que l'armée de l'Air anglaise serait heureuse de recevoir une mission officielle française ayant à sa tête le général Féquant. »

(8) Pierre Cot, *Le procès de la République*, t. II, New York, 1944, p. 220.

Cependant le même rapport diplomatique français doit finalement se résigner à admettre que

« [...] les prises de contacts rappelées ci-dessus ont en effet une portée définie et restreinte » (9).

Ainsi aux réticences de la France en 1935 a répondu la méfiance britannique de 1936-1937. Les incertitudes de la situation internationale, les divergences des politiques étrangères des deux puissances, comme l'inadaptation de l'organisation et des armements suffisent à expliquer la stagnation des conversations. C'est ce qu'indique le Comité permanent de Défense nationale du 8 décembre 1937 :

« M. Pierre Cot, ministre de l'Air, montre que la constitution de l'armée de l'Air britannique n'est pas du tout la même que la nôtre. Tout leur effort porte sur la défense. En regard de nos 475 gros bombardiers, ils n'en ont que 150. Or, s'ils pouvaient nous aider, c'est plutôt au moyen du gros bombardement, notre aviation devant naturellement être de préférence employée pour le travail en liaison avec nos troupes.

Le général Gamelin, chef d'état-major général de l'Armée, expose que, si le ciel belge et luxembourgeois n'est pas violé, l'attaque contre l'Angleterre est plus difficile. Dans ce cas, on pourrait demander aux Anglais la coopération d'une partie de leur aviation de chasse.

M. Edouard Daladier, ministre de la Défense nationale et de la Guerre, insiste à nouveau sur le fait que la préoccupation principale des Anglais en ce moment n'est pas là, mais en Méditerranée. »

Il semble au contraire que les Anglais étaient déjà bien davantage préoccupés par la force allemande, et ce depuis 1934, ainsi que par la menace japonaise.

Même si, comme nous l'avons vu, les Français se sont mépris plus d'une fois sur l'attitude réelle de leurs partenaires à leur égard, le principal intérêt de ces contacts est de poser des pierres d'attente ; des circuits d'information réciproque sont mis en place, des hommes font connaissance et surtout, chacun des deux partenaires perçoit mieux les problèmes dont il faudra bien ultérieurement discuter au fond.

II. — Une collaboration contradictoire

La coopération franco-britannique doit sa relance en 1938 à l'action et à la volonté non des militaires, mais des diplomates. Le 17 décembre 1937 l'ambassadeur Corbin avait suggéré à Eden la tenue de conversations d'états-majors sur les questions navales (10). Peu

(9) Archives des Affaires étrangères, reconstitution Fouques-Duparc, note anonyme du 25 avril 1938.
(10) Anthony Eden, *op. cit.*, p. 558.

après, celui-ci, préoccupé par la faiblesse de l'aviation britannique et aussi par l'aggravation de la situation internationale, fit rédiger par le *Foreign Office* une note demandant le « renouvellement et, dans certaines limites, l'extension » de conversations d'états-majors avec la France (et la Belgique), mais centrées cette fois sur l'aviation (11). La note du 4 février 1938, établie en réponse à Eden par les chefs d'états-majors, acceptait de nouveaux contacts relatifs à la disposition des aérodromes, à la fourniture du carburant, aux facilités de transport. Mais elle refusait l'extension proposée par Eden : il ne fallait pas provoquer « la suspicion et l'hostilité irréductibles de l'Allemagne » (12). Le 14 février, le cabinet britannique, à l'ordre du jour duquel Eden avait fait inscrire cette question, tranche en faveur de Eden, grâce au soutien de Chamberlain et de Sir John Simon (et malgré l'opposition de Halifax et Kingsley Wood). Mais il ne donne complète satisfaction au point de vue de Eden qu'après la démission de celui-ci (survenue le 20 février) : la décision de reprise des conversations prendrait effet non seulement au niveau des attachés militaires, mais bel et bien des états-majors (13). Le 24 mars, le gouvernement britannique la met à exécution. Dans le climat de l'*Anschluss* et de l'agitation sudète il demande à la France de nouvelles conversations d'états-majors, toutefois limitées à l'Air, dès le 24 mars 1938. Le nouveau président du Conseil, Daladier, en approuve le principe. Le 28 avril, avec G. Bonnet, il se rend à Londres pour se concerter avec Chamberlain et Halifax. Décidé, lui aussi, à reprendre les conversations sur les problèmes aériens, il s'inspire de deux notes du général Gamelin. Pour ce dernier, il s'agit de mettre à profit les objectifs essentiels de la Grande-Bretagne (« la défense propre de la métropole, et celle de son Empire et de ses routes impériales, notamment de la route des Indes par la Méditerranée »), qui peuvent difficilement être atteints à partir des seules bases britanniques, pour obtenir le déploiement d'une partie des forces aériennes britanniques sur le territoire français :

« L'Angleterre devrait consentir à déployer en particulier dans le Nord-Est de la France et en Afrique du Nord (éventuellement dans le Sud-Est et en Corse) une partie importante de ses moyens :
— d'aviation légère de défense qui assurerait ainsi, mieux que sur ses propres bases, la défense éloignée du territoire britannique ;
— d'aviation lourde, mieux à portée d'intervention de ses objectifs éventuels.
« Dans le domaine aéro-terrestre, le commandement supérieur serait dévolu en France et A.F.N. à la France, à la Grande-Bretagne au Levant et en Egypte. »

Lord Halifax propose un programme détaillé de discussion entre les deux états-majors de l'Air. Il porterait à la fois sur la situation

---

(11) Anthony Eden, *op. cit.*, p. 562-563.
(12) Anthony Eden, *op. cit.*, p. 564.
(13) Précisions apportées par le professeur Gibbs au colloque.

numérique des deux aviations et sur la coordination des deux systèmes de défense, « sous réserve que chacune des deux puissances
continue de considérer la défense de son territoire national comme son
devoir essentiel ». Il y inclut le transport en France « d'une force
britannique avancée ». Chamberlain ajoute : « L'on ne saurait porter
de coup brutal à l'Angleterre que par la voie des airs ; c'est pourquoi
le gouvernement britannique porte toute son attention sur le problème de l'aviation ». Comme l'écrit G. Bonnet, il « redoutait par-
dessus tout d'engager son pays dans un conflit tant que l'Angleterre
ne serait pas protégée contre le danger aérien » (14).

Les Français acceptent ce programme ; il est donc décidé que les
conversations seront

« ouvertes par l'intermédiaire des attachés de l'Air dans les deux
capitales ; elles seront complétées de temps en temps par des visites
d'officiers français en Grande-Bretagne et, ultérieurement, par des visites
d'officiers anglais dans les aérodromes français ».

Mais cet accord sur les modalités s'accompagne de divergences
explicites sur le rôle des forces aériennes. Contrairement aux Anglais,
Daladier

« ne croit pas qu'il soit possible de mettre hors de combat un grand
pays par une attaque brusquée ; il est convaincu de la valeur considérable
de la défensive ». Aussi insiste-t-il pour élargir les études d'états-majors
aux départements « Terre » et « Mer », ce qu'il finit par obtenir.

C'est ainsi que de mai à septembre 1938 les deux états-majors
échangent des notes qui traitent les différents points du programme
établi en commun. Le 4 mai, les Britanniques estiment « que l'on
ne doit, ni ne peut prendre à l'avance aucune décision concernant la
répartition des objectifs aériens en territoire ennemi entre les deux
forces aériennes ». Ils proposent de stationner dans la zone de Reims-
Nancy, reliée à Nantes et Le Havre, une force avancée de bataille
constituée de 20 escadrilles de bombardement (10 arrivant dans le
premier mois de guerre, 10 dans le second). En conséquence, ils
demandent aux Français d'étudier l'infrastructure nécessaire. Nulle
part ils ne font mention de la chasse britannique, pas même pour
protéger la force de bombardement. Il n'entre aucun altruisme dans
cette décision des Britanniques : des bases en France leur permettraient d'atteindre les objectifs des pays rhénans que le respect de
la neutralité hollando-belge et le rayon d'action insuffisant de leurs
avions auraient interdits autrement. Le général Lelong, attaché militaire à Londres, souligne la prudence intéressée des Britanniques :

« Tant que la Grande-Bretagne sera aussi vulnérable à une attaque
aérienne, il faut s'attendre à ce qu'elle se dérobe à tout engagement qui

(14) Georges Bonnet, De Washington au Quai d'Orsay, Paris, 1946, p. 110-
111.

pourrait attirer sur son territoire des représailles qu'elle n'est pas en mesure de parer. »

Après un voyage à Londres du général Vuillemin, chef d'état-major de l'armée de l'Air, la France répond favorablement, le 13 août, à la demande britannique qui porte sur dix aérodromes et la coordination des systèmes de transmissions et de guet. Elle accepte que les bombardiers britanniques en France restent partie intégrante du corps de bombardement anglais, sous les ordres de son chef. Mais elle souhaite une coordination plus étroite avec le ministère de l'Air britannique dès le temps de paix

« en vue de préparer [...] *particulièrement* la mise à pied d'œuvre des forces aériennes britanniques qui seraient envoyées en France en cas de guerre ; *plus généralement* la coordination au début de la guerre des actions des forces aériennes de bombardement anglaises et françaises. »

Elle propose aussi des bases pour bombardiers dans le Nord-Ouest de la France et demande aux Britanniques d'assurer la couverture de leurs bombardiers par de l'aviation de chasse basée en Grande-Bretagne et ravitaillée sur quatre aérodromes français. Mais finalement la France s'engage à protéger les appareils britanniques avec ses propres forces.

Au mois de septembre 1938, au moment de la crise de Tchécoslovaquie, la collaboration aérienne franco-britannique en est toujours au seul niveau des études et des hypothèses, dont la mise en œuvre dépend d'une décision gouvernementale. Le 16, les Britanniques rejettent comme peu commode l'hypothèse d'une zone de stationnement dans le Nord-Ouest. En réalité, ils ne veulent baser en territoire français leurs escadrilles de bombardement que dans un but bien précis : les rapprocher de leurs objectifs de la Ruhr, ce qui n'eût pas été le cas pour des unités basées entre Dieppe et Compiègne. Mais il importe de noter qu'en ce mois de septembre 1938 où toute l'armée de l'Air française est peu à peu mise sur le pied de guerre, les mesures de coopération envisagées sont prêtes à entrer en application. L'*Air Ministry* fait savoir le 26 qu'il prépare l'envoi en France de dix escadrilles de bombardement moyen et envoie à Paris une mission chargée de régler les détails de leur installation avec le concours du ministère de l'Air français. Le même jour, à Londres, une conférence entre le général Gamelin, venu avec Daladier et Bonnet, et les chefs d'états-majors anglais de la Guerre et de l'Air met au point les différentes questions, mais il n'y a toujours pas de plans communs et sur des questions comme la défense anti-aérienne le dispositif reste très incomplet. Certains militaires britanniques, en particulier le *group captain* Slessor, retirent aussi de cette conférence la fâcheuse impression que la France a élaboré des plans trop hardis par rapport à ses moyens réels (15). Certes le 12 octobre la Marine anglaise souhaite

(15) Précision apportée par le professeur Watt au colloque.

reprendre et élargir les conversations d'états-majors avec la France (à cause de la situation en Méditerranée). Mais le 31 octobre l'armée de l'Air se joint à l'armée de Terre pour refuser cette suggestion : elle ne voit aucun avantage à inclure des plans contre l'Italie dans les conversations (16).

Une fois les forces anglaises en France, que se serait-il passé ? Aucune politique commune d'emploi n'avait pu être élaborée. Aussi Munich passé, l'état-major français continue-t-il à être inquiet. Au général Gamelin qui en octobre préconise « une augmentation exceptionnelle de nos moyens volants pour la protection de notre sol au premier chef : chasse, la riposte en territoire ennemi, de concert avec l'aviation britannique » et propose une répartition des tâches entre Français et Britanniques, le général Vuillemin répond que l'état-major de l'Air britannique

« s'est toujours dérobé chaque fois que nous avons tenté de lui poser des questions précises sur la doctrine d'emploi des forces aériennes britanniques et de lui proposer une zone d'action déterminée pour l'intervention de ces forces. [...] Demander à la Grande-Bretagne de s'attribuer tel type de mission plutôt que tel autre reviendrait à lui faire consentir à réaliser un programme de matériels déterminé. Il paraît extrêmement difficile, sinon tout à fait impossible, de faire accepter ce point de vue aux Anglais. Ceux-ci songent avant tout à la défense aérienne de leur propre territoire et s'arment en conséquence. »

« La nature de l'aide apportée par les forces aériennes britanniques devant avoir une répercussion directe sur l'importance des efforts aériens que la France pourra engager dans la bataille terrestre », Vuillemin demande des contacts plus poussés « devant conduire à l'étude, dès le temps de paix, d'un plan d'action commun » qui inclurait la défense aérienne de plusieurs colonies.

De fait, une délégation française, comprenant le colonel Fournier, le commandant Bailly, le capitaine Breyton, rencontre ses partenaires britanniques les 16 et 17 novembre 1938 à l'*Air Ministry*. Dans son rapport, le commandant Bailly indique qu'il a évoqué les projets de pactes pour la limitation des armements aériens. Les Anglais lui répondent qu'ils continueront à réarmer leur aviation quoi qu'il arrive. D'autre part, à titre personnel, le *group captain* Slessor a accepté l'idée d'une collaboration outre-mer (en Syrie, à Djibouti, en Chine). Le commandant Bailly résume ses impressions en ces termes fort lucides :

« 1° Grande cordialité et confiance réciproque entre officiers d'état-major qui travaillent à la solution du même problème depuis le mois de mai 1938.

(16) *Public Record Office,* fonds de l'*Air Historical Branch,* note du 31 octobre 1938.

2° Les Britanniques mettent tout en œuvre pour régler dans tous ses détails le scénario de leur intervention en France, en ce qui concerne la préparation matérielle de cette intervention. Selon la propre expression du colonel Linnell, du 1er Bureau de l'état-major de l'Air britannique, « ils désirent que tout soit prêt à fonctionner parfaitement au moment voulu, simplement en appuyant sur un bouton ».

Par contre, dès qu'est abordée la question de l'emploi de l'aviation de bombardement qui viendra se baser en France et de celle qui agira en partant d'Angleterre, il n'est plus question d'aucune précision.

Cette attitude réservée est certainement due à la répugnance traditionnelle des Britanniques de prendre des engagements fermes, dès le temps de paix, relatifs à des opérations militaires dirigées contre une tierce nation.

Elle a très probablement aussi pour cause la crainte que doit éprouver l'état-major anglais d'être obligé de suivre la France, dans le cas où des engagements lui seraient consentis, dans des opérations contre l'Allemagne qui risqueraient d'attirer des représailles sur le territoire insulaire de la Grande-Bretagne.

Il paraît assez vraisemblable que cet état-major préfère « attendre et voir », de façon à adapter son plan de bombardement à l'attitude initiale aérienne de l'Allemagne vis-à-vis de l'Angleterre.

Au cours des conversations qui viennent d'avoir lieu, il n'a jamais été question, de part et d'autre, de l'organisation du commandement de ces forces aériennes françaises et britanniques s'engageant contre un adversaire commun sur un même théâtre d'opérations. Il semble difficile qu'il en soit autrement tant qu'il n'y aura pas, au préalable, une décision gouvernementale prise à ce sujet. »

Précisément la situation internationale provoque une rencontre gouvernementale et introduit un nouveau problème : les Anglais accepteront-ils de coopérer avec la France contre l'Italie ? A la fin du mois de novembre, les relations franco-italiennes se tendent devant les revendications italiennes à l'égard de Djibouti, Tunis et de la Corse. Or l'aviation italienne représente un danger considérable : elle est aussi forte que l'aviation française, certains de ses appareils (les *Savoia*) sont même plus rapides que leurs homologues français. A ce moment, le 24 novembre, le Premier ministre Chamberlain est reçu à Paris par le président Daladier. Celui-ci dispose d'une note de l'état-major de l'Air sur « l'aide à demander à la Grande-Bretagne dans le cas où nous aurions à faire face à une coalition germano-italienne ». En voici l'essentiel :

« Etant donné le rapport des forces aériennes de la France et de l'Italie, il serait nécessaire que la France puisse ne laisser initialement face au Nord-Est qu'un minimum de forces aériennes, pour reporter la masse principale de ces forces au Sud-Est et en Afrique du Nord.

Ceci ne sera réalisable que si la Grande-Bretagne consent à faire prendre en compte par ses propres forces aériennes la majeure partie des actions défensives et offensives qu'il sera indispensable d'exercer dans le Nord-Est contre l'Allemagne, tandis que la France s'engagerait à fond contre l'Italie. »

En fonction de cette répartition géographique des deux aviations, l'état-major demande l'intervention de nouvelles unités britanniques et à défaut de commandement unique, l'unité de conception et d'exécution dans les opérations.

Mais la rencontre Daladier-Chamberlain ne répondit pas à l'attente des militaires français, au moins dans l'immédiat, car Daladier accepta sans broncher toutes les explications de Chamberlain. Elle eut cependant le mérite de mettre en lumière les orientations différentes des deux programmes de fabrication d'avions. Les Anglais se préoccupent particulièrement de leur défense contre avions. Tout en poursuivant leur programme de bombardiers, ils intensifient les fabrications de canons de D.C.A. et d'avions de chasse « destinés à poursuivre les assaillants ». Au contraire, Daladier se targue d'avoir « renversé le programme qui avait été dressé en France à ce sujet. Il s'est attaché davantage à la production d'avions de bombardement qu'à la constitution d'un réseau d'artillerie de D.C.A. Il ne croit pas en effet que celle-ci soit très efficace ». La priorité donnée aux bombardiers s'inspire, elle, d'une stratégie de représailles contre les villes allemandes et Daladier met en doute l'efficacité des chasseurs devant la rapidité et la maniabilité des bombardiers. Après cette rencontre, les programmes de fabrication des deux pays continuent à échapper à la coordination et restent le reflet strict des politiques nationales.

Lorsque la crise franco-italienne atteignit son paroxysme en décembre 1938, l'attitude de l'Angleterre demeura très ambiguë.

A la fin de 1938, il apparaît donc que les Britanniques, dont le réarmement reste insuffisant, veulent conserver leur entière liberté d'action et de jugement. Aussi la collaboration militaire aérienne avec la France n'aboutit-elle qu'à la réalisation des études techniques permettant l'envoi rapide d'une partie de l'aviation de bombardement anglaise en cas d'attaque allemande contre la France. D'autre part, les Britanniques, au nom de leurs besoins propres, se refusent à toute aide en aviation de chasse. Daladier n'y attache pas beaucoup d'importance.

L'état-major de l'Air en France se trouve pris dans une contradiction. Il a pleine conscience de ce que la menace allemande grandit plus vite que les fabrications françaises d'appareils modernes (Morane 406, Dewoitine 520 pour la chasse ; Léo 45 pour le bombardement, Bréguet d'assaut). C'est cette disparité entre l'accroissement de la menace et les possibilités de mise sur pied d'unités de combat nouvelles qui l'amène à être de plus en plus pressant dans ses demandes d'aide auprès de la Grande-Bretagne. Mais il a admis — et juge normal — que la collaboration des deux aviations se fasse sur la base de la priorité à la défense du territoire national. Or la Grande-Bretagne craint une attaque contre son propre sol, comme le prouve cet aide-mémoire britannique du 12 décembre 1938 :

« Cas à envisager dans les conversations d'état-major d'une attaque de l'Allemagne contre la Grande-Bretagne.

Les facilités envisagées pour la réalisation d'une opération d'une force combattante aérienne britannique sur le territoire français seraient également valables pour l'emploi de la force aérienne royale dans l'éventualité d'une attaque allemande contre la Grande-Bretagne. Le gouvernement de la République confirme-t-il ce point de vue ? »

La réponse positive des autorités françaises faisait d'autant moins de doute que, sur le seul plan de la défense aérienne, il leur était aisé d'offrir des terrains et un réseau de guet, alors qu'elles étaient dans l'impossibilité de fournir une aide en matériel.

Au cours du colloque, le professeur Watt a montré que cette crainte britannique avait été entretenue par les informations provenant de l'opposition intérieure allemande, qui développait le thème de l'attaque aérienne directe sur l'Angleterre pour stimuler la résistance de celle-ci face à Hitler.

III. — Le temps des plans communs

Les huit premiers mois de 1939 sont consacrés à la préparation d'une guerre jugée inévitable à plus ou moins long terme.

En effet, dans le courant de janvier les chefs d'états-majors britanniques se sont convertis à l'idée de préparer des plans communs avec les Français. Plusieurs éléments ont concouru à ce changement : les pressions en ce sens du *Foreign Office* et de son chef Halifax, les rapports de l'attaché militaire britannique à Paris sur la faiblesse réelle des forces françaises, l'intérêt de faire un geste qui influerait favorablement sur le moral de l'armée française, la crainte, un moment, d'un accord franco-allemand, enfin la rumeur, en janvier, d'une prochaine attaque allemande en Hollande (17).

L'application des accords de Munich telle que la pratiquait Hitler acheva de convaincre les Britanniques de l'imminence d'un conflit. Ils proposèrent le 3 février de nouvelles conversations d'états-majors dont le contenu serait beaucoup plus large que par le passé : formulation de plans communs incluant tous les champs d'opérations possibles, en particulier la Méditerranée et le Moyen-Orient. Le 24, le gouvernement français accepta et chargea le général Gamelin de centraliser et de coordonner les études entre les divers départements.

La première phase des conversations commença le 29 mars 1939 à Londres et dura jusqu'au 4 avril inclus. Elles se situaient du côté français à l'échelon du Conseil supérieur de la Défense nationale, du côté britannique à l'échelon du Comité de Défense impériale. Le

(17) Précisions apportées par le professeur Gibbs au colloque.

général Lelong, attaché militaire à Londres, y représentait le gouvernement et le commandant Bailly l'état-major de l'Air pour les discussions sur les problèmes aériens.

« Les conversations, note le chef de la délégation française, se déroulèrent dans une atmosphère confiante et cordiale.

Tout d'abord, les Français trouvèrent leurs interlocuteurs presque obsédés de défensive sur tous les théâtres ; ce n'est que peu à peu que ces derniers ont admis que l'occasion de prendre l'offensive ne devrait pas être abandonnée *a priori* [...]. Nous leur avons donné tous apaisements utiles, mais insisté sur les occasions qui pourraient nous être offertes en Tunisie, en Ethiopie, en Italie continentale [...]. La délégation britannique a, dès les premiers contacts, paru s'intéresser surtout au danger aérien et, en particulier, à celui qui peut menacer l'agglomération londonienne. [...] Ce n'est que peu à peu qu'elle a pu être amenée à envisager que l'aviation britannique puisse s'intégrer dans le système allié autrement que pour la protection directe ou indirecte du Royaume-Uni. Après avoir été fort réticents au sujet de la participation de leurs moyens aériens à la bataille proprement dite, ils ont fini par l'admettre : cette question sera discutée plus en détail dans la deuxième phase des conversations. »

Français et Britanniques se mirent d'accord sur la conduite générale de la guerre. Caractérisée par le souci de prévenir toute surprise et par la lourdeur des procédures minutieuses qu'ils recommandaient, leur doctrine commune laissait l'initiative à la discrétion de l'adversaire. Dans une première phase on viserait le maintien de l'intégrité des territoires des deux Empires, et la défense de ceux de leurs intérêts vitaux qui pourraient être attaqués. On réservait à une deuxième phase une action défensive contre l'Allemagne et la mise hors de cause de l'Italie. On laissait « l'action offensive des forces terrestres contre l'Allemagne » à des « phases ultérieures ». Français et Britanniques pensaient pouvoir éviter une guerre courte qui serait favorable à l'Allemagne, alors qu'une guerre longue tournerait à leur avantage.

Puis les deux délégations firent le bilan sincère et très détaillé des possibilités, des points forts et des faiblesses de leurs forces armées. Ce tableau donna lieu à des appréciations défavorables pour l'aviation de bombardement. On en vint alors au stade des engagements concrets et des plans précis.

« Arguant des effectifs encore insuffisants de leur aviation de chasse, les Britanniques n'ont pas accepté de placer initialement en France des unités de cette spécialité pour assurer ou contribuer à assurer la couverture des bases aériennes affectées à leur aviation de bombardement.

« Par contre, la délégation française est parvenue à faire accepter aux représentants de l'E.M.A. anglais que les forces aériennes britanniques s'engagent au profit de la bataille terrestre. »

En outre, la décision était prise d'établir des plans de collaboration pour le théâtre Nord-Est de la France, la lutte contre l'Italie et dans la Méditerranée, le théâtre de la mer Rouge.

L'atmosphère générale était à la prudence et à la franchise. Le souci de ne pas exposer les populations civiles amenait à limiter les attaques de la phase initiale à des objectifs strictement militaires. Quant à la franchise, elle inspirait la remise, le vendredi saint, par le *group captain* Slessor, d'une note sur le procédé britannique de détection électromagnétique, autrement dit sur les premiers radars. Il proposait d'insérer dans les plans de fabrication une commande française, ce que Daladier accepta (18). Le 3 avril, le général Gort laissait espérer à Gamelin l'envoi en France de chasseurs et d'artillerie pour assurer la couverture des troupes et des bombardiers britanniques. Dans les conclusions adoptées en commun, une phrase telle que : « *Nota* : l'aviation britannique se développe rapidement et atteindra prochainement des proportions formidables » ne pouvait que confirmer les Français dans l'opinion que l'aide aérienne britannique pourrait être plus considérable.

Le 5 avril, l'Italie envahit l'Albanie, ce qui renforça l'hypothèse stratégique d'une Italie ennemie des Alliés.

Après de nouvelles études de part et d'autre sur les différentes hypothèses stratégiques, les mêmes partenaires, ou à peu près, se retrouvèrent à Londres du 24 avril au 5 mai pour aborder la deuxième phase des conversations, consacrée aux plans d'emploi des deux aviations. Elles fournirent la preuve que la Grande-Bretagne était disposée — dans son propre intérêt d'ailleurs — à collaborer étroitement et franchement avec la France. Cette collaboration devait s'exercer initialement sur le théâtre du Nord-Est, et contre la Libye et contre l'Afrique orientale italienne. Des contacts entre les commandants des forces aériennes britanniques et françaises sur ces différents théâtres étaient prévus.

La proposition française d'un envoi de forces aériennes britanniques en Afrique du Nord intéressait alors les Britanniques à cause des risques que courait Malte, menacée par les Italiens.

La Grande-Bretagne s'engageait, en cas d'invasion de la Belgique et la Hollande par des troupes allemandes motorisées, à agir avec la totalité de son aviation de bombardement disponible pour retarder la marche de ces colonnes.

Elle affirmait sa volonté — à un stade ultérieur du conflit — de relever dans le Nord-Est une partie des forces aériennes françaises pour permettre à la France de constituer une masse de manœuvre contre l'Italie. Elle envisageait — une fois l'Italie vaincue en Libye — de venir s'engager en Tunisie pour continuer la lutte contre la métropole italienne.

L'ordre du jour appelait aussi l'étude d'un second front à l'Est

(18) On trouvera une étude plus précise de l'aide britannique en radars dans notre rapport au colloque de 1972, *infra,* pages 364-365.

et d'un éventuel appui soviétique. Sur ce point la position des aviateurs français, pour n'être pas nouvelle, était néanmoins fort précise.

A partir de 1933, l'état-major de l'Air, comme d'ailleurs la majorité du haut commandement français, s'était montré favorable à la conclusion d'une alliance franco-soviétique, à seule fin de créer face à l'Allemagne un second front qui permettrait de pallier la faiblesse démographique (et donc militaire) française. Ce n'est pas un hasard si le rapprochement commença, en septembre 1933, par une mission à Moscou du ministre de l'Air, P. Cot, suivie en 1934 par d'autres missions aériennes françaises en U.R.S.S. et par la visite à Paris du chef de l'état-major aérien soviétique. L'armée de l'Air accueillit avec satisfaction la signature du pacte franco-soviétique en 1935. Mais, pour elle comme pour les autres chefs militaires français, le rôle des Soviétiques ne devait être que celui d'une force d'appoint. Une convention militaire entre les deux pays était exclue. C'est dans cette perspective très précisément circonscrite que l'armée de l'Air décida de poursuivre avec ses homologues soviétiques un certain nombre de contacts : en 1935, visite en France d'équipages soviétiques montant des bombardiers géants, en 1936 présence d'aviateurs français à des manœuvres aériennes en Ukraine au cours desquelles les Russes procédèrent à des lâchers massifs de parachutistes, en 1938 enfin participation de sept officiers aviateurs français à un stage de parachutistes en U.R.S.S. Parallèlement avait lieu la vente de matériel aéronautique militaire français aux Soviétiques : en 1936 et 1937 Caudron-Renault livrait en U.R.S.S. des avions de chasse. Il faut ajouter que l'état-major de l'Air s'était longtemps fait une haute idée de la valeur de l'aviation soviétique et ne l'avait pas totalement abandonnée au début de 1939, alors que cette aviation avait désormais beaucoup de faiblesses, notamment aux yeux des Anglais (19).

A Londres, l'accord se réalisa assez aisément avec le point de vue britannique. Les deux délégations attirèrent l'attention de leurs gouvernements respectifs sur la nécessité de contenir l'Allemagne par l'ouverture d'un front oriental dès le début d'un conflit. Elles estimaient indispensable, dans ce cas, de baser des escadrilles russes sur des aérodromes polonais, étant entendu qu'il faudrait alors encore un mois à la Russie pour établir en Pologne des échelons mobiles à terre.

Cependant elles formulaient dans le même temps des appréciations plutôt sévères sur les possibilités aériennes soviétiques : en particulier, les délégués anglais « n'ont pas grande confiance dans l'assistance que pourrait donner l'aviation russe, quoique son aviation de chasse pourrait coopérer avec les forces de défense aérienne polonaises ». Si le jugement porté par leurs interlocuteurs français est un peu moins pessimiste, ces derniers, de leur côté, en réponse à

(19) Pour un jugement français sur l'aéronautique russe (en 1935-1936), voir la *Revue d'histoire de la deuxième guerre mondiale*, janvier 1969, p. 36.

168

une question anglaise, n'envisagent pas d'envoyer une mission militaire en Pologne qui pourrait peser sur les Polonais et les inciter à accepter l'aide russe. Et la discussion s'en tient là en ce qui concerne la Russie et la Pologne, concluant sans enthousiasme : « L'aide russe serait appréciable » (19 bis).

Mais le problème majeur restait celui de la prise en charge ou non par les Britanniques de la protection aérienne de leurs forces stationnées en France. En réponse aux craintes françaises d'une attaque à partir de bases espagnoles, les Britanniques décidèrent d'affecter une escadrille de chasse au corps expéditionnaire terrestre qui serait mis en route. Sans attendre la décision de son gouvernement ni de son haut commandement, l'état-major britannique annonça en outre qu'il étudiait la mise en place de quatre escadrilles de chasse dans le Nord de la France dont l'installation aurait lieu entre le 20e et le 25e jour après l'entrée en guerre de leur pays. Il envisageait donc sérieusement de répondre en partie (totalement, à plus longue échéance) aux souhaits français, contrairement à ce qu'affirma le général Vuillemin en juillet 1940. Mais il refusait de dégager les Français des assurances qu'ils avaient données en 1938, c'est-à-dire de prendre en charge la protection aérienne de l'A.A.S.F. (20) au début du conflit. De toute manière, face aux demandes françaises, il faisait valoir que ses effectifs d'avions de chasse étaient loin de satisfaire les besoins de sa défense nationale ; de plus, aucune de ses escadrilles de chasse n'était dotée d'un échelon mobile, ce qui les obligeait à travailler toujours en partant de leurs terrains de Grande-Bretagne. Les témoignages des Français libres qui ont opéré en Grande-Bretagne pendant la guerre confirment la validité de cet argument. Dans le même esprit, les Anglais décidèrent d'ajouter aux unités de D.C.A. un régiment et, à long terme, de quoi assurer leur propre défense.

Enfin, à la suite d'âpres discussions, on procéda à la classification puis à la répartition des objectifs de bombardement entre les deux aviations. Les Britanniques donnèrent connaissance d'un plan d'attaque de la Ruhr applicable dans la deuxième phase de la guerre. Cherchant avant tout à ruiner l'aviation allemande, les Britanniques pensaient que le meilleur moyen était d'attaquer l'industrie allemande.

De son côté, l'état-major français, redoutant à la fois une attaque terrestre et une attaque aérienne, faisait passer au premier rang de ses préoccupations, pour retarder la concentration ennemie à l'Ouest, l'attaque du réseau ferré allemand, mode d'action qui intéressait assez peu les Britanniques, et l'appui des opérations terrestres dont les Britanniques, n'ayant pratiquement pas d'armée de terre, mécon-

(19bis) Sur la Pologne, cf. Anna M. Cienciala, *Poland and the Western Powers 1938-1939. A study in the interdependence of Eastern and Western Europe,* London, Routledge and Kegan Paul, 1968.
(20) *Advanced Air Striking Force :* Force aérienne avancée de bataille.

naissaient l'importance. Sur ce point les Français obtinrent leur adhésion. D'autre part, pour détruire la puissance aérienne ennemie, ils préféraient attaquer les aérodromes plutôt que les usines.

Dans le cours du mois de mai, on enregistra trois événements importants.

Les Britanniques installèrent en secret à Reims un important stock de bombes qu'ils déclaraient avoir vendu aux Français, mais qu'avec l'accord de ceux-ci ils réservaient en fait pour leurs futurs appareils.

Les Français commencèrent à envisager l'hypothèse d'une Italie neutre car l'incertitude qui régnait sur l'attitude de l'Espagne au Maroc en cas d'attaque offensive alliée contre les colonies italiennes leur fit abandonner ce dernier projet.

Les Français et les Britanniques eurent séparément des conversations militaires avec les Polonais. Les aviateurs français n'avaient pas vu leurs homologues polonais depuis la rencontre de Paris de septembre 1937 et l'envoi de prototypes en Pologne au mois de mai suivant, et les relations n'étaient guère cordiales.

Lors des séances des 16, 25 et 26 mai 1939, l'armée de l'Air française n'a exercé aucune pression sur les Polonais pour les amener à voir favorablement une présence aérienne russe en Pologne. C'est qu'elle ne pouvait le faire à son niveau tant que les gouvernements français et britannique n'auraient pas obtenu du gouvernement polonais qu'il se résignât sinon à l'utilisation de son territoire national par les forces aériennes soviétiques, du moins à la présence de quelques escadrilles d'U.R.S.S. sur quelques bases aériennes polonaises. La discussion se limita donc aux problèmes strictement franco-polonais. Devant l'insistance des Polonais et malgré les réticences des représentants « Air » de la France (ils souhaitaient « se limiter d'abord aux accords techniques, n'accorder que l'aide tactique minimum qui était due à la nation amie dans le cadre de nos faibles possibilités »), la France promit de baser en Pologne cinq groupes d'Amiot 143, geste symbolique d'alliance qui se confirma par l'envoi au mois de juillet 1939 d'un avion de ce type en Pologne, pour que les Polonais puissent se rendre compte des servitudes techniques de cet appareil et adapter en conséquence leur équipement à terre.

Les deux conférences de Londres furent suivies, à partir de juin, d'un long et patient travail de coordination des états-majors, comme le suggérait le rapport du commandant Bailly :

« En l'absence d'un commandement unique, seuls des contacts fréquemment renouvelés entre chefs et officiers d'état-major engendrant la confiance réciproque et créant une communauté de vues et de doctrines sont susceptibles d'opérer la fusion intime des deux aviations. »

Ce travail porta d'abord sur la préparation détaillée de l'installation de la Force aérienne avancée de bataille (A.A.S.F.) sur les dix aérodromes qui avaient été mis à sa disposition depuis les conversations de 1938. L'organisation des parcs de matériel et des dépôts de bombes, le fonctionnement du service de santé furent mis au point avant l'été. Une mission britannique vint régler à Reims au mois d'août les autres questions administratives et techniques dont dépendait la mise en œuvre de l'A.A.S.F. Les quartiers généraux des deux groupements de bombardement anglais furent fixés à Reims et à Chalons.

Il fallut aussi étudier le stationnement de l'*Air Component*, c'est-à-dire des forces aériennes qui couvriraient le corps expéditionnaire terrestre des Britanniques. Le 28 juin, les Britanniques annoncèrent qu'elles comprendraient six escadrilles de coopération, deux escadrilles de bombardement, quatre escadrilles de chasse et une d'avions de liaison. Ces unités purent disposer, dans la zone de rassemblement du corps expéditionnaire, de deux terrains pour la chasse (Le Havre et Rouen) et de six terrains de liaison et douze terrains dans la zone où les divisions britanniques se concentreraient (de Saint-Omer à Dieppe).

Pour les missions dans les territoires d'outre-mer une série de conférences eurent lieu. En mai, le général Noguès et le général Tétu rencontrèrent le général Sir Edmund Ironside, gouverneur de Gibraltar à Rabat, pour réaliser la coordination des forces alliées en Afrique du Nord, en Méditerranée et en mer Rouge. Ils décidèrent en commun de renforcer les forces aériennes basées en Tunisie. A la suite de cette conférence, des officiers de chaque pays effectuèrent des liaisons dans les différents théâtres d'opérations prévus en vue d'étudier avec leurs partenaires la conception des opérations aériennes. Du 22 au 27 juin, une conférence franco-britannique se tint à Singapour pour déterminer les mesures à prendre dans le cas d'un conflit avec le Japon dont les Britanniques avaient pressenti depuis longtemps l'importance. La France offrit aux Britanniques son infrastructure d'Indochine.

Il restait à mettre à l'épreuve la coordination des deux systèmes de sécurité générale, établie en avril, qui devait permettre aux deux pays d'échanger rapidement des renseignements sur les mouvements des avions ennemis. Des appareils français se livrèrent à un exercice d'application en survolant la Grande-Bretagne.

En août, la question du second front à l'Est, qui avait été débattue au cours des conversations de la deuxième phase, fut définitivement tranchée au cours des négociations que menèrent à Moscou les deux missions militaires française et britannique. Sur cet épisode il ne s'agit ici que de préciser certains points relatifs aux problèmes aériens. Les aviateurs français membres de la mission, le général Louis Vallin et le commandant Soviche, avaient reçu du 3e Bureau une note d'orientation qui résumait les conclusions des conversations franco-britanniques du printemps. Elle insistait sur l'intérêt d'un second front pour contenir une agression allemande et montrait l'infériorité de l'aviation polonaise, qui rendait souhaitable l'engagement de forces aériennes soviétiques au profit de ce front. Mais, à l'heure actuelle, il ne paraît pas établi que le général Louis Vallin ait reçu instruction de soulever de son propre chef auprès des Soviétiques le problème de l'utilisation de l'espace aérien polonais par les avions de l'U.R.S.S. Les directives anglaises, analogues dans l'ensemble, mettaient l'accent sur l'importance des chasseurs soviétiques et de leurs défenses antiaériennes terrestres. Mais elles ne prévoyaient pas de pression sur les Polonais parallèlement aux négociations de Moscou : si les Russes en faisaient la demande, « la mission ne devra pas prendre d'engagements, mais en référer à Londres ».

La question qui reste posée dans ces conditions est de savoir si les gouvernements occidentaux avaient tout fait en ce qui les concernait pour que les négociations aboutissent ou bien s'ils espéraient la collaboration russe (en matière aérienne surtout), sans y croire vraiment. Avant le départ, le président Daladier avait dit au général Doumenc, chef de la mission, qu'il devait se borner à établir une convention militaire avec les militaires russes, les gouvernements français et britannique se réservant de lui donner dans la suite une existence réelle, et il ajoutait : « Le côté politique de la question ne vous regarde pas ». Un des officiers aviateurs de la mission nous a précisé en juin 1969 : « Nous n'étions point du tout des plénipotentiaires, mais de simples techniciens chargés de régler un scénario et de rendre compte ». Même à ce stade, « nous étions surtout préoccupés de ne pas aller au-delà de ce qui pouvait être divulgué ».

Pour compléter le tableau, il faut dire que les Polonais, sur ce problème, n'avaient pas l'excuse de l'ignorance : le 2ᵉ Bureau Air polonais était admirablement renseigné et communiquait aux Français la composition des quatre flottes aériennes mises sur pied par la *Luftwaffe* à un avion près ou presque.

La même orientation politique qui s'exprimait dans les réticences polonaises se retrouvait dans les pressions de certains milieux dirigeants (politiques et militaires) d'Angleterre et de France : la mission française avait, peu avant son départ, reçu une lettre d'une haute personnalité française l'adjurant de ne rien conclure avec les Soviétiques.

En août 1939, donc, Français et Britanniques étaient en possession de la plupart des données techniques qui permettaient d'envisager l'intérêt et les modalités d'un déploiement aérien soviétique en terre polonaise ; mais la discussion n'était pas close sur la valeur des forces soviétiques et aussi bien l'attitude peu pressante de la France vis-à-vis de la Pologne que l'absence de conversations particulières à Moscou sur les problèmes aériens, apparemment plus faciles à mettre au point, semblent bien indiquer que les milieux dirigeants français et britanniques dans leur majorité ne consacraient pas toute l'énergie nécessaire à souligner l'importance du second front aérien et à en hâter la réalisation.

C'est dans le climat créé par l'échec des négociations avec les Soviétiques que s'ouvrit la troisième phase des conversations militaires franco-britanniques. Elle avait pour but de résoudre les affaires laissées en suspens à la fin de la seconde phase. Le temps qui avait passé depuis avait permis à certaines d'entre elles d'être mûres pour la conclusion de nouveaux accords. En voici deux exemples. Au cours des conversations d'avril-mai, l'organisation du haut commandement avait été évoquée mais, à la demande de la délégation britannique, sans qu'aucune décision ait été prise. De même l'unité de vues ne s'était pas réalisée sur les modes d'action de l'aviation de bombardement.

L'aggravation de la situation de la Pologne amena Sir Neville Chamberlain à reprendre l'examen de ces deux questions dans un cadre plus large. Son initiative aboutit fin août 1939 à la constitution d'un conseil suprême de la Guerre commun aux Alliés, qui disposait d'un Comité d'Etudes militaire interallié. Ce comité qui avait son siège à Londres prenait donc la suite des délégations française et britannique, qui avaient pris l'habitude de travailler ensemble depuis plusieurs années.

C'est avec son aide que se déroula à Londres, du 28 au 31 août 1939, la troisième phase des conversations d'états-majors.

Elle porta en premier lieu sur l'organisation et la subordination des forces aériennes britanniques en France. L'aviation britannique détacha en France deux missions, l'une, dirigée par l'*Air vice-marshal* Barratt, auprès de l'état-major de l'Air, l'autre, simple mission de liaison entre le commandant en chef du corps de bombardement britannique et la 1ʳᵉ armée aérienne. De même la France déléguait à Londres auprès de l'état-major britannique une mission A, dirigée par le colonel Rozoy, qui participait en même temps au Comité d'Etudes interallié, et auprès du commandant du corps de bombardement une mission B. Une mission française représentait à Reims le commandant en chef des forces aériennes auprès de la Force aérienne avancée de bataille (les bombardiers de l'A.A.S.F.). La question du commandement fut résolue par un compromis. L'*Air Component* était placé sous les ordres du commandant du corps expéditionnaire britannique, lui-même subordonné au commandant en chef français. Inversement l'A.A.S.F. recevait ses ordres du seul commandant en chef du corps de bombardement britannique. Toutefois elle devait se conformer aux règlements techniques français et, en cas d'invasion, devait répondre aux besoins du haut commandement français.

Il y eut des controverses serrées sur les objectifs et les initiatives de l'aviation de bombardement en cas d'attaque de la Pologne par l'Allemagne. Les Britanniques proposaient une véritable escalade de ripostes aériennes selon une forme progressive adaptée à l'attitude de l'ennemi ; les attaques qui pourraient causer des pertes civiles n'auraient lieu qu'à la dernière limite. Les Français, un peu plus résolus, marquèrent leur souci d'aider la Pologne en retenant une partie importante de la *Luftwaffe* par des actions aériennes sur le front Ouest. Mais finalement ils se rangèrent au point de vue des Britanniques. Mus par la crainte des représailles allemandes sur Londres et les objectifs vitaux de leur pays, par le désir de ne déplaire ni aux Américains, ni aux neutres, ni même au peuple allemand qu'ils songeaient encore à soulever contre le régime nazi, ceux-ci obtinrent l'accord des Français pour limiter les attaques aériennes aux objectifs exclusivement militaires « dans le sens le plus étroit du mot ». Et de conclure pour les mêmes raisons : « Notre examen cependant nous a convaincus que rien de ce que nous pouvons faire ne réduira de façon efficace la pression sur la Pologne. »

Néanmoins les conversations n'avaient pas tout tranché. Des différends subsistaient. Certes, la coopération outre-mer, qui portait, il est vrai, sur des effectifs peu nombreux était étendue à l'Afrique noire et à l'ensemble des territoires d'Asie. Mais les Britanniques refusaient d'inclure les dominions « au début d'une guerre » dans un théâtre d'opérations interallié. Alors que les Français proposaient la constitution d'un état-major interallié dans chaque théâtre, pour les Anglais « la question d'état-major doit être réglée pour chaque théâtre » dont le commandant en chef se bornerait à un « contrôle général » des opérations.

De même, aucun accord n'était réalisé sur l'importante question de la reconnaissance stratégique au-dessus de l'Allemagne du Nord-Ouest au moment de la déclaration de guerre.

En définitive, les conversations de 1939 ont marqué des progrès décisifs dans la coopération franco-britannique. Mais il faut mesurer les conséquences de la position de demandeur de l'état-major français sur le contenu de cette coopération. La position française était dominée par la disparité existant entre le potentiel de l'aviation allemande et d'une part le potentiel présent et futur de notre aviation, dont l'accroissement restait très lent malgré tous les efforts, d'autre part l'ampleur des missions auxquelles notre aviation aurait à faire face tant en métropole (face à l'Allemagne et l'Italie) qu'en Afrique du Nord (contre l'Italie). Très inquiet, le haut commandement français voyait dans la collaboration britannique le moyen de pallier cette disparité. Il se trouvait conduit à demander une aide accrue à l'aviation britannique dont le potentiel, grâce à la puissance supérieure de son industrie aéronautique, s'accroissait deux à trois fois plus rapidement que le potentiel français. Une fois une aide obtenue, l'état-major français ne fit guère montre de vigueur sur les conceptions stratégiques. Il accepta la demande britannique de limiter les bombardements à des objectifs militaires, de ne rien faire pour la Pologne et de retarder le plus possible le temps des représailles massives.

Dans le contenu des plans de coopération, c'est donc la prudence des Britanniques (inspirée par une évaluation réaliste des possibilités alliées, la stratégie commune de la guerre longue, et le souci de défendre leur territoire) qui l'emporta. Sans provoquer beaucoup de résistance chez les Français, reconnaissons-le.

A la veille de la guerre, le général Vuillemin n'a pas obtenu l'installation d'avions de chasse britanniques en France. Il se montre cependant fort satisfait des engagements britanniques, comme il l'écrit le 26 août au ministre de l'Air :

« Le grand changement survenu dans la situation des forces aériennes du côté allié, outre la rénovation de notre aviation de chasse, se place dans le gros appoint constitué par l'aviation britannique.

Défensivement, la chasse de nos voisins est capable de briser de jour, sur le territoire de la Grande-Bretagne, l'élan du bombardement ennemi.

Offensivement, en partant de ses propres bases ou des bases réservées à son usage sur notre propre territoire, le bombardement britannique, doté d'avions modernes, est susceptible d'appliquer normalement son effort, de jour et de nuit, sur des objectifs intéressants ou de participer à la bataille terrestre avec des moyens relativement puissants.

La Force aérienne britannique avancée, prévue pour travailler en France dès le premier mois de la guerre, constitue déjà un élément d'appoint dont la valeur dépasse largement celle de notre propre bombardement. Toutes les dispositions sont prises pour recevoir cette force et en faciliter l'action » (21).

Somme toute, il considérait comme assez rassurants les engagements britanniques qui devaient se manifester :

— dès le déclenchement des hostilités, par l'envoi en France d'unités de *bombardement* (A.A.S.F.) pour lesquels dix aérodromes de la région de Reims avaient été réservés (soit 160 avions de bombardement moyen, type *Fairey Battle,* puis un deuxième échelon composé de 160 bombardiers *Blenheim*),

— en cas d'invasion de la Belgique-Hollande, par une action retardatrice des colonnes ennemies avec la totalité, sinon le maximum des moyens disponibles en bombardement,

— dès le début des hostilités, par la mise en place sur notre territoire des unités aériennes et anti-aériennes affectées au Corps expéditionnaire britannique, soit : 4 squadrons de chasse (80 avions) ; de l'artillerie anti-aérienne, pour participer à la défense des ports de débarquement.

C'est alors qu'éclata la guerre, le 3 septembre 1939.

(21) Au Conseil de Défense du 23 août, qui avait envisagé la guerre, le ministre de l'Air, lui, avait été franchement optimiste.

Conclusion

Un rapide bilan de la coopération aérienne franco-britannique de septembre 1939 à juin 1940 permet de réduire à néant le reproche fait aux Britanniques dès juillet 1940 (et surtout au procès de Riom) de ne pas avoir tenu leurs promesses d'aide. En ce qui concerne la chasse, ils ont appliqué leurs engagements bien au-delà de ce qui était prévu, malgré les tensions très vives que les requêtes françaises occasionnaient chez eux entre politiques et militaires. Pour le bombardement, certes les *Blenheim* promis sont restés en Angleterre, mais ils y étaient presque aussi bien placés qu'ils l'auraient été en France, surtout une fois la Belgique envahie, et les *Battle* sont venus (22).

Si en mai-juin 1940, pendant la bataille de France, les Britanniques n'ont pas satisfait toutes les demandes françaises en avions de chasse, ce n'est pas par méconnaissance des besoins français : dès mars 1939, les deux partenaires avaient joué cartes sur table et les Britanniques savaient parfaitement que la chasse française ne pourrait pas tout faire. Mais les Français n'ignoraient pas non plus l'inquiétude permanente des Britanniques devant l'aviation de bombardement allemande. Or la flexibilité des bombardiers était telle que la menace allemande pouvait surgir à n'importe quel moment sur les îles Britanniques et on ne pouvait prévoir avant le 10 mai contre quel pays serait porté le premier coup. Les Britanniques n'avaient pas caché non plus que le caractère statique de leur aviation de chasse s'opposait à son transfert : alors que les installations françaises étaient en partie montées sur véhicules, toute l'organisation britannique n'était pas mobile et elle était conçue pour travailler sur place. Sur ces deux points essentiels les Britanniques n'avaient laissé aucune illusion aux Français depuis le début des contacts, c'est-à-dire plusieurs années avant la guerre. La décision des Britanniques de ne pas jeter toutes leurs forces sur le continent ne pouvait donc pas constituer une surprise pour les Français. Auraient-ils agi autrement, on voit mal ce qui aurait changé : quelle aide ces chasseurs auraient-ils pu apporter à une contre-attaque en l'absence d'une force de bombardiers tactiques bien équipée que leur rôle était de soutenir ? (23); d'autre part il reste vrai que la bataille se jouait aussi sur terre et qu'elle y fut perdue.

Le procès fait *a posteriori* aux Britanniques se révèle ainsi être

(22) Dès 1947, Paul Reynaud avait écrit que l'Angleterre n'avait pas manqué à ses engagements : P. Reynaud, *La France a sauvé l'Europe,* Paris, Flammarion, 1947, T. I, p. 450.
(23) Remarque de Basil Collier, *The defence of the United Kingdom,* London, H.M.S.O., 1957, p. 429.

un exemple frappant de phénomène de transfert. Après la défaite, la réaction du haut commandement français a été d'imputer aux Britanniques l'essentiel des insuffisances alliées.

Pourquoi cette attitude ? C'est que pendant les cinq années écoulées les deux partenaires n'avaient jamais abordé les problèmes de coopération militaire aérienne sous le même angle et de la même manière. Malgré des rapports étroits chacun poursuivait ses buts propres.

Les Anglais voyaient surtout dans la coopération un moyen de réduire les dangers d'attaques aériennes sur leur pays.

Leur état d'esprit était très différent de celui des Français. Notre ambassadeur à Londres, M. Corbin, l'a noté : « On peut obtenir d'eux tout ce qu'on est en droit d'en attendre, mais, avec eux, il faut savoir ce que l'on veut, savoir le dire tout net, savoir le dire à temps » (24). Leur attitude constante est celle de gens très organisés qui jouent cartes sur table, et ont horreur de l'improvisation ou des décisions arrachées dans la bousculade. Leur tactique favorite consiste à suggérer, et non à prétendre avoir raison envers et contre tous. Devant un problème, ils prennent leur temps, ils décident et une fois la décision prise, ils s'y tiennent. Très honnêtes, ils ne reviennent pas sur leur parole ; lorsqu'ils ne peuvent rien, ils préfèrent ne rien promettre (25).

Face à la lenteur calculée des Britanniques, la hâte incessante des Français. Ils multipliaient les demandes d'aide, alors qu'ils avaient accepté de pratiquer une coopération franche et loyale (et elle le fut), mais respectant la priorité donnée par chacun à la défense de son territoire national. Les Britanniques, dit un témoin, se mettaient à notre place. Mais ils ajoutaient aussitôt : « N'oubliez pas que nous sommes Britanniques » (26). Ces réponses n'empêchaient pourtant pas les espoirs placés en eux par les Français de renaître de leurs cendres. En effet, l'état-major français voyait dans l'aide britannique le remède miracle au déséquilibre flagrant entre ses forces aériennes et celles de l'Allemagne, et à l'inélasticité de la production française.

Ce faisant, il ne portait pas suffisamment d'attention à la rénovation de la doctrine d'emploi qui restait d'une grande rigidité comme le montre le peu de conclusions tirées de la guerre de Pologne en 1939, ou bien le fait qu'après les manœuvres organisées par de Gaulle à Lunéville aucun officier supérieur n'ait parlé de l'appui de l'aviation aux chars. On retrouve des conceptions aussi figées et prudentes chez les Britanniques. De plus, les uns et les autres, bien qu'ils aient

(24) Général Armengaud, *Batailles politiques et militaires sur l'Europe (1932-1940)*, Paris, Editions du Myrte, 1948, p. 173.
(25) Témoignage du général Bailly (commandant lors des négociations de 1938-1939), novembre 1967.
(26) Témoignage du général Bailly sur cette attitude britannique, juin 1968.

pris conscience en 1939 de l'aide qu'aurait pu leur apporter un second front à l'Est, ne considéraient pas comme une priorité absolue l'obtention, pour pallier leur infériorité numérique, de l'appui soviétique.

Ce qui ressort en définitive de l'histoire de la coopération aérienne franco-britannique, ce ne sont pas tellement les limites de l'aide britannique, c'est à la fois l'insuffisance de l'effort de production d'avions, la rigidité des doctrines d'emploi de l'aviation et, malgré de réels progrès à partir de novembre 1938, le maintien de divergences entre les deux partenaires, c'est-à-dire, en fin de compte, la faiblesse des démocraties face au danger nazi.

ANGLO-FRENCH ECONOMIC COLLABORATION UP TO THE OUTBREAK OF THE SECOND WORLD WAR

Margaret GOWING

Professeur d'Histoire des Sciences à l'Université d'Oxford

La collaboration économique franco-britannique jusqu'au déclenchement de la 2ᵉ guerre mondiale. — La Grande-Bretagne n'a accepté d'ouvrir des conversations avec la France sur le ravitaillement qu'à l'été de 1937. Au début de 1938 la France a demandé l'extension de ces discussions au pétrole, au charbon, au commerce maritime, etc... La Grande-Bretagne a accepté à condition que les conversations restent informelles et confidentielles, et n'impliquent ni accord financier ni engagements irrévocables. Bien qu'elle ait encore réaffirmé cette position juste avant Munich, les conversations sur le ravitaillement allèrent bien au-delà des limites ainsi fixées. Cependant la politique générale anglaise ne changea qu'au printemps de 1939 : elle considéra désormais que la coopération militaire devait être accompagnée par une planification commune des importations et par un engagement total envers la France. C'est seulement en juillet 1939 que les Britanniques mirent sur pied les organismes de coordination pour la collaboration économique avec leur allié.

It is a truism that economic strength has been as important as military strategy in determining the outcome of major wars in modern society — though not necessarily of minor wars. The economy has often been referred to as 'the fourth arm of defence'. The record of Anglo-French economic collaboration is therefore an essential part of the history of the alliance, while it is interesting, if profitless, to speculate on subsequent political developments if France had not been defeated and if the British and French economies had become closely intermeshed during several years of war as did the British and American economies from 1942 onwards.

The importance of allied economic co-operation had become evident in the First World War. Early in that war a *Commission Internationale de Ravitaillement* had been established — that is, an inter-Allied committee of technical officials which met in London to ensure orderly procurement of British and overseas supplies instead of a competitive scramble. The acute shipping shortage of 1917 had led to an Allied Maritime Council to allocate tonnage, balancing demands against supplies. Subsequently a network of programming committees — some 20 in all — had been set up for all the main imported commodities and they had been gathered into a Food Council and a Munitions Council. Curiously a Supreme Economic Council, parallel to the Supreme War Council, and designed to co-ordinate the multitude of existing bodies, was not created until after the Armistice. Nevertheless in practice, because shipping was the scarcest economic factor, the Maritime Council had exercised a general economic control. Working methods of Allied co-operation had been hammered out before the system had been formalised and completed with an agreement. The basis of the system had been not the creation of a supra-national administration but the interpenetration of national administrations, the bringing together of men and minds and the consequent creation of genuinely combined estimates of requirements and ressources.

No-one doubted the contribution of this economic collaboration to victory in 1918. Daladier wrote to Chamberlain in September 1939 :

« *Je ne doute pas que comme moi vous serez préoccupé que nous fassions tout pour éviter l'erreur de la dernière guerre dans laquelle il a fallu à nos deux pays trois ans avant de réaliser l'organisation interalliée des services d'importation ; c'est en effet en grande partie grâce aux organismes alliés que nous avons pu assurer les approvisionnements de nos deux pays en 1917 et 1918 et que [...] nous avons pu en partie surmonter les difficultés militaires de 1918...* »

However, this letter was written after the Second World War had begun. In Britain no systematic attempt had been made, in the 1930s, to study the lessons of inter-allied organisation in the First World War and to use them in the planning for the Second. It was only a month before war began that a memorandum was circulated summarising the 1914-1918 inter-allied economic organisation. This paper concluded that the ramifications of this organisation were "terrific" and that anything which could be done by establishing a central co-ordinating committee to avoid the necessity for creating some of the earlier councils and committees would be all to the good. Yet already committees had begun to proliferate in a haphazard and ill co-ordinated way, while there were some very notable gaps, notably munitions procurement, in the subjects covered. Moreover when war came many of the assumptions and calculations of the individual committees were soon to prove wrong.

The main explanation for this failure to make good use of previous experience lies of course in the failure to make a firm political and military alliance until the Spring of 1939. The British were extremely cautious in entering into a close economic relationship with France. The question of discussions with the French about the supply of some essential commodities in wartime seems to have risen in Whitehall for the first time in 1937. Belgium had already raised with the British on three occasions in 1936 the question of supplies in war of munitions, and other necessaries including food and oil. In the case of France, the initiative came from the British side and concerned food. At first food was discussed in connection with air raid precautions and the food situation in Germany. Then in the summer of 1937 the Committee of Imperial Defence authorised the Food (Defence Plans) Department to begin technical discussions, in consultation with the Foreign Office, with representatives of France as well as Belgium, the Netherlands, the Argentine and Denmark with a view to securing British food supplies in war. Accordingly contact was made with M. de Bellefon, Commercial Attaché at the French Embassy in London.

I — Food

These food discussions became the pacemaker of Anglo-French economic collaboration and also, by that very fact, a cause of concern among British ministers. As these discussions got under way at the beginning of 1938 the British gave M. de Bellefon an explanatory memorandum which emphasised that the conversations were intended to be "entirely hypothetical and non-committal and that it was not proposed to enter into any binding arrangements or exchange any undertakings as to what course might be pursued in any given circumstances". The Food (Defence Plans) Department however had to think in severely practical terms. To them it was important to devise means which would enable the two governments to co-ordinate food purchases from sources outside Europe immediately hostilities occurred so that the price of these imports would not be pushed up by competitive buying. Moreover there would be great advantage in such measures being applied immediately before price inflation began. If so it was essential to prepare in advance the necessary administrative machinery.

Therefore the British wished to exchange information and ideas firstly on the machinery that might be needed to co-ordinate the supply of imported food and feeding stuffs to the two countries and secondly on the probable requirements of each food and feeding stuff during the first month and the first year of a major war. The French supplied lists of such requirements and from them the experts from the two sides compiled three groups of commodities : those where arrangements for co-ordinated purchase seemed essential to prevent a substantial rise in price ; those where such arrangements seemed desirable and those where co-ordinated purchase did not seem necessary. The value of the discussions could be illustrated by frozen meat. The French proposal to buy in the Argentine on the outbreak of war a large security stock would, said the British, send up the price of all aveseas meat. Careful co-ordinated purchases of meat were therefore arranged.

Before long three general principles were agreed. France was to purchase on Britain's account those commodities her colonies could provide. Britain was to purchase on French account commodities from British Empire countries. Joint purchasing missions were to operate in foreign countries under instructions from an Inter-Allied Commission in London, except in the case of South American meat and maize which Britain would buy on behalf of both countries. It was further agreed that the Inter-Allied Commission in London "should be organised as soon as possible (i.e. in peacetime)" : the British were told that the French Government attached particular importance to this.

Allied food planning had taken to heart the lessons of the first war and was going ahead quickly and methodically. Moreover the food talks emphasised the need to co-ordinate shipping and finance — not just for food but for the whole range of the two countries' requirements. Wider discussions therefore began.

II — Other commodities

These food talks are important because they set a pattern which seemed applicable to other commodities. The French were now taking the initiative. They had suggested early in 1937 an immediate joint examination of the supply and transport of oil in a crisis but the British were slow to reply and only envisaged informal discussions which would not result in any definite inter-governmental commitments. Progress was negligible. Early in 1938 the French asked also for talks on coal and said they would also welcome unofficial and non-committal discussions of textiles, raw materials, non-ferrous metals, minerals and shipping. On coal and shipping the French wanted to know what assistance if any the British would give them out of their own resources, so that they might arrange for assistance from third countries. In the case of oil, they wanted to examine war requirements and tanker tonnage. For the other groups they wanted to examine the import requirements of both countries and the possibilities of co-ordinating purchases. In all categories the French were prepared to give the British full particulars of their estimated war requirements and their plans for meeting them. They were anxious that nothing should conflict with British plans but said they would welcome provisional arrangements forthwith for the establishment of such joint purchasing commissions as might be necessary in an emergency.

The British Foreign Office for their part were anxious to speed things up, to regularise the vague discussions on coal and oil, to cover the new groups of commodities suggested by the French and to follow a policy uniform with that for food. They were especially conscious that the French anxiety over oil must also affect Britain : circumstances might well arise where it would be most important to Britain that the French armed forces should be assured of adequate petrol.

The proposal at the beginning of 1938 to extend the conversations to cover oil, coal and the other commodities came forward at much the same time as proposals for conversations with the Belgian and French General Staffs. The two sets of proposals hung together and decisions whether to proceed seemed to turn on large questions of principle — on whether the moment was opportune for such war-flavoured talks and on the effect of such wide ranging Anglo-Belgian-French talks on the forthcoming German and Italian conversations.

Cabinet approval of some technical military discussions seemed to augur well for the economic collaboration which was a corollary to them. However a decision to extend such collaboration was delayed until the French asked that the joint purchase of supplies be placed on the agenda for the April 1938 meeting in London between the French and British Prime Ministers. At this meeting British Ministers said they had no objection in principle to meeting the French request for conversations between British and French experts about the supply and purchase in war of the proposed commodities, on certain conditions. The conversations must be informal and confidential, they must involve no financial outlay and no commitments were to be entered into. Particular stress was laid on secrecy because British ministers feared the idea would spread that a plan was being prepared to encircle Germany.

The British envisaged that the new series of conversations should be conducted on the same basis as the food discussions but it soon transpired that no-one outside the Food (Defence Plans) Department knew what this basis was. When Ministers discovered that it was in fact extensive some were alarmed. It seemed that the Food Department had gone a long way towards the organisation of co-operation with France — much further, said the Secretary of the Cabinet, than "we go with the Dominions and about as far as we could go if we had a complete alliance with France". The document proposing the extension of this kind of discussion to other commodities would, he said, "play a part when the 'high-brows' set to work on the origins of the next war". He added : "I don't know if that matters much".

A request in the summer of 1938 to the Food Department asking them just how far they had gone brought a reply regarded as being of 'singular importance'. Whatever the rubrics about the hypothetical and non-committal nature of the food conversations the practical arrangements belied them. The Minister for the Co-ordination of Defence (Sir Thomas Inskip) thought that the extension of similar conversations to the other commodities would amount in aggregation to little short of a civilian Anglo-French war plan although the execution of the plan would be subject to a decision of the Governments when an 'emergency' arose.

The Cabinet was asked to formulate more clearly the conditions for the conversations, since it seemed undesirable that the supply departments should slip into elaborating detailed plans with their French opposite numbers without Cabinet approval. Opinion was divided. Some Ministers felt strongly that steps should be avoided which involved a commitment to an alliance with France against Germany and the definite preparation of a war plan with France. "This was the sort of way in which the seeds of the next war might be sown". It was suggested that only a survey of requirements was necessary in order that both countries should be in a position to make plans at short notice. There was another danger : after such conversations the French might say they were under the impression that they could rely on Britain for certain supplies, and so in practice commitments would be undertaken. Other Ministers argued that it was useless simply to state requirements : the British and French had already done this for aviation spirit and it was clear that it would be a very difficult problem to satisfy them both. Was no attempt to be made beforehand to think out a solution ? If not, the Board of Trade which was responsible would face a very grave responsibility when the contingency arose. It was pointed out that Germany had been told frankly about the military staff conversations and that this had had a valuable effect in steadying their reactions generally.

At the beginning of July 1938 the Cabinet reaffirmed that the conversations were designed to meet a purely hypothetical contingency and that no commitments or agreement should be entered into ; that conversations should begin with exchange of information on estimated requirements ; that where there was no question of overlapping requirements the conversations should go no further ; that where requirements did overlap conversations should cover the preparation of the outline of contingent arrangements to secure the necessary co-ordination ; that the Treasury should be consulted to safeguard the financial position and that the Foreign Office should be associated with the conversations. It was to be made clear that reference in the food plans to an inter-allied commission to be organised as soon as possible, i.e., in peacetime, must make it clear that the plans might be discussed as soon as possible but that no machinery would be established before the outbreak of hostilities.

III — Towards joint plans

More serious discussions on the various commodities now began and a summary will be given of their results. Early in 1939 Ministerial attitudes to the discussions changed. It was recognised that the further staff conversations would result in the formulation of specific joint plans not only for military operations but also in the sphere of supplies. Such joint plans would constitute a far more binding commitment than had hitherto been contemplated. Nevertheless the planning of supplies continued to be *ad hoc* and haphazard with no real co-ordination on the British side until the summer of 1939. Departmental officials complained that they were working in the dark without any clear view of the work of other departments and without a real knowledge of the general background. In July 1939, as a result of the Jamet-Ismay talks, the Minister for the Co-ordination of Defence wrote to his various colleagues proposing that a small Anglo-French Liaison Section of the C.I.D. Secretariat should be set up to deal with Franco-British co-operation and to keep in close touch with all the British Authorities which had established contact with the French Authorities. This was agreed and the liaison section was combined with the Secretariat to the British representatives on the new Anglo-French military body. The section began work however less than a month before the outbreak of war. At much the same time the British set up an Allied Demands Committee, to consider demands for supplies from allied countries but this was mainly concerned with the smaller friendly countries, not with France and early on became nothing much more than a talking shop. There was an attempt at Anglo-French co-ordination in dealing with these demands.

Some general points may be made about the pre-war economic collaboration. First, it suffered from political fears until the Spring of 1939. Secondly, by the outbreak of war seven French missions were in direct contact with British officials and in some cases had prepared wartime machinery. Thirdly, however, all the various separate contacts were not tied together by any authority in Britain capable of surveying or handling the whole complex of economic problems although it was increasingly apparent that the problems could not be handled piecemeal because they involved claims on shipping and finance. Fourthly, clarity in the formulation of joint plans was impossible without clarity in the formulation of national plans e.g. for import programmes, or requisitioning of shipping. The shortcomings of the allied organisations reflected inadequate national planning. Fifthly, the French were "the visiting team", presumably because Britain was economically richer. They were in a difficult position because they had to make their requests to individual departments, sometimes to junior officers. This put them in the position of "poor relations". Sixthly, the French were more forward than the British : after the initial food discussions it was they who wanted economic planning to extend in depth and breadth and their co-ordination, through their Commercial Attaché in London, was good. Higher up they had the 1st & 4th *Bureaux* of the Superior Council for National Defence which I believe acted as a sort of Economic General Staff. Seventhly, the story of food shows how determined and practical civil servants can push Ministers into a policy.

IV. — Summary of the main Anglo-French pre-war plans

Economic warfare.

The French agreed to the British proposals for unifying the policy of the two countries under British direction. Agreement on the main objectives and methods was reached in June 1939. There was to be a strong French mission in London armed with considerable executive powers. Britain was to take the initiative in negotiating most of the trade agreements with "adjacent neutrals" and in collating the lists of export prohibitions. French willingness to follow the British lead may have been due to the fact that Britain was primarily responsible for policing the blockade and also to the backward state of French preparation. In June when the British had 10 000 names on their first suspect list the French had not begun to compile a list. Complete unification of policy had not been achieved : the British were not yet willing to communicate to the French the names of firms on their lists.

Supply.

1. *Food.* We have seen in the text that preparations were advanced in terms of planning machinery and agreeing principles. By September 1939 the two countries were pledged to a collaboration which did not fall far short of that achieved in November 1918.

2. *Petroleum.* Requirements were discussed and it was clear that there would be a shortage of aviation spirit but no purchasing arrangements were made. Other oil imports depended on tankers which were expected to be plentiful in war so that no thought was given to pooling tankers or to collecting the information necessary for compiling a realistic import programme. These assumptions were to prove much too optimistic.

3. *Raw materials.* Very little progress was made before the war in formulating an allied raw materials policy. Contacts had been made and information exchanged but neither country thought it necessary to merge its purchasing arrangements in a common scheme except in the case of some special materials such as copper and tungsten. Neither side had produced a clear statistical picture of wartime consumption and stocks. In general, supply and shipping were expected to be fairly easy and although there was a desire to avoid competitive purchasing the ordinary national channels and methods of supply were thought to be adequate.

4. *Coal.* This was the most important of France's imports and a large proportion of her coal imports — a third to a half — normally came from Germany and Poland. French production in war would be reduced by the call-up of miners to the Forces. The French expected Britain to make good their loss of home production and imports, as part payment for the much greater French *effort du sang* in land warfare. They wanted that is, 20 million tons of coal annually from Britain. There were discussions with British coal owners which included details about types and sizes of coal and it was concluded that the supplies could be found. The question was whether there would be enough shipping. At first the British were very doubtful although the Foreign Office pressed strongly that the French should not be urged to keep up their own wartime production of coal, holding back miners from their attenuated army ranks, in order to save British shipping : this would lead to great French resentment since they had been told that the main British war contribution was to be in the sea and the air. By the outbreak of war, the French had been assured that there would be ample supply of tonnage.

5. *Shipping.* It is clear that supply problems were bound up with shipping, and the French assumed that part of the British contribution to them in the joint war effort would be in ships. The British Mercantile Marine Department had believed that there would not be a wartime shipping shortage largely because they expected a large pool of neutral shipping would be available. The French wanted a combined Anglo-French organisation to charter neutral ships and allocate them on the basis of long-terms needs. The British advocated and secured a much less far-reaching arrangement with voyage by voyage allocations, a system which made the French very dependent upon them. Moreover the First World War had shown that shipping can only be effectively managed on the basis of close and exact calculation of import needs. The French and British had not made these detailed preparations. Moreover the Allied Sea Transport Council they planned did not exist by September 1939. There was therefore no effective allied organisation and no practical programme.

Munitions production.

It was clear that allied production would have to be supplemented by overseas purchase but before the war almost no progress was made, either in dovetailing the national programmes of production or in evolving a joint policy of purchase. This was a very serious gap in arrangements. Meanwhile French plans for buying munitions from America were made more ambitious than British plans.

Finance.

Financial co-ordination would be necessary to govern both allied purchases in each other's countries and overseas purchases, including the mobilisation of foreign reserves. There was almost no joint study of these questions until the very end of August 1939 — apart from early references to a clearing account in the staff conversations of 1936. Apart from that the two finance ministers had simply exchanged drafts of their exchange regulations in the Spring of 1939. Finance was another serious gap.

LES RELATIONS ÉCONOMIQUES FRANCO-BRITANNIQUES A LA VEILLE DE LA 2ème GUERRE MONDIALE

Colonel P. LE GOYET

Chef de la section « Etudes », Service historique de l'Armée

The Franco-British economic relations on the eve of the second world war. — The Allies had drawn no lessons from the 1914-1918 war. In 1939 there was an exchange of views which took place only at a technical level and represented merely a preparatory stage. Their efficacity was reduced by organisational problems, which differed from one country to the other.

In General Staff conversations (June 1939) a number of problems were examined — the attitude to be adopted towards neutral powers, the needs of both countries (for France, in particular, coal and petroleum) and transport (the British capacity being overstimated by the French). Two particular problems were discussed :

— Strategy directed against Germany : steps to be taken to block indispensable imports. " Black lists " were drawn up.

— Spain, with which it remained indispensable to do trade.

In fact, these exchanges of views had shown mutual goodwill, but also certain divergences, and time was too short for a coherent system to be built up.

Mme Margaret Gowing a déclaré avec juste raison que « l'économie doit être considérée comme la 4e arme ; *cette arme doit donc être incluse dans la stratégie générale* au même titre que l'armée de Terre, la Marine et l'Air.

Dans ce domaine comme dans beaucoup d'autres, les Franco-Britanniques n'ont pas retenu les leçons de 1914-1918 et n'ont pas tenu compte des délais importants qu'implique la mise sur pied d'une organisation, qu'elle soit supra-nationale ou même nationale. Ceci tient surtout au régime économique dans lequel vivent les deux démocraties... Le capitalisme fondé sur la concurrence permet difficilement des accords à ces deux échelons. C'est pourquoi jusqu'en 1938, ceux-ci sont demeurés strictement privés.

Ainsi, comme il était logique, l'accent a été mis sur l'intérêt d'une réglementation des achats dans le domaine particulier des *subsistances*. Cette initiative appartient aux Britanniques. Mais les échanges de vues ne se sont développés qu'au niveau des techniciens. Si les gouvernements sont tenus au courant, ils n'ont jamais été mis en cause. Les Britanniques désiraient connaître les besoins français, les sources d'approvisionnement ; ils n'ont que rarement fait connaître les leurs. Ceci peut étonner mais s'explique parfaitement car la France fait figure de « parent pauvre ». Le décousu des conversations, le manque de coordination, l'absence d'instructions précises, la brièveté des délais de préparation n'ont pas permis d'atteindre des objectifs substantiels. Les résultats restent néanmoins encourageants et font sentir la nécessité de passer à une deuxième phase où les gouvernements seront appelés à jouer un rôle.

Le 10 janvier 1939 à Paris, une réunion interministérielle détermine l'ordre d'urgence des questions à traiter : denrées alimentaires, combustibles solides et liquides, minerais, métaux, substances chimiques, textiles, et, pour tous les produits, transport et financement (1).

Dès la première phase des conversations d'états-majors du 29 mars au 4 avril 1939, la délégation française insiste sur l'importance d'accords économiques très complets. La délégation britannique, soucieuse elle aussi « d'éperonner » les services civils responsables, se félicite de voir inscrire cette question au procès-verbal.

Au cours de la deuxième phase, du 24 avril au 4 mai, les Britanniques expriment le désir d'une rencontre avec les représentants français de l'organisation industrielle de l'économie de guerre. Les entretiens porteraient sur la production des munitions et le ravitaillement en matières premières.

Le 20 avril 1939, le gouvernement britannique crée « le ministère des Fournitures de guerre » (*Ministry of Supply*) chargé de diriger et de contrôler les fabrications. Cependant la compétence du nouveau ministère sera limitée pour le moment à une action administrative concernant les fournitures et les approvisionnements d'un usage général, l'achat et le stockage des minerais et matières premières nécessaires à la défense. Un comité ministériel tranchera sur la priorité à donner aux demandes des différents services.

Ce ministère apparaît comme un dédoublement du ministère de la Guerre, et l'embryon du grand ministère de l'Armement réclamé par certains hommes politiques.

Ce qui frappe dans cette organisation c'est l'*unité de direction* : les fonctionnaires britanniques du bureau centralisateur, l' *"Industrial Intelligence Center"*, se consacrent entièrement à la préparation à la

(1) PV réunion interministérielle du 10 janvier 1939. Coordination franco-britannique des achats pour le temps de guerre, note n° 146/DN.

guerre. Il deviendra plus tard « le ministère de la Guerre économique ». Il constitue un des noyaux mobilisateurs du futur ministère, élabore des listes de contrebande, établit des fichiers de « listes noires ».

Le projet de loi (2) fixant les attributions du « ministère des Fournitures » se propose tout d'abord de limiter son action aux fournisseurs de l'armée. Le ministre espère ainsi imposer aux industriels un ordre d'urgence, aux importateurs un contingentement, aux ouvriers l'aménagement de la charte du travail.

En France, l'organisation est beaucoup plus complexe : les fonctionnaires appartiennent à des formations aux cloisonnements presque étanches ; les confrontations critiques sont difficiles, ce qui entraîne la dispersion, alors qu'en Angleterre la circulation et la coordination des renseignements se font avec aisance et dans le plus grand secret.

Il apparaît donc indispensable de calquer le système britannique. Il est prévu de créer une *Section d'action économique* à deux sous-sections (3) ; l'une consacrée aux rapports franco-britanniques, l'autre traitant des informations générales sur les pays ennemis ou neutres. A cet effet, le ministère des Affaires étrangères chargé des textes législatifs et réglementaires, de la préparation, du contrôle, de la mise en œuvre des mesures de lutte économique à prendre en temps de guerre adresse au président du Conseil le 16 juin des demandes d'augmentation de crédits (4). Mais en vain, car l'organisation doit être mise sur pied par prélèvements sur les moyens organiques. Le ministre craint d'être insuffisamment outillé pour faire face à cette mission, et la Défense nationale émet le 20 juillet des doutes sur l'efficacité de cette nouvelle section pourtant capitale dans la stratégie globale.

Des conversations d'états-majors franco-britanniques traitant du problème de la guerre économique ont lieu le 27 juin 1939 au ministère des Affaires étrangères à Paris.

Les discussions portent sur les interdictions d'exportations, sur le traitement du commerce neutre. A ce sujet, il est fait une distinction entre les neutres voisins de l'ennemi et les neutres d'outre-mer. Les premiers sont divisés eux-mêmes en deux catégories : ceux sur lesquels la pression alliée est la plus forte (Norvège, Belgique, Suisse, Pays-Bas, Portugal peut-être, Suède et Danemark) et ceux sur lesquels la pression ennemie sera égale ou supérieure à la pression alliée (Roumanie, Yougoslavie, Etats baltes, Hongrie, Espagne). Le cas de chaque pays est étudié et il est admis de ne pas pratiquer

(2) N° 473, Londres le 1er juin 1939. Loi fixant les attributions du ministère des Fournitures.
(3) Propositions de M. Paul Morand, conseiller d'ambassade, au ministre des Affaires étrangères, 8 juin 1939.
(4) Crédits demandés : 388 966 francs. Note n° 2611 du 16 juin 1939.

dès le début une procédure trop rigide et automatique. C'est ainsi que la France conservera des relations commerciales particulières avec la Belgique et l'Espagne sous réserve que les expéditions ne donnent pas lieu à réexportations vers l'ennemi.

Mme Margaret Gowing a traité le problème des besoins. Je me permettrai d'ajouter quelques précisions à son exposé.

Charbon.

Il pose en réalité trois problèmes : quantité, qualité, transport.

Les Français fixent leurs besoins à 19 millions et demi de tonnes. Les Britanniques les trouvent exagérés, et Sir Henry Faulkner ne peut s'empêcher de faire une remarque désagréable en observant que, si dès le temps de paix la France achetait plus de charbon que l'Angleterre, elle s'en trouverait moins démunie en temps de guerre. Embarrassés, les Français répondent que c'est uniquement une question de prix. Finalement, les Britanniques estiment que le chiffre de 19 millions et demi de tonnes n'est pas déraisonnable.

En ce qui concerne la qualité, les préférences françaises vont au *South Wales* à cause de son rendement, 1/6 supérieur aux autres charbons, ce qui permet d'économiser le 1/6 en transport. C'est le point capital car la question du transport est la plus difficile à résoudre. Les Français se heurtent à « la douce obstination » de M. Hynard, directeur du *Sea transport Department* qui restreint, semble-t-il volontairement, les possibilités britanniques.

Cependant en juillet, M. Meric de Bellefon, après des contacts auprès de subordonnés plus compréhensifs, parvient à un projet d'accord :

— Un tiers du trafic à la charge des navires français.

— Une partie du reste serait transporté par des navires neutres de 3 000 tonnes et moins affrétés par la France, par des navires de 3 000 à 4 000 tonnes affrétés par le comité interallié des transports.

— La dernière partie par les navires anglais disponibles qui ne seraient utilisés d'ailleurs que par contrats de voyage et non par contrats à temps pour pouvoir être récupérés au moment où le commandement le jugerait utile.

Pétrole.

Comme pour le charbon, se posent également les questions de quantité, qualité, transport.

En 1938, les Britanniques, surpris par l'ampleur des besoins français, se montrent très réticents et, prétextant que les études ont été entreprises sur des bases différentes, en demandent de nouvelles.

En 1939, les conversations progressent plus favorablement. Un contact permanent existe entre le chef du *Petroleum Department* et le directeur des combustibles liquides (M. Filhol). La question la plus urgente est celle de l'essence d'aviation. Le 4 avril, les délégués sont d'accord pour proposer aux gouvernements la création immédiate d'un « sous-comité franco-britannique » qui étudierait, dès maintenant, les besoins et répartirait les ressources entre les deux aviations. Il travaillerait par correspondance, fixerait des réunions, convoquerait des techniciens. Le pouvoir d'exécution appartiendrait en France à l'Office des combustibles liquides, en Grande-Bretagne au « Service des marchés de l'*Air Ministry* » ; les états-majors des armées de l'Air seraient représentés.

Fers et aciers.

Les besoins français se chiffrent à 1 236 000 tonnes. En temps normal la Grande-Bretagne pourrait aisément les fournir, mais le réarmement ne le permet plus. Le problème reste à l'étude.

Minerais et métaux.

L'approvisionnement en minerais ne présente que peu de difficultés, le transport mis à part. Celui-ci amène à considérer parfois qu'il faut préférer les métaux aux minerais eux-mêmes.

Au printemps 1939, les échanges de vue portent sur les demandes britanniques (bauxite du Sud de la France, minerais de fer de Normandie et d'Algérie), et sur les difficultés concernant le mercure (Italie, Espagne), l'étain (si la Hollande ne peut en recevoir), l'aluminium (Norvège). Quant aux aciers spéciaux réclamés par la France à la Grande-Bretagne, ils ne répondent pas aux spécifications exigées. Le problème reste entier.

L'approvisionnement de la France en benzol, phénol, goudron, naphtaline demeure problématique, la Grande-Bretagne n'étant en mesure de fournir que de faibles quantités. En revanche, elle pourra pourvoir à la totalité des besoins français en phosphore, nitrate d'ammoniaque et aux deux tiers du sulfate de cuivre. La question des pulpes de bois sera étudiée au Canada au cas où Suède et Norvège ne pourraient les céder.

Produits alimentaires.

Le *Board of Trade* sous la signature de Sir Henry French, directeur du *Food Department,* signe le 29 avril 1939 un rapport sur les dispositions prises pour assurer les approvisionnements.

Le contrôle est nécessaire, mais doit rester souple : les plans adaptables et élastiques. S'il y a rationnement sera créé un « livret » par personne. A un échelon élevé les achats seront centralisés pour éviter toute spéculation et fluctuation excessive des prix; la standardisation des frais de transport, la distribution proportionnelle à la clientèle, la fixation des bénéfices équitables sont instituées.

Le problème des stocks.

En juin 1939, la Grande-Bretagne déclare posséder des stocks pour 4 à 6 mois. Mais leur constitution se heurte aux compagnies industrielles qui, sous prétexte de manutention pénible, difficultés de lotissement, immobilisation de capitaux, pénurie des transports, baisse éventuelle des cours, cherchent à la freiner.

Le problème devient alors gouvernemental ; il implique la signature d'accords qu'ils soient de troc ou à base semi-commerciale avec garantie. A la déclaration de guerre, ce problème n'est pas encore résolu.

Les transports.

En guerre économique, le problème crucial est celui des transports, donc des marines marchandes.

L'opinion française, considérant que celle de la Grande-Bretagne est la première du monde, croit qu'étant donné l'amitié et la collaboration des deux pays, la question des transports maritimes ne se pose plus.

Or l'examen des statistiques permet de conclure que la position britannique est beaucoup moins favorable qu'on ne l'admet généralement.

Au début du siècle, elle atteignait 50 % du tonnage mondial ; en 1939, elle n'est plus que de 22 %. Les statistiques révèlent encore la gravité de la crise qui atteint les chantiers britanniques : dans l'incertitude des projets de subvention, des commandes ont été retardées.

Le gouvernement britannique réagit : il vote des crédits de 10 millions de livres pour les constructions navales, plus de 2 millions par an pour la constitution d'une flotte de réserve... Les projets seront-ils réalisés ?

A la crise du tonnage s'ajoute celle des équipages : 45 000 marins de moins qu'en 1914 ; or la *Navy* se recomplète dans la marine de commerce ; le déficit risque donc d'être sérieux.

Le problème des transports est aussi celui de la sécurité des routes maritimes. Il appartient au domaine tactique et doit être traité dans le cadre de la stratégie navale. Il ne sera pas abordé ici.

Il m'apparaît essentiel d'évoquer très rapidement deux questions auxquelles, me semble-t-il, Mme Margaret Gowing n'a pas fait allusion : la stratégie économique vis-à-vis de l'Allemagne et le cas particulier de l'Espagne.

Stratégie vis-à-vis de l'Allemagne

Dès le lendemain de l'invasion de la Tchécoslovaquie, les Franco-Britanniques étudient, dans la stratégie générale, le rôle de la guerre économique. Les états-majors des deux pays se livrent à une analyse des différents éléments qui conditionnent l'économie allemande. Que ce soit le 2ᵉ Bureau français ou le *Financial News* britannique, les conclusions sont identiques :

« L'Allemagne est un pays sur-industrialisé : d'abondantes ressources en houille et en lignite, une main-d'œuvre nombreuse et d'excellente qualité, une situation géographique favorable, un réseau fluvial et ferroviaire remarquablement agencé ont déterminé le développement d'une grande industrie qui s'oriente de plus en plus vers la production massive et standardisée. Depuis l'avènement du national-socialisme, cette industrie consacre la majeure partie de son activité au réarmement. Elle est en fait mobilisée ; une organisation centralisée et fortement hiérarchisée, un contrôle de plus en plus étroit de l'Etat lui sont imposés. Dès maintenant elle travaille presque à la limite de sa capacité de production (87 %) » (5).

Mais il lui manque un certain nombre de matières premières, elle ne peut satisfaire que 40 % de ses besoins en minerai de fer, 6 % en bauxite, 28 % en pyrites, 16 % en cuivre, 33 % en carburants liquides. En outre elle ne peut couvrir que 80 % des besoins alimentaires de la population.

Son système autarcique est caractérisé par l'absence presque totale de réserves financières disponibles, or et devises. Le Reichsmark n'est, en fait, gagé que sur « la capacité de travail » du peuple allemand, et si à l'intérieur la monnaie reste stable grâce à des moyens coercitifs (contrôle des changes, des prix, fixité des salaires), elle n'a à l'extérieur qu'une valeur purement conventionnelle et variable dans chaque cas particulier. L'Allemagne est donc obligée pour ses achats à l'étranger d'en assurer le règlement par des opérations de troc.

C'est un système fragile, fondé sur une balance commerciale rigoureusement équilibrée et la recherche de marchés complémentaires notamment en Europe centrale et balkanique.

(5) E.M.A., 2ᵉ bureau, 14 avril 1939. Note sur les moyens qui pourraient être employés pour mener contre l'Allemagne une guerre économique.

En fonction de cette analyse, la politique économique des Franco-Britanniques est simple. Elle consistera :

— avant le déclenchement du conflit à empêcher la constitution de stock et à gêner l'économie allemande ;

— pendant le conflit à paralyser au maximum cette économie en agissant sur les produits principaux, par ordre d'importance : le fer, le pétrole, les pyrites, le manganèse.

Le minerai de fer.

En 1938, l'Allemagne a importé 20 millions de tonnes de minerai de fer. Ses deux fournisseurs principaux, la Suède et la France, lui assurent 66 % de ses importations (43 % pour la Suède, 23 % pour la France) et la Suède dirige sur l'Allemagne 75 % de ses exportations. Le marché suédois constitue donc un point très sensible grâce auquel les Franco-Britanniques pourraient soit par des moyens financiers (achat du minerai), soit par des moyens militaires porter un coup très dur à l'économie de guerre allemande.

Le pétrole.

L'Allemagne consomme 6 millions de tonnes de carburants liquides par an ; elle en produit 2 (presque uniquement des produits légers : essence synthétique et naturelle, benzol, alcool). Pour le reste, elle est tributaire de l'étranger : Roumanie, Vénézuela, Mexique, U.S.A., Iran. La Roumanie est la source essentielle, la plus accessible, la plus facile à contrôler, et l'excédent de la production roumaine pourrait à lui seul couvrir les besoins de l'Allemagne.

En temps de paix, il est difficile d'entraver ce ravitaillement par la Roumanie ; d'autre part le marché est monopolisé par un petit nombre de grandes compagnies internationales, sur lesquelles il est parfois impossible d'agir.

En temps de guerre, les moyens de ravitaillement par mer pourront être facilement contrôlés par les Franco-Britanniques mais la meilleure façon de supprimer cette source est de donner à la Roumanie les moyens de se défendre, de détruire les puits, d'incendier les dépôts, de mettre hors d'usage le matériel d'exploitation.

Les pyrites.

Les pyrites servant à la fabrication de l'acide sulfurique sont un produit de base de l'industrie chimique de l'Allemagne qui ne peut couvrir que 20 % de ses besoins. Le reste est importé d'Espagne, de Norvège, de Chypre, d'Italie et de Grèce (pour l'Espagne 60 % du total des importations). C'est donc sur cette puissance qu'il faut agir, et il n'est pas interdit de penser qu'au troc que lui impose l'Allemagne, l'Espagne pourrait préférer pour sa reconstruction de l'or et des devises.

Le manganèse.

Le manganèse entre dans la composition des aciers à haute résistance et il est classé parmi les matières indispensables à l'industrie de guerre. L'Allemagne doit en importer 500 000 tonnes par an. Ses fournisseurs sont l'Union Sud-Africaine, l'U.R.S.S. et le Brésil. En fait, la production du manganèse est dans les mains de trois groupes puissants : l'U.R.S.S. (41 % de la production mondiale), le groupe britannique (Inde, Afrique du Sud, Egypte : 32 %), le groupe américain (Brésil 20 %).

Il suffit donc pour les Franco-Britanniques d'agir sur l'U.R.S.S. et l'Amérique latine par des accords commerciaux. Ils pourraient en outre mettre l'économie allemande en difficulté en la privant d'un certain nombre d'autres matières premières : laine, coton, peaux, cuivre, nickel, etc., mais il semble préférable de se limiter aux quatre produits cités de façon à concentrer les efforts politiques et les sacrifices financiers.

Les mesures prises.

Le 30 mai 1939, les Franco-Britanniques étudient les mesures générales destinées à restreindre ou surveiller l'exportation des marchandises vers des pays qui pourraient les acheminer ensuite vers l'Allemagne. Ils portent tout spécialement leur attention sur l'établissement et la composition des « listes noires » ; elles visent les personnes alors que les listes de contrebande de guerre et celles de prohibition de sortie concernent les marchandises.

Mais si en France « ces listes noires » ne sont « qu'une mesure « complémentaire de la règle générale qui interdit aux ressortissants « français tout rapport (commerce), d'une part avec tout habitant, « quelle que soit sa nationalité, d'un pays ennemi et d'autre part « avec tout sujet ennemi résidant à l'étranger, quel que soit ce pays, « en Grande-Bretagne, au contraire, ces listes constituent l'élément « de base, le critère de l'interdiction ; elles contiennent en effet les « noms de toutes les personnes, maisons de commerce ou sociétés « avec lesquelles il est interdit de commercer (une vingtaine de « mille noms) ».

Cette façon de procéder a déjà existé en 1914-1918. Les Français essayent d'unifier la règlementation. La terminologie est à elle seule source d'erreurs : certaines listes noires anglaises correspondent aux listes grises françaises. Il apparaît comme essentiel d'échanger les

198

renseignements, d'assurer les liaisons dès le temps de paix, de prévoir pour le temps de guerre des organismes interalliés (6).

Les listes noires officielles sont publiées à la mobilisation. Les listes confidentielles ne sont communiquées qu'aux administrations (marine, douanes, contrôle postal et télégraphique).

Par ailleurs, les Franco-Britanniques organisent dans un certain nombre de ports métropolitains et coloniaux un service de *contrôle de la contrebande*, bases où s'opèrent des visites minutieuses impraticables en haute mer.

Du côté britannique ce sont : Kirkwall, la rade des Dunes, Weymouth, Gibraltar, Port-Saïd, Haïfa, Aden. Pour l'Extrême-Orient: Penang, Port Darwin, Victoria, Kingston, Port Stanley (Falklands), Sandakan (Nord Bornéo), Sydney, Saldauba.

Les Français prévoient dans ce domaine les contrôles à Djibouti, Diego-Suarez, Saïgon, Dakar, Fort-de-France.

Cas particulier de l'Espagne

Les Français et les Britanniques sont parfaitement conscients de l'importance de l'attitude espagnole en cas de conflit. Le problème économique est considéré comme primordial.

A cause de la proximité des sources, il serait désirable de revenir aux importations d'autrefois qui comportaient annuellement pour la France :

— Fonte hématite de moulage	60 000	tonnes
— Minerai de plomb	10 000	»
— Plomb d'œuvre	20 000	»
— Plomb doux	20 000	»
— Minerai de zinc	40 000	»
— Cuivre blister	5 000	»
— Mercure	600	»
— Pyrites	850 000	»
— Bismuth	30	»
— Légumes secs	40 000	»
— Riz	20 000	»
— Huile d'olive	15 000	»
— Chevaux de selle et de trait	10 000	»
— Mulets	18 000	»

(6) En mai 1918 existaient trois comités interalliés des listes noires : un à Washington pour l'Amérique du Centre et du Sud, un à Londres pour les quatre pays neutres du Nord, le troisième à Paris pour la Suisse, l'Espagne, le Maroc et la Grèce.

Pour les *pyrites* et le *mercure* le marché espagnol est difficilement remplaçable.

Les besoins français, leurs sources d'approvisionnement, les possibilités espagnoles nécessitent quelques remarques.

Fer.

Avant la guerre civile, la France s'approvisionnait en Espagne en minerai de fer hématite. Il a été remplacé par le minerai d'Afrique du Nord. En temps de guerre, il serait prudent de l'acheter en Espagne compte tenu de communications maritimes probablement difficiles.

Cuivre.

Sur une production de 30 000 tonnes, l'Espagne peut en exporter 20 000, ce qui offre de larges possibilités pour ce métal indispensable à la défense nationale.

Mercure.

Premier producteur du monde, avec l'Italie, elle pourrait former un véritable consortium qui gênerait l'approvisionnement des Occidentaux. En cas de neutralité, la France serait largement approvisionnée — il en est de même pour le plomb et le zinc.

Des perspectives sont même ouvertes à la France en ce qui concerne les mines de charbon dont l'Espagne est très richement pourvue.

Pour son relèvement, l'Espagne aura besoin de cadres techniques, dans un accord économique, en échange de produits de base, la France pourrait les lui fournir (7).

Conclusion

Le problème économique est encore plus vaste : les problèmes financiers à eux seuls mériteraient une étude spéciale. Il faudrait aussi adjoindre ce que l'on appelle aujourd'hui la logistique, c'est-à-dire évoquer les fabrications d'armement, l'approvisionnement, le ravitaillement, les télécommunications.

(7) Source : note n° 457/DN/3, Paris, le 11 mars 1939. Note sur les questions espagnoles.

Provisoirement, j'arriverai aux conclusions suivantes.

Les Franco-Britanniques n'ont pas tiré du conflit 1914-1918 les enseignements qu'il convenait dans le domaine économique. En 1939 des organisations nationales ont bien été mises sur pied, mais il leur faudra de longs mois pour devenir efficaces, surtout du côté français. Les besoins ont été calculés, des plans de transport établis, la sécurité des routes maritimes étudiée ; cependant bien des divergences subsistent. Il ne pouvait en être autrement. Le péril devenu évident est apparu beaucoup trop tard. En effet, le temps surtout a manqué pour bâtir un système cohérent et faire disparaître les particularismes nationaux. Une bonne volonté certaine s'est manifestée au cours des discussions, mais beaucoup de projets se sont heurtés à des méfiances et des réticences qui ne pouvaient disparaître que progressivement, à la lumière de résultats substantiels et d'expériences heureuses... On sait ce qu'il en est advenu.

BRITAIN AND THE ANGLO-FRANCO-RUSSIAN NEGOTIATIONS IN 1939 *

Ronald WHEATLEY

*Membre du Comité britannique
d'Histoire de la deuxième Guerre mondiale*

La Grande-Bretagne et les négociations anglo-franco-russes en 1939.
— Les Alliés souhaitaient réellement la conclusion d'un accord avec
l'U.R.S.S. Le Comité de politique étrangère du cabinet anglais y tenait
(et Chamberlain ne put y faire prévaloir ses vues). Les chefs d'état-major
anglais, eux aussi, réclamaient un solide second front à l'Est. En outre,
les uns et les autres n'ignoraient pas, dès la mi-mai, qu'il était possible
que des négociations aient lieu entre l'U.R.S.S. et l'Allemagne en vue d'un
partage de l'Europe orientale, et cette crainte contribua à pousser les
Alliés à faire des concessions aux Soviétiques dans les négociations du
début de juin. Davantage de concessions auraient-elles été possibles ?
Même si l'offre d'un pacte à trois lancée par Litvinov en avril avait été
acceptée immédiatement dans son principe, les exigences soviétiques en
matière militaire auraient barré en tout état de cause la route à un
véritable accord. Les Alliés ne pouvaient consentir à porter atteinte à
l'indépendance des petites nations d'Europe orientale. De ce fait, les
négociations étaient vouées à l'échec dès le début, et *a fortiori* les
pourparlers militaires de Moscou. L'Allemagne nazie n'avait pas ce
handicap et pouvait offrir bien plus.

In the spring of 1939 the alignment of the European powers
in the event of war was taking firm shape. The two Western demo-
cracies, Britain and France, and their smaller allies in Eastern and
South-Eastern Europe confronted the two totalitarian states of the
Rome-Berlin Axis. Of the great powers, the Soviet Union alone had
no firm political and military commitments. The two opposing
coalitions were thus likely to endeavour to obtain Soviet support.
In addition, the area of conflicts was in Eastern Europe, where
Poland was the object of Germany's aggressive designs and Roumania

* *N.B.* Cette communication comportait des documents annexes qui ont été
supprimés à la publication.

also appeared to be threatened. Hitler's aim throughout the summer was to isolate Poland. Thus Soviet support was essential, on the one hand, for the achievement of his aims against Poland, and, on the other, to the Western Powers for the formation of a solid front against German aggression. The conclusion of the Nazi-Soviet non-aggression pact in August was indeed an immense diplomatic success for Germany. The corollary, however, is less certain. Can the lack of result achieved by the negotiations for an Anglo-Franco-Russian alliance be described as a great diplomatic failure ? It seems doubtful whether they ever had any real chance of success. At any rate the importance of examining the reasons for their failure is clear. Had this triple alliance been achieved, war would not have broken out when it did. Hitler would have been forced to choose between a war on two fronts or abandoning his plans for aggression in Eastern Europe.

What were the reasons for the failure of the negotiations ? Were they pursued seriously by the Western Powers ? Was the need to include Russia, and her military value, underestimated ? Did the mistrust between a Conservative and a Bolshevik government play a significant role ? Or was the possibility of a rapprochement between Germany and Russia ignored ? The British documents on the course of the negotiations suggest answers to some of these questions. Equivalent material on the Soviet side of the negotiations is lacking, but we can usefully estimate Stalin's intentions by considering the pact he concluded with the Germans along with the pact he did not conclude with the West.

Perhaps it is in the German archives that the most important document on the Anglo-Franco-Soviet negotiations is to be found — the secret protocol to the Nazi-Soviet Pact (1). This gigantic carve-up of Eastern Europe, providing for the Fourth Partition of Poland and recognising Soviet aspirations in the Baltic States and in Bessarabia was an offer which no Western democracy could ever have made, violating as it did the political independence and territorial integrity of a series of small countries. In the competition which existed for Soviet support the Western Powers thus suffered under an overwhelming handicap in their bargaining power.

Again, great difficulties were presented by the Soviet Union's essential lack of interest in guaranteeing countries on whom she had territorial claims of her own to make, countries associated with the policy of the *cordon sanitaire,* and, more importantly, by the un-willingness of the countries concerned to accept Soviet assistance. The negotiations finally broke down on the Polish refusal, despite French pressure, to accept the transit of Soviet troops across her territory. Could this refusal have been changed ? And even if it had been

(1) *Documents on German Foreign Policy 1918-1945* (henceforth "GD"), series D, vii, Doc. 229 ; viii, Docs. 157, 159.

reversed, would the Russians not have made other equally unacceptable demands, for example, for a naval expedition in the Baltic to secure bases in Finland, Latvia and Estonia (2).

Finally, the idea of achieving a general triple pact of mutual assistance, a "Grand Alliance" between Britain, France and Russia at the political level, leaving the military and other concrete details for later discussion, has been suggested by some powerful critics, who include Sir Winston Churchill, and the French ministers concerned, MM. Daladier and Bonnet. But from the first, as we shall see, the Russians insisted on the interdependence of the political agreement and the military convention. It was axiomatic for them that the political agreement could not exist until the methods, forms and extent of military assistance had been precisely settled. Some aspects of the negotiations are perhaps open to criticism, but the fundamental difficulties which they faced would suggest that even from the start they had very little chance of success.

The British side of the negotiations, with which this paper deals, was directed almost entirely by the Cabinet Committee on Foreign Policy, which included the Prime Minister, the Foreign Secretary, Lord Chatfield (Minister for the Coordination of Defence), Sir Samuel Hoare (Home Secretary) and Sir John Simon (Chancellor of the Exchequer). Like the Foreign Policy Committee's discussions, Mr. Chamberlain's letters to his sisters show that he was not at all anxious for a pact with the Soviet Union and wished to avoid the alignment of opposing blocks which it meant. It is clear that he distrusted the Russians, disbelieved in their military value, wished for prolonged negotiations, and shrank from the effect of an alliance on the countries to be helped. Thus in a well-known letter of 26 March he wrote : "I must confess to the most profound distrust of Russia. I have no belief whatever in her ability to maintain an effective offensive even if she wanted to. And I distrust her motives which seem to me to have little connection with our ideas of liberty and to be concerned only with getting everyone else by the ears. Moreover, she is both hated and suspected by many of the smaller states, notably by Poland, Roumania and Finland, so that our close association with her might easily cost us the sympathy of those who would much more effectively help us if we could get them on our side" (3). Again, early in July, he wrote that the Cabinet was so nervous of the consequences of failure to reach agreement that he had to go very warily. He was still very sceptical indeed of the value of Russian help. And on the 15th, when he thought the agree-

(2) *Documents on British Foreign Policy 1919-1939* (henceforth "BD"), 3rd series, vol. vii, 1954, pp. 577-8, 604, 609; *International Affairs* (Soviet journal), Moscow, 1959, no. 2 and no. 3, p. 107 (the Russian record of the military conversations).
(3) Keith Feiling, *Life of Neville Chamberlain,* London, 1970 (reprint), p. 403.

ment was nearing conclusion, he added that he would not "regard it as a triumph", in view of the Russians' low military capacity. He would indeed like to have taken "a much longer time" with the negotiations throughout.

But Lord Halifax, Hoare and some other members held different views, and despite Chamberlain's reluctance the Foreign Policy Committee as a whole pressed the negotiations seriously. They were indeed prepared to go far to reach an agreement. If the negotiations failed, it must be remembered that the British side started with the grave tactical disadvantage of being committed to the Polish guarantee. The Russians could safely assume that in view of the need to make this guarantee effective and the pressure of Parliament and public opinion for the formation of a Peace Front, which implied the inclusion of Russia, the British side were petitioners, as Sir William Seeds put it in a later review (4), and would be anxious to avoid failure.

The joint negotiations began in earnest in April, following an abortive Russian proposal for a Six-Power conference and a British suggestion for a Four-Power declaration about consultation in the event of aggression, which failed owing to Polish objections (5). At this time the limited British aims are well set out in a later Foreign Office memorandum : "Our object was, therefore, beginning with our guarantee of Polish independence, to build up a peace front to the East and South-East of Germany consisting of Roumania, Poland, Turkey and Greece. Of this combination Poland was the key, and Poland's position would be precarious in face of a hostile or perhaps even of a neutral Soviet Union. Our only practicable lines of communication with Poland in case of war would lie through Russian territory. We therefore wished to be assured of at least the benevolent neutrality of the Soviet Union, and better still of the probability of assistance being afforded by... [her] to Poland and Roumania in case of attack". (6).

It was on the 18th that the Russians weighed in with proposals for a far-reaching triple pact between Britain, France and herself (7). These proposals of M. Litvinov's were sent to both the British and French governments, and were in response to moves made independently by them. On the 14th Seeds, in Moscow, had been instructed to make a much more modest suggestion that the Russians should issue a Soviet declaration promising assistance, if desired, to her European neighbours. In other words, the Russians were being asked

(4) December 1939.
(5) The evidence from the Cabinet records on British policy following the occupation of Prague is dealt with in Mr Deakin's paper on Anglo-French policy in relation to S.E. Europe (not published).
(6) BD, 3rd series, v, p. 642; C.P. 124 (39) (see below, Delete : p. 9). Substitute : footnote (13).
(7) BD, 3rd series, v, Doc. 201.

to guarantee Poland and Roumania as Britain and France had already done. For their part, the French, going further, had suggested tightening up the ambiguous Franco-Soviet Pact by a mutual assistance guarantee. It may be noted that Russian soundings for a rapprochement with Germany were in fact made at the same time in Berlin (8).

Three conditions, subsequently adhered to rigidly by the Russians, were outlined in Litvinov's proposals. First, there was to be a triple pact, whereby each country would guarantee the others against aggression. Mutual assistance, "including that of a military nature", had to be provided. Secondly, Russia's border states were to be guaranteed against aggression, that is, not only Poland and Roumania, but also Finland and the Baltic States. Thirdly, the "extent and forms of military assistance" required to fulfil these commitments were to be settled "within the shortest period of time", and the political and military agreements were to be signed simultaneously. It was in fact a package deal involving both political and military ties. Other "frills", as Oliver Harvey, Halifax's Private Secretary, put it, included the obligation not to conclude a separate peace after the outbreak of war.

In response, the Foreign Policy Committee and the Cabinet decided to uphold their suggestion for a Soviet declaration and to refuse both Litvinov's proposals and a compromise plan which the French government now suggested for a more modest tripartite pact, guaranteeing Russia against the consequences of providing assistance. Like Chamberlain, Halifax feared the trouble which this French plan would provoke with Poland, and wished to avoid an open association with Russia (9). The French acquiesced. Before the Cabinet reaffirmed this decision on 3 May, the Chiefs of Staff had been asked for a military estimate of the Soviet forces. It was sober, but not damning. While noting the effect of the purges, the inefficiency of her war industry and the limitations of deplorable communications, they considered that her assistance would be to the Western Powers' advantage. But of military purposes it would be less then generally supposed and she qualified only as a medium power. On land Russia could not give much material support to Poland or Roumania. But she would be able to contain substantial German troops in Eastern Europe if Poland and Roumania were overrun (10). Their views were shortly to be stated more clearly.

Early in May Litvinov, with his Western sympathies, was rather ominously succeeded by M. Molotov, the tough negotiator, who reminded Halifax of "smiling granite", and the British reply was thus submitted to the new Russian Foreign Commissar. As previously

(8) *GD,* series D, vi, Doc. 215.
(9) See also Mr Deakin's previously cited paper.
(10) C.O.S. 887. Cab 53/48 (C.O.S. 887). Also in FO 371/23064 (C 6207/3356/18).

decided, a Soviet declaration was concerned, though an assurance of reciprocity was conceded : Russia need not act until the Western Powers were at war as a result of their guarantees to Poland and Roumania. Rumours of a German-Soviet rapprochement were discounted at this time by both Halifax and the Foreign Office, following Molotov's assurance that Soviet policy remained unchanged, his promise to consider the declaration, and Marshal Voroshilov's strong remarks to the British Military Attaché on the need to close the front against Germany.

On the 14th, Molotov rejected the British proposal and essentially restated Litvinov's three conditions for a triple political and military pact. The Chiefs of Staff were now asked for their basic views on the general value of a Russian alliance. Previously they had been questioned only about her military worth, and their considered judgment is of interest in showing that in a wider context they now clearly wanted the military help Russia could give. Their conclusions were that they favoured a real alliance with her in the event of an attack in Europe. If a solid Eastern front were not established, they said, Russia might turn towards Germany, the extreme dangers of which they had previously stressed. Even if she did not, more than her bare neutrality was required in order that aid could be given to Poland and Roumania (11).

The Foreign Policy Committee, however, were divided in their reaction to Molotov's counter-proposals. Chamberlain still wished to avoid the drastic step of an alliance, and it was arranged that Sir Robert Vansittart should sound M. Maisky out unofficially on the 17th about an early settlement, in which the Russians would drop the guarantee they wished for the Baltic States in return for immediate staff talks. The precise formula was this : providing the Soviet government issued a declaration matching the Anglo-French guarantees, the British government would propose a triple agreement for mutual assistance if war resulted from them. The sounding was unsuccessful. Maisky rejected it on the 19th, and on the 22nd, in discussion with Halifax at Geneva, he reaffirmed that an effective triple pact was the only basis which the Russians would accept (12).

On the 24th — thus five weeks after Litvinov's original offer — the Cabinet met to consider urgently whether to accept or reject the Russian terms. For this meeting the Foreign Office had prepared a long memorandum (13) two days previously which analysed the advantages and disadvantages of the proposed pact. On balance it was evident that the advantages outweighed the disadvantages,

(11) COS Aide-Mémoire : Negotiations with Soviet Russia (FP (36) 47th Mtg [16 May 1939] Appendix II) in FO 371/23066 (C 7401/3356/18).
(12) BD, 3rd series, v, pp. 565, 632-3.
(13) BD, 3rd series, v, Doc. 589 ; C.P. 124 (39) in FO 371/23066 (C 7591/3356/18).

though the latter were squarely stated. While it might be held that a pact would provoke the Axis Powers to war and it would be said that the Western Powers were deliberately aligning themselves for one, the alliance could equally be the only way to avoid a conflict, as Germany was impressed only by a show of strength, and Italian policy had always been to reinsure with the stronger side. The Polish government might have misgivings. But if Poland did not secure imports of material through Soviet territory, she might be "thoroughly uncomfortable" with a doubtful Soviet Russia in her rear. It could further be claimed that a tripartite pact was necessary to consolidate the front which the Western Powers had been trying to create, and the collapse of an Eastern front built up on Poland would free Germany from the fear of a two-front war. The breakdown of the negotiations had to be weighed carefully. It could cause Hitler to embark on adventures in Eastern Europe and would be exploited by German propaganda as much as any "encirclement" of Germany by the pact would be. The worst possibility was a German-Soviet rapprochement. There were some signs of this, but the chances of its happening were difficult to assess. Finally, the triple agreement in fact represented a gain over the former British proposals as Soviet assistance for the West would be secured in all circumstances. If war did come, the Foreign Office wished to ensure that Germany would be fighting on two fronts and that Russia would not be neutral. Otherwise when it ended "the Soviet Union, with her army intact and England and Germany in ruins, would dominate Europe". "Even though we may not be able to count implicitly on the Soviet government either honestly wishing to fulfil, or being capable of fulfilling, their treaty obligations, nevertheless, the alternative of a Soviet Union completely untrammelled and exposed continually to the temptation of intriguing with both sides and of playing off one side against the other might present a no less, and perhaps more, dangerous situation than that produced by collaborating with a dishonest or incompetent partner" (14). This was an ingenious arguments with which to counter Chamberlain's distrust.

At the Cabinet meeting on 24 May (15) it was not in itself sufficient to allay his misgivings. But Halifax spoke of the need to choose between a breakdown in the negotiations, which he thought was impossible to consider, and an acceptance of the Russian demands for a direct triple agreement of mutual assistance, which he therefore recommended. He thought the proposed arrangement should be linked with the League Covenant. On this basis Chamberlain and the Cabinet agreed. During the discussion Halifax showed appreciation of the advantages of negotiation from strength. Failure to oppose Germany with a solid bloc, he pointed out, was

(14) *BD*, 3rd series, v, p. 646.
(15) FO 371/23067 (C 7727/3356/18).

more likely to persuade Hitler into war than the West's success in achieving such a bloc. Mention of the League, which weakened the impression of a military alliance, was helpful in securing agreement to Halifax's proposals. The French also accepted wtih alacrity and suggested a joint approach to Moscow.

Thus on the 27th Seeds and the French chargé d'affaires in Moscow discussed with Molotov a joint text "with a fine League of Nations preamble", as Oliver Harvey put it, "offering Soviet Russia practically what they want" (16). The principle of a triple alliance was conceded in the hope of an early settlement. But Molotov's reaction was immediately negative. On 2 June he returned the text with stiff revisions (17), and the next two months were to be taken up with long and intricate discussions punctuated by periodical concessions largely on the Western side.

The Foreign Policy Committee decided not to reject Molotov's text, as Seeds advised, but to compromise. Mr. Strang was sent to Moscow to pursue the negotiations, which dragged on in the weeks following his meeting with Molotov on the 15th of June. Halifax's decision to send a "junior" Foreign Office official has been criticised, but it may be noted that Strang was a counsellor like Schnurre, who played such a prominent part in the German-Soviet negotiations. The Western Powers refused at first to guarantee the Baltic States against their will as the Russians wished — soundings had shown them to be as suspicious of Russia as were Poland and Roumania. But they swallowed their scruples on this major issue and on the 26th the Foreign Policy Committee accepted Halifax's recommendation, based on a suggestion from the French Ambassador in Moscow, to include their guarantee in a secret protocol. Halifax was even prepared to make it public, though Molotov in the event conceded this point. Thus Estonia, Latvia and Finland, Poland and Roumania, Turkey and Greece were guaranteed in the East as against Belgium alone in the West. (Holland and Switzerland were later dropped as a further concession when Molotov asked for a Russian alliance with Poland and Turkey in return). Nothing was said about the consent of these countries having to be obtained, so that Russia could, for example, have given military assistance to the Baltic States at her own judgment, if they were attacked.

Early in July, although the military aspects had not been settled, a substantial part of the treaty had been agreed, when Molotov introduced a new difficulty (18). He wished to guarantee the Baltic States and other countries concerned against both direct and indirect aggression. In the secret protocol he defined a case of indirect

(16) John Harvey (ed.), *The Diplomatic Diaries of Oliver Harvey 1937-40*, London, 1970, p. 292 ; *BD*, 3rd series, v, Docs 624, 648.
(17) *BD*, 3rd series, v, Doc. 697.
(18) Though previously discussed in Moscow, Molotov had not included the point at issue in his stiff counterdraft of 2 June.

aggression as an "internal *coup d'état* or a reversal of policy in the interests of the aggressor" (19). A few days later he went further. His proposed definition covered cases where the aggressor did not even threaten the country concerned (20). Halifax was prepared to cover Russia against indirect aggression under threat of force such as the German occupation of Prague. But as he told the Foreign Policy Committee on the 10th Molotov's definitions gave Russia an unacceptably wide right of intervention in the internal affairs of other countries. His formula, in fact, meant "naked inter-ference in the internal affairs of the Baltic States" and would drive them into the arms of Germany (21). This major issue was discussed but never resolved. Perhaps it never could have been. Among other difficulties, the technique of indirect aggression, as Halifax told the Cabinet on the 5th, is too varied to be covered by a single formula.

The other major outstanding issue was the simultaneous signature of the political and military agreements — which meant delaying the political one — and the timing of the staff talks. Halifax and the Foreign Policy Committee again made concessions after negotiation. They finally agreed that the political agreement would not enter into force until the military convention had been concluded, since Molotov attached great importance to this provision, and on the 25th, as a twin concession, Halifax agreed to hold immediate staff talks. He hoped that in return Molotov would settle the political agreement rapidly by meeting him on the question of indirect aggression (22). But Molotov's reaction on 2 August was so discouraging that Strang returned to London to report. As the political negotiations were not resumed after this severe setback, the text of the political agreement was never settled.

The staff talks which had been agreed on form a sort of epilogue, as, according to the German diplomatic archives, the German-Soviet negotiations reached their final phase at the end of July when the concrete outlines of a deal began to emerge. Before Chamberlain's brief announcement on the 31st that British and French Military Missions were going to Moscow, the Cabinet agreed at a brief discussion that until the political talks were finished great caution was necessary over the military conversations, which were expected to last a long time. Excessive caution was equally evident in the instructions prepared by the Deputy Chiefs-of-Staff for the British delegation (23), and the military convention was envisaged only as a broad statement of policy. However, the strategic note, included in the instructions for the delegation's own use, gave very precise information, and searching questions were asked about Russia's

(19) *BD*, 3rd series, vi, Docs 226, 227.
(20) *BD*, 3rd series, vi, Doc 282.
(21) *Ibid.*, vi, Doc 380.
(22) *BD*, 3rd series, vi, Doc 435.
(23) *BD*, 3rd series, vi, Appendix V.

strategic intentions. Russian assistance was clearly appreciated in this context. The most direct help for Poland had to come from her. Though Russia could do little to stop a German advance, Soviet fighters and AA defences might be accepted by Poland and Roumania, and the Soviet Navy could effectively challenge German sea power in the Baltic. Russia's economic aid would be vital. Seeds protested against the extreme caution of the instructions which would obviously increase Russian suspicions and they were modified during the staff talks, which were to be concluded as soon as possible. Permission was given to discuss most of the strategic note.

The talks, headed by Admiral Drax on the British side, had begun on the 12th (24). On the third day, the 14th, Voroshilov produced his bombshell when he asked : "Do the British and French General Staffs think that the Red Army can move across North Poland, and in particular the Wilno Salient, and across Galicia in order to make contact with the enemy ? Will Soviet troops be allowed to cross Roumanian territory ?" This was a cardinal point, he said, to which all other points were subordinate, and he required an answer before the talks could usefully proceed.

Despite intense diplomatic activity in Warsaw by both the British and French Ambassadors — the Roumanians were not approached at all — Polish agreement to the passage of the Red Army across her territory was not secured. In his considered reply to Sir Howard Kennard on the 19th (25), M. Beck refused this permission, though he had said to him a little earlier that if war broke out "developments might lead to a modification of the Polish attitude" (26). The military talks which had continued for a few more days were indefinitely adjourned on the 21st when no news about Voroshilov's cardinal point was forthcoming. Next day, at a conversation alone with General Doumenc, head of the French delegation, Voroshilov refused to accept Doumenc's verbal undertaking on the authority of the French government that the right of transit would be granted, and insisted on having this assurance from the Poles themselves (27). For his part, Halifax, reporting on the military conversations to the Cabinet the same day, had refused to participate in this French move to reply on behalf of Poland. The irreconcilability of Polish and Russian commitments was now fully proved.

The news, which also arrived on the 22nd, of Ribbentrop's visit to Moscow to conclude a non-aggression pact came as a shock to the Cabinet, though their firm reaction, reasserting the Polish guarantee, suggests that they were not taken completely unawares. The possibility that Germany and Russia might come to terms had

(24) *BD*, 3rd series, vii, Appendix II, esp. p. 572.
(25) *BD*, 3rd series, vii, Doc 88.
(26) *BD*, 3rd series, vii, Doc 70.
(27) *BD*, 3rd series, vii, Appendix II, pp. 609-613.

certainly not been ignored during the summer. Although discounted early in May, reports in the middle of that month indicated that the risk should be taken seriously. On the 17th Vansittart minuted Halifax about some sensational information from the German General Staff. According to this, Hitler was negotiating with Stalin through General Sirovy, the former Czech Prime Minister. Hitler's offer was said to be a partition of Poland, the seizure of Bessarabia with German help, Russian domination of the Dardanelles, and German military support for an invasion of British India. Vansittart's comment was : "This shows there is no time to be lost in the Russian business" (28). The British Military Attaché also reported from Berlin at this time that the German General Staff were working for an understanding with Russia, and Sir Nevile Henderson, in his cover note, thought the Germans were doing all they could to secure her definite neutrality. Sir Alexander Cadogan, the Permanent Under-Secretary, considered this information important. On the 20th Halifax's Private Secretary was warned by Riesser, a former German diplomat, of the importance of clinching matters with Soviet Russia "as there already were contacts between the Soviets and Germany" (29). This was the time when Halifax pressed the Cabinet to avoid a breakdown in the negotiations, and one of his motives was, as he told them, that "the idea of some rapprochement between Germany and Russia was not one which could be altogether disregarded" (30). In June he knew of similar warnings which Erich Kordt delivered during his London visit on behalf of the Opposition circle in the German Foreign Ministry, and the thought Chamberlain should see one of them. The German Commercial Mission's activities in Moscow that month were duly noted by his private secretary.

The records of the Foreign Policy Committee discussions indeed show that the danger of a German-Soviet deal was not ignored and the chances of its happening were used as a reason for making concessions to the Russians. Their reaction to Molotov's speech on commercial negotiations with Germany prompted them to compromise early in June, though Seeds had advised against the need for this, discounting the chance of a Russian *volte-face*. But it was evidently not appreciated that Germany and the Soviet Union might come to terms while the joint negotiations were still proceeding.

In conclusion, the joint negotiations failed, it would seem, owing to the insuperable difficulties outlined at the beginning of this paper. Russian suspicion of Britain dogged the negotiations, as Seeds pointed out in his final review, but it was not decisive in causing failure. Stalin's distrust of Chamberlain and a Conservative government was at least matched by his fear of Hitler and his far more irreconcilable ideology and aims. Some details of the negotiations can be criticised.

(28) F.O. 371/22972 (C7253/15/18).
(29) John Harvey, *op. cit.*, p. 291. FO 371/22972 (C7457/15/18).
(30) FO 371/23067 (C7727/3356/18).

To impress the Russians more powerful representatives could have been sent to the political and military talks in Moscow, and the Military Mission, with its gingerly cautious instructions, did take a long time to get to Russia. But these points made no essential difference. Could any more concessions have been made ? Even if Litvinov's ofter of a triple pact in April had been immediately accepted in principle, the military terms also demanded would have barred the way to an understanding. Agreement never was and never could have been reached on them. The Russians stated their terms at the outset and, following the traditional methods of Russian diplomacy, the terms were not open to bargaining. As Catherine the Great's diplomatic adviser, Count Panin, pointed out to the Russian Ambassador in London in 1765 à propos of some similarly abortive Anglo-Russian negotiations : « La coutume anglaise de marchander comme des boutiquiers au cours des négociations est connue depuis longtemps... Mais nous n'avons pas besoin de suivre leur exemple, et par conséquent, ayant déclaré une fois pour toutes ce que nous considérons comme un avantage pour nous en échange des immenses bénéfices promis de notre côté, nous devons nous en tenir absolument à... [nos exigences] » (31).

NOTE ON SOURCES

Unpublished material

Professor Norman Gibbs and the Cabinet Office have very kindly allowed me to consult his draft *Grand Strategy, Volume I (1933-1939)* in the U.K. Official Military History Series.

The unpublished records I have examined are available at the Public Record Office in London. The main classes concerned are :
- Cabinet Conclusions (i.e. Minutes). Cab 23.
- Cabinet Committees : General. Cab 27. These inclure the records of the Foreign Policy Committee discussions.
- Committee of Imperial Defence : Chiefs of Staff Sub-Committee. Cab 53.
- Foreign Office : General Political Correspondence. FO 371. Many Cabinet and FPC minutes and memoranda appear with useful surrounding information in this large class of FO records.

Reference to FO records is by class and volume number (e.g. FO 371/23066). Within a volume, records are most safely identified by the origine F.O. registry number (e.g. C7401/3356/18). This F.O. registry number is also provided for each document published in *Documents on British Foreign Policy*, so that cross-checking is possible.

Cabinet records are similarly referred to by class and volume number, and by the minutes, memoranda or papers concerned within the volume. For example, Cab 53/48 (COS 887) is Committee of Imperial Defence : Chiefs of Staff Sub-Committee, vol. no. 48 (COS paper no. 887 dated 24 April 1939).

(31) F. de Martens, *Recueil des Traités et Conversations conclus par la Russie avec les Puissances Etrangères,* tome ix (x), Traités avec l'Angleterre 1710-1801, St-Petersburg, 1892, p. 225.

Published sources (selected)

Collections of Documents : *Documents on British Foreign Policy 1919-1939* (referred to as "BD"), 3rd series, vols. iv-vii, HMSO, London, 1951-1954; *Documents on German Foreign Policy* (referred to as "GD"), series D, vi-viii, HMSO, London, 1954-1956; R.I.I.A., *Documents on International Affairs 1939-1946*, vol. I (March-September 1939), Oxford, 1951; *Le Livre Jaune Français*, Paris, 1939; *International Affairs* (Soviet Journal), nos. 2 and 3, Moscow, 1959; *ibid.*, nos. 7-11, Moscow, 1969 (series of articles on "Anglo-Franco-Soviet talks in Moscow 1939 - A Documentary Survey").

Memoirs : Sir Winston Churchill, *The Second World War*, Volume I, London, 1948; Lord Strang, *The Moscow Negotiations 1939* [Montague Burton lecture], Leeds, 1968; Viscount Templewood, *Nine Troubled Years*, London, 1954; and those of other leading participants such as Eden, Bonnet, Coulondre, Halifax (of little use), also Erich Kordt (*Nicht aus den Akten*, 1950).

Biographies and Diaries such as Keith Feiling, *Life of Neville Chamberlain*, London, 1970; Lord Birkenhead, *Halifax*, London, 1965; *The Diplomatic Diaries of Oliver Harvey 1937-1940* (Ed. John Harvey), London, 1970; and *The Diaries of Sir Alexander Cadogan, O.M. 1938-1945* (Ed. David Dilks), London, 1971.

Accounts such as Walter Hofer, *War Premeditated 1939*, London, 1955; R.I.I.A., *Survey of International Affairs, 1939-1946*, Vol. 2, *The Eve of War*, Oxford, 1958; W.N. Medlicott, *British Foreign Policy since Versailles 1919-1963*, London, 2nd cdn, 1968; W.N. Medlicott, *The Coming of War in 1939* (Hist. Assoc. Pamphlet), London, 1963; F.S. Northedge, *The Troubled Giant*, London, 1966; Ian Colvin, *The Chamberlain Cabinet*, London, 1971; Pierre Renouvin, *Histoire des Relations Internationales*, tome 8ᵉ, 2ᵉ partie, Paris, 1958; Alan Bullock, *Hitler, A Study in Tyranny*, London, rev. edn., 1962; John Erickson, *The Soviet High Command*, London, 1962; Soviet Official War History (*Geschichte des grossen Vaterländischen Krieges der Sowjet Union*), Vol. 1, East Berlin, 1962.

LE FRONT POPULAIRE ET L'U.R.S.S.*

Henri MICHEL

Directeur de Recherche
au Centre National de la Recherche Scientifique

The People's Front and the U.S.S.R. — At the time of the People's Front (*Front Populaire*) there were many conditions favourable to the drawing up of a Franco-Soviet alliance. It would have sufficed to add a military agreement to the Pact that Pierre Laval had just ratified, not without some hesitation. But this agreement was never to be concluded.

In fact, Leon Blum was chiefly preoccupied by internal problems. Moreover, a negotiation with the U.S.S.R. encountered the hostility of France's partners in the East (Poland, Roumania) and mistrust on the part of the French General Staff for the efficiency of the Red Army. But the main obstacles seem to have come from the distrust among French political circles with regard to the policy and intentions of the U.S.S.R. (her interference with French internal policy, her revolutionary objectives to be attained through a general war, starting with the Spanish Civil War...). Moreover, Léon Blum has doubtless no desire to split with the British, who were even more suspicious than the French. For him, the Franco-Soviet alliance must necessarily be preceded by an Anglo-Soviet rapprochement, for which the British did not seem prepared.

Dans la période du Front Populaire où Léon Blum présida un gouvernement à direction socialiste (6 juin 1936-26 juin 1937), les conditions semblent réunies pour que soit conclue une alliance franco-soviétique : un « pacte » a été signé le 5 mai 1935 et ratifié par les

---

* Cette communication a été préparée à partir : des *Documents diplomatiques français* (2ᵉ partie, T. II, III, IV, V et VI); des dépositions devant la *Commission parlementaire d'enquête* (notamment de Léon Blum, Daladier, Paul-Boncour, Pierre Cot, P.E. Flandin, A. Sarraut, et des généraux Gamelin et de Villelume); de certains dossiers du *Service historique de l'Armée de l'Air*, notamment les comptes rendus des réunions du Conseil supérieur de l'Air; des ouvrages de souvenirs des acteurs : général Gamelin (surtout T. II), P.E. Flandin, Léon Noël, Coulondre. Les ouvrages de E. Bonnefous (T. V et VI) et ceux de G. Lefranc donnent d'utiles indications sur les aspects parlementaires et syndicaux du problème. Enfin j'ai utilisé la masse des coupures de presse du « Fonds Vanino » au Comité d'Histoire de la Deuxième Guerre Mondiale.

Assemblées françaises en février 1936 ; le président du Conseil est très sensible au « danger nazi » ; pour la première fois les communistes, s'ils ne sont pas représentés au gouvernement, figurent dans la majorité parlementaire, et ils préconisent une entente étroite avec l'U.R.S.S., que celle-ci de son côté propose avec insistance ; la remilitarisation de la Rhénanie a rendu caducs les accords de Locarno, tout en montrant la précarité du soutien britannique en Europe continentale et la faiblesse de la S.D.N.; de plus, les relations franco-polonaises sont profondément détériorées par la politique du colonel Beck, jugée trop germanophile en France, et plus encore en U.R.S.S. Bien que parvenu au pouvoir avec, dans son programme, l'objectif d'un désarmement collectif, le gouvernement de Front Populaire est amené par les circonstances à accroître considérablement les crédits destinés aux armements ; enfin l'inattendue guerre civile d'Espagne offre aux autorités françaises et soviétiques un terrain de coopération, puisque un désir commun les anime d'aider le gouvernement républicain. Or, pour que l'alliance franco-soviétique prenne corps, il suffit d'ajouter au « pacte » un accord militaire que les négociateurs ont expressément prévu. Cet accord ne sera pas signé, à peine discuté ; qu'une situation exceptionnellement favorable n'ait pas produit de résultat concret permet de mesurer les difficultés, voire les impossibilités, suscitées par une alliance franco-soviétique. Quelles sont-elles ? Et sur quoi reposent-elles ?

Après un traité de non-agression du 29 novembre 1932, puis un accord commercial en janvier 1934, et malgré l'échec du grand projet de « pacte de l'Est » de Barthou, la décision de Hitler de réarmer l'Allemagne avait provoqué la signature du pacte franco-soviétique le 2 mai 1935. Le pacte prévoit des consultations entre les deux pays en cas de menace d'agression d'une puissance européenne contre l'un des deux, et une assistance « immédiate » en cas d'agression ; mais l'agression devait être reconnue par le Conseil de la S.D.N., et si l'agresseur était l'Allemagne, par la Grande-Bretagne et l'Italie, signataires des accords de Locarno ; son application risquait donc de ne pas être « immédiate ». Un traité soviéto-tchécoslovaque du 16 mai 1935 avait complété le pacte franco-soviétique, et s'en inspirait beaucoup ; mais son application était subordonnée à celle du pacte franco-soviétique — les mesures d'assistance mutuelle n'entreraient en vigueur qu'après que la France aurait porté secours au pays attaqué. Il importait donc, pour que l'assistance prévue ne demeurât pas sur le papier, d'en préparer sans tarder les modalités d'exécution — Staline avait déclaré à Laval « qu'il fallait prévoir le pire » et « envisager dès maintenant des dispositions techniques » ; Laval en était convenu.

A partir de ce moment, le comportement du gouvernement français paraît assez peu cohérent ; il tarde longtemps à proposer le pacte à la ratification des Assemblées, au risque de mécontenter son partenaire ; il s'y résout en février 1936 en dépit de la violence de la réaction allemande, dont il est prévenu ; lorsque cette ratification fournit à Hitler un prétexte pour faire entrer la Wehrmacht dans la zone rhénane démilitarisée, tout se passe comme si le pacte n'existait pas, à aucun moment la France n'envisage d'en tirer parti, c'est avec l'Angleterre qu'elle cherche une solution à la crise ; après que celle-ci se soit achevée au profit de l'Allemagne, grâce à une inaction française qui apparaît au dehors comme un aveu de faiblesse et d'irrésolution, alors que désormais l'armée française est en moins bonne posture pour menacer l'Allemagne, l'accord militaire franco-soviétique prévu n'est pas négocié, bien que sa conclusion seule — c'était l'argument principal de E. Herriot lors du débat sur la ratification à la chambre des Députés — puisse faire désormais contrepoids à l'Est à la menaçante puissance du Reich.

A supposer que — c'est l'avis de G. Bonnet — P. Laval ne soit pas allé à Moscou pour résoudre un problème de politique intérieure, à savoir le ralliement des communistes à la défense nationale, tout en tenant compte d'un certain « juridisme », non dénué d'irréalisme, qui est un des traits caractéristiques de la diplomatie française de l'entre-deux guerres et qui s'inspire de « l'esprit de Genève », trois raisons principales paraissent avoir provoqué les hésitations et, en définitive, l'abstention, du gouvernement français : le rapprochement avec l'U.R.S.S. — champion de la révolution mondiale — était mal vu par une large partie de l'opinion publique, celle-là même qui soutenait le gouvernement français qui l'avait négocié ; il avait suscité des réserves de la part du gouvernement conservateur britannique ; il avait enfin inquiété les alliés traditionnels de la France, la Roumanie et la Pologne, qui voyaient dans l'U.R.S.S. une ennemie de toujours — cette attitude posait de difficiles problèmes d'application d'un éventuel accord militaire, puisque ces Etats s'interposaient entre l'U.R.S.S. et l'Allemagne. Bref, quand Léon Blum arrive au pouvoir, il constate que « le pacte franco-soviétique est tombé en désuétude ». Que va-t-il faire pour lui redonner vie ?

Que Léon Blum ait conçu de grands desseins en politique étrangère — dont une entente étroite entre la France et l'U.R.S.S. était un élément de base — ne paraît pas douteux ; mais il n'a guère eu le temps de s'en occuper. En effet, l'arrivée du Front Populaire au pouvoir a déclenché une poussée de grèves, de revendications sociales, de désordres, à laquelle répond un vaste ensemble de réformes ; la politique intérieure a la priorité.

Le président du Conseil est très préoccupé de maintenir la fragile coalition parlementaire qui le soutient ; les réformes effraient de nombreux radicaux ; la « pause », décidée par le gouvernement, suscite l'hostilité des communistes ; le parti socialiste lui-même est divisé en tendances, qui se muent en factions. En dehors du Parlement, pour la première fois, un gouvernement peut s'appuyer sur les masses ouvrières, et sur les syndicats qui en expriment les aspirations ; mais « les masses » sont profondément pacifistes, avides de bien-être, essentiellement revendicatives, promptes à se retourner contre le gouvernement si celui-ci ne leur donne pas satisfaction ; la C.G.T. est d'ailleurs divisée par les mêmes divergences que la majorité parlementaire.

Surtout, les mesures sociales du Front Populaire ont provoqué dans l'opposition, au Parlement et dans le pays, une campagne d'une extraordinaire violence ; elles inquiètent l'armée ; Léon Blum, abreuvé d'injures, en est la cible principale. Si un gouvernement modéré avait pu faire accepter à ses électeurs un rapprochement, sans conséquences véritables, avec l'U.R.S.S., rappelant celui avec la Russie tsariste, et inspiré par la stratégie d'un second front, le leader socialiste est accusé de servir la révolution mondiale s'il essaie de donner une forme plus précise à une diplomatie dont il n'est pourtant pas l'initiateur.

Au dehors, l'impression domine que la France est au bord du gouffre et qu'un grand vide s'installe en Europe à sa place ; sa voix est moins entendue ; il lui est plus difficile de faire pression sur ses partenaires orientaux pour leur imposer, ou seulement pour leur conseiller, un accord avec l'U.R.S.S., dont l'état-major français estime qu'il est la condition nécessaire de l'application d'un pacte militaire franco-soviétique et qu'il doit en conséquence précéder la conclusion de celui-ci. Titulesco, qui s'était montré favorable à cette orientation, cesse d'être ministre des Affaires étrangères en Roumanie ; quant à la Pologne, pour éviter qu'elle vire totalement de bord, la France lui consent un large prêt, sans l'assortir d'exigences sur ses relations avec l'U.R.S.S. — le seul effet est de mécontenter celle-ci, pour qui le colonel Beck est un « fasciste ».

Pourtant, des conversations s'engagent, entre une mission militaire française et les chefs de l'Armée Rouge à Moscou, puis entre les mêmes officiers généraux français et l'attaché militaire soviétique à Paris ; le président du Conseil y prend part, avec l'ambassadeur soviétique Potemkine ; enfin Yvon Delbos rencontre Litvinov. Rien n'en sort de précis, ni de définitif. Or l'U.R.S.S. souhaitait vivement que ces conversations aboutissent ; Léon Blum a reconnu qu'elle avait multiplié les preuves de bonne volonté et les avances ; c'est donc du côté français qu'ont été formulées les réticences. Quelles en sont les raisons ?

Il est clair que l'application d'un accord militaire, impliquant une action de l'Armée Rouge, soulève d'immenses difficultés. La Pologne et la Roumanie sont bien décidées à n'autoriser ni le passage des troupes ni le survol de leur territoire ; la première est même hostile à l'entrée d'unités soviétiques en Lithuanie. Du moins, une coopération pourrait s'établir en Tchécoslovaquie. Mais, contrairement aux accusations allemandes que la Bohême est devenue un « porte-avions russe », aucun accord précis n'est conclu entre la Tchécoslovaquie et l'U.R.S.S., les Tchèques attendent que les Français prennent l'initiative ; or, tout en reconnaissant qu'il faudrait, le cas échéant, défendre la Tchécoslovaquie et qu'une grande partie de l'Allemagne ne peut être bombardée qu'à partir de son territoire, de grands chefs français — le maréchal Pétain, le général Vuillemin — doutent fort de l'efficacité de pareilles opérations. On se rabat alors sur l'envoi en France, par l'U.R.S.S., de troupes et de matériel ; mais les problèmes techniques à résoudre sont nombreux, et on se borne à les poser. Dans les conversations, les réserves de chacun des partenaires sur l'autre apparaissent clairement.

Aussi bien est-on en désaccord sur la procédure à suivre. Les Russes proposent de signer l'accord militaire d'abord, et de résoudre ensuite les problèmes posés par son application ; les Français renversent l'ordre des facteurs, en faisant logiquement valoir qu'un accord inapplicable resterait lettre morte. En fait, si les aviateurs français — et le ministre Pierre Cot plus que les généraux — sont convaincus de la puissance de l'aviation soviétique, et attendent beaucoup de son concours, si les marins les approuvent, avec un peu moins d'enthousiasme, par contre les chefs de l'armée de terre estiment, à la suite du rapport du général Schweisguth, que l'Armée Rouge n'est pas en état de combattre l'armée d'une grande puissance, à savoir l'Allemagne ; les « purges » que Staline inflige à l'Armée Rouge les confirment dans leur opinion ; le ministre de la Défense nationale, Daladier, approuve leurs conclusions.

Mais les chefs militaires français, tout en exposant très lucidement leur position et en affichant leurs préférences laissent le gouvernement libre du choix et de la décision ; les motivations politiques ne sont pas de leur ressort. Si le président du Conseil, en définitive, les suit lui aussi, c'est que la *méfiance* en France à l'égard de la politique et des intentions de l'U.R.S.S. ne cesse de croître ; pour l'expliquer, politique intérieure et politique extérieure se mêlent inextricablement, notamment à propos de la guerre civile en Espagne.

A l'origine des malentendus, il faut situer les souvenirs amers des emprunts russes ou de la paix de Brest-Litovsk ; à beaucoup de Français, l'U.R.S.S. apparaît comme une puissance énigmatique, dont on mesure mal la force réelle, et à laquelle on prête volontiers de sombres desseins. Surtout, nul ne doute — même pas le président du Conseil — que l'agitation sociale en France ne soit orchestrée de Moscou. M. Coulondre est chargé, à plusieurs reprises, d'exprimer aux autorités soviétiques les craintes et les griefs des autorités françaises ; lorsqu'il lui est répondu que le parti communiste français est entièrement maître de ses actes, personne n'est convaincu ; l'ambassadeur français s'efforce de faire la part de l'internationalisme révolutionnaire, et du patriotisme russe, dans le comportement des maîtres du Kremlin, à partir de faibles indices ; tout en reconnaissant l'existence du second, il ne peut affirmer que le premier a perdu la priorité. Le problème communiste en France est ainsi mêlé à ceux posés par le rapprochement de la France et de l'U.R.S.S. ; consolider le second, n'est-ce pas donner plus de force au premier ? Le parti socialiste n'est pas le moins troublé par cette constatation.

Les buts réels que poursuit l'U.R.S.S. en politique étrangère ne sont pas moins inquiétants. Au lendemain même de la signature du pacte, le ministre Fabry exprimait déjà la crainte que l'U.R.S.S. ne veuille déclencher une guerre mondiale pour en faire sortir la révolution. L'intervention déclarée de l'U.R.S.S. en faveur de la République espagnole accroît cette appréhension, et lui donne plus de vraisemblance ; si une guerre éclate, c'est la France seule qui risque d'en assumer la charge, contre l'Italie certainement, et probablement aussi contre l'Allemagne. L'U.R.S.S. aura ainsi détourné l'orage de son territoire, et elle pourra assister, en spectatrice, à un conflit dont elle restera à l'écart et récoltera les fruits. Là encore, politique étrangère et politique intérieure s'enchevêtrent ; en France, le parti communiste mène campagne très activement contre la politique de non-intervention adoptée par le gouvernement ; le dur comportement des communistes espagnols et de leurs « conseillers » soviétiques à l'égard de leurs alliés du P.O.U.M. ou des syndicats anarchistes indigne et inquiète les partenaires des communistes en France, les socialistes d'abord. Même après que l'U.R.S.S. ait clairement manifesté sa volonté de se tirer au mieux du guêpier espagnol, la méfiance demeure.

Elle concerne même les intentions véritables de l'U.R.S.S. à l'égard du Reich. De Berlin et de Moscou parviennent à Paris des informations concordantes selon lesquelles l'esprit de Rapallo continue à inspirer divers milieux des deux capitales ; les accords commerciaux germano-soviétiques existent toujours d'ailleurs, ils sont même confirmés et étendus. La « bombe Toukhatchevsky » fait de ces soupçons une certitude. Comment s'allier, contre l'Allemagne, à une puissance dont les généraux sont secrètement en relations avec leurs homologues allemands ? Léon Blum date des renseignements confidentiels qu'il reçut de Bénès la fin de ses démarches en direction de l'U.R.S.S.

En fait, lorsque Toukhatchevsky et huit de ses collègues sont condamnés à mort, les jeux sont faits. Le projet de pacte militaire franco-soviétique divisait profondément les radicaux, les socialistes, les syndicats ; par contre, il augmentait l'hostilité entre les communistes et les modérés ; il était donc plus gros de périls que de promesses ; seule la prise de conscience, par tous, de la gravité du péril allemand pouvait permettre sa conclusion ; c'est une des raisons de la tentative de Blum, au cours de son second ministère, de constituer un front « de Marin à Thorez » — dont un artisan de l'échec sera précisément P.-E. Flandin, un des promoteurs du pacte franco-soviétique.

De plus, une alliance militaire étroite de la France avec l'U.R.S.S. n'était pas seulement d'une efficacité douteuse ; elle risquait de jeter bas tout le système d'alliances de la France ; elle était, à bien des égards, un saut dans l'inconnu. Ce saut, les responsables de la politique française sont unanimes — politiques, diplomates et militaires — à ne pas vouloir l'effectuer, bien qu'ils perçoivent clairement le risque que son isolement ne pousse l'U.R.S.S. à s'accorder avec l'Allemagne. Du moins ils ne voudraient sauter qu'en compagnie des Anglais. Il semble que le désir de ne rompre à aucun prix avec les Anglais soit le moteur principal du comportement français. Léon Blum a déclaré qu'il voulait d'abord resserrer l'alliance franco-britannique puis, comme avant 1914, travailler à un rapprochement franco-anglo-soviétique ; les chefs d'état-major estimaient que, en cas de conflit — le précédent de la grande guerre l'avait montré — l'appui britannique serait plus efficace que le concours russe, alors même que, en 1936, la Grande-Bretagne n'a pas réellement commencé à réarmer.

Vue à travers les documents français, l'opinion britannique semble aussi divisée sur la question que l'opinion française ; si les travaillistes dénoncent l'anti-soviétisme des conservateurs, ils redoutent autant une guerre que les socialistes français. Quant aux conservateurs, bien qu'ils n'aient guère à redouter les effets internes de l'action du Komintern, sauf peut-être aux Indes, ils sont unanimes à se montrer très méfiants à l'égard de l'U.R.S.S. Eden n'est pas le dernier à donner des conseils de prudence aux Français. Sont-ils mus par la crainte d'être entraînés dans un conflit auquel ils ne sont pas préparés ? Ou bien, animés par des motivations idéologiques, n'ont-ils pas perdu tout espoir, Chamberlain en premier, de parvenir à un accord avec une Allemagne nazie qui ferait rempart au bolchevisme ? Que redoutent-ils le plus ? Le spectre de la guerre ou celui de la révolution sociale — qu'ils croient voir s'installer en Espagne et se profiler en France ?

DEUXIÈME PARTIE

COMMUNICATIONS PRÉSENTÉES
A PARIS

L'INFLUENCE DE LA POLITIQUE INTÉRIEURE SUR LA POLITIQUE EXTÉRIEURE DE LA FRANCE

l'exemple de 1938 et 1939

Jean-Baptiste DUROSELLE

Professeur à l'Université de Paris I

The influence of home politics on France's foreign policy : The example of 1938 and 1939. — Foreign policy is of little importance in elections, and divisions on home policy have no impact on foreign policy. In 1938, the French wanted security, but were divided on the means of ensuring it. They wanted peace, but there were many subtly different manners of conceiving it. The dominant feature among the members of the government was passivity.

In 1938, there were two essential events : the forming of the Daladier government, which marked the disintegration of the people's front (front populaire) and had no very clear influence on foreign policy, and Munich, which was of capital importance, provoking a split in all parties, except the communist party.

In 1939 there reigned the greatest confusion. Left-wing pacifists and right-wing pacifists were alike pro-Munich, but people were also anti-Munich both through nationalism and through anti-fascism. Every social category was divided. The communist party, which had been alone in escaping such contradictions, was, in its turn, deeply divided over the Germano-Soviet pact of 23 August 1939.

I. — Observations générales

A. Comme toutes les démocraties occidentales, *la France n'élit pas ses députés sur des programmes de politique extérieure.* Seules les circonstances où celle-ci risque d'avoir des conséquences immédiates sur la vie quotidienne des citoyens (service militaire allongé, mobilisation partielle ou générale, restrictions dans la consommation, alourdissement des impôts) ont des incidences électorales. En tous cas, la Chambre élue en 1936 a été choisie en fonction de critères internes. L'événement dramatique du 7 mars 1936 — réoccupation de la zone démilitarisée de Rhénanie — a pesé d'un poids à peu près nul. Les élections l'ont même fait oublier.

B. Mais à la différence de certaines autres démocraties, la France *ne connaît pratiquement pas l'* « *alternance au pouvoir* » de deux grands partis ou même tendances. Certes il y a « la droite » et « la gauche », fort clairement délimitées, mais par une délimitation en quelque sorte mystique. Dans les années précédant 1914, quatre grandes tendances se partagent l'opinion : socialistes unifiés, radicaux-socialistes, républicains modérés (issus des anciens « opportunistes ») et droite proprement dite (monarchiste, catholique ralliée ou non à la République, nationaliste, antisémite). Or la coupure entre gauche et droite, fondée sur l'anticléricalisme, passe au milieu du groupe républicain modéré, qui se divise en une gauche (« Républicains de gauche », « Alliance démocratique ») et une droite (« Progressistes », « Fédération républicaine »). Les élections de 1919, grâce au « Bloc National », font basculer pour toujours les républicains modérés vers la droite (ainsi, les « Républicains de gauche » deviennent des hommes de droite !). Enfin celles de 1936 font basculer vers la droite tous les radicaux « indépendants », non ralliés au « parti républicain radical et radical-socialiste », qui, lui, adhère au Front Populaire et reste « à gauche ». Désormais et jusqu'à M. J.-J. Servan-Schreiber, la gauche, c'est la tendance — réelle ou théorique — du Front Populaire. La gauche, c'est sans aucune logique l'ensemble des communistes, socialistes et radicaux-socialistes. La droite, c'est le reste. Dès lors la force de la gauche est assez étroitement liée à l'attitude d'un de ses membres — totalement différent des autres parce que monolithique, totalitaire, entièrement dévoué à la « patrie des travailleurs », fanatique, doctrinaire et pur, le P.C.F. Accepte-t-il de participer à une alliance ? (c'est le cas depuis le printemps 1934), la gauche peut être au pouvoir. La refuse-t-il, ou en est-il exclu ? La gauche est divisée et peut soit participer au pouvoir avec une partie de la droite (ex. 1938-1940, 1947, 1958), soit en être totalement exclue (depuis 1958). Ainsi, à l'exception de très rares moments où « la gauche » paraît gouverner la France, celle-ci est gouvernée par des coalitions oscillant confusément entre centre gauche et centre droit, sans aucun signe d' « alternance ».

En tous cas, la notion de « gauche » n'a absolument aucune signification en politique extérieure. Certes, la gauche est antifasciste, antinazie. Mais de larges secteurs modérés de la droite partagent ces points de vue, et de plus larges encore sont anti-allemands, ce qui en 1938 équivaut souvent à être antinazis. Vis-à-vis de l'U.R.S.S., le P.C. est inconditionnellement favorable, les socialistes hésitants, les radicaux divisés, certains, comme Herriot (pourtant leader de la « droite » du parti) ou Pierre Cot (« Jeune Turc », c'est-à-dire à la gauche) lui sont très favorables. D'autres, comme Daladier, très hostiles. La décision du premier gouvernement Blum de pratiquer la « non-intervention » en Espagne plaisait beaucoup plus à la droite qu'aux communistes. La « gauche » était favorable à la sécurité collective (communistes exclus jusqu'en septembre 1934). Mais face aux échecs successifs de la S.D.N. et après la vive campagne du début de 1936 en faveur des sanctions pétrolières contre l'Italie, elle ne croit visiblement plus à l'efficacité de l'organisme genevois et elle se dispense désormais d'en faire l'éloge.

C. Comme l'a remarqué le général de Gaulle à la page 1 du tome I de ses *Mémoires de guerre*, les Français, plus que d'autres peuples, sont profondément divisés entre eux. Au grand clivage signalé par André Siegfried entre partisans et adversaires de la Révolution française s'en sont superposés d'autres : celui qui sépare le socialisme en général des tenants du libéralisme et de la propriété privée ; depuis 1920, celui qui a divisé les socialistes entre adversaires et partisans (les communistes) de la IIIᵉ Internationale. On peut même déceler dans la droite, avec l'apparition à l'étranger de régimes fascistes, une coupure souvent fort brutale entre « modérés » — large majorité où coexistent les anciens républicains modérés, l'ancienne droite catholique ralliée à la République — et admirateurs du fascisme, parfois fascistes eux-mêmes. Mais le fascisme français est resté très minoritaire, fait de « groupuscules » plus bruyants que dangereux. En 1938, les « Faisceaux » de Georges Valois n'existent plus. Les « Francistes » de Marcel Bucard sont une poignée d'hommes. L' « Action française » est dirigée par des vieillards et déçoit les plus virulents de ses membres qui vont ailleurs (1).

« Pour le Front Populaire, écrit Jacques Fauvet (2), le fascisme c'est les « Croix de feu » du colonel de la Rocque. Le caractère de l'homme, le classicisme de sa pensée, le destin même de son association, rien ne permet après coup de les qualifier de fascistes. Mais parce qu'il est officier, parce qu'il est noble, parce qu'il mobilise rapidement ses cohortes, parce qu'il parle, se déplace et inquiète, il figure le fascisme dans l'iconographie de la gauche. On en sourit aujourd'hui ».

Le « Parti populaire français » de Doriot, créé en 1936, est souvent qualifié de fasciste, car on pense au Doriot d'avant 1934 et au

---

(1) Par exemple « La Cagoule » qui, selon le ministre de l'Intérieur Marx Dormoy, aurait 4 à 5 000 membres : cf. Guillain de Bénouville, *Le Sacrifice du Matin.*
Eugen Weber, *L'Action française*, trad. fr., Paris, Stock, 1962.
Philippe Bourdrel, *La Cagoule, Trente ans de complots*, Paris, A. Michel, 1970.
Loustaunau-Lacau, *Mémoires d'un Français rebelle*, Paris, Laffont, 1948.
(2) *Histoire du Parti communiste français*, T. I, p. 169.

228

Doriot d'après 1940. Les bonnes études dont nous disposons (3) montrent qu'au contraire ce parti au succès éphémère (il aurait atteint 200 000 membres au début de 1938, mais décline considérablement après Munich) se contente de proposer une constitution présidentielle à exécutif stable, nullement une dictature à parti unique.

Ces « ferments de dispersion » existant en France, ce pullulement de partis, de groupes, de tendances qui s'entredéchirent dans les partis, peuvent conduire à trois grands types de politique étrangère.

a) *La solution ambitieuse* du général de Gaulle : offrir aux Français « de vastes entreprises » qui transcendent leurs divisions et les réconcilient. Il ne nous appartient pas de déterminer si, plus tard, le général a ou non réussi dans ce domaine. Disons que sous la IIIᵉ République, le seul cas — fourni par les circonstances — a été la volonté pratiquement unanime de défendre le sol français, l' « Union sacrée ».

b) *La solution de combat* : pratiquer une politique conforme aux vues de la majorité, contre celles de la minorité. On en a vu l'exemple avant 1914 dans la politique de rupture avec le Vatican. La structure composite des majorités françaises rend généralement cette solution impraticable.

c) *La solution de passivité*. Pour étouffer les divergences, on se garde d'une politique active. La non-intervention en Espagne, les capitulations successives face à Hitler appartiennent à cette veine.

Pour résumer, la solution ambitieuse consiste à vouloir transcender les mécontentements, la solution de combat à localiser les mécontentements dans la minorité, la solution de passivité à essayer de trouver la ligne de moindre mécontentement, ce qui aboutit presque toujours à ne pas réagir.

D. Existe-t-il, vers 1938, un terrain commun d'accord entre les Français ? Certes la France est un pays « satisfait », « repu », « saturé ». Les dernières vagues d'ambitions rhénanes sont mortes avec Barrès en 1923, avec Foch en 1928. On ne veut plus rien en Europe. Une sorte de consensus s'est établi pour l'Empire (4), qu'on

(3) Dieter Wolff, *Doriot, du communisme à la collaboration*, Paris, Fayard, 1969, et surtout l'excellent mémoire d'un de mes élèves qui a pu consulter certaines archives du parti, Philippe Conrad, *Le parti populaire français*, 1967.
(4) Raoul Girardet, *L'idée coloniale en France de 1871 à 1962*, Paris, 1972.
Mannuela Semidei, « Les socialistes français et le problème colonial entre les deux guerres (1919-1939) », *Revue française de Science politique*, décembre 1968.
Le P.C.F. lui-même abandonne la ligne anti-impérialiste. Cf. Thomas A. Schweitzer, « Le P.C.F., le Komintern et l'Algérie dans les années 1930 », *Mouvement Social*, janvier-mars 1972; William B. Cohen, « The Colonial Policy of the Popular Front », *French Historical Studies*, spring 1972; le mémoire inédit de Véronique Auzepy, *Le problème colonial à travers l'Humanité 1928-1935*, Paris, Institut d'Etudes politiques, 1967.

ne veut plus accroître, mais qu'on aimerait conserver, si cela n'exige pas trop d'effort. Quant à la politique d' « impérialisme financier » pratiquée avant 1914, elle a subi des coups mortels du fait de la guerre, de l'annulation des dettes russes, de l'inflation et finalement de la crise. On chercherait en vain, en 1938, une politique *extérieure* spécifique des grands intérêts financiers.

Dès lors, la France ne cherche plus qu'à conserver. Et rien n'est plus inquiétant, pour un conservateur, que la montée, autour de soi, des ambitions, des appétits de peuples qui se disent « jeunes », « dynamiques », « révisionnistes », « défavorisés ». La grande préoccupation devient la *sécurité* face à ces agresseurs potentiels.

Malheureusement, si la vaste majorité des Français s'entend sur la sécurité comme but, les divergences apparaissent quant aux moyens et les Français se retrouvent extrêmement divisés. Contentons-nous, sans prétendre être complets, d'énumérer un certain nombre d'attitudes typiques.

— A une extrémité, *les pacifistes absolus*, nombreux dans le Syndicat national des instituteurs (5), dont la formule serait : « Plutôt Hitler que la guerre ».

— Ceux pour qui sécurité signifie *paix*. Pour la maintenir, ils sont prêts à de nombreuses concessions, et s'apparentent aux *appeasers* britanniques. Un bon exemple serait Marcel Déat, dont le célèbre article « Mourir pour Dantzig » fut publié dans *L'Œuvre* du 4 mai 1939. « Il n'est pas possible d'admettre, conclut-il, sous le méridien de Paris, que la question de Dantzig soit posée et réglée de l'Est de l'Europe, uniquement par la volonté de quelques hommes d'Etat polonais et allemands, avec la certitude que les automatismes diplomatiques et guerriers joueront, et que nous serons entraînés dans la catastrophe sans avoir pu dire notre sentiment ».

Dans cette catégorie, les nuances sont infinies. On y entretient de frileuses espérances : Hitler « bluffe »; le régime nazi va s'écrouler (ce qui a été longtemps l'attitude de Pertinax lui-même) ; les Allemands n'ont pas tort (*Le Canard enchaîné*, en mars 1936 met en exergue dans les becs des deux canards : « Les Allemands envahissent... l'Allemagne »).

— Ceux, du type Georges Bonnet, ou même Daladier, pour qui la paix doit être maintenue, fût-ce au prix de l'abandon des Alliés, tant que la balance des forces militaires est inégale.

— Ceux qui estiment que, de toutes façons, la France ne peut rien sans l'Angleterre, ce qui tend à subordonner la politique extérieure française aux initiatives britanniques. Telle a été la doctrine formulée par l'état-major en 1936.

(5) A ma connaissance, la meilleure étude a été faite par un de mes élèves, Jean-Pierre Perriot, *Le syndicat national des Instituteurs et le Front populaire*, Diplôme inédit, 1967. Il a pu consulter les archives de ce syndicat, ce qui rend son ouvrage très supérieur au livre publié de Bianconi (thèse de 1964).

— Ceux qui, à côté d'un réel danger allemand, s'inquiètent d'un « danger soviétique », lié à des considérations de politique intérieure. Ceci va expliquer le célèbre revirement de Maurras, longtemps champion de la germanophobie. Chez eux apparaît la curieuse idée de la « bonne » et de la « mauvaise » guerre contre Hitler. La mauvaise est celle qui « fait le jeu de l'U.R.S.S. ».

Par opposition à ces formes diverses de lâcheté ou de défaitisme, on trouve, à droite comme à gauche, des groupes favorables à la résistance.

— Les communistes, habitués à la politique du type Litvinov, qui cherche à créer une solidarité antinazie, sont inconditionnellement favorables, jusqu'au 23 août 1939, à l'utilisation de la force, concertée avec l'U.R.S.S., pour arrêter Hitler.

— Dans tous les autres groupes, on trouve des représentants d'une attitude analogue — où la solidarité avec l'U.R.S.S. n'est plus sentimentale mais réaliste. Il faut arrêter Hitler. Et le plus solide allié possible est l'U.R.S.S. Telle avait été en 1934 l'attitude de Louis Barthou, pourtant anti-communiste féroce. On songe à Churchill disant, avec un tact discutable, fin juin 1941 : « Contre les nazis, je m'allierais même avec le diable ». En France, le groupe de *L'Epoque*, avec André Pironneau et Henri de Kérillis, suit cette ligne. De même nombre de radicaux et de socialistes.

Au total, communistes mis à part, il plane en France un rêve : celui de voir miraculeusement une guerre bienfaisante éclater entre Nazis et Soviétiques. Bien des journaux l'évoquent. Simplement, on ne trouve pas dans les archives du Quai d'Orsay de preuve que ceci ait constitué la substance d'une politique positive du gouvernement. L'en accuser, comme le font un peu légèrement certains communistes, est faire un procès d'intention. Dans le gouvernement Daladier-Bonnet, ce qui domine, c'est la passivité.

II. — 1938

L'intérêt des années 1938 et 1939, pour notre sujet, c'est que le poids des circonstances extérieures est devenu si fort, si contraignant, que la politique intérieure s'en est trouvée profondément affectée. En 1938, ce qui domine c'est l'esprit d'apaisement apeuré ; en 1939, c'est l'esprit de résistance également apeurée. Dans les deux cas, le phénomène de passivité reste intact. Au lieu de prendre des décisions claires, le gouvernement français se met entièrement à la remorque du gouvernement britannique.

Pour 1938, nous insisterons sur deux événements : la formation du gouvernement Daladier, les réactions après Munich.

1) *Le gouvernement Daladier.*

Rétrospectivement, le cabinet Daladier du 12 avril 1938 apparaît comme une rupture du Front Populaire, elle-même liée aux inquiétudes créées par l'*Anschluss* du 16 mars précédent. A examiner les événements de plus près, le problème est plus complexe

Certes, avec l'accroissement de la menace, l'idée d'un gouvernement « national » a pris corps depuis le début de l'année. En janvier 1938 l'opposition communiste au gouvernement Chautemps amène les socialistes à retirer leurs ministres. C'est la crise. Blum, pressenti, propose un gouvernement « *de Thorez à Reynaud* » (c'est-à-dire les trois partis du Front Populaire plus les républicains modérés). Le P.C. accepte ce « Front français », ce « gouvernement de rassemblement national autour du Front Populaire ». Mais Paul Reynaud refuse. Il veut un gouvernement « *de Thorez à Louis Marin* » (c'est-à-dire les trois partis du Front Populaire plus les républicains modérés, plus les républicains catholiques). Cette fois, c'est Blum qui refuse ; et le P.C. se rallie à un nouveau gouvernement Chautemps qui démissionne le 10 mars, peu avant l'*Anschluss*. A nouveau, Blum est pressenti. Il accepte la formule « *de Thorez à Louis Marin* ». Mais, cette fois, c'est la droite qui refuse. Le salut public est « incompatible avec la participation communiste » (certains hommes de droite, Paul Reynaud, les démocrates chrétiens auraient été prêts à accepter le gouvernement d'union nationale).

Le second gouvernement Blum pâtit de l'usure du Front Populaire, de l'*Anschluss*, et surtout de l'idée que, face au danger extérieur, il faut aménager l'une des grandes conquêtes du Front Populaire, la loi des 40 heures. Comme le dit le président du groupe radical à la Chambre, Chichery, avant d'envoyer des armes à l'Espagne, les ouvriers devraient songer à en fabriquer pour la France. Mais la chute du cabinet s'explique uniquement par une affaire intérieure : pour régler les inextricables difficultés financières et économiques dans lesquelles se débat la France, Blum propose le 4 avril un projet audacieux, défendu par le jeune sous-secrétaire d'Etat au Trésor, Pierre Mendès-France, et dont les stipulations essentielles sont un impôt sur le capital, la transformation des titres au porteur en titres nominatifs, et un début de contrôle des changes. Malgré les attaques de la droite, la Chambre vote le projet par 311 voix contre 250 (il faut noter que 59 radicaux sur 115 seulement sont favorables au projet). Mais le Sénat le repousse et le cabinet tombe.

Edouard Daladier, ministre de la Défense nationale depuis 1936, cartelliste, homme de la gauche du parti radical, qui bénéficie d'une grande réputation d'énergie, accepte de former le nouveau gouvernement « en raison de la politique internationale et des difficultés intérieures et financières ». Il souhaite une formule différente : « de

Blum à Louis Marin », ce qui exclurait les communistes. Mais le Conseil national du parti socialiste refuse la participation, moins pour des raisons de principe que parce que Daladier ne lui offre que 5 portefeuilles sur 17.

Alors Daladier constitue un gouvernement de « centre gauche », essentiellement radical (10 portefeuilles) avec non seulement des radicaux « droitistes » comme Sarraut, Georges Bonnet, Marchandeau, mais aussi le « jeune Turc » Jean Zay. Sur les 9 autres ministres, on compte 2 socialistes dissidents (U.S.R.), Frossard et Ramadier, et 4 hommes de la droite modérée (dont Paul Reynaud et Georges Mandel) et un démocrate chrétien (Champetier de Ribes).

Est-ce la fin du Front Populaire ? Le P.C. affecte de ne pas y croire. Il vote la confiance au gouvernement et les pleins pouvoirs financiers. De même les socialistes. La confiance est votée par 575 voix contre 5 ; les projets financiers par 514 voix contre 8 et 77 abstentions. La Fédération de la Seine du parti socialiste, hostile à cette attitude, est dissoute. Le 23 juin encore, le « Comité national de rassemblement populaire » se réunit au siège de la Ligue des droits de l'homme.

Pourtant, la désagrégation du Front Populaire est commencée. Telle n'était pas l'intention de Daladier. Telle est l'intention des radicaux « droitistes » dont l'anti-communisme s'affirme. Dans une élection sénatoriale partielle, à Paris, le communiste Marrane est battu par un homme de droite grâce à l'appui des voix radicales. Dans une élection législative à Uzès, un radical gagne un siège sur les socialistes avec l'appui de la droite. A Saintes, le même phénomène se produit. Comme le dit Edouard Bonnefous (6), « si le réflexe Front Populaire pouvait encore jouer au Parlement, il ne jouait plus dans le pays ».

C'est finalement l'hostilité croissante des radicaux à l'égard des communistes qui brise officiellement le Front Populaire. On accuse les communistes, qui sont en train de mettre la main sur de nombreuses fédérations de la C.G.T., d'être responsables des grèves. Or, le 21 août, Edouard Daladier annonce qu'il faut « remettre la France au travail », c'est-à-dire assouplir la loi des 40 heures. Cette décision provoque la démission des ministres de l'U.S.R., une violente protestation des socialistes et des communistes, mais aussi le soutien de la droite.

L'opposition communiste à Munich fera le reste. Le 26 octobre, au Congrès radical-socialiste de Marseille, Daladier attaque violemment le P.C. et dénonce son attitude contradictoire, selon laquelle « la France devait être forte et à même d'imposer au besoin sa volonté par les armes, tout en recommandant de ne pas travailler plus de 40 heures ». Le P.C., dit le Congrès, « par son opposition

---

(6) *Histoire politique de la Troisième République*, T. VI, p. 315.

agressive et injurieuse de ces derniers mois, avait rompu la solidarité qui l'unissait aux autres partis du Rassemblement populaire ».

Ainsi, la dissolution du Front Populaire ne date pas d'avril 1938, mais d'octobre ; elle est postérieure à Munich. Faut-il l'attribuer à des raisons *extérieures* (l'hostilité des radicaux à la politique anti-munichoise des communistes), *mixtes* (l'hostilité des communistes aux semaines de plus de 40 heures, jugées indispensables à la défense nationale) ou purement *intérieures* ?

Nous avons vu que nombre de radicaux s'étaient, avec la droite, opposés aux mesures économiques de Léon Blum, lesquelles lésaient les capitalistes. Aux élections sénatoriales d'octobre, sur 10 sénateurs qui les avaient approuvées, 7 furent battus. La droite — et un nombre croissant de radicaux — veut allonger la durée du travail et surtout revenir à un type libéral d'économie. La nomination de Paul Reynaud aux Finances, le 1er novembre 1938, consacre sa victoire. L'échec spectaculaire de la grève générale organisée par les communistes le 30 novembre la confirme. La remontée de la droite coïncide avec les échecs du Front Populaire, lesquels expliquent sans doute le déclin des effectifs du parti communiste (7), et celui de la C.G.T. « Tassement » jusqu'à la grève du 30 novembre ; « effondrement » après celle-ci (8), la C.G.T. perdant alors un quart de ses effectifs. « Le 30 novembre marque la fin du rêve de 1936. Les effectifs connaissent une chute brutale. L'écœurement, l'absence des délégués licenciés, l'accroissement des pressions patronales expliquent que l'armature syndicale craque » (9).

2) *Munich.*

Si l'échec du Front Populaire, l'arrivée de Daladier au pouvoir et la remontée de la droite n'ont que des liens incertains avec la politique étrangère, on peut dire que la crise de septembre 1938, les décisions de Munich et le « lâche soulagement » (formule de Léon Blum) qui s'ensuit attestent la profonde influence que l'extérieur peut exercer sur la vie intérieure d'un pays.

En effet, après une première réaction approbatrice — la déclaration de politique étrangère est votée par 515 voix contre 75 — les 73 communistes, Henri de Kérillis et le socialiste Jean Bouhey — des doutes apparaissent. Les pleins pouvoirs ne sont votés au gouvernement que par 331 voix contre 78 et 203 abstentions, principalement socialistes.

(7) Annie Kriegel, *Le pain et les roses*, Paris, P.U.F., 1968, p. 200.
(8) Antoine Prost, *La C.G.T. à l'époque du Front populaire*, Paris, A. Colin, 1964, p. 48.
(9) Guy Bourde, « La grève du 30 novembre 1938 », *Mouvement social*, avril-juin 1966, p. 91.

Mais surtout, communistes mis à part qui, pour dix mois encore, vont rester massivement unis, chaque parti se trouve divisé. La cohésion intérieure, plus ou moins marquée, de chacun va se trouver brisée. Un premier clivage s'opère entre munichois et antimunichois. On a voulu y voir une préfiguration des attitudes françaises vis-à-vis du gouvernement de Vichy. Ce n'est pas ici notre sujet ; mais nous pouvons affirmer qu'une étude minutieuse révèle de remarquables différences entre la coupure résultant de Munich et la coupure Vichy-Résistance.

A part quelques voix lucides, Louis Marin : la France « vient de confesser au monde sa déchéance », Henri de Kérillis : l'Allemagne « va devenir exigeante et terrible », Gabriel Péri : « Vous avez signé la défaite sur le corps mutilé d'un peuple libre », la première réaction est donc triomphale. Même Léon Blum, même Georges Bidault affirment leur joie. Certains, sans parler de triomphe, reconnaissant la perte de prestige de la France, se réjouissent de la paix. Mais l'on voit très vite la montée de la colère contre les « capitulards », et en face, le début de la campagne contre les « bellicistes ». Les premiers disent, comme le néo-socialiste Adrien Marquet, maire de Bordeaux : « A la guerre russe, on a préféré la paix française ». Les seconds évoquent la « honte de la France », le « *Te Deum* des lâches ». « La France, écrira Montherlant dans l'*Equinoxe de septembre*, est rendue à la belote et à Tino Rossi ».

Au sein du gouvernement, trois radicaux (Jean Zay, Campinchi, Albert Sarraut) et trois hommes de droite (Champetier de Ribes, Paul Reynaud, Georges Mandel) sont hostiles à Munich. Mais, sur les conseil d'Herriot, ils ne démissionnent pas.

Sont *a priori* « munichois » les pacifistes intellectuels (tels Alain, Romain Rolland, Jean Giono), ou syndicalistes (Dumoulin, le Syndicat national des instituteurs, les pro-allemands de *Je suis partout* (Claude Jeantet) ou du comité France-Allemagne (Jean Luchaire, Scapini, Jean Goy, Fernand de Brinon). Sont *a priori* antimunichois les communistes, la majorité de la C.G.T., les vieux nationalistes (Emile Buré, Pertinax, Kerillis, Raymond Cartier), nombre d'intellectuels de gauche (Marc Bloch, Henri Hauser, Lévy-Bruhl).

Pour le reste, en quelques semaines, le clivage s'opère. Contentons-nous d'examiner le cas des principaux groupes :

— *Communistes* (73 députés). Tous anti-munichois.

— *Socialistes* (147 députés). Au Congrès extraordinaire de Montrouge en décembre, 4 322 mandats vont à la motion Blum (antimunichoise, favorable à la défense nationale et aux alliances), 2 387 à la motion Paul Faure (munichoise, préconisant le désarmement et le recours à la S.D.N.), 60 à la motion de Madeleine Gouldowski (pacifisme intégral). Il y a 1 014 abstentions.

— *Néo-socialistes* (U.S.R.) (25 députés). On y trouve une majorité munichoise (Marcel Déat, Adrien Marquet) et une minorité anti-munichoise (Paul Boncour).

— *Radicaux-socialistes* (106 députés). Une forte majorité suit le président du Conseil Daladier au congrès de Marseille (26-29 octobre). Mais Edouard Herriot est le chef d'une tendance hostile à Munich.

— *Alliance démocratique* (44 députés). Son leader, Flandin, se distingue en envoyant le 1er octobre des télégrammes de félicitations à Hitler, Mussolini, Chamberlain et Daladier. Le congrès approuve Flandin par 1 626 voix sur 1 650. Mais on enregistre, à partir du 1er octobre, des démissions spectaculaires : Paul Reynaud, le sénateur Taurines (qui jouera un rôle le 10 juillet 1940 à Vichy), Charles Reibel, Louis Rollin, Louis Jacquinot, Joseph Laniel .

— *Démocrates populaires* (13 députés). Au congrès national de Saint-Etienne, 18-20 novembre 1938, la majorité se révèle anti-munichoise (Georges Bidault, Francisque Gay, Robert Lecourt, Edmond Michelet, Ernest Pezet). Mais il y a des pacifistes tels Marc Sangnier.

— *Fédération républicaine* (59 députés) (républicains catholiques). Elle comporte de nombreux munichois, mais aussi des anti-munichois ardents, comme Louis Marin, Henri de Kérillis.

— *Extrême-droite* (peu représentée à la Chambre).

a) *Parti social français*. Le colonel de la Rocque, son chef, est « munichois avec réserves » (10). Il accepte le répit procuré par l'abandon, mais fustige Flandin : « défaitiste embusqué envoyant un télégramme de platitude à Hitler » (11). Notons que le P.S.F. ne groupe que 11 députés mais que, pratiquant une politique d'adhésions (il affirme avoir deux millions de membres, mais le chiffre paraît être plus proche d'un million), il compte sur 110 élus aux élections de 1940.

b) *Parti populaire français* de Jacques Doriot. Celui-ci est l'un des plus ardents des munichois. Le journal *La Liberté* a même été saisi le 29 septembre parce qu'il proclamait son hostilité à la guerre pour la Tchécoslovaquie. Les rédacteurs de ce journal, Claude Jeantet, Alfred Fabre-Luce, expriment leur satisfaction dès le 30. Hostilité au communisme (« le parti de la guerre »), sympathie pour Mussolini expliquent cette attitude. Mais quelques membres sont plus hésitants, tel Drieu la Rochelle qui, dans une célèbre « Lettre à Edouard Daladier », écrit : « Vous êtes revenu de Munich couvert de notre honte ». Drieu et Bertrand de Jouvenel démissionnent du parti.

---

(10) Geneviève Vallette et Jacques Bouillon, *Munich 1938*, Paris, A. Colin (Kiosque), 1964.
(11) *Petit Journal*, 6 octobre 1938, cité dans un bon diplôme inédit de Jacques Prévost, *l'Opinion publique française après la conférence de Munich*, 1967.

236

c) *L'Action française.* Celle-ci avait, dès le début de 1938, pris parti contre l'alliance avec la Tchécoslovaquie — une république dirigée par le « franc-maçon » Bénès, homme de la S.D.N. détestée. Elle maintient cette attitude en refusant la guerre pendant toute la crise de septembre. Ainsi l'*Action française* du 24 septembre : « La paix ! la paix ! Les Français ne veulent se battre ni pour les Juifs, ni pour les Russes, ni pour les francs-maçons de Prague », du 27 septembre : « A bas la guerre ». Le 29 septembre, cette adaptation de l' « Internationale » :

« S'ils s'obstinent, ces cannibales,
A faire de nous des héros
Il faut que nos premières balles
Soient pour Mandel, Blum et Reynaud ».

On remarquera que ces deux appels au meurtre vont à des hommes de droite. Le 4 octobre, Charles Maurras, éternel candidat au Prix Nobel de la paix, se retire en faveur de Neville Chamberlain (12). Toutefois pour ces nationalistes, Munich, même approuvé, a un goût amer, et Maurras qualifie Flandin d' « imbécile ».

D'autre part, l'*Action française* perd du terrain. Le nombre de ses lecteurs diminue. Beaucoup de ses anciens membres, ultra-nationalistes, ne comprennent plus son attitude et l'abandonnent.

III. — 1939

1) *Le printemps angoissé.*

La capitulation de Munich a donc « recomposé » l'échiquier politique français. En apparence, elle l'a simplifié : munichois de tous bords, pêts à de nouvelles capitulations, face à des anti-munichois, également de tous bords, qui estiment que c'en est assez.

Pourtant, la situation est bien plus complexe qu'il ne le semble à première vue. En effet, les motivations, à l'intérieur des deux grandes tendances sont contradictoires.

Chez les munichois, il y a d'abord tout le lot des *pacifistes de gauche,* qui sont sortis de la Grande Guerre avec l'idée bien arrêtée que le nationalisme était responsable du drame. La « grandeur », le « prestige » de la France leur sont indifférents. Ils s'en méfient, ou même leur sont hostiles. On trouve ainsi, à la C.G.T. (parmi les anciens « confédérés », non communistes), chez les socialistes, dans la majorité de l'U.S.R., chez de nombreux autres groupes de gauche, tels les frontistes de Bergery, chez de nombreux intellectuels de gauche, l'idée que la guerre n'est pas admissible pour des raisons

(12) Cf. Eugen Weber, *L'Action française,* éd. fr., p. 467-468.

indirectes. On ne veut pas mourir pour les Tchèques, si sympathiques soient-ils dans leur républicanisme, *a fortiori* pour les Polonais, « pour les Poldèves », comme dit Déat. Le journal *L'Œuvre* (Geneviève Tabouis exceptée) symbolise fort bien cette attitude qu'on pourrait qualifier de « neutraliste ».

Mais il y a aussi les hyper-nationalistes de droite, qui sont victimes d'un syllogisme. La valeur suprême est la Nation. Donc il faut combattre avec acharnement les ennemis de la Nation ; le principal est le communisme, donc le Komintern, donc l'U.R.S.S. L'U.R.S.S. est l'ennemi principal. On ne saurait écarter la menace allemande en s'appuyant sur l'U.R.S.S. qui tirera les marrons du feu, et cela d'autant plus que le national-socialisme, le fascisme sont des doctrines nationalistes, beaucoup plus plaisantes aux yeux des nationalistes français que le communisme international. Il n'est pas surprenant que la majorité de l'Action française, la majorité du P.P.F., et, avec plus de flou la majorité du P.S.F. se rencontrent dans le « munichisme » avec des hommes qui sont leur antithèse absolue sur tous les autres points. Quel rapport entre Charles Maurras et Paul Faure ? entre Robert Brasillach et Georges Dumoulin ou André Delmas ?

Entre les deux, il y a les pseudo-« réalistes », de Flandin à Georges Bonnet, en passant par Laval — qui reste alors silencieux — les manœuvriers qui veulent « gagner du temps », ceux qui affectent de tout subordonner à l'alliance anglaise, en espérant que Chamberlain ira de Munich en Munich.

Du côté des anti-munichois, les contradictions sont aussi marquées. On est anti-munichois par antifacisme, comme Léon Jouhaux et les communistes — ceux-ci convaincus que l'U.R.S.S. restera toujours à la tête de la résistance contre l'Allemagne nazie. Ou bien on l'est par nationalisme, comme Louis Marin, Henri de Kérillis, Paul Reynaud. Léon Blum appartient d'abord au groupe antifasciste, mais il a l'âme trop haute pour ne pas sentir à quel point le système de valeurs qu'il reconnaît à la France mérite aussi d'être défendu. Il en va de même d'Herriot, de Paul-Boncour. Parmi les anti-munichois « antifascistes », l'idée d'une alliance avec l'U.R.S.S. prend corps. Tant pis pour la sécurité collective, qui a échoué. Il faut parer au plus pressé. Parmi les antimunichois « nationalistes », l'idée d'une alliance avec l'U.R.S.S. n'est acceptée qu'avec réticence, par réalisme.

L'anéantissement de la Tchécoslovaquie par Hitler, le 15 mars 1939, ne change guère ces positions. Tout au plus peut-on constater un certain durcissement anti-allemand au P.S.F., au P.P.F. Ce qui s'accroît, dans cette France satisfaite et aussi éloignée que possible de tout esprit belliqueux, c'est l'angoisse.

Flandin a essayé (13), non sans lucidité, de décrire l'attitude des Français dans les mois qui précèdent la déclaration de guerre, non plus au niveau des partis, mais à celui des classes sociales. Les

(13) *Politique française 1919-1940*, p. 307-311.

paysans lui paraissent plus pacifistes que les ouvriers. Ils ne prennent les armes que pour défendre la terre. Ils se souviennent d'avoir été les sacrifiés en 1914-1918. « On peut dire sans se tromper, qu'en 1939, pas un rural n'accepte l'idée d'aller au devant de la guerre. »

Les sentiments des *ouvriers* sont plus nuancés. Les ouvriers sont plus idéalistes que les paysans. Beaucoup sont affectés par « une mystique lutte de classes qui déborde les frontières » et nombreux sont ceux qui « acceptent plus volontiers d'en découdre avec les ennemis internationaux de la classe ouvrière ». Mais ils sont divisés. Les communistes sont « bellicistes » jusqu'au 23 août 1939. « La masse ouvrière socialiste, elle, reste pacifiste tout en étant de tendance anti-hitlérienne et antifasciste ». Et, on l'a vu, le parti socialiste et les syndicats sont divisés.

La petite bourgeoisie croit la France invincible. « Elle ne veut pas de la guerre, pourtant elle approuvera, par chauvinisme, tout ce qui y mènera... Mais c'est, au fond, simple verbalisme qui, au jour de l'épreuve, se résoudra en une fuite éperdue sur les routes. »

La moyenne bourgeoisie est divisée. Certains pensent qu'une guerre pourrait mettre fin au « désordre intérieur ». Ayant horreur de l'incertitude du lendemain, ils veulent « en finir ». D'autres mettent leur espoir « dans un rapprochement avec l'Allemagne ».

La grande bourgeoisie « comme toujours se laisse guider par ses intérêts. Ceux-ci ont été très ébranlés par la crise économique. La préparation à la guerre amène un afflux de commandes, une amélioration des affaires pour certains ; pour d'autres, au contraire, elle met en péril le capital ». (On notera que la nouvelle politique économique, dirigée par Paul Reynaud depuis le 1ᵉʳ novembre 1938, si elle a des effets sociaux discutables, constitue sur le plan de la production un succès incontestable. Enfin la France sort de la crise — plus tard que l'Angleterre ou que l'Allemagne).

Et, conclut Flandin, « dans la décadence de la vie politique, qui caractérise cette époque de la IIIᵉ République, ces discordances dans la conception des intérêts de la France en Europe prennent fâcheusement, comme toutes autres questions politiques, une allure partisane violente. Ni le gouvernement, ni le Parlement ne s'avèrent capables d'élever, au-dessus des querelles de partis et de personnes, le débat, où le sort de la France est en jeu... Bellicistes et pacifistes sont également honteux. Une seule question devait être élucidée. La France est-elle prête à affronter la guerre ? Il fut interdit de la poser »

2) *Le pacte germano-soviétique du 23 août* 1939.

Le seul parti qui avait échappé aux contradictions, le P.C.F., va à son tour connaître la tempête intérieure, la désagrégation et un affaiblissement auquel seule la résistance, populaire et spontanée, d'abord, organisée ensuite, viendra mettre fin. Il n'est pas interdit d'affirmer que, du 23 août 1939 à la défaite de la France, le P.C.F. est en plein désarroi (14). Il suffit de rappeler les étapes principales, quitte à déborder sur la période de la « drôle de guerre ».

Le 25 août, le groupe parlementaire communiste déclare que l'U.R.S.S. « a entrepris une politique de dislocation du bloc des agresseurs », mais ajoute que, si Hitler déclare la guerre », « il trouvera devant lui le peuple de France uni, les communistes au premier rang, pour défendre la sécurité du pays, la liberté et l'indépendance des peuples ». Pourtant, le même jour, et parce que le gouvernement croit tenir là le moyen d'une politique apte à plaire à la majorité, les journaux communistes sont suspendus. Cinq députés communistes dès la fin d'août, six autres en septembre, un autre en octobre, démissionnent du parti. Ils créeront en septembre l' « Union populaire française ».

En janvier, six députés mobilisés, et deux autres, dont Marcel Gitton, secrétaire du parti, s'y joignent. Ainsi, 21 députés communistes sur 72 quittent le parti, et un sénateur (Clamamus) sur deux. A quoi s'ajoutent d'innombrables démissions d'élus, de maires, de militants, d'intellectuels (Jacques Sadoul, Paul Nizan, qui sera tué à Dunkerque).

Pour résister à la première vague de défections, le P.C.F. prend en septembre une attitude patriotique. Le 2, il vote les crédits militaires, et lorsqu'Herriot condamne « un pacte qui soulève la réprobation de tout être droit », tous les députés se lèvent pour applaudir, *communistes compris.*

Mais le 17 septembre, l'Armée Rouge envahit la Pologne. Vers le 20, Raymond Guyot, secrétaire de l'Internationale des jeunes communistes, stalinien fervent, revient de Moscou avec la bonne parole. La guerre n'est pas « patriotique ». Elle est « impérialiste ». Il faut lutter contre elle, rechercher la paix, éviter toute union sacrée. Brusquement le P.C. officiel, après un an de bellicisme, est devenu *pacifiste.* A ce moment, l'exaspération anti communiste — munichois en tête — ne connaît pas de borne. Le 26 septembre, un décret dissout le P.C.F. et toutes les organisations liées à la IIIᵉ Internationale.

Les députés communistes restés fidèles au parti constituent alors un « groupe ouvrier et paysan français ». Beaucoup sont mobilisés. L'un d'entre eux, Maurice Thorez, secrétaire général, déserte le 4 octobre. Parmi les non mobilisés, beaucoup sont arrêtés. Une dizaine (Duclos, Tillon, Péri, Ramette, etc.) entrent dans la clandestinité.

(14) Outre une abondante littérature partisane, une mise au point, faite avec sympathie, mais avec esprit critique, peut être trouvée dans le numéro de janvier-mars 1971 du *Mouvement social*, présenté par René Gallissot : « Aspects du communisme français (1920-1945) ». Bon exposé des mésaventures du parti et surtout de ses députés dans G. Rossi-Landi, *La drôle de guerre*, Paris, A. Colin, 1971. Cf. aussi Henri Michel, *La drôle de guerre*, Paris, P.U.F., 1972.

Enfin une loi du 21 janvier 1940 décide la déchéance des élus communistes. Du 20 mars au 3 avril a lieu le procès des élus communistes. L'épuration s'étend bien au-delà et atteint les militants à tous les niveaux.

Le P.C.F. a connu à son tour la division. Sur les 21 dissidents, notons que, le 10 juillet 1940, quelques-uns seront présents à Vichy. Trois seulement rejetteront les pleins pouvoirs au maréchal Pétain. Mais si la crise du P.C.F., liée à l'indignation de militants sincères contre l'attitude soviétique, a un caractère spontané, elle s'est doublée d'une répression systématique qui, une nouvelle fois, place les communistes à part dans la nation. Cette répression était démagogique en ce sens qu'elle permettait au gouvernement de satisfaire bien des passions et des rancunes. Politiquement, était-elle bien avisée ? Jules Jeanneney, président du Sénat, homme du centre gauche, mais vieux patriote clémenciste, est beaucoup plus sévère, dans son journal, pour « les défaitistes systématiques comme Pomaret, les veules type Frossard » que pour les communistes. Au président de la République, Albert Lebrun, il déclare le 7 mai : « que je jugeais très sévèrement les communistes qui n'avaient pas désavoué la collusion germano-russe, que je souhaitais une justice impitoyable envers les délits ou crimes établis contre eux ; mais que l'entreprise de justice commencée contre eux avait vraiment trop l'apparence d'être dirigée, par pur esprit politique, contre un parti » (15).

Si le pacte du 23 août devait normalement désorienter les communistes, hésitant entre le parti et la patrie, il aurait pu ramener les munichois de droite à l'esprit de résistance : n'avait-on pas désormais une situation claire ? Maurras, qui avait toujours prévu un nouveau « Rappallo » entre nazis et soviétiques, n'allait-il pas se joindre au combat contre les deux ennemis providentiellement associés ? Si, après le 3 septembre, ils se rallient avec résignation à l'idée qu'il faut faire la guerre, du 23 août au 3 septembre, leurs hésitations sont plus fortes que jamais. Seul le P.P.F. de Doriot fait exception — quoiqu'il attaque plus vigoureusement Staline qu'Hitler. Au contraire, l'*Action française* continue son action contre la guerre. Son numéro du 29 août est largement censuré. Il en va de même des Francistes de Marcel Bucard, des germanophiles, de *Je suis Partout*. La plupart des nationalistes extrêmes pourraient justifier ce jugement d'Eugen Weber (16) : « Si l'*Action française* avait souhaité et compris la Première guerre mondiale, la Seconde, en revanche, lui fit horreur ».

Quant aux pacifistes de gauche, ils ont largement contribué, pour leur part, à faire de l'entrée en guerre un scénario lamentable. C'est l'un d'entre eux, Bergery, qui cherche à prendre la parole à la Chambre lors de la séance du 2 septembre. Ce sont cinq d'entre eux

(15) *Journal*, édité par Jean-Noël Jeanneney, Paris, A. Colin, 1972, p. 43.
(16) *Op. cit.*, p. 477.

(dont Bergery, Déat et Frot) qui, avec trois défaitistes de droite, Tixier-Vignancour, Scapini et Fourcault de Pavant, cherchent à obtenir que le Parlement se réunisse en comité secret (17). On est bien loin du 4 août 1914. Ce sont eux, avec Laval et bien d'autres, qui vont répandre le mythe de la guerre « illégale » parce que non votée par les Chambres. Anatole de Monzie, l'un des plus célèbres des pacifistes de gauche, évoque fort bien, à la date du 2 septembre, cette ultime ruée vers la paix : « Mes compagnons d'alarme de septembre 1938 ne partagent pas le fatalisme de mes collègues du gouvernement. Ils accourent aux nouvelles : Frossard, Lafaye, Lebret, René Brunet, Montagnon. Ils sont d'accord sur le recours à l'Italie... L'obstacle à la paix n'est pas à Rome, mais sans doute à Londres. Le devoir consiste précisément à étayer Bonnet » (18). Il n'est pas jusqu'au discours embarrassé de Daladier, le 2 septembre, qui ne contienne des formules d'échappatoire : « Si les demandes de conciliation se renouvellent, nous sommes encore prêts à nous y associer ». Et Henry Lémery écrit dans son livre *D'une République à l'autre* : « la déclaration de 1939 plongea la France dans la stupeur ».

(17) On remarquera qu'aucun radical-socialiste ne figure sur cette liste. Pourtant, dans le parti radical, les pacifistes de gauche pullulent, Lamoureux, Chichery, Mistler, et, naturellement Georges Bonnet.
(18) *Ci-devant,* p 152; plus loin p. 157, il évoque également Mistler, Pietri « pour essayer encore de raccrocher l'Italie ».

BRITISH DOMESTIC POLITICS
AND THE ONSET OF WAR

Notes for a discussion

Donald Cameron WATT

Professeur d'Histoire Internationale,
Ecole des Sciences Politiques et Economiques. Londres.

La politique intérieure britannique et l'entrée en guerre. Note pour une discussion. — Contrairement à la situation en France, la politique intérieure n'a pas eu d'influence directe sur la politique extérieure britannique. Ni les frondes chez les conservateurs ni le parti travailliste n'ont pu entamer la confiance du Premier ministre et de son cabinet, ni leur ascendant sur le parti conservateur et sur le Parlement, où les conservateurs étaient en position dominante depuis 1931. Quant à l'opinion publique, elle était trop fragmentée la plupart du temps pour avoir un poids propre. En général elle a évolué vers un *consensus* très large en faveur de la politique britannique, tout en se méprenant sur ses objectifs et ses raisons. Cependant, en juillet 1939, l'opinion s'est montrée plus ferme envers Hitler que le gouvernement, qui, lui, connaissait la vulnérabilité aérienne de la France et la faiblesse militaire de la Grande-Bretagne. Cette attitude de l'opinion atteste la croissance du courant hostile à l'apaisement, qui devait apparaître au grand jour en 1940 et imprègne encore notre historiographie.

A. — Direct Political Impact

1. This 'presentation' has benefited greatly from the study of Professor Duroselle's paper on France. One must begin therefore by noting that, in contrast with the French situation, there was in Britain, in the formal sense, no direct interaction between British domestic politics and British foreign policy in the years 1938-1939. This is the more surprising in that, in the normal course of events, a General Election should have been held not later than November 1940 to replace the Parliament elected in 1935. The evidence available

suggests that this constitutional necessity weighed very little on those responsible for the conduct of British foreign policy. Chamberlain was urged to capitalise on his personal triumph at Munich by holding a General Election but, to his credit, refused. From January 1939 the apparent imminence of war in Europe prevented or inhibited any serious consideration of that issue. And from 1940 onwards, with that freedom from legal constraint which makes English chauvinists delight so loudly in their country's lack of a written constitution, Parliament simply prolonged its existence by an annual Act.

2. The reasons for this lack of a direct reaction must be seen in two factors : the unchallenged political dominance of the Conservative and Unionist party over British politics since 1931, and the equally dominant position of the Prime Minister, Neville Chamberlain, over his party and over Parliament.

3. *The dominance of the Conservative Party.*

Since 1918 British politics had been governed by the disintegration of what, following French political scientists, can be called the party of movement. The 1906 election had given this grouping, Liberals, Labour and Irish Nationalists 52,7 % of the total vote and 533 M.P.s. From that date on the party of movement had steadily disintegrated.

4. The basis of this disintegration was the failure of the Liberal party to contain its divisions in the face of the rise of Labour, the loss of the Irish Nationalist vote after 1920 and the transformation of the remaining Irish (Ulster) seats into a permanent Conservative stronghold, and the gradual transformation of the various regional brands of liberalism into agriculturally based anti-establishment feelings which continued to vote Liberal and industrially-based feelings which merged into the Labour party.

5. Underlying this is a change in the social composition and balance of the Conservatrice leadership, symbolised particularly by the succession to the Conservative leadership of the Canadian Scot shipping owner, Bonar law, in 1910. His successor Stanley Baldwin, a *North Country industrialist,* and Neville Chamberlain, son of a former Liberal Birmingham manufacturer, mark the end of the dominance of the landed interest, aristocratic and squirearchical. Analyses of Conservatrive policy in the 1930s which see in it a defence by the aristocracy of its social interests are thus singularly wide of the mark (1). This change marks also the move into the

(1) See for example Margaret George, *The Warped Vision,* Pittsburgh, 1965.

Conservative party of Jewish and regional industrialists who had supported the Liberal party before 1916. The careers of Sir Rufus Isaacs, Marquess of Reading (2), Sir Alfred Mond (3) or in the 1930s M. Leslie Hore-Belisha (4) exemplify those moves into the party of order as they do the difficulties associated with such a move. Parallel with this, and with the destruction of the Asquithian liberals, was a similar reconciliation one can see exemplified in the later careers of men like the Earl of Crewe (5), or the Earl of Elibank (6).

6. The effect of these social changes, the emergence of the Labour party as the significant element in the party of movement, with its absorption of all but the agrarian elements in regionalist and nationalist opposition to the dominant social élites, the absorption into the social élites of industrialists and Jews who had hitherto been socially unwelcome, the absorption of the bulk of the Whig families who had provided much of the leadership of the party of movement in the nineteenth century, was to produce a situation in which the party of order was by far the strongest, a situation which made Britain in practice into a single party state. The opposition in Parliament was weak, divided, powerless and inexperienced, idealistic to the point of irresponsibility and utopianism and in no sense a threat to the party in power. Such a situation is not a happy one for either government or opposition. The government becomes careless of its political responsability, inefficient, even to the danger of corruption. The political situation breeds cliques, cabals, intrigues. Important interest groups withdraw from direct participation in the political process to become private or clandestine pressure groups.

7. *The dominance of Neville Chamberlain.*

The divisions within the party of movement and the period of transition through which it was passing in the 1930s made the Conservative party dominant both electorally and in Parliament. Its Leadership became therefore very largely synonymous with the leaders of the parliamentary party. The experiences of 1916-1922 had made Conservatives in the country and in Parliament set high

(2) Liberal Attorney-General 1908-1913, Lord Chief Justice 1913-1921, Ambassador Washington 1918-1920, Viceroy of India 1921-1925.
(3) 1st Clerk of Works 1916-1921, Minister of Health 1921-1922, Chairman of Imperial Chemical Industries. Failed to re-enter Parliament thereafter.
(4) National Liberal M.P. P.P.S. Board of Trade 1931, Minister of Transport 1933, Minister of War 1937-1940.
(5) Lord President of the Council (Liberal), 1905-1908, Colonial Minister 1908-1911, India Office 1911-1915, Lord President (Coalition) 1915-1916, Ambassador in Paris 1922-1928, Minister for War (Coalition Liberal) August-November 1931.
(6) P.P.S. to Sir Edward Grey 1908-1914, Military Attaché Washington 1917-1918, retired into business 1918, personal friend of Lord Runciman and intermediary between President Roosevelt and Neville Chamberlain 1938-1939.

value on party loyalty and party unity. The party leader could therefore expect to occupy a position of considerable power at the apex of a party both formally and intuitively wedded to a hierarchical and oligarchic structure. But Conservative oligarchy, it should be noticed, was an oligarchy by consensus. The leadership had to be in step with that consensus ; it had also to be successful. In 1922 the party had ruthlessly purged itself of a leadership out of step with that consensus. In 1940 it was to desert Neville Chamberlain in numbers more than adequate to demonstrate that the consensus was no longer in his favour. In the years 1937-1939 however he dominated Cabinet, party and Parliament.

8. Chamberlain's dominance in this period was greater than can be explained purely in terms of the strength of the Conservative party in the country and the nexus of habitual loyalties given to any party leader when his party was in power. This is the more unusual in that Chamberlain's leadership was never put to the test of electoral success ; though there can be little doubt that an election in 1938-1939 would have resulted in a victory for his party. His dominance rested on his personality, on his record as a reformer and a successful parliamentarian, on the mechanisms by which party loyalty and unity were maintained in the parliamentary party and among the constituencies, and on the division and weaknesses of his rivals.

9. To see Chamberlain past the record of his failure to prevent war or to produce a Britain adequately armed to face the perils of the years 1940-1941 is difficult. His reality has become overlaid by the caricatures of his critics and the denunciations of his opponents. The personal qualities most relevant to the position of dominance occupied before his sudden fall and death are not easy to discern through this overlay. From the evidence now available the most important would seem to be a drive to self-justification rooted in early failure, a willingness to shoulder personal responsibility and a preference for the guidance of his conscience on a truly heroic scale, excessive even by the most rigorous standards of the British protestant tradition, a profound realism, dangerously coupled with an excessive and open contempt for those whose disagreement with him appeared to him to be rooted in rhetoric or illogic, an insularity of outlook which though far from ill-informed (as often alleged by his critics) regarded all statesmen of foreign countries as equally outside his own moral frame of reference (and therefore contemptible). He was a most effective parliamentarian, a master of detail and a savager of his opponents, abrasive and bellicose.

10. His position as leader of the Conservative party on Baldwin's resignation in 1937 rested essentially on two factors. In the 1920s he had led the one positive side of a party whose members seemed

otherwise to be ranged, like embattled Saxons at the battle of Hastings, behind a shield wall of class interest and privilege. His work at the Ministry of Health had continued the Conservative tradition of social welfare first enunciated by Disraeli. The principal positive legislation of the 1920s had been his. From November 1931 until Baldwin's retirement he had been the architect of Britain's economic recovery from the crisis of 1931. It was due to him that Britain's experience in the world economic crisis was so much more limited than that of America or Germany and that Britain survived without inflation. It was also typical of him that this survival was at the cost of areas of long term unemployment and regional differentiation which made the South East and Southern Midlands areas of high investment and prosperity while the North, Wales and industrial Scotland degenerated into deserts of interest only to the industrial archaeologist. He was also the architect and driving force behind the rearmament programme. When Baldwin retired he was the natural successor to the leadership of the Conservative party. He had been recognised as second only to Baldwin in the party virtually since 1933 at the latest.

11. This lack of any challenge to Chamberlain's succession to the leadership of the party can also be traced back to the debacle of the Lloyd George coalition in 1922. The Conservative revolt which culminated in the famous decision of the Parliamentary party to withdraw from the coalition taken by vote at the Carlton Club was led by junior ministers (the 'revolt of the undersecretaries'). Its effect was to remove from the leadership all the leading figures, Austin Chamberlain, Birkenhead, Sir Robert Horne, Lee of Fareham, and leave only Curzon and Baldwin. The main figures of the Baldwin governments, Bridgeman, Amery, Samuel Hoare, and Lloyd George, with the exception of Bridgeman who lacked the ultimate ambition, met political disaster at some stage between 1929 and 1937, as did Churchill after his return to the Conservative party in 1924. It is noticeable that the necessities of coalition in 1931 excluded prominent Conservatives from the Foreign Office and the Board of Trade, two of the traditional stepping stones to promotion as from the Premiership and the office of Lord Chancellor. Even Neville Chamberlain's Cabinet contained five National Liberals, Runciman, Simon, Leslie Burgin, E. Brown and Hore-Belisha, and two National Labour, Earl de la Warr and Malcom Macdonald, as well as the independent, Sir John Anderson, out of 22 members.

12. To Chamberlain's personnal qualities one would be expected to add in seeking the reasons for his dominance the very tight party discipline maintained by the party Whips, especially Captain David Margesson, the Chief Whip, November 1931-1941. This phraseology is used because the effects and methods of his dominance have become part of the received wisdom, if not the contemporary mythology of the

period and have so far escaped serious academic examination (7). Loyalty among the constituencies was maintained mainly by the natural instincts of the party faithful who play so large a part in providing the membership of constituency party committees and by the threat not to readopt as the constituency candidate M.P.s whose deviation from the party line had become notorious. There is evidence to suggest that the Conservative central office encouraged constituency party pressure on those whose loyalty was suspect (8). The classic case was that of the Duchess of Atholl who deliberately resigned her seat in December 1938 to stand as an independent Conservative and was narrowly defeated (9). Duff Cooper, Lord Cranborne and others were in equal trouble but survived (10).

13. Undoubtedly this was a factor in the weakness of the opposition to Chamberlain within the Conservative party. More serious however were the divisions between the dissident groups, particularly between Churchill and his small group of direct followers and the younger dissidents. Churchill was the object of the distrust of this latter group, as was Leo Amery, the other ex-ministerial figure, essentially because of his opposition to the India Act and his general old-fashioned imperialism. His romantic support for Edward VIII in the Abdication crisis was also important in contributing to the contemporary picture of him as unreliable and unstable. The bulk of the dissidents were adherents, especially after his resignation in February 1938, of Anthony Eden (11). Eden proved to be uninterested in being and incompetent as the leader of a dissident faction. As a Parliamentarian he was an indifferent debater when shorn of the authority of office. The group itself grew out of organizations such as the Next Five Years Group, dissident progressive Conservatives and others seeking a new consensus of the centre (12). Churchill's old-fashioned imperialism was alien to them and struck them as reactionary. The effect was to prevent any effective co-operation between the small group of Churchillians and the larger (20-30 member strong) 'group' of Eden's supporter (13). Chamberlain's

(7) He is mentioned twice only in the latest study of dissidence within the Conservative party in these years: Laurence Thompson, *The Anti-Appeasers*, Oxford, 1972. His colleague, James Stuart, Viscount Stuart of Findhorn, who succeeded him as Chief Whip, defends him vigorously, pointing out that he never withdrew the Whip from anyone: *Within the Fringe*, London, 1967, pp. 79-80.

(8) Thompson, p. 192.

(9) Thompson, p. 193; Katharine, Duchess of Atholl, *Working Partnership*, London, 1958, pp. 220-230.

(10) Thompson, p. 193-95.

(11) See Thompson, *passim*.

(12) See Arthur Marwick, "Middle Opinion in the 1930's", *English Historical Review*, April 1964.

(13) This alone makes the German Dietrich Aigner's attempt to discover in the 'Focus' campaign a quasi-conspiratorial opposition to appeacement otiose: Dietrich Aigner, *Das Ringen um Deutschland*, Dusseldorf, 1970.

opponents within his party remained a *Fronde* and nothing more. And discussions with the Labour party for an anti-Chamberlain coalition failed because of Eden's refusal to throw his lot in with any combination against Chamberlain (14).

14. Effective opposition within the Parliamentary Labour party was hampered not only by the inexperience of its leaders but also by its internal divisions on issues of foreign and defence policy. On the left the supporters of a Popular Front were battling to gain control of party policy by an appeal to constituency parties, M.P.s, parliamentary candidates and affiliated organizations against the party's National Executive. Fighting back, the Executive expelled the movement's leaders, Sir Stafford Cripps, Aneurin Bevan, and George Strauss, in March 1939. More important than this however was the weak position of the 'social patriots', to use Lenin's term, among the Labour party, those who wanted a stronger rearmament effort against Germany. At the 1935 Party Conference, Bevin success-fully forced the resignation of the party's pacifist leader, George Lansbury. But, despite this, the party as a whole remained both isolationist and opposed to rearmament, hiding the one sentiment behind a dedication to an illusory 'collective security', and basing the other on a fundamental dislike of compulsion, especially if those powers were to be exercised by the existing social and political elites (15). The experience of 1931 led the party leadership to put the maintenance of party unity before everything else.

By the side of the Labour party the Liberal party was both weaker numerically and in terms of leadership. David Lloyd George continued to provide his own pyrotechnic mastery of opposition techniques but from a power base confined to his family. Apart from Sir Archibald Sinclair, the sole Liberal thought worthy of ministerial (though not of Cabinet) rank by Churchill in the war-time coalition government, the remaining 20 Liberal M.P.s were universally undistinguished.

B. Indirect Impact.

16. The absence of any direct impact of British domestic politics upon the foreign policy of the Chamberlain Government does not imply that the democratic process in Britain had ceased to work. The government remained sensitive to, and distrustful of 'public opinion'. Precisely what this concept implies in the British context

(14) For an account of these negotiations from the Labour side see Hugh Dalton, *The Fateful Years*, London, 1957, pp. 199-203.
(15) The subject is dealt with in detail in John F. Naylor, *Labour's Intern-ational Policy. The Labour Party in the 1930s*, London, 1969.

is a matter which needs clarification, if only in the light of *a priori* sociological discussion of the concept in terms which are difficult or impossible to reconcile with the nature of the British political process (16). For the purpose of this paper the viewpoint taken will be that of the government's members, a viewpoint in which the important element is how and in what way trends and movements in non-government opition became 'public', i.e. impinged on their own awareness or were 'made public' to them. This approach has at least the virtue of presenting their problems in a manner with which the subjects of this examination were perfectly familiar. When they spoke of 'public opinion' and more simply 'opinion' *tout court,* the concept they used implied a range of manifestations from oral opinion expressed to them in the social milieux they most frequented, through leaders in the press, the tone of debate in Parliament, through their own correspondance bags to motions passed by public bodies, to demonstrations, mass lobbying, mass meetings and opinion polls.

17. Contemporary investigation into mass opinion in Britain was led by the activities of Mass Observation which seems to have relied less on the techniques of the public opinion pollster than on those of the social anthropologist (17). The picture of mass British opinion produced by their investigations during the months of February-September 1938 (18) show that opinion was seriously fragmented and displayed a deep lack of identification with those in charge of British policy until a very late stage in the crisis (26 September 1938) when the necessity of war achieved a remarkable degree of acceptance. The crisis over, the degree of distrust of government appears to have returned, coupled with a degree of uneasiness about the outcome of the Munich settlement, which took some time to surface over the initial outburst of relief that British participation in a repetition of the years 1914-1918 appeared to have been avoided.

18. This sequence of division followed by coagulation appears to be part of the process by which large-scale collective opinion, 'mass opinion', is evolved in Britain in periods of crisis. Lacking a crisis and the attention paid to it by the press which at these moments appears to act less as a formative influence than as a sounding board,

(16) For a brief discussion see the entry "Public Opinion" in Julius Gould and William L. Kolb, *A Dictionary of the Social Sciences,* compiled under the auspices of U.N.E.S.C.O., London, 1964.

(17) The organization was founded in 1937 by the sociologist, C.E. Madge, later professor of sociology at Birmingham and Tom Harisson, later curator of the Borneo museum of anthropology. See their *Mass Observation. The First Years Work, 1937-1938* (London, 1938) which included an essay by the eminent anthropologist. Bronislaw Malinovski.

(18) C.E. Madge & T. Harris, *Britain by Mass Observation,* London, 1939, Chapter 2, 'Crisis'.

members of government are forced back onto a different level. In 1938 the authors of a report on the British press put this as follows (19).

'Effective public opinion, which in specialised issues may depend on the reactions of a remarkably small number of men and women, cannot be focused on many subjects at once. To take a simple example, people find it impossible to be effectively indignant about Spain, China, Abyssinia and Austria all at once. The Press, therefore, wields an immensely powerful weapon in its power to influence the choice of issue on which public opinion shall make itself felt at any one time'.

If the press fails to fill this role, government is forced back on to the 'remarkably small number of men and women'. It is here, in the connections between these 'small numbers' and government on the one hand and the press on the other, that current thinking among British historians is beginning to outrun the stereotypes in which so much discussion of the period of appeasement and its aftermath in Britain has hitherto been couched. Even now though there are vast areas still to be covered. The outlines of the problem can be perceived but our knowledge is still only fragmentary.

19. The milieux which confronted the makers of British foreign policy in the years 1937-1939 and of which they spoke when they used the words, 'opinion', or 'opinion in some quarters' or even 'informed opinion', can best be characterised as informal networks of social ties, of varying degrees of intimacy, the rationale of which differed largely, in some cases being shared political loyalties or interests, in others being of purely social significance in the first instance. Through those networks there circulated not only opinion or propaganda but also information or what purported to be information but was actually rumour, gossip or hearsay, if not deliberate misinformation. Into these networks one has also to fit foreign agencies concerned with the manipulation of opinion in these milieux, the most important at present known about being inspired by the Soviet ambassador in London, Ivan Maiski (20), and the German nationalist Economic Political Association (21). A feature of this period is the institutionalisation of the private circulation of information by the publication of specialist subscription newsletters such as *The Week* whose editor Claud Cockburn was a Communist who

(19) *Political and Economic Planning Report on the British Press,* London, 1938, p. 33.
(20) See Sidney Aster, "Ivan Maïski and Parliamentary Anti-Appeasement" in A.J.P. Taylor (Ed.), *Lloyd George; Twelve Essays* (London, 1971). On Maiski's access to the British press see Franklin Reid Gannon, *The British Press and Germany 1936-1939,* Oxford, 1971, p. 40.
(21) See D.C. Watt, "German Influence on British Opinion 1933-1938" in *Personalities and Policies,* London, 1965.

wrote also under the *nom-de-plume* Frank Pitcairn (22), the *Whitehall Letter* edited by the diplomatic correspondent of the *Daily Telegraph*, Captain Victor Gordon-Lennox (23), Commander Stephen King Hall's *K. H. Newsletter* (24), the right-wing *Intelligence Digest* (25), and other publications like the pamphlets put out by *The Friends of Europe* or the books of the Left Book Club (26).

20. Other 'networks' whose activities show up in the documentation now available and are therefore worthy of mention are the Quaker-pacifist group, which included Charles Roden-Buxton and Corder Catchpool (27), the *Round Table* and ex-*Round Table* network, the 'Cliveden set' (insofar as this term can be used to cover the Astor family), Lord Lothicn's complex (with its Round Table links), the *New Commonwealth* group, Eugen Spier's *Focus* (28), the remnants of the *Union of Democratic Control* on the left, the remnants of the *League of Nations Union* (29) (in decline since the Ethiopian debacle). Similar 'networks', no doubt, existed with connections in business and the City — the role of the Federation of British Industry in negotiations with the Reichsgruppe Industrie (30), the activities of Lord Lloyd in trying to promote Anglo-Roumanian trade, the interviews with Marshall Goering attempted in August 1939 by the group of British businessmen led by Mr. Spencer of John Brown and Co. and introduced by the indefatigable Swede, Hr. Birger Dahlerus (31), are all pointers to the various nexuses of relationships with which and with the opinions of which ministers and their advisers were likely to come into informal contact and think of as elements in their general (and generally used), if rather loose, conception of 'British opinion'. The degree to which

(22) See D.C. Watt, " The Week that Was ", *Encounter*, July 1972, also Claud Cockburn, *I. Claud*, London, 1967 ; Patricia Cockburn, *The Years of the Week*, London, 1968.

(23) Gordon-Lennox' main sources of inside information were Sir Rex Leeper and Sir Robert Vansittart of the Foreign Office.

(24) W.S.R. King-Hall, *Total Victory*, London, 1941.

(25) Edited by the Conservative M.P., Kenneth de Courcy, who attempted to influence British policy in a sense desired by French right-wing Italophiles including Laval in January-March 1939.

(26) On the Left Book Club see John Lewis, *The Left Book Club*, London, 1970.

(27) D.C. Watt, " Christian Essay in Appeasement ", *Wiener Library Bulletin* XIV, No. 2 (1960).

(28) Watt, " German Influence on British opinion 1933-1938 " ; Eugen Spier, *Focus*, London, 1963.

(29) See for example Harold Nicolson, *Diaries and Letters*, entry of November 1938. On the League of Nations Union in general see E. Bramsted, " Apostles of Collective Security : the L.N.U. and its functions ", *Australian Journal of Political History*, XIII (1967), pp. 317-61.

(30) *Documents on German Foreign Policy*, Series D, vol. IV, Nos. 280, 289, 302, 314.

(31) *Documents on British Foreign Policy 1919-1939*, 3rd Series, Vol. VI, appendix IV, *passim*.

their networks were open to penetration and manipulation by interested parties abroad would depend itself on the degree to which 'British opinion' had hardened towards those parties. The fate of the unfortunate, if somewhat jejune, Adam von Trott zu Solz' mission in June 1939, a mission undertaken with the best of intentions, but which left the bulk of his British contacts and friends convinced that he had abandoned his principles and integrity for Nazism (32), provides an excellent example of just such a hardening.

21. The 'received doctrine' as to the movement of British opinion between Munich and the outbreak of war in September 1939, depicts it as divided by the outcome of the Munich conference but in the large part lulled into a tranquillity from which only the German invasion of rump-Czechoslovakia on March 15, 1939, awoke it. Indeed the standard 'received doctrine' depicts Chamberlain as moving himself into a position critical of Hitler's action belatedly and under the influence of public opinion, his first reaction having been to accept Hitler's action as a *fait accompli* (33). The interpretation rests on the contrast between Chamberlain's remarks in the House of Commons on March 14 and 15 (and Sir John Simon's disastrous attempt to improve on them), and his speech at Birmingham on March 19. Three points should be made in refutation of this complex of ideas. Firstly, it is itself a product of the belief which sees Hitler's action as a premeditated programmatic step-by-step approach towards his goal. If this belief with its connotation that history moves in a series of disconnected jerks is abandoned as the historical *naïveté* it undoubtedly is, the concomitant interpretation of the movement of British opinion falls to the ground. Secondly it is not in accordance with the contemporary evidence as to the movements either of British opinion towards Hitler and Germany, or of the attitudes and anxieties of British policy-makers. Lastly it rests on a misconception or rather an absence of understanding of the attitude to public opinion taken by Neville Chamberlain and his cabinet.

22. To take this last point first : Chamberlain's attitude to British opinion was, at bottom, that of an administrator rather than a politician. That is to say, he distrusted it profoundly as a dangerous obstacle to and limitation on the administrator's freedom to follow the correct administrative solution. The danger lay in its insistence in discussing matters on large and general lines with a strong inclination towards the higher morality ; in its necessary ignorance of much on the realities of the situation ; in its unrealistic belief in the omnipotence of British power and British moral standards ; in

(32) See David Astor, " Why the Revolt against Hitler was ignored ", *Encounter*, June 1969 ; Christopher Sykes, *Troubled Loyalty*, London, 1969 ; *Documents on German Foreign Policy 1918-1945*, Series D, Vol. VI, Document no. 497.
(33) See for example Thompson's account, pp. 201-205.

254

its volatility; in its ability to get swept into tides of bellicosity or panic which would make the administrator's job impossible. His attitude to public opinion was fundamentally suspicious and hostile. Being practised in British politics he talked in public the language of his own brand of higher morality British-style with its various appeals to peace, isolationism ('a far away country of which we know nothing'), legalism, civilisation, Christianity etc. In private and in Cabinet however the rhetoric, though not entirely absent from meetings of the full Cabinet, is replaced by calculations of relative military and financial strength, the reliability of various potential allies and the opportunity costs of their assistance in terms of the possible loss of friends elsewhere, and, above all, the overwhelming need to buy time for the fulfilment of the British rearmament programme and to improve its efficacy by reducing the number of potential enemies. Given such a temperament, the line of Chamberlain's speeches has to be evaluated not as evidence of his own reactions to events, but as evidence of his assessment of the strength of public feeling and the general desirability of echoing it or of attempting to direct it into different channels.

23. To return to the 'received doctrine': readers of Churchill's *Gathering Storm* are familiar with his depiction of the effects of the Munich Agreement (34) :

'It is not easy in these latter years [...] to portray for another generation the passions which raged in Britain about the Munich agreement. Among the Conservatives, families and friends were divided to a degree the like of which I have never seen. Men and women, long bound together by party ties, social amenities and family connections, glared upon one another in scorn and anger'.

It is worth comparing this with the evidence produced by Mass Observation (35), if only to underline that the divisive effects of Munich of which Churchill and others have written was felt particularly strongly in the active part of the Conservative party and among the social élites among which Churchill, Duff Cooper, Eden, Harold Nicolson and others regularly circulated. In the country as a whole there seemed to be a strong male/female division (36). the women's vote being far more markedly pro-Chamberlain, a view strongly and uniformly echoed by the mass press. The 'quality press', so-called, divided generally as it had all along (37). There are also indications that the North, where the danger of air attack seemed much more remote than in the Greater London conurbation,

(34) W.S. Churchill, *The Gathering Storm,* London, 1948, p. 328. See also Viscount Norwich, *Old Men Forget,* London, 1953, p. 250-254 ; Nicolson, *Diaries,* entries of October 8, 13.
(35) Madge and Harrisson, *Britain by Mass Observation,* pp. 101, 106, 107.
(36) A point made verbally to Nicolson by one of his supporters and thoroughly borne out by Madge and Harrisson, p. 101.
(37) Gannon, pp. 188-90, 197-8, 204-5, 211-13, 222-3, 225.

felt the fear of war and the desire to avert it at whatever cost in national pride far less strongly than the South East and was therefore much less enamoured of Mr. Chamberlain's success. The predominance of Labour-held constituencies in the North and North East would tend to confirm this since the divise effect of Munich was felt not at all on the Labour side of political life (38).

24. The degree to which these divisions heralded the *débâcle* which overtook the Chamberlain government in May 1940 is obvious. What is much more questionable is the degree to which either élite opinion or mass opinion remained reconciled to the sentiments of the Anglo-German declaration and were therefore caught unprepared and *bouleversé* by the events of March 14-15, 1939. The evidence of the seven by-elections held in the last three months of 1938 (39) show a steady swing against the Chamberlain government, and an outright loss of two seats, that of the safe Conservative seat of Bridgewater where the Liberal and Labour parties combined behind a common candidate and fought entirely on an anti-Munich platform being particularly striking (40).

25. As soon as one abandons the naive periodic view referred to above it is clear that from October 1938 onwards opinion in general swung steadily against Germany. Indeed the manner in which Munich itself was presented to British opinion, with Neville Chamberlain as the angel of peace plucking the flower, safety, from the nettle, danger, required a demonological analogue to Chamberlain. The obvious candidate, who had endangered world peace, who had stuck the flower, safety, in such close conjunction with the nettle, danger, had to be Hitler — a point which his virulently expressed criticisms of Chamberlain and Britain shows that he had appreciated abundantly. The steps in the progressive deterioration of British attitudes to Germany may be easily charted :
— Initial reactions to excessive enthusiasm over Munich
— Reactions to the anti-Jewish pogrom in Germany (41)

(38) The lot of known Labour supporters in predominately Conservative constituencies was, as the author remembers from his parents' experiences, not easy.

(39) Roger Eatwell, " Munich, Public Opinion and Popular Front ", *Journal of Contemporary History*, vol. 6, No. 4 (1971).

(40) It must be set against the defeat of the Duchess of Atholl noted above by 1 300 votes in a constituency where there was no alternative political organisation prepared to campaign on her behalf in opposition to the dominant Conserv. party.

(41) For Chamberlain's assessment of the effects of this see the record of his remarks to the South African defense minister, Oswald Pirow, in Oswald Pirow, *James Barry Munnik Hertzog*, London, 1958, p. 235 : see also my " Pirow's mission to Berlin in November 1938 ", *Wiener Library Bulletin*, XII (1958), nos. 5-6, and " South African Attempts to Mediate between Britain and Germany, 1935-1938 " in K. Bourne and D.C. Watt, *Studies in International History, Essays presented to W. Norton Medlicott*, London 1967.

256

— Public alarm over the German trade drive, expressed in the
Commons debate of 30 November 1938 (42)
— Anger at German press attacks on British army conduct in
Palestine
— The January 'War Scare' (43).

26. This movement was clearly visible to German (44) and other
contemporary diplomatic observers (45). In the light of their reports,
it is worth asking whence came the almost unanimous view found
in contemporary writers, and now part of 'conventional wisdom', that
it was the events of March 15, 1939, which had so great an effect
on British opinion. The answer lies in part in the rather naive view
of 'public opinion' assumed in the 'conventional wisdom', in part
in the course of events between January and March 1939. Since
Munich, the critics of British policy up to Munich had had much
the better of the argument in that Hitler's actions and language
had largely fulfilled the critics' view of him as unbalanced, anglo-
phobic and a war-monger. His Reichstag speech of 30 January 1939,
the comparative calm which gripped Europe in February 1939 and,
above all, the failure of any of the rumours to reach fulfilment, made
the critics seem 'alarmist' (to use *Punch*'s word in the famous
cartoon by Sir Bernard Partridge which appeared with such unhappy
timing on the week-end of the German march into Prague). The
German march into Prague seems to have put an end to that
particular argument for ever. By the end of the following month
Britain had 'guaranteed' Poland, Greece and Roumania, and was
deep in talks for a common action against Hitler with France and
the Soviet Union. The 'public' side of 'public opinion' in this period
has to be seen therefore as having the nature of a debate or contest
between rival estimates of the danger of war, of the nature of
Hitlerian Germany and of Hitler's aims, and of the best means of
dealing with the foregoing.

(42) See Bernd Jürgen Wendt, *Economic Appeasement, Handel und Finanz
in der britischen Deutschland-politik*, Dusseldorf, 1971, pp. 520-24.
(43) For the limited, but nonetheless 'informed' treatment of this in the
British press, especially in the *Manchester Guardian*, see Gannon, pp. 230-33.
(44) See the reports of Herbert von Dirksen, German Ambassador in
London, of 17 November 1938 and 3 January 1939, *D.G.F.P.*, Series D, vol. IV,
nos. 269, 286.
(45) The lengthy memorandum prepared in September 1939 by the
Forschungsamt on 'British policy from Munich to the outbreak of war', on the
basis of intercepted foreign diplomatic correspondence, refers to a dispatch
from the Japanese ambassador in London, Shigemitsu Mamoru, of the 16th
December 1938 ; David Irving (Ed.), *Breach of Security. The German Secret
Intelligence File on Events leading to the Second World War*, London, 1968,
pp. 50-51. See also the report of the Czech minister in Tokyo of 23 November
1938 on a conversation with the British ambassador, Sir Robert Craigie, in
Vaclav Kral, *Das Abkommen von Munich, Tschechoslowakische diplomatische
Dokumente 1937-1939*, Prague, 1968, document No. 279 ; the Diary of Count
Szembek, head of the Polish Foreign Office, *Journal Politique 1933-1939*, Paris,
1952, entry of 22 November 1938.

27. The view that had 'triumphed' as a result of Hitler's action was not, it should be emphasised, one which accepted the inevitability of war. It was compunded of the beliefs that the way to avert war was to 'stand up to' Hitler, through rearmament, toughness of language and stance, 'calling his bluff' etc. (a view which laid strong weight on Hitler's alleged retreat when confronted with the threat of war in the 'week-end crisis' of May 1938) and that there were worse things than war. It is in this refusal to regard war either as having a very high degree of probability or as being almost the worst conceivable outcome that seems, in the latter part of the spring and summer of 1939, to separate Chamberlain and his immediate entourage from the main pressures coming from the public sector on to the Chamberlain Cabinet.

28. One of the ways of tracing the course of British opinion through the eleven months from October 1938 to September 3, 1939 is through the polls taken by the British Institute of Public Opinion, the orthodox rival to Mass Observation. Here is a sample of them (46) :

(i) On Appeasement and Germany

(a) *October 1938.*

Are you in favour of giving back any former German Colonies ?	Yes	15 %
	No	85 %
	No op.	13 %
If 'No', would you rather fight than hand them back ?	Yes	78 %
	No	22 %
	No op.	9 %
Hitler says he has 'No more territorial ambitions in Europe'. Do you believe him ?	Yes	7 %
	No	93 %

(b) *February 1939.*

Which of these statements comes nearest to representing your view of Mr. Chamberlain's policy of appeasement ?
1. It is a policy which will ultimately lead to enduring peace in Europe .... 28 %
2. It will keep us out of war until we have time to rearm . 46 %
3. It is bringing war nearer by whetting the appetites of the dictators .... 24 %
No opinion .... 2 %

(c) *March 1939.*

Are you in favour of giving back the former German Colonies ?	Yes	14 %
	No	78 %
	No op.	8 %
If 'No', would you rather fight than hand them back ?	Yes	69 %
	No	19 %
	No op.	12 %

(46) *Public Opinion Quarterly,* March 1940, pp. 77-81.

Would you like to see Great Britain and Soviet Russia being more friendly to each other ? Yes .... 84 %
No .... 7 %
No op. .... 9 %

(d) *April 1939.*

Is the British Government right in following a policy of giving military guarantees to preserve the independence of small European nations ? Yes .... 83 %
No .... 17 %
No op. .... 14 %

(e) *May 1939*

Do you think the risk of war has increased or decreased since last autumn ? Incr. ...... 30 %
Decr. ...... 57 %
No op. .... 13 %

In his speech last Friday Hitler said : '... the opinion prevails in Great Britain that no matter in Great Britain that no matter in what conflict Germany should some day be engaged, Great Britain would always have to take her stand against Germany'. Do you think this statement is true or untrue ? True ...... 31 %
Untrue .... 58 %
No. op. .... 11 %

(f) *June 1939.*

Do you think the time has come for the 'Peace Front' countries to draw up a detailed plan for world peace as the basis of a conference to which all countries would be invited ? Yes .... 61 %
Later ..... 19 %
Never .... 11 %
No op. .... 9 %

Are you in favour of a military alliance between Great Britain, France and Russia ? Yes .... 84 %
No .... 9 %
No op. .... 7 %

(g) *July 1939.*

If Germany and Poland go to war over Danzig should we fulfil our pledge to fight on Poland's side ? Yes .... 76 %
No .... 13 %
DK .... 11 %

(h) *August 1939*

Do you, or do you not, think the British Government is doing its best to secure a pact with Russia ? Yes .... 50 %
DK .... 20 %
No .... 30 %

A similar series of questions on conscription is equally significant. Here January 1937 is the starting date.

(a) Do you favour compulsory military training ? (Jan. 1937) Yes .... 25 %
No .... 75 %
No op. .... 1 %

If so, up to the age of 25 ? .... 57 %
Or up to the age of 35 ? .... 43 %
No opinion .... 3 %

(b) It has been decided to enlarge the British Army to 33 Field Divisions. Are you in favour of obtaining the necessary recruits on a planned and compulsory basis, or of leaving it to individuals to enrol voluntarily ? (Apr. 1939) Planned ... 39 %
Voluntary . 53 %
No op. .... 8 %

(c) Are you in favour of Mr. Winston Churchill being invited to joint the Cabinet ? (May 1939)

Yes .... 56 %
No .... 26 %
No op. .... 18 %

(d) Do you approve of the Government's decision to apply conscription, or are you in favour of leaving individuals to enrol voluntarily ?

Conscrip. .. 58 %
No op. .... 4 %

(e) Conscription applies now to men between 20 and 21 years of age. Should it be abolished altogether, left as it is, or should the age limits be extended ? (Jul. 1939)

Abolished . 18 %
Left as is . 42 %
Extended .. 34 %

Particularly interesting in these two series are firstly the change in attitudes to conscription between April and May 1939, especially when set alongside the answers for April and May in the first series, and the desire to see Mr. Churchill in the Cabinet. The strong assumption must be that for those polled the demonstration of toughness was enough to deter Hitler in itself. By July 1939 the answers in the two series would seem to have accepted the very high probability of war and to have discounted it. Over a third wanted an extension of the age limits for the draft, a view which really only makes sense if war is assumed to be just round the corner (47).

29. Against that one must set two occasions on which the Cabinet very definitely felt the presence of public opinion. These were the Anglo-Soviet negotiations and the revolt of 2 September first in Parliament and then in the Cabinet. It is worth noticing also that the public reaction to the Nazi-Soviet pact in the first instance not only justified and absolved the British government in its failure to conclude an alliance with the Soviets but also backed it thoroughly in its failure to react to the pact in the way Hitler anticipated it would, i.e. by abandoning Poland.

30. Behind these polls, especially that of July on an extension of the draft and the two cases of pressure on the Cabinet noted in paragraph 29, there can be detected a more profound difference between official policy and public reactions, or rather between the assumptions that underlay the two positions. One could talk of a failure to communicate (a fashionable form or analysis nowadays). But the basic principle underlying the official policy of guarantees

(47) It is worth noting that there does not seem to have been much variation in the public judgement of Neville Chamberlain : the B.I.P.O. polls on this question give the following result :
Are you satisfied with Mr. Neville Chamberlain as Prime Minister ? (Dates as indicated).

	Yes	No	No Op.		Yes	No	No Op.
Oct. 1938 ..	57 %	43 %	10 %	May 1939 ..	55 %	45 %	4 %
Dec. 1938 ..	56 %	44 %	9 %	Jul. 1939 ..	59 %	41 %	7 %
Mar. 1939 .	58 %	42 %	10 %				

for the four countries of Eastern Europe and of concomitant negotiations with the Soviet Union was one of deterrence, even in a
curious way of collective deterrence. The aim was to confront
Germany with a diplomatic line, a *Nec Plus Ultra,* as it were, as
a means of heading Hitler off from yet another unilateral *coup de
main.* This might have been directed merely against Danzig, a
thought which provoked Lord Halifax' speech of July to the Royal
Institute of International Affairs, or against Poland, or against
Roumania. The element of deterrence would have been greatly
weakened if British policy had resulted in a general picking of
sides throughout Europe, a process which would not only have driven
Mussolini irretrievably into the German camp (and a long debate was
then in progress over whether Italy should be regarded already as
lost and made the target of a possible first strike), but would have,
in the British view, lost Spain and Portugal, whose strategic position
athwart both the Western Mediterranean and the Southern Central
Atlantic (Azores, Canaries etc.) was a major worry to the Admiralty.
British public debate was much less subtle. Hitler would be stopped
by the Grand Alliance. As for what happened after he had been
stopped, a point never far absent from British official thinking, the
public debate never went so far.

31. The essence of this difference lay in the differing attitudes
towards war with Germany. Chamberlain faced this possibility with
reluctance, sorrow and foreboding, tones which came out very
markedly in his broadcast of 3 September 1939. British public
opinion faced it with an increasing sense of inevitability. The July
poll referred to above suggests that the point at which public
opinion outstripped that in the Cabinet and Government was probably
in July. It led to the widespread assumption in Parliament on the
first two days of September that a 'new sell-out', this time of Poland,
was in preparation (48) ; hence the bitter scenes in Parliament on
the afternoon of September 2, the 'revolt' of the outer Cabinet under
the leadership (of all people !) of Sir John Simon and the dramatic
midnight decision of the Cabinet, taken amidst the thunder and
lightning of a torrential London summerstorm, to stop waiting for
the French cabinet and to deliver the final ultimatum to Germany.
Underlying this difference were two elements in the Cabinet's attitude
which it is hard to see how the Cabinet could have communicated
to the public without rendering any policy of deterrence impossible,
Britain's overall military weakness, and French vulnerability in the
air. British opinion believed it would be as they imagined it had
been in the 1914-1918 war. The Cabinet knew that in 1914 Japan had
been Britain's ally, and Italy a neutral.

(48) It is difficult to say how much the public revelation of Mr. Hudson's
(be it said, quite unauthorised) indiscretion with Dr. Wohltat contributed to
this. Chamberlain survived the Commons debate quite easily ; whereas that of
2 September was a near-disaster.

32. *Conclusions.*

Two very general conclusions emerge from this paper.

(i) So far as domestic politics in the orthodox sense are concerned, there is no very significant direct influence upon British foreign policy — with the exception of the Cabinet revolt of 2 September 1939. Neither the Conservative *frondes* nor the Labour party had much overt effect on the confidence of the Prime Minister and his Cabinet or on the dominance they exerted over Parliament.

(ii) So far as opinion was concerned, it was for much of the time fragmented, and has to be seen as engaged in a debate rather than as any kind of unified force. In the manner of the development of such debates it moved towards a general consensus which supported British policy but which misunderstood its aims and rationale (49). This consensus probably outstripped official opinion in the degree of its readiness to consider war an acceptable alternative some time in July, a development deducible from the public pressure for an Anglo-Soviet alliance, the willingness to consider more far-reaching methods of conscription than Government thought necessary, and the suspicions that a new 'sell-out' was in preparation. Underlying this, there was the more general shift towards the Churchillian and Labour condemnation of Baldwin and Chamberlain and of their policy of 'appeasement' which surfaced in 1940 (50) and which continues to colour so much of the historiography of the period.

(49) There were, of course, exceptions to this. *Tribune* opened its first issue of September 1939 with a quotation implying that a new 'imperialist' war had beguen. And the Quaker and pacifist groups continued to lobby Halifax in favour of an agreement with Germany.

(50) Noted by Tom Harrisson in a very perceptive article " What is Public Opinion ? ", *Political Quarterly*, October 1940.

ANGLO-FRENCH ECONOMIC COLLABORATION BEFORE THE SECOND WORLD WAR : OIL AND COAL [1]

Margaret GOWING

Professeur d'Histoire des Sciences à l'Université d'Oxford

La collaboration économique franco-britannique avant la deuxième guerre mondiale : le pétrole et le charbon. — A l'inverse de ce qui se passait pour le ravitaillement, où la Grande-Bretagne dépendait des importations beaucoup plus que la France, c'est la France qui a joué le rôle moteur pour les conversations sur le pétrole et le charbon, matières premières produites ou contrôlées par son allié. Contrairement aux discussions sur le ravitaillement, celles qui ont porté sur le pétrole ont commencé très tard pour traîner en longueur, en raison de la mauvaise volonté des hauts fonctionnaires britanniques concernés. Ce n'était pas le cas pour le charbon, où les conversations ont eu des résultats satisfaisants. Le *Foreign Office* est constamment intervenu auprès des services compétents pour les pousser à accroître leur coopération avec la France. Mais les uns et les autres ont manifesté un optimisme excessif quant aux navires disponibles pour couvrir les besoins franco-britanniques.

This paper should be read against the background of my paper for last year's Colloquium which set out the stages of British Ministers' discussion and decision about Anglo-French economic collaboration. I will recapitulate briefly the main points. No steps at all were taken until the summer of 1937 when discussions with France and other countries about British food supplies in war were authorised. Early in 1938 the French wished to extend discussions to oil, coal, shipping and other supplies. British Ministers authorised conversations on the strict understanding that they must be informal and confidential, involve no financial outlay and no commitments. This general line was re-affirmed as late as 1938 — just before Munich —

---

[1] Oil and coal were chosen for this paper at French request.

even through it was clear that the food discussions had gone much further than this. The general policy did not change until the spring of 1939 when it was realised that the joint military planning which was now to begin must be accompanied by joint planning of supplies and binding commitments. However, the British did not set up any co-ordinating machinery for economic collaboration until July 1939.

I take oil and coal as case-studies of these negotiations. To take these two commodities alone, omitting for example food, gives an unbalanced picture of the economic negotiations. For in coal and oil the French were exceptionally dependant on the British ; British, like French, oil supplies were of course imported but the main oil companies concerned were British owned. For food, on the other hand, Britain was far more dependant on imports than France and it was essential for her to organise her overseas purchases in advance. Thus, the French were the eager planners in oil and coal and the British in food. Oil and coal unbalance the picture in another sense : they distort any assessment of the competence of British government. One lesson of the negotiations is the great influence of individual civil servants on British — and perhaps on French — government policy. The British civil servant in charge of food was Henry French of the Food (Defence Plans) Department of the Board of Trade. He was extremely able and initiated, planned and drove through collaboration on food. The British civil servants dealing with coal were quite adequate but alas, the oil story shows a civil servant at his worst : Frederick Starling, head of the Petroleum Department (part of the Mines Department which was in turn part of the Board of Trade) will appear in this narrative of Anglo-French negotiations as the embodiment of the physical principle of inertia which tells us that the tendency of matter is to remain at rest or in uniform motion in the same straight line or direction unless acted upon by some external force. By contrast, the French civil servant in charge of oil negotiations, L. Pineau, the *Directeur de l'Office National des Combustibles Liquides* in the Ministry of Publics Works, seems extremely able — someone of the Henry Franch stamp. I do not know whether the French officials in charge of food negotiations were equally impressive.

I. — Oil

Since the British documentation seems to be much greater than the French I have told the oil story in some detail, if only for the record. The story begins in July 1936 when the French Ambassador told the Foreign Office of discussions between the French authorities and Sir John Cadman the Chairman of the Anglo-Iranian Oil Co., about stock-piling fuel oil for the Navy and petrol for the army and air forces. The British were benevolent : in view of the company's large stake in the French oil industry it was desirable that they should keep in with the French authorities. Pincau was in charge on the French side. By the end of 1936 he was placing French wartime requirements in some detail before Anglo-Iranian and was posing them a long list of questions : one possible eventuality he discussed was British neutrality in a conflict. Cadman felt quite unable to give the specific promises Pineau wanted. Pineau had played a specially large part in the interallied oil control of the First World War which had mobilised and regulated all resources of transport and supply. An analogous scheme was bound to be adopted in a future war and Cadman pointed out that under such schemes a commercial organisation could not contract any of its resources outside the general scheme of control. Meanwhile the very hypothetical character of all the factors involved made answers to Pineau's very precise questions impracticable. Cadman could only assure Pineau that within the limits imposed by higher control, his company would do its utmost to maintain supplies at economic prices to its best and most friendly markets.

In February 1937 Pineau and his Under-Secretary of State, Ramadier, teckled Cadman again in Paris. Their government, they said, were pre-occupied with the question of French oil supplies in an international crisis and wanted to discuss the whole question with the British Government as well as with producing companies. Cadman told them to communicate with the Foreign Office. He clearly envisaged that representatives from the two countries would get together to estimate civil and military requirements, examine possible sources of supply, methods of transport and the most suitable places and means of storage together with the possibility of setting up an inter-allied organisation similar to that of the First World War which would be latent in peace but ready to operate in war. A month later — March 1937 — the French Ambassador left at the Foreign Office an *aide-mémoire* asking that the British Petroleum Department and the French Ministry of Public Works should get together for this purpose. The note pointed out that co-operation was the more necessary since France drew the major part of her supplies from the Irak Petroleum Company in which the controlling interest was British, while Britain and France were closely linked by a policy of co-operation in the development of oil in all Near East countries.

On reading this note, an Admiralty official wrote that their lordships desired him to point out that there seemed to be a danger that such Franco-British oil discussions might develop into something in the nature of "staff conversations" since there would be a temptation to discuss details of plans for securing the supplies required by the two countries on the assumption that they were in alliance. Any discussion, thought the Admiralty, should be of an "extremely limited character and not in the nature of joint supply plans". The Admiralty were a little less cautious when, in July 1937, they heard that the French *Compagnie Industrielle Maritime* on their Government's instructions had approached a British company about the construction of oil storage for the French at Thames Haven in case free passage through the Mediterranean was interrupted in war. The Admiralty said they did not object to an English company holding reserve stocks for a foreign power but thought the site too strategically vulnerable.

Strang of the Foreign Office had sent the French note to Starling of the Petroleum Department immediately — i.e. in March 1937. This department apparently took no action whatever. In August Strang wrote to Starling that they could not delay much longer a reply to the French enquiry and asked him whether, and if so within what limits, the British might agree to the French proposals for joint discussion. Starling apologised for not "disposing of" the French note but said, playing for still more time, that the War Office had not given their views while, anyway, the matter could not be cleared until his Minister, the Secretary for Mines, returned from holiday in mid-September. No attempt to press the War Office for comments is recorded. In October the Institution of Petroleum Technologists arranged a lunch between Pineau and Starling. Pineau wrote afterwards : "*J'ai été particulièrement satisfait des si utiles conversations que j'ai eues avec vous et j'espère qu'elles nous fourniront l'occasion de continuer une collaboration à laquelle j'attache personnellement le plus grand prix*". At the end of October Strang wrote to Starling that it was undesirable to leave the French Ambassador's note any longer without a reply. Having heard of the Pineau-Starling meeting, be suggested that the reply should propose further informal conversations designed to ensure that the two countries' plans did not conflict but without leading to any definite inter-government commitments.

In November 1937 French was increasingly anxious to push ahead with co-ordinated purchasing arrangements for food, but Strang foresaw possible embarrassment since France had several months ago suggested similar arrangements for petrol but the Petroleum Department had not "fallen in" with this. In December Starling told French ´that the Admiralty and Air Ministry, both anxious to avoid anything in the nature of staff talks, felt that talks on oil supplies might provide an awkward precedent. In any case the views of the War Office were still awaited. Starling referred to his "general" talk with Pineau and added : "we may have other talks from time to time". Oil, he emphasised, was different from food ; the sources of production abroad were in the same hands as the distribution arrangements in Britain and it was possible to rely in large measure on the organisation built up by the British oil industry which owned and controlled large facilities for the refining, shipping and distribution of oil. "These", he added, "the French do not possess and they are anxious to share our facilities".

However, in the same month — December 1937 — Starling at last replied to Strang, even though the War Office had still made no comments. He explained that his department "did not much care for" the phrase in the French Ambassador's note about talks "designed primarily to ensure that the policy of each Department shall be devised and conducted so as not to conflict with the interest of the other Government"; he personally felt this would entitle his French colleague "to raise all sorts of difficult questions". He preferred simply that the informal talks between Pineau and himself should be continued from time to time. Sir Alexander Cadogan replied to the French Ambassador in January 1938 on these lines — informal conversations which would not result in any definite inter-Government commitments. Ten months' gestation had indeed produced a *ridiculus mus*.

Soon after this, the Foreign Office, through the Committee of Imperial Defence, was suggesting that the exchange of information implicit in the discussions on food which were proceeding with the French and Belgian governments should be extended to coal and oil — still without undesirable commitments. This Foreign Office note mentioned that on oil, the Supply Board were apparently prepared to contemplate some arrangement whereby Belgium and Britain would not compete in foreign markets and possibly also consultations about the problem of shipping supplies to Belgium. (This seems to have been part of the Belgian exercise in which the Belgian Government presented through their Military Attaché a list of their requirements in an emergency. I have not seen any Petroleum Department papers on this). But, said the Foreign Office, it was now almost a year since the French Government had proposed oil conversations and little progress had yet been made, even though the French Government had made it clear that they attached great importance to this question and even though circumstances might well arise in a crisis involving both France and Britain where it would be important to Britain that the French armed forces should be assured of adequate supplies. It was clearly desirable that preliminary investigations of the two countries' requirements should be made in advance. Any oil conversations with France should be of similar scope to those contemplated with Belgium. Moreover, it was "scarcely reasonable" to ask the French to discuss food supplies and yet be reluctant to accede to their request for similar conversations about oil. The Foreign Office was quite right. In April 1938 Pineau wrote to Starling that very useful results had followed from the British proposals to the French for a joint examination of food supply in war; this same procedure ought to be applied above all to petroleum products. The French Ministers' visit to London was about to occur at this time and they had put forward as an item for discussion "the purchase, perhaps on a joint basis, of supplies such as food and oil". The French were so anxious about this that they had reluctantly refrained from buying oil from the new State syndicate in Mexico which had recently expropriated Western oil interest — in spite of similarities in the ideology of the French and Mexican governments. They hoped very much that this decision would be counted in London as righteousness ; "*elle s'inspire du désir qu'a le gouvernement français de voir mettre en pratique à bref délai une politique de collaboration franco-britannique en matière de ravitaillement en pétrole*". Starling quickly pointed out that this contemplated something beyond the earlier British proposals which seemed, he suggested, to be as far as matters should be carried at present.

Misunderstanding persisted because, as I explained in the 1971 Colloquium, the talks on coal and oil and other supplies were both to be on the lines of the food conversations, and were also simply to consist of general informal enquiry and not involve definite commitments. This was mutually contradictory because the food arrangements had already involved definite arrangements. There was further confusion because the French clearly believed that in discussion the requirements of both sides would be discussed. But while the Foreign Office had envisaged this, other departments, notably the Petroleum Department and its parent Mines Department, believed that only French requirements were to be bilaterally scrutinised.

Only under French pressure — and further veiled threats about the temptations of Mexican oil — was a proper Anglo-French meeting about oil arranged in June 1938, i.e. fifteen months after the original French request for one. Concern about petrol had been rising in the French chamber of deputies. One French deputy, Baron, a leading authority on everything connected with explosives and petrol had recently been on a mission to the United States. He had told a British Embassy official with wonder that he had been transported in a day from New York to New Orleans in a commercial aeroplane at 400 Km an hour and that U.S. refineries were now engaged on a large scale in turning out petrol with very high octane ratings suitable for such performance. The Finance Committee of the Chamber had found the military aspects of the petroleum problem "extremely disquieting" on grounds of quantity — in view of the danger of the Mediterranean and Atlantic — and quality in view of the need for high octane aviation spirit.

At the June 1938 meeting the French emphasised that the question of oil supplies was seriously preoccupying their Government ; Pineau had been given general instructions by a special ministerial committee presided over by Daladier himself. The French tabled their requirements as formulated by an inter-ministerial War Committee. They had also drawn up purchasing plans based on three separate contingencies : (1) freedom of the seas, (2) closure of the

North Atlantic, (3) closure of the East Mediterranean. Of these (3) was considered to be the most probable. However, the French could not pursue their purchasing plans without the co-operation of the British Government. Pineau urged that Franco-British collaboration was essential for the solution of these problems : the quantity of oil necessary, that is the total increased demand and the redistribution of supply sources ; the quality, in particular the demand for high octane aviation spirit ; and tanker tonnage.

The French pressed the British very hard on all these points but the British did not yield an inch. "*Nous ne pouvons rester dans l'insé-curité*", said the French. "*N'oubliez pas toutefois*", replied the British according to the French minutes, "*que notre situation est aussi critique que la vôtre*" [...] "*Il nous faut, bien entendu, songer aux transports nécessaires à notre Empire et nous avons, par conséquent, le devoir d'être prudents*". Starling said the British had not yet listed their total oil requirements but they were astonished at the French figure for aviation spirit which was considerably above British requirements. Starling inadvisedly suggested that the meeting might take the methods of the food planning as a basis for discussion. De Bellefon, the efficient Commercial Counsellor at the French Embassy in London, seized this with alacrity and discomfited the British by describing these methods, now very advanced. No representative from the British Mercantile Marine Department was present at the meeting. Would it not be possible to see one the next morning ?, asked the French. "*Absolument impossible*" was the reply. The French wanted to lay the foundations of a Franco-British Oil Committee straightaway ; with three sub-committees, one in charge of purchasing, one in charge of tanker chartering and one concerned with the quality of aviation spirit. It was preferable, they said, not to await a declaration of war before getting to work. The British evaded all commitments — even a date for another meeting to be attended by shipping and aviation representatives, or even a promise to consult the Foreign Office about such a meeting.

Pineau wrote to Starling in July asking for another meeting at the end of that month. Starling offered mid-September. Soon afterwards the Foreign Office wrote to Starling that the French had expressed disappointment at the lack of progress at the June meeting ; and felt that if any useful progress was to be made it would be necessary "for us to take them a good deal more into our confidence". The Foreign Office admitted that the uncertainty in June about Cabinet intentions had forced the Petroleum Department to show a certain amount of reserve but now the uncertainty had been cleared up once and for all : the Cabinet had agreed that information of estimated requirements should be exchanged and discussed and that where requirements overlapped, the outline of contingent arrangements for co-ordination should be prepared. The Foreign Office wished to remove French doubts of the British intention to continue the talks to a useful conclusion and it would be "helpful" to tell them the oil discussions would be resumed in September. Meanwhile, they said, they would be grateful if the Petroleum Department would let them know what had happened at the June meeting. "We have had the opportunity to glance at the French experts' own record and gather there was one point at least on which you were proposing to consult us". Since the Cabinet had said that the Foreign Office was to be associated with the conversations at all stages they must be represented at the next meeting.

Unabashed, Starling replied to the Foreign Office on July 30th that he had not yet agreed the note of the last meeting with de Bellefon : in fact he did not reply to de Bellefon's letter of June 24th, enclosing the French minutes, until August 17th ! He said that part of the trouble was that Pineau's ideas went a good deal further than even the latest Cabinet decision : some of the French remarks seemed to indicate that they thought fairly definite arrangements were to be made. In September, representatives from the French Embassy saw Starling to express Pineau's hope that technical experts would attend the next meeting and to ask that the British would produce requirements on the same lines they were asking of the French. Starling would not commit himself about the experts and said, flatly against the Cabinet conclusion : "Our instructions did not permit" the tabling of British requirements. A week later and three months after the June meeting, Starling circulated its minutes. He had now apparently been told by the Foreign Office that Lord Halifax was very concerned to see the conversations proceed as smoothly and quickly as possible and he acknowledged that the British failure to be more forthcoming at the June meeting was one of the reasons why the French had not sent in the more detailed requirements they had promised. Now the Service departments were especially reluctant. The Admiralty said their oil requirements should be disclosed only to the extent necessary to ensure co-operation. The Air Ministry would disclose figures for ordinary aviation spirit but not for high octane fuels. The War Office said any information to the French should be of a guarded nature ; since they were seeking our help, our requirements need not be given them in detail.

Under emphatic French pressure, and the shadow of the Munich crisis, another meeting was held on September 14th, 1938. The Petroleum Department did not believe that it would be difficult to acquire combined French and British requirements at the sources of supply named by the French but there were many large question marks. What would the United States attitude be ? Would Dutch East Indies supplies — small in total but important for aviation spirit — be available ? Did the British Admiralty intend to protect the Haifa-Suez route, so crucial for Iraki oil which might be shipped to Eastern markets and so release for France supplies from Western sources ? Were British and French specifications of Naval fuel oil interchangeable ? However, two questions were more important than all others. One was the availability of tankers to carry French oil and the other was the availability of aviation spirit in the necessary quantity and quality.

Some action followed this meeting. The very next day there was a meeting with the Director of Sea Transport to discuss French tanker requirements on the various hypotheses. It was clear that both countries would need to employ large numbers of neutral tankers and to co-operate in a chartering scheme in order to avoid competition. Provided this was done, the British naval representatives met to discuss the relative safety of tanker routes. The French Admiralty were assured that even if Italy were hostile, the Tripoli-Port Said route would be free and transport in the Red Sea would not present serious difficulty. Meanwhile, the Royal Navy handed over their fuel specification. Starling quickly made enquiries in the United States about supplies of aviation spirit.

Even so, no embryo inter-allied machinery was formed. Another meeting was not held until February 1939 and it does not seem as if in the meantime the problems of quality in aviation spirit — stressed as vital in the talks of the previous September — had yet been discussed. However, the February meeting concentrated primarily on the total supply outlook, the tanker position and inter-allied organisation. Supply and tankers were part of the same problem and were obscure partly because of strategic uncertainties. Pineau had not, it appears, been kept fully informed by the French Admiralty and the French oil experts were sceptical of the British optimism about the freedom of the Red Sea which was essential to give Iran and Irak the oil outlets to the Indian Ocean which would make possible exchange for Venezuelan oil. They probed hard on this and returned to Paris ready to probe still further with their own Admiralty ; further Franco-British naval conversations about the Red Sea and Suez were clearly vital. On the tanker position generally the British were vague but hopeful that there would be enough for all but they admitted that planning had gone no further than the first preparations for Franco-British chartering of neutral tonnage in war. The British sea transport officials had not thought a joint chartering body necessary but said that after neutral tonnage had been chartered it would belong to the Allied Sea Transport Council. However, the British were still reluctant to move fast to establish inter-allied oil machinery. Pineau urged that joint purchasing and transport committees should be set up but Starling thought it was not "immediately urgent" to do so. The British minutes still prevaricated ; the question of machinery for securing co-ordination should be further considered, they noted, when the British oil organisation was completed. The French said their own organisation was already complete and had been ready to come into operation at a moment's notice at the Munich crisis; they wanted immediate action to establish a joint organisation.

After this meeting there is almost nothing on the Petroleum Department files about Anglo-French collaboration until the outbreak of war. There is a note of March 1939 from the Commercial Counsellor at the British Embassy in Paris that Pineau had expressed his "great joy" at the success of his meetings in London with Captain Crookshank and others connected with petroleum matters and tonnage but I do not know what this refers to. How did matters stand on the eve of war? Detailed estimates of the quality and quantity of French petroleum requirements and their sources of supply had been given to the British. The information had been examined against British requirements and agreement had been reached that there would be no serious supply difficulty except for aviation spirit. The British and French Air Ministries had by now examined the technical aspects of aviation spirit but consideration was only now being given to the means of co-ordinating the steps to be taken by both countries to get supplies. There had been undoubted difficulties because the estimated French demand for aviation spirit in the first year of war had fluctuated greatly. For supplies generally, there were as yet no joint purchasing arrangements, but only general agreement about the sources from which each country should get supply. Detailed proposals for co-ordination between the Petroleum Boards of the two countries had not been settled but co-ordination was simplified because a large share of the trade in both countries was handled by the same oil companies. On tankers, it had been agreed that in the first stages of war each country should look after its own transport requirements but would co-ordinate action with each other.

II. — Coal

The first questions about French coal supplies in a war with Germany and Italy were raised by the Department of Overseas Trade with the Mines Department at the end of 1936 : France, they said, would inevitably look to Britain to replace the sources denied her. Could Britain grant France the 20,000,000 tons or so she would expect ? The Mines Department said that the Department of Overseas Trade might assume that if France could show she required this quantity for essential purposes, the machinery of control would be directed to ensuring her needs were met.

In December 1937 the Commercial Attaché at the French Embassy in London, de Bellefon, had asked whether the British would hold informal discussions without commitment (similar to those on food) about supplies of coal in war. The Mines Department was reasonably forthcoming and reiterated the need for the British to do their utmost to meet French essential coal demands. It was impossible to say in peace what quantity of coal at what price would be available for export to a particular country, so any discussions should concentrate on the inter-allied machinery to be set up in war.

In May 1938, following the French ministerial visit to London, Anglo-French coal discussions began. French coal production had been falling and imports had been rising — from 18 1/2 million tons (metric) in 1937 to 24 1/2 million tons in 1937 ; 38 per cent of the imports came from Britain and 32 1/2 per cent from Germany. In addition, in 1937 France imported nearly four million tons of coke — mostly from Germany and the Low Countries — and 1.3 million tons of manufactured fuel, nearly one third of it from Germany and nearly a half from Belgium. The British had no statistics of the tonnage of various classes of coal produced in Britain and could not say which districts might supply France. They asked the French therefore to estimate their requirements very broadly realising they would have to take coal not entirely suited to its stated purposes. Meanwhile French Ministers had been told that as France might have to rely almost entirely on Britain for coal in war, it would be much easier if they did everything possible to increase peacetime purchases from her.

At the May 1938 meetings, Thibault headed the French team. They now asked for 23 million tons a year of coal imports in wartime, broken into broad classifications ; their mines in the East would close and a quarter million men would be withdrawn immediately on the outbreak of war for military service. They suggested Britain could certainly increase production by 20 million tons if the need arose and said their Government attached particular importance to getting increased supplies of coal from Britain immediately war broke out. The British said they too would have manpower difficulties and possibly port difficulties while exports to neutrals could not cease. The question of shipping was also raised.

In October 1938 the Minister in charge of the Mines Department, Captain Crookshank, sent to his superior Minister, the President of the Board of Trade, a memorandum about the coal talks destined for the Committee of Imperial Defence. The French demand from Britain was, he said, more than double the normal quantity but there should be no difficulty after a time in meeting all the anticipated coal demands provided enough manpower was available. He would wish to consult the coal industry about the possibility of supplying the particular types of coal the French wanted and about the possibility of increasing shipments greatly and immediately once war broke out. Crookshank emphasised two points : first that the French while looking to Britain for war supplies had been buying more and more coal from Germany and secondly that the French

Government intended to withdraw all men of military age from the coal mines, looking to Britain to supply the coal these men would have produced. Board of Trade officials suggested that the French requirements should be discussed further with the Mercantile Marine Department before they were sent to the Committee of Imperial Defence.

It became clear that coal exports to France on this scale would require very large tonnages of shipping : the French themselves said that such exports would require in addition to a French fleet appraised at 400,000 tons deadweight a fleet of foreign boats of 600,000 tons deadweight. The Mercantile Marine Department doubted whether French ports could handle such large quantities of coal and were dismayed by the demand for shipping. They said they would support any representations made by the Mines Department against the French plan to reduce their own output in war by withdrawing manpower. However, when the Foreign Office heard that the President of the Board of Trade was going to urge that the French should keep up their wartime coal production in order to save British shipping they hoped he would refrain. I quoted the Foreign Office letter of January 1939 at last year's Colloquium : "We must always bear in mind that in any war in which we are both engaged against Germany we shall be in the invidious position of having to leave almost entirely to the French the task of holding German armies on land. We maintain our chief contribution will be by sea and air and we have not undertaken to send any troops at all. If we do decide to send any we cannot send more than two divisions at the outset and then only after about fourteen days while France will be obliged to mobilise her whole manpower. The French very naturally resent our refusal to make what they call an *effort du sang* and any suggestion that they should keep their men in the mines rather than place them in their already attenuated army ranks to relieve our shipping — to enable us to reduce our contribution at sea — would cause very great resentment — to my mind justifiable resentment."

Ministerial approval for discussions with the coal industry about French requirements was not given until February 1939 and thereafter the Mines Department acted promptly and efficiently. In April the French were told that there would be no difficulty in furnishing them with a total of 20,000,000 tons of coal although there might be serious interference with coal production and shipping on the North East Coast from air attacks. A system was developed whereby France would establish a Central Purchasing Mission in Britain which would not buy coal but co-ordinate French requirements and, with the Mines Department, frame a general programme for the quantities and qualities of coal to be drawn from the various coal fields. The point on which the planning was far too optimistic was the availability of shipping.

I conclude these two studies by repeating that within the limits set by ministerial decision the quality of the planning for these two commodities reflected the ability of the civil servants concerned. However, the efficacy of all the planning for particular commodities, including food, was affected by the over optimism about shipping prospects.

BRITAIN, FRANCE
AND THE ITALIAN PROBLEM, 1937-1939 *

Donald Cameron WATT
*Professeur d'Histoire Internationale,
Ecole des Sciences politiques et économiques. Londres*

La Grande-Bretagne, la France et le problème italien (1937-1939). —
De juillet 1937 à l'automne 1938, la Grande-Bretagne, sensible au souci
des chefs d'état-major de réduire le nombre des ennemis potentiels,
entreprend de se concilier l'Italie, sans faire grand cas du point de vue
de la France. D'où l'accord du 16 avril 1938, ratifié le 31 octobre. De
l'hiver 1938 à avril 1939, abandonnant leurs espoirs d'une neutralité
italienne lors d'un conflit européen et contraints de renoncer à une
présence militaire en Extrême-Orient à cause de l'affaiblissement de
leur flotte, les Britanniques adoptèrent une stratégie visant la mise de
l'Italie hors de combat le plus vite possible, que les Français commencèrent par critiquer en raison de son caractère offensif. Enfin, à partir
d'avril 1939, la Grande-Bretagne revint peu à peu à une politique d'apaisement envers l'Italie par souci de ménager ses forces et elle pressa la
France d'ouvrir des négociations avec le Duce. Elle avait l'accord de
Bonnet et d'une partie du cabinet français, ainsi que de François-Poncet.
Mais Daladier refusa, ne voyant pas quel intérêt la France aurait à
traiter avec l'Italie. Cependant la politique de Chamberlain, à coup de
démonstrations de bonne volonté, fut efficace : la Grande-Bretagne n'eut
pas à combattre en Méditerranée à partir de septembre 1939 ; l'Italie resta
neutre.

1. For Professor Renouvin, Italy becomes important in 1936.
So far as Britain is concerned the problem of Italy posed itself in
two stages, that of the Italian challenge to the League of Nations
and to Britain's commitment to collective security, and that posed
by Italian bellicosity to Britain from March 1937 onwards. The first
stage ended with the British abandonment of sanctions — and consequent dismissal of the League of Nations as a reliable vehicle for
British policy. The tension in Anglo-Italian relations was, so it was

* The author wishes to express his thanks to M. Lawrence Pratt whose work
East of Gibraltar, West of Suez, covering this whole period is to be published
in 1975 by the Cambridge University Press.

hoped ended with the Anglo-Italian Gentlemen's Agreement of 2 January 1937. Both signatories of this came very quickly to believe the other guilty of bad faith. To Eden, the dispatch of Italian 'volunteers' to Spain within a few days of the Agreement, aroused in him feelings of personal resentment against Mussolini that were to influence his judgment for the remainder of his term in office. To Mussolini, as the late Professor Toscano has shown (1), Eden's instructions to British diplomatists in South-East Europe, to encourage local governments, especially that of Yugoslavia, to limit the degree of Italian influence in the Balkans, which fell into his hands as a result of the burglary of the British Embassy in Rome, was an equal proof of Britain's underlying unwillingness to accept the new emergent power of Fascist Italy to a level of equality with the empire of 19th century Europe.

2. The second stage opens with a great exacerbation of Anglo-Italian relations in which the Italian propaganda broadcasts in Arabic from Radio Bari, Italian subsidies to known Arab nationalist agitators both in Palestine and in the Arab world as a whole, the subversive activities of the Italian consulates in Palestine and Egypt, Mussolini's 'sword of Islam' speech at Tripoli, the steady reinforcement of Italian troops in Libya and the activities of Italian submarines against Mediterranean shipping, were alarming and unwelcome. British strategy since 1922 had rested on the ability of the British battlefleet to move to south-east Asian waters in the event of a threat from Japan — 'Main Fleet to Singapore'. In 1934 the political judgment of the Defence Requirements Committee, accepted by the Cabinet, had adjudged Germany as the main longrange threat to British security. The Japanese might act to take advantage of trouble in Europe — and there was always the danger of an 'incident' staged by a trigger-happy or insubordinate junior commander. Containment of these two threats required diplomatic skill, American assistance — if this were conceivably possible — against Japan, and a major rearmament programme. To consider Italy as yet a third major enemy was something the defence planners and the Cabinet contemplated only with the greatest reluctance. Yet this reluctance could hardly stand against Mussolini's new belligerence. In the summer of 1937, Italy was added to the test of possible enemies against whom war plans and preparations had to be made (2).

3. This must have been the darkest hour for Britain's defence advisers. It coincided with the results of a Treasury investigation

(1) Mario Toscano, "Problemi particolari della Storia della Seconda Guerra Mondiale", in *Pagine di Storia Diplomatica Contemporanea*, Milan 1963, vol. II, p. 82.

(2) Foreign Office Memorandum for Committee of Imperial Defence CID 1337-B Hankey minute, 2 July 1937, P.R.O. CAB 63/52.

into the costs to the British economy of implementing the 1936 rearmament programme and of maintaining the new level of armaments to be achieved at its conclusion in 1942. The investigation concluded, against the background of rapidly escalating development costs, that both achievement and maintenance might be beyond Britains' economic capacity. It was this which led to Sir Thomas Inskip's famous and extraordinary establishment of British defence priorities, one which ranked the defense of Britain's allies as something beyond Britain's defence capacity (3). The case for diminishing the number of Britain's potential enemies seemed overwhelming.

4. The case was, in fact, being urged from the moment the Foreign Office memorandum was presented. The original initiative, however, from which the Anglo-Italian agreement of 16 April 1938 was to result, was taken by the Italians (4). After an official statement by Eden in the Commons of 19 July 1937 of a rather belligerent kind, but which included the vital phrase that Britain would continue to observe the Anglo-Italian agreement, Dino Grandi, the Italian ambassador in London delivered to Chamberlain a personal message from Mussolini, which he said that he had been authorised to use by Mussolini 'some time ago' (5). Italian motives must remain obscure in the absence of Italian documentation, but it seems significant that Grandi's action followed a period of Anglo-German détente, with the German return to the Non-Intervention Committee and the acceptance by the German Foreign Minister, Baron von Neurath, of an invitation to visit London. Mussolini's main aim in the conclusion of the Berchtesgaden agreements with Germany the previous October, and in the proclamation of the Axis, was to avoid isolation in emnity to Britain, and for the most of the first eight months of 1937, the Italians trailed in and out of the Non-Intervention Committee in the German wake (6).

5. Grandi saw Chamberlain on 27 July 1937 and read him parts of Mussolini's letter (7), to which Chamberlain returned, at Grandi's advice, a short personal reply. In Mussolini's reply of 31 July 1937 and in an interview between Count Ciano and Sir Eric Drummond on 2 August it was agreed that conversations should begin in Rome

(3) "Defence Expenditure in Future Years: Interim Report by Minister for co-ordination of Defence", 15 December 1937, P.R.O., Cab. 316 (37).

(4) Cf. D.C. Watt, "Gli accordi mediterranei anglo-italiani del 16 April 1938", Riviste di Studi Politici Internazionali Italiani, vol. xxxvi, n. 1, January-March 1959.

(5) Eden to Rome, 21 July 1937, P.R.O. PREM 1/276.

(6) See D.C. Watt, " The Rome-Berlin Axis, 1936-1940 : Myth and Reality ", Review of Politics, vol. 22, No. 4, 1960.

(7) He did not however hand it over. It made three points : (1) Italian ambitions, political or territorial, in Spain ; (2) the January agreements only the beginning of better things ; (3) de jure recognition by Britain of the Italian conquest of Abyssinia ; Chamberlain minute, 27 July 1937, P.R.O., PREM 1/276.

in September (8). Mussolini sent a further verbal message via Sir Robert Vansittart that he was 'doing his best to induce the Italian press to refrain from polemics against France' (9).

6. These talks did not, however, begin until after Eden's resignation in February 1938. Why the delay ? On the mechanical level, the death of Sir Eric Drummond's half-brother, and his succession to the title of the Earl of Perth, delayed his return to Rome until well into October by which time Anglo-Italian relations hand taken a new plunge with the Italian submarine attacks, the Nyon conference the Italian withdrawal from the League of Nations, Mussolini's visit to Berlin, his messages to Franco after the fall of Bilbao and so on. On the British side there was a long and continuing debate in which the main issue on the Foreign Office side was the question of timing and the need for a relaxation of the Italian press and propaganda offensive against Britain in general and Eden in particular. The second phase on the Arab revolt after the report of the Peel Commission on Palestine also enjoyed enthusiastic Italian support. In this delay French objections seem to have counted for very little and the main drive to secure an agreement, or at least the opening of conversations came from Sir Maurice Hankey, backed by the Chiefs of Staff.

7. The British records show that Italy's former role as a bastion against German pressure on Austria, or as the barrier to German influence in the Danube basin, was of no importance whatever in British calculations. It was the role of Italy in the Mediterranean and Middle East, as a potential enemy in its own right, added to Germany and Japan, which was all-important. The Sino-Japanese conflict had broken out again in July 1937 and had lead to a series of Japanese attacks on British interests in China culminating in the deliberate attack in December 1937 on the British and American gunboats, H.M.S. *Mosquito* and U.S.S. *Panay* on the Yangtse. There were serious discussions on the dispatch of the fleet to the Far East, the military planners were ordered to give priority to plans for war with Japan, and negotiations with the United States led to the secret staff contacts of January 1938 with the Americans (10). As Hankey wrote to Chamberlain on 4 January 1938 (11) :

As between Germany and Italy, my own view is that intrinsically it should be easier to come to terms with the latter, for the reason that

(8) All in PREM 1/276.
(9) Vansittart to Chamberlain, 4 August 1937, PREM 1/276.
(10) On which see Lawrence Pratt, " The secret Anglo-American Staff talks of 1938 ", *International Affaire,* October 1971.
(11) Cab 21 (558). Hankey was angry at a *Times* article attacking the Italian regime in Abyssinia which he believed to be based on a despatch from the consul general in Addis Ababa, leaked to the *Times* by the Foreign Office press department.

Italy does not want much out us beyond recognition of Abyssinia whereas Germany appears to want a great deal [...], it would be of real assistance to Imperial Defence if we could get away from the constant scares of the Mediterranean.

8. From correspondence between Eden and Chamberlain in January 1938 the main differences over which Eden was to resign can be seen (12). Eden thought that the Chiefs of Staff greatly overestimated Italy's military strength ; he thought even if Britain was engaged in the Far East, Italy would only prove troublesome if Mussolini could count on Hitler, and Hitler, he thought, would not risk war with France for anything Mussolini could offer ; Hitler would be deterred by French power and the possibility of either America or the Soviet Union supporting the West in the event of war; he accused the Chiefs of Staff of wanting to 'reorientate our whole foreign policy and clamber on the band wagon with the dictators' (13) even if this meant 'parting company with France and estranging our relations with the United States'. Eden agreed that 'we must make every effort to come to terms with Germany' but Mussolini was 'really secondary and because he makes more noise, we must not, to quieten him, take any step that will create discord among friends'. Eden, however, agreed in the Cabinet of 9 February to continue conversations with Grandi (14).

9. The interview between Schuschnigg and Hitler at Berchtesgaden induced the Italians to press Britain both directly and indirectly to open talks as a means of saving Austria (15). This appears not to have weighed very much with the British. More important was the fear of Hitler's forthcoming visit to Rome and the rumours of a German-Italian understanding by which Italy would obtain some *quid pro quo* for abandoning Austria. Eden deduced from this that nothing should be done (16). Chamberlain and the rest of the Foreign Office seem to have reacted rather differently.

10. Eden's resignation meant that negotiations with the Italians could go ahead. Consideration of French interests or representations do not appear to have played a very large part in the arguments advanced by those, whose point of view had now prevailed. Hankey had seen Léger in Paris in October 1937 (17), but found him full

(12) Eden to Chamberlain, 9 January 1938, PREM 1/276.
(13) Some of Hankey's rasher pro-Fascist remarks may have prompted this comment.
(14) Cabinet conclusion 4 (38).
(15) Perth to Eden reporting conversations with Soviet ambassador and Czechoslovak minister in Rome, 16 February 1938, PREM 11276.
(16) Eden to Chamberlain, 18 February 1938.
(17) Cab 63/52, Hankey notes, 11 October 1937.

of the 'traditional mistrust and dislike of the Quai d'Orsay for everything Italian'. The French view seemed to remain entirely opposed to talks with Mussolini; M. Delbos, on 12 January 1938, expressed to the British ambassador in Paris, Sir Eric Phipps, the view that Mussolini was planning to raise an Islamic holy war in the Mediterranean against France and Britain, if the Spanish war had been successfully concluded by then (18). And when, after Eden's resignation, M. Delbos learnt from Chamberlain's statement in the Commons that he was acting 'in close consultation with the French government', he was driven to complain, labouring 'under considerable emotion' that he had in fact been kept completely in the dark (19). Lord Halifax did his very best to soothe him down as to substance but made the British position entirely clear. He did not wish to be pledged to communicate to the French the actual instructions to be given to Perth for fear of leakage. Nor did he wish to 'get involved in sterile discussions with the French on questions of procedure and detail'. Since Britain was conducting the negotiations, 'H.M.G. must be the sole judges as to the procedure and tactics to be followed'. Most of the issues would not affect French interests anyway (20). The British were, however, well aware (for Delbos had told Eden this in Geneva on 28 January 1938) that for France a satisfactory settlement in Spain was a *sine qua non* for an agreement with Italy. Formally this was also the British view, but the nature of a 'satisfactory agreement' was one on which there were wide differences of opinion. On other matters the British proposed to make themselves the guardians of French interests — but conversations *à trois* were ruled out of court. Sir Eric Phipps was instructed to tell the French that issues such as Tunisia, Spain, etc., ought to be negotiated directly with Italy (21). Continuing French efforts to maintain a foothold in the discussions had the predictable effect of putting the British back up and the final agreement, if anything, accentuated the aloofness of France from the agreement and the consequent breach in Anglo-French relations.

11. The agreement was, however, a considerable success for Britain. Mainly as a result of Lord Perth's negotiating skill and Count Ciano's contempt for the niceties of drafting, the Italians realized only after signing the various agreements that performance of the British side of the bargain was made conditional on the prior fulfilment by Italy of all her undertakings. Mussolini was, however, sufficiently strengthened to feel free to reject the various drafts of

(18) F.O. 371/22403/7260, F.O. Memorandum "Information suggesting the possibility of aggressive action by Italy against Britain in the spring of 1938", R 1194/23/22 of 20 January 1938.

(19) F.O. 371/22464/7290; Philipps telegram 120 saving, 24 February 1938, R 1784/23/22.

(20) *Ibid.* Halifax to Phipps, 25 February 1938.

(21) FO 371/22405/7290, Halifax to Phipps.

a German-Italian alliance pressed on him and Ciano by an insistent Ribbentrop during Hitler's visit to Rome on 4-8 May, 1938 (22).

12. It will appear from this that neither the imminence of the *Anschluss* nor of a Nationalist victory in Spain had much influence on the British motives for concluding the agreement. As to the latter, the importance of the Spanish issue for Britain lay in its containment and the prevention of any escalation into a Franco-Italian conflict. In such an issue the question of the 'volunteers' was all-important. As to Italian assurances and guarantees about Spain the British had a long list of such assurances (23). The issue in the internal debate was not whether to confer an additional sanctity on them by enshrining them in an agreement (though the British had nothing against such a procedure) but whether any of them could be relied on, whether in fact Mussolini's word could be relied on.

13. British expectations of the agreements were not pitched very high. The Foreign Office appears, in fact, to have been pleasantly surprised at the degree to which the Italians observed them, particularly those sections dealing with the Middle East and the Red Sea. The main stumbling block which stood in the way of their early ratification was the Spanish question, the withdrawal of 'volunteers' from Spain and the state of Franco-Italian relations. The failure of Franco's forces to win the expected victory in the spring of 1938 and the breakdown of Franco-Italian talks at the end of May led to a series of protests by Mussolini intented in the British view to drive a wedge between Britain and France. This attempt to 'blackmail' Britain (the word was used in the Foreign Office especially of a letter of 5 July by Mussolini to Chamberlain) was unsuccessful and the Foreign Office was prepared yet again to wait on events in Spain where the 'volunteer' issue had once again come to the fore with Italian air attacks on British ships trading with Republican Spain. The matter was watched with some anxiety in Paris, the French ambassador to London taking it up with the Foreign Secretary on 7 July 1938. The British had already acted to thwart an Italian attempt to postpone new Franco-Italian talks until after the ratification of the Anglo-Italian agreement, and in the event ratification was not proceeded with until after Munich (24). In the event it proved impossible to find a formula and Mussolini turned again to the means of pressure on Britain involved in the reinforcement of his forces in Libya. He was not very successful.

(22) DC. Watt, "An Earlier Model for the Pact of Steel", *International Affairs*, May 1957.
(23) Including the Italian reply of 9 October 1937 to the Anglo-French note of 2 October inviting the Italians to take part in tripartite discussions on Spain. Cmd. No. 5570 (1937).
(24) Halifax to Perth, 17 June 1938, CAB/21/552/14/49 Part V/7884 ; Halifax to Campbell, 7 July 1938, FO 371/22413/7434, R 6076/23/22. See also Daladier to Chamberlain of 5 July and Chamberlain's reply of 8 July 1938.

14. The Italian role during the Munich crisis played a considerable part in the decision to ratify the agreement. Chamberlain looked on Mussolini's mediation on 28 September as a complete justification for his desire to secure an agreement with Italy. There were, in addition, new initiatives from the Italian side including a personal message from Mussolini carried by King Boris of Bulgaria early in September. The other developments were of importance in the British view. The first was the dispatch in October of François-Poncet as the new French ambassador to Rome and the French recognition of the conquest of Abyssinia contained in the style of his credentials. The second was that the Cabinet had concluded that the Spanish Civil War no longer threatened 'major international complications' (25). Ratification of the agreement was seen again as a means of liberating Mussolini 'by degrees from the pressure to which he was subjected from Berlin [...]. Every argument was in favour of putting the agreement into force, with the exception of the criticism to which that course would give rise in this country' (26). The French were in full approval. As a result it was agreed to consider the withdrawal of 25 % of the Italian volunteers (10,000 men) as the appropriate Italian contribution to the conditions of the agreement.

15. Halifax's assurances to the Cabinet as to French approval turned out to be a little premature. Bonnet procrastinated, provoking strong expressions in the Foreign Office of the view that the French attitude should not be a deterrence to the ratification of the agreement. There were also suspicions that Bonnet would sabotage the agreement by opening the French frontier to arms for Spain, an action which would surely provoke Italian counter action as it had in April 1938 (27). A general formula of approval was, however, freely given by Bonnet to Sir Eric Phipps on 31 October (28).

16. The ratification of the agreement was immediately followed by the 'spontaneous' outburst in the Italian Chamber against France. This was followed by a French demarche on 3 December asking for parallel representations in Rome. With Chamberlain's approval (29) Perth protested to Count Ciano on 4 December 1938. Ciano denied

(25) Chamberlain had originally devised this formula in a speech to the Commons on 26 July : "... if Spain has ceased to be a menace to the peace of Europe then we should regard this as a settlement of the Spanish question ". See Halifax's remarks to Cabinet of 26 October 1938. CAB 23/96 CAB 50(38)2.

(26) Halifax in Cabinet, 26 October 1938, ibid..

(27) Cadogan minute, 1 November 1938, FO 371/22415 — R 8612/23/22.

(28) Phipps to Halifax, 31 October 1938, FO 371/22415 — R 8664/23/22.

(29) " It would be difficult to pass over this outrageous incident in silence without giving the impression that we were very willing to see a wedge inserted between ourselves and France. We should not, however, thereby gain the respect of Italy ". (Chamberlain minute, 3 December 1938, FO 371/22428).

that the demonstration had been organised and assured Perth that Italy stood by its undertakings.

17. The question then arose whether Chamberlain's forthcoming visit to Rome should be cancelled. On Chamberlain's instructions Cadogan wrote a private letter to Perth explaining the 'considerable difficulty' Chamberlain was feeling about the visit. Would he find an atmosphere in Rome that would enable him to make the visit a success ? (30) Perth replied that cancellation of the visit would be disastrous, a slight Mussolini would never forgive. (31) It is worth noting François-Poncet's conviction that Perth's attitude gave the impression that Britain's sympathies were turned towards Italy — and Perth's view that France did not really want to see an Anglo-Italian agreement. Both men were excluded from Chamberlain's conversations with Mussolini.

18. Chamberlain's visit to Mussolini was concerned primarily with his hope of using Mussolini's good offices as a means of getting through to Hitler. It was undertaken amidst rumours of Hitler's intention of attacking eastward into the Ukraine, presumably via Poland or Roumania, at a time when not only British opinion but also Chamberlain himself was beginning to feel that only one more unilateral German action against the *statu quo* was needed to prove the arguments of those who saw in Hitler an uncontrollable irrational threat to peace — and thought such an action to have a very high degree of probability. The deterioration in British opinion towards Germany in the last seven weeks of 1938 was very marked and Chamberlain himself had approved schemes to oppose further German economic expansion in South-Eastern Europe. Chamberlain professed to believe the visit to have been a success ; and indeed the welcome he enjoyed from the Italian crowds (to Mussolini's chagrin) made it a personal success. But as a bridge to Germany the visit was a total failure.

19. The policy pursued by the Chamberlain Cabinet towards Italy had two main lines of reasoning behind it — the idea of using Mussolini as a way to Hitler and the necessity for tranquility in the Mediterranean for Britain's strategic plans in the Atlantic and the Far East. Chamberlain's visit to Rome represents the last serious move along the first line. But even as it was being planned, the strategic thinking on which the second line of reasoning was based was being destroyed.

20. British thinking had been based on the general need to keep Italy neutral so that, if needs be, the bulk of the battle fleet

(30) Cadogan to Perth, 12 December 1938, PREM 1/327.
(31) Perth to Cadogan, 15 December 1938, *ibid.*

could be shifted to the Far East, with a small squadron retained in home waters to contain the German navy. In 1938 the Mediterranean refused to remain tranquil. The Palestine revolt exploded that summer threatening the whole nexus of British imperial lines of communication. By the end of August 1938 there were over two divisions of troops in Palestine and Mussolini was threatening Egypt with 10,000 extra troops disembarked in Tripoli, bringing the Libyan garrison to 67,000 men with enough stores for an offensive by an army corps into Egypt. Some of the troops in Palestine had to be recalled to the defense of Egypt. No co-ordination or discussion of Anglo-French military action against Italy took place until Gamelin's visit to London on 26 September 1938. So critical was Italian neutrality that the Chiefs of Staff were even ready to exempt Italy from Britain's blockade plans.

21. In the aftermath of Munich, however, the military planners began to revise their assumption about Italy. Two factors most influenced them. The first was an abandonment of the hope that Italian neutrality could be assured or relied on. The second was a profound, if temporary, weakening of the British capital fleet at a time when the German navy was just taking delivery of the two battle cruisers *Scharnhorst* and *Gneisenau*. As a result of refits and modernisation the British capital fleet was to drop from 15 to 10 battleships and battle cruisers in the first six months of 1939. No less than six of these, it was reckoned, would be needed to contain the five German pocket battleships and battle cruisers in the Atlantic. The four remaining ships would be grossly inadequate to meet a Japanese fleet in East Asian waters. These conclusions, which implied, if they did not necessitate an abandonment of the Pacific dominions, did not reach the Cabinet until February 1939. When they did they were accompanied by recommendations for a forward policy in the Mediterranean, which had its origins in the experience of the Mediterranean fleet during the Munich crisis when, for the second time in three years, it had been forced to abandon Malta and take refuge in Alexandria.

22. This recommendation, contained in the Chiefs of Staff 'European Appreciation 1939-1940' struck an entirely new note at a time when, as a result of the war scare of mid-January 1939, British isolation towards the Continent had been abandoned. On January 26, 1939 the Foreign Policy Committee of the Cabinet had approved Staff talks with France on the basis of war with both Germany and Italy, the talks, on Chamberlain's recommendation, to cover joint plans for combined operations and to be extended to cover the Mediterranean and Middle East. On 6 February, 1939, Chamberlain had publicly guaranteed France's territorial integrity. On 1 March 1939 the Strategic Appreciation Sub-Committee of the C.I.D. began to consider policy for the forthcoming Staff talks with France.

Admiralty, Foreign Office and Chiefs of Staff argued for a concentration on the Mediterranean, 'a series of hard blows at the start of hostilities' designed to knock Italy out of the war. Against them, Admiral Lord Chatfield, now Minister for the Co-ordination of Defence, and the Dominions Office, fought a desperate losing battle. From outside, Churchill, Liddell Hart, Admiral Richmond and others joined in. Chatfield was won over by the sheer military impossibility of sending a fleet to the Pacific for the time being. By the time Britain was confronted with the alleged German ultimatum to Roumania, and well before the Italian attack on Albania and the issue of guarantees to Roumania, Greece and Turkey, Britain's strategic planners — and the Cabinet — were seriously engaged in planning a knock-out blow in the Mediterranean against Italy. Such plans necessitated allies in the Eastern Mediterranean. Diplomacy became the hand-maid of strategy, creating the commitments the strategy was designed to defend. The reluctance of the Cabinet to consider a Roumanian guarantee and to the issue of a guarantee to Poland were the product of emergency. But the willingness to embark on so fundamental a reversal of Britain's reluctance to assume new commitments must be seen against this complete change in strategic thinking about Germany and Italy.

23. This is of considerable importance in view of continuing French fears that Britain was about to pull out of the Mediterranean. The trouble was that the new idea for a knock-out blow against Italy was beyond Britain's capacity and against France's settled determination to let the other side do the fighting in the initial stages of the war. Such a policy made nonsense of the knock-out blow. The sudden emergence of a major crisis in the Far East over Tientsin, and the setback to British hopes of America involved in the defeat of the American attempt to revise its neutrality laws threw British thinking into disarray, a disarray compounded by the French refusal in July to consider even an offensive in North Africa (32). Now it was clear there could be no early knock-out of Italy. This did not stop a section of the military planners from continuing to argue for some such strategy (33). But from 24 July the Committee of Imperial Defence had concluded that 'Italian neutrality, if it could be any means be assured, would be decidedly preferable to her immediate hostility' (34) : in any case action against Italy would not ease a German attack on Poland and would weaken rather than strengthen Britain's position in the Far East. Ismay, who had

(32) The French were apparently reluctant to consider an offensive against Tripoli until the garrison of Spanish Morocco, reinforced at the end of the Civil War in Spain, could be dealt with. Chiefs of Staff 309th meeting, 19 July 1939, CAB. 53/11.
(33) Note by Bridges, 24 August 1939, Chiefs of Staff 312th meeting, CAB 58/11.
(34) CLD, 268th meeting, CAB 2/9.

succeeded Hankey in 1938 as secretary of the C.I.D., explained these views to the French in a letter to his opposite number, General Jamet, Secretary General to the *Conseil Supérieur de la Défense Nationale*, on 23 August (35), and noted the following day a message from the French military attaché in London, expressing Gamelin's 'entire agreement' (36). The military effect was to leave the initiative in Italian hands, the political effect was to revive Italy, and the idea of appeasing Italy. This idea was immensely reinforced by the surprise conclusion of the Nazi-Soviet pact. And on 24 August the Chiefs of Staff raised the question of French concessions to Italy over Djibuti and the Suez Canal Company (37). It was Britain's turn to worry lest France do something which might provoke Italy (38). Mussolini had, however, other things on his mind. Since Count Ciano's return from Salzburg he had had to face the fact that his Axis ally had lied to him, deceived him and treated him contemptibly, and that if he remained true to the Pact of Steel he would find himself in a war for which he was not ready.

24. It is interesting to note that the idea of pressing the French government into 'appeasement' of Italy languished during the period within which the debate on a first strike against Italy was in progress — languished but did not die. It was fed and nourished principally by pressure from the Italians themselves, and from François-Poncet on his British colleagues in Rome, Lord Perth and Sir Percy Loraine. Whether François-Poncet was aware of the missions of Baudouin to Rome in January and March of 1939, and of the representations being made to the British Premier by Laval via the intermediary of the right-wing British M.P., Kenneth de Courcy (39) (these coincide in time with Baudouin's visits to Rome) is unclear. His second in the intrigue was Bonnet himself. Lord Perth made his own representations very strongly. Sir Percy Loraine remained more of a vehicle for his French colleagues. The effect, however, was to keep before the Foreign Office and the Cabinet the possibility of direct pressure on Daladier to negotiate with the Italians from April right up to his actual letter of 13 July 1939 (40), at a time when it is conceivable, to say no more, that otherwise British policy towards Italy was based on the presumption that Italian neutrality in a war with Germany was neither necessary nor desirable.

(35) CAB 21/565.
(36) Ismay to Chatfield, 24 August 1939, CAB 21/565.
(37) C.O.S. 312th meeting, 24 August 1939, CAB 53/11.
(38) Halifax to Campbell, 22 August 1939, CAB 21/565.
(39) Mr. de Courcy was the proprietor of the private newsletter, *Intelligence Digest*. His reports to the P.M. of January 1939 and 28 March 1939 are in the P.R.O., FO 371/... and 23794/8048.
(40) *D.B.F.P.*, 3rd Series, vol. VI, No. 317.

25. The first surge of representations came just before the beginning of the Italian attack on Albania with a report of 4 April from the Earl of Perth quoting Ciano directly : 'if France were prepared to take the initiative Italy would not refuse discussion' (41)..
Halifax telegraphed instructions to Sir Eric Phipps to pass this on to Bonnet on 6 April (42), only to have this followed by another telegram from Lord Perth of the same date (43) quoting François-Poncet : 'this is the moment to strike — the Italians are anxious and ready to begin talks'. François-Poncet had sent a personal emissary to Paris who had found Bonnet and others of the French cabinet in agreement but Daladier in violent opposition. He laid part of the blame for this on the French ambassador to London, Corbin, whose reports that British opinion approved of Daladier's firmness towards Italy were greatly strengthening the latter's anti-Italian feelings. Sir Eric Phipps withheld action on Lord Halifax's instructions as a result of the Italian King imploring him to settle French difficulties with Italy before Italy was 'definitely sucked into the German orbit'. Lord Perth returned to the charge again on 19 April (45) shortly before his final departure from Rome, quoting an Italian contact of British birth who knew Mussolini well as evidence for his views that Mussolini would welcome a French initiative. Sir Eric Phipps had reported (46) Bonnet two days earlier as urging the immediate despatch of Lord Perth's successor to Rome. Bonnet was quoted as saying that France was prepared to negotiate on Italy's demands over Djibuti and the Suez Canal Company. The Cabinet agreed that day that Halifax should press the French to take some action (47), and Halifax telegraphed Phipps in this sense on 20 April (48). At the same time he telegraphed Lord Perth to test Mussolini to advance his suggestions for a just settlement (49). His telegram to Lord Perth crossed with one recording another conversation with François-Poncet asking that British pressure should be exerted on Daladier who was 'very obstinate' and 'frightened of the effect on left and extreme right opinion in France' (50). On 21 April, Lord Perth saw Mussolini who told him the French were well aware from the mission of Baudouin of Italy's claims. He was waiting therefore for France to make the next move (51). Sir Eric, in fact, saw Daladier on 22 April (having seen Bonnet the previous day) and found him

(41) *D.B.F.P.*, 3rd Series, vol. V, No. 73..
(42) *Ibid.*, No. 79.
(43) *Ibid.*, No. 76.
(44) *Ibid.*, No. 85.
(45) *Ibid.*, No. 214.
(46) *Ibid.*, No. 194.
(47) CAB Conclusions 21(39)8 FO 371/23794.
(48) *D.B.F.P.*, 3rd Series, Vol. V, No. 238.
(49) *Ibid.*, No. 235.
(50) *Ibid.*, No. 228.
(51) *Ibid.*, No. 242.

virtually unshakeable. He would lose all the Moslem support stirred by the Italian attack on Albania — he feared 'a trap laid purposely by Italian gansters to destroy the wonderful feelings of loyalty that now existed all over North Africa and even in Syria towards France' (52). Daladier was stirred into despatching Corbin to enquire into the British motives with Lord Halifax. From the British record of this conversation (53) and from references in Sir Eric Phipps' report, it seems that Daladier was the victim of French intelligence reports of 'very wide Italian plans of aggression which seemed to leave their previous claims altogether in the shade' (54). Corbin ascribed the initiative extended to Baudouin as coming from 'some subordinate official in the Colonial Office in Rome'. Sir Eric returned to the matter on 27 April after the British adoption of conscription and Lord Halifax tackled Corbin on 1 May, but to no avail (55).

26. The matter rested there for about a month. During this period, Mussolini dropped serious hints via Gafencu, on the eve of Ribbentrop's visit to Milan, that he would like to be offered something to induce him not to sign an alliance with Germany (56). The British were left with the impression that Franco-Italian talks were proceeding in so far as disagreement within the French cabinet would permit (57). François-Poncet confirmed this on 9 May, but omitted to inform his new colleague, Sir Percy Loraine, of the outcome of his meeting with Count Ciano on 11 May. It was thus largely as part of a general *tour d'horizon* that Lord Halifax raised the matter with Daladier in Paris on 20 May, though he did hint that Britain felt she deserved some kind of French move towards Italy if only as a *pourboire* for meeting French desires on the matter of the Roumanian guarantee and the adoption of conscription (58). The real impulse to British action was again provided by François-Poncet whose alarm at the conclusion of the Pact of Steel on 22 May led him to unburden himself at length on Sir Percy Loraine that same evening (59). Since his conversation with Count Ciano on 11 May he had had no instructions or reply from Paris. In his speeches of 14 May and 20 May at Turin and Cuneo Mussolini had moved from moderation to veiled menaces. Loraine, who seems for once

(52) *Ibid.*, Nos. 251, 255.
(53) *Ibid.*, No. 296.
(54) These reports do not coincide with anything at present known of Italian political or military planning. The only area of Italian subversive activity on any significant scale at this time was in Jugoslavia where the Italians were tricked by an unscrupulous go-between into the belief that their support was being sought by the Croat leader, M. Maček.
(55) *Ibid.*, Nos. 289, 328.
(56) *D.B.F.P.*, 3rd Series, vol. V, Nos. 369, 370.
(57) Phipps to Halifax, 5 May 1939, ibid., No. 376.
(58) *Ibid.*, No. 570.
(59) Loraine to Halifax, 23 May 1939, *ibid.*, No. 603.

to have had a loss of nerve, talked of a 'veiled ultimatum' being addressed to France and urged some public British gesture (60). This report stirred up a good deal of internal debate in the Foreign Office and was the subject of a report to the Cabinet on 7 June. Halifax spoke on 5 June to Chamberlain about writing to Daladier, but the matter was held in abeyance throughout June on the advice of Sir Eric Phipps, who held that, until the negotiations for a pact with the Soviet Union were concluded, and until the French Chamber had risen (thus freeing Daladier from his fears of parliamentary defeat), it would be as well for Chamberlain to hold his hand (61). Various drafts of the Prime Minister's letter to Daladier were prepared during the month of June. Bonnet added his voice to that of François-Poncet on 13 June (62), and told Sir Eric Phipps that he would indicate to the British when he thought the right moment for their intervention with Daladier had arrived (63).

27. The Foreign Office minutes show a good deal of internal debate on these reports. This is hardly suprising in view of the background against which it took place. The Italian attack on Albania had led Halifax to conclude that Italy and Germany must be regarded as being in conspiratorial collusion one with another. It had been followed by visits to Rome by Goering (April 15-16) and to Milan by Ribbentrop (6 May). On 22 May Count Ciano had visited Berlin to sign the Pact of Steel. On 30 May General Cavallero had arrived in Berlin at the head of an imposing Italian mission to Hitler. Three weeks later German and Italian naval staffs were holding joint talks in Venice. Sir Percy Loraine's first interview with Mussolini had been distinctly rough treatment, though Loraine was much less ruffled than the Italians believed (64). There had been vicious press attacks on both France and Britain in the Italian press and Mussolini had chosen to take umbrage at both the Anglo-Turkish and Franco-Turkish declarations and at the French failure to consult him on the concurrent cession by France to Turkey of the territory known variously as the Sanjak of Alexandretta and the Hatay. The Italians had also taken umbrage at French and British radio transmissions in Arabic (65). Bonnet's courtship of the Italian ambassador in Paris, Guariglia, at the beginning of June had passed without comment (66). Guariglia was barely *persona grata* with the Fascists and his posts in South America and Paris were in the nature of an

(60) The same to the same, 23 May 1939, *ibid.*, No. 593.
(61) Minute by Sir Orme Sargent, 28 June 1939 on R 4872/7/22 ; FO 371/23795.
(62) Phipps to Halifax, 13 June 1939, *D.B.F.P.*, 3rd Series, vol. VI, No. 48.
(63) Phipps to Halifax, 22 June 1939, *ibid.*, No. 132 ; the same to the same, 28 June 1939, *ibid.*, No. 162.
(64) Loraine to Halifax, 28 Mai 1939, *D.B.F.P.*, 3rd Series, vol. V, Nos. 561, 652, 653, 660.
(65) *D.D.I.*, 8th Series, vol. XII, Nos. 279, 280, 19 June 1939.
(66) For M. Guariglia's reports see *ibid.*, Nos. 128, 142, 167.

exile). When an indiscretion in Chamberlain's entourage gave the Italian Embassy in London prior warning of British intentions to get the French to 'see reason' (67), Ciano and Mussolini must have felt their squeeze ploy was coming off once again.

28. Chamberlain in fact turned to Mussolini (in the hope of Italian mediation over Danzig in the aftermath of the 'scare' of 27-30 June) before he turned on Daladier. The final decision to prod Daladier was a response to Australian pressure (68), Phipps' reactions to Bonnet's experience at dinner at the Italian Embassy on 5 July (69) and a very sudden and definite 'now' given by Bonnet to Phipps on 11 July (70). Chamberlain's letter, dated 13 July, was duly written and delivered by Phipps to Daladier the same day.

29. The timing of this letter (at Bonnet's inducement) was so bad that one is led to speculate on some domestic intrigue. It coincided with the delivery of a bitter Italian note on the Hatay issue accompanied by vicious attacks by Gayda in the Italian press on the French action (71). Five days earlier Sir Percy Loraine had written privately to Halifax (72) that 'the common language formally used for the discussion of international affairs', to judge from his conversation with Mussolini, 'had been destroyed. It was as if [...] I was talking about cricket and Mussolini was talking chess'. It was hardly to be wondered at that Daladier again proved obdurate (73) and that his reply of 24 July was a long catalogue of French moves and Italian failures to react to them (74). It is hardly surprising therefore that Bonnet should have told Guariglia the following day that talks on Franco-Italian problems could only be taken up in the middle of August when François-Poncet would return to Rome from his annual leave, or that François-Poncet did not think it worth his while, while passing through Paris, to call on Guariglia (75).

30. Enough has been said to establish the pattern of the tripartite relationship under examination without tracing the story through August 1939. The most striking point is how attempts to break away from the pattern of British conciliatoriness towards

(67) Crolla to Ciano, 30 June 1939, *ibid.*, No. 408.
(68) Halifax to Phipps, 7 July 1939, *D.B.F.P.* 3rd Series, vol. VI, No. 272.
(69) Phipps to Halifax, 7 July 1939, *Ibid.*, No. 273.
(70) Phipps to Halifax, 11 July 1939, P.R.O. FO 371/23795, R 5631/7/22.
(71) *D.B.F.P.* 3rd Series, vol. VI, Nos. 313, 316 ; *D.D.I.*, 8th Series, vol. XII, Nos. 450, 545.
(72) Loraine papers.
(73) Phipps to Halifax, 14 July 1939, *D.B.F.P.*, 3rd Series, vol. VI, No. 326.
(74) *Ibid.*, No. 428.
(75) *D.D.I.*, 8th Series, vol. XII, No. 673, Guariglia to Ciano, 25 July 1939.

Italy and French intransigence were forced to yield to the forces which had established the original pattern. Seen from London British policy was dominated in the long run by the vulnerability of the British position in the Eastern Mediterranean and the Levant to the threat of Italian military and air attack, especially when this was combined with the Arab disturbances born of Palestine. The whole of the British strategic policy towards the Far East evolved since 1922 stood or fell by the neutrality of Italy. On the French side, the French military strength in North Africa and the barrier of the Alps made France contemptuous of Italy as a military threat, except in conjunction with Spain. There were always hopes in Britain that if the bulk of the fleet had to be sent to the Far East then France would maintain the naval peace in the whole tripartite relationship from the British viewpoint.

31. From the Italian side the most significant factor is the ease with which Mussolini was cozened by his German associates, and the small reward which attended his efforts. In the end he was more afraid of Britain and France than they of him, and the care taken by the British not to affront him in such a way as to allow his rhetoric and rhodomantade to swamp his more cautious instincts (a point where one cannot help feeling British diplomacy was superior to that of France) meant that when he was confronted with reality there was room for him to back down. British 'appeasement' of Italy, such as it was, secured its end : that Britain should not be confronted with war simultaneously in the Atlantic and in the the Mediterranean. For that much is owed to Loraine's dicta :

'Salient factors, if we leave them to operate by themselves, may bring home to Mussolini that he has got to take us into account and that the chance of doing so on his terms is getting less good' ; (76).

'Until the balance of armed strength has turned visibly against the Axis it is best for you (Halifax) to maintain your *silence menaçant* in London and me my *silence souriant* in Rome'. (77)

Concluding Note.

It will be seen that in two important respects the conclusions of this paper differ from those of Professor Renouvin. The first is that there appears to be a clash of evidence on the staff plans of the two countries. The evidence I have cited shows that the British advocates of a quick knock-out blow against Italy found the French reluctance to envisage any major offensive in the early stages of

---

(76) Loraine to Halifax, 21 July 1939, *D.B.F.P.*, 3rd Series, vol. VI, No. 396.
(77) The same to the same, 1 August 1939, *ibid.*, No. 509 — on which Chamberlain commented "a very sensible letter".

hostilities one of the strongest obstacles in the way of an adoption of their proposals. This does not conform with the view expressed by Professor Renouvin on the last page of his paper under the heading *Données Stratégiques*.

More important is our differing view of the effectiveness of Chamberlain's Italian policy. My view is that his aim was to avoid a hardening of Italy's attitude or anything like a direct confrontation which would face Mussolini with the alternatives of a public climb-down or of throwing his lot in finally with the Germans. This required demonstrations of goodwill and negotiation. As a minute by Mr. Ingrams of the Foreign Office of 1 June 1939 pointed out, it was the height of inconsistency to maintain that one stood for the resolution of international disputes by negotiation, rather than force and then refuse to enter any negotiations. The British never urged any definite concessions by the French to Italy, only negotiation. And it is at least arguable that it was the avoidance of anything likely to play into the rhetorical theatrical side of Mussolini which tipped the scales in the debate of the second and third weeks of August which decided Italian non-participation in the events of September 1939.

LES RELATIONS DE LA GRANDE-BRETAGNE ET DE LA FRANCE AVEC L'ITALIE EN 1938-1939

Pierre RENOUVIN (†)

Membre de l'Institut

Great-Britain and France in their relations with Italy, 1938-1939. —
It was from 1936 onwards that Italy began to play an important part
in international relations, and it was to the Italian initiatives that France
and Great Britain reacted, generally in different ways.

In February 1938, when Italy seemed to be hesitant as to what
attitude to take with regard to the independence of Austria, Britain
endeavoured above all to come to terms with her, whereas the French
government showed some reticence. There was no concerted action.

When Italy concluded a Mediterranean agreement with Great Britain,
the latter would have liked France to be a partner also, but Italy
demurred, which led to the adjournment of the application of the
agreement until after the Munich conference. Britain then accepted
the Italian demand that it should be signed by the two countries only.

When Franco-Italian tension reached breaking point (November 1938)
Britain continued to play a lone hand. Chamberlain and Halifax went
to Rome, and did not intervene in support of the French position. Daladier,
although seemingly taking a firm stand, hesitated nevertheless, when
Albania was annexed. He sent a secret mission to Rome, which failed.
Britain would have liked to persuade him to make concessions, in order
to tear Italy away from the German influence, and on several other
occasions the British were again to bring up this question, which seemed
to them essential if the peace were to be saved. On the French side there
had been hesitations, but firmness prevailed as a policy.

The British policy was in accordance with the desire for "appaese-
ment", but the British government might have known that Mussolini
wished above all to separate Britain from France (and therefore might
have been more wary). The divergence consisted in the fact that,
whereas Britain thought that the Franco-Italian disagreement could
lead to war, France did not. And the French government refused to yield
for various reasons which combined hostility to Fascism and the intention, in the event of war, to concentrate its first efforts on the mediterranean sector.

C'est en 1936 que le gouvernement italien a pris une position importante dans la politique internationale.

En mai, il a achevé la conquête de l'Ethiopie, en dépit des sanctions : il a donc triomphé de la résistance de la Grande-Bretagne, à laquelle le gouvernement français, après bien des réticences, s'était, en fin de compte, associé.

En juillet, dès le début de la guerre civile espagnole, il a donné, en fait, au général Franco et aux nationalistes espagnols, un appui armé, qu'il a ouvertement annoncé en novembre. En même temps, le 1er novembre, Mussolini a souligné, dans son discours de Milan, les desseins méditerranéens de l'Italie.

En octobre (communiqué du 25 octobre), il a proclamé l'axe Berlin-Rome, dont l'existence pouvait lui permettre de tenir en respect la Grande-Bretagne et la France en Méditerranée.

Ces desseins italiens menacent évidemment les intérêts anglais et les intérêts français. Pourtant la position respective des deux gouvernements à l'égard de l'Italie est différente.

La France a conclu avec l'Italie les accords du 7 janvier 1935. L'Italie a reçu la promesse de deux rectifications de frontière dans le Sud Tunisien et sur la côte des Somalis, ainsi que la cession de l'îlot de Doumeirah en mer Rouge ; elle doit obtenir une participation financière dans la compagnie du chemin de fer de Djibouti à Addis-Abeba. En contrepartie, elle a accepté que le statut privilégié reconnu aux Italiens de Tunisie en 1896 soit progressivement aboli (1), dans un délai de trente ans. Ces clauses étaient évidemment très avantageuses pour la France. Pour les obtenir, Pierre Laval a donné verbalement à Mussolini la promesse de ne pas entraver la politique italienne en Ethiopie (2). Mais, comme, à l'automne 1935, le gouvernement français s'est associé aux sanctions contre l'Italie, la presse italienne a déclaré que cette attitude était « incompatible» avec l'esprit des accords conclus en janvier.

La Grande-Bretagne a conclu avec l'Italie le 2 janvier 1937 un *Gentlemen's Agreement,* où les deux gouvernements ont promis de respecter « la liberté d'entrée, de sortie et de transit dans la Méditerranée » ainsi que « leurs droits et intérêts réciproques dans cette zone ».

Mais la différence la plus nette dans la politique des deux Etats est leur comportement devant l'intervention de l'Italie dans la guerre civile espagnole. Le cabinet anglais s'en tient strictement à la non-intervention, tandis que le gouvernement français pratique au profit

---

(1) Les conventions de 1896 avaient accordé aux Italiens établis en Tunisie le droit de conserver indéfiniment la nationalité italienne et l'égalité de traitement avec les Français au point de vue des droits civils.
(2) La portée de cette promesse a donné lieu à de vives controverses que nous n'avons pas à examiner ici.

des Républicains une « intervention larvée » qui reste pourtant sans commune mesure avec l'assistance accordée à Franco par le gouvernement fasciste.

Le 29 novembre 1937, au cours de la conférence franco-anglaise tenue à Paris, les deux gouvernements ont examiné la question des relations avec l'Italie. Le Premier ministre britannique a déclaré qu'il ne croyait pas à une agression italienne en Méditerranée, et qu'il désirait « améliorer les relations de la France et de la Grande-Bretagne avec l'Italie », en s'efforçant de « dissiper les inquiétudes injustifiées des Italiens ». Le ministre français des Affaires étrangères a fait remarquer que l'Italie cherchait toujours à « diviser » la France et la Grande-Bretagne ; mais le président du Conseil (c'était à ce moment Camille Chautemps) a accepté le projet anglais de « conversations avec l'Italie », à trois conditions : 1°) l'Italie devra renoncer à la « violente propagande » qu'elle mène contre la France et la Grande-Bretagne. 2°) le gouvernement français sera « informé de la marche des pourparlers anglo-italiens ». 3°) l'accord anglo-italien éventuel devra être ouvert à l'adhésion de la France.

Dès ce moment, les positions respectives apparaissent : le Premier ministre anglais veut chercher un rapprochement avec l'Italie, dans l'espoir de la détacher de l'Allemagne ; il souhaite amener le gouvernement français à s'engager dans la même voie ; la réponse française est réticente. En 1938-1939, Neville Chamberlain va persévérer dans son dessein, sans réussir à le réaliser.

Mais, dans cette affaire, ce ne sont pas les desseins anglais ou français qui jouent le rôle déterminant : ce sont en fait les initiatives italiennes. Il est donc nécessaire de rappeler quelles ont été ces initiatives avant d'examiner les réactions respectives de la Grande-Bretagne et de la France devant chacune d'entre elles.

I. — L'Italie renonce à protéger l'Autriche
(février-mars 1938)

L'entrevue de Berchtesgaden, le 12 février 1938, et, quatre jours plus tard, l'entrée d'un national-socialiste dans le ministère autrichien, exigée par Hitler, indiquent clairement la menace qui pèse sur l'indépendance de l'Autriche. Le gouvernement italien va-t-il sacrifier au maintien de l' « Axe Berlin-Rome » les intérêts dont il avait été, quatre ans auparavant, le défenseur ? Il adopte à quelques jours d'intervalle, dans ses entretiens diplomatiques, des attitudes contradictoires. Le comte Ciano dit, le 16 février, qu'il voudrait éviter de voir l'Allemagne peser sur les frontières italiennes « du poids de ses 70 millions d'habitants », et prescrit à son ambassadeur à Londres de prendre contact avec le gouvernement britannique. Mais, le 24, il tient au chargé d'affaires de France à Rome des propos tout différents : l'Italie est « allée sur le Brenner, une fois » (le 25 juillet 1934) ; elle n'y retournera pas, car l'indépendance autrichienne « devrait être avant tout sauvée par les Autrichiens ». Le diplomate français se demande si le gouvernement italien cherche « par tactique » à laisser un doute sur ses desseins, ou s'il traverse une « crise de conscience » (3).

Quels sont, à cette occasion, les comportements respectifs de la Grande-Bretagne et de la France ?

Le gouvernement britannique est appelé à prendre immédiatement position, puisque l'ambassadeur d'Italie à Londres a reçu des instructions. Le 19 février, c'est l'éventualité d'un rapprochement anglo-italien destiné à sauvegarder l'indépendance de l'Autriche qui est le centre d'intérêt dans l'entretien entre Neville Chamberlain, Anthony Eden et Grandi. L'ambassadeur d'Italie estime qu'un accord anglo-italien serait possible, si la Grande-Bretagne était disposée à reconnaître l'annexion de l'Ethiopie et à « reprendre l'examen » des questions méditerranéennes. Mais Eden voudrait obtenir, en contre-partie, le retrait des « volontaires » italiens qui combattent dans l'armée de Franco, tandis que Neville Chamberlain ne juge pas utile de poser cette exigence. A vrai dire, dans ce dissentiment, la sauvegarde de l'indépendance de l'Autriche ne joue, semble-t-il, qu'un rôle tout à fait secondaire. Eden considère comme fort possible que Mussolini ait donné « carte blanche à Hitler » dans la question d'Autriche, « en échange d'une liberté d'action en Méditerranée » (4). Neville Chamberlain pense au contraire que Mussolini désire négocier avec la Grande-Bretagne *parce qu'il* est en désaccord avec Hitler à propos de l'Autriche ; et il voit là une occasion excellente de réaliser un accord anglo-italien ; mais c'est *cet accord* qu'il veut réaliser, bien plus qu'il ne se préoccupe de « sauver l'Autriche ».

Au cours du grand débat qui s'engage le 21 et le 22 février, à la chambre des Communes, sur l'orientation de la politique extérieure britannique et qui oppose Neville Chamberlain et Anthony Eden, démissionnaire, le Premier ministre dit son dessein de parvenir à « une détente générale européenne qui nous donnera la paix ». Il veut donc, tout en conservant une « étroite amitié » avec la France, négocier avec l'Italie, « sans délai », et avec l'Allemagne « lorsqu'une occasion favorable se présentera ». Dans ce discours, il n'est pas question de l'Autriche.

Toujours est-il que lord Halifax, aussitôt qu'il remplace Eden au *Foreign Office*, manifeste clairement son indifférence à l'égard de l'indépendance autrichienne. Certes, il souhaite un accord avec l'Italie, mais il craint de voir le gouvernement fasciste « augmenter sa demande en Méditerranée », pour se faire « payer à l'avance » son concours en Europe centrale. Aussi fait-il savoir au gouverne-

(3) Télégramme n° 307 de Rome, le 24 février.
(4) A. Eden, *Facing the dictators*, p. 662-663.

ment français, le 25 février, que, pour le moment, il ne peut pas être question d'une collaboration avec l'Italie dans la question d'Autriche, « si désirable soit-elle ».

Le gouvernement français ne fait aucune objection à la décision prise par Halifax. Pourtant les agents diplomatiques français à Rome, à Vienne et à Varsovie insistent sur le rôle essentiel que pourrait, à leur avis, jouer Mussolini dans la sauvegarde de l'indépendance autrichienne, et le chancelier Schusschnigg souhaite un rapprochement anglo-italien « qui rendrait à Mussolini plus de liberté d'action en Europe centrale » (5). C'est le ministre de France à Vienne, Gabriel Puaux, qui prend la position la plus vigoureuse. Le 7 mars, dans un télégramme adressé au ministre des Affaires étrangères, il écrit : « Les dirigeants autrichiens considèrent que la réconciliation de la France et de l'Angleterre avec l'Italie est leur seule chance de salut ». Si le projet de convention militaire établi par Badoglio et Gamelin (6) pouvait être ranimé, « l'indépendance de l'Autriche pourrait encore être sauvegardée. Mais peut-être bientôt sera-t-il trop tard ». Faute de la menace d'une « mesure militaire », le gouvernement français « risquera de se trouver, à brève échéance, placé, comme le 7 mars 1936, devant l'irréparable ». Le 8 mars, Gabriel Puaux renouvelle cet avertissement dans une lettre personnelle qu'il adresse au directeur des affaires politiques. « Il faut que le gouvernement sache bien où il va, en refusant de causer avec Mussolini. Pourquoi ne lui a-t-on pas envoyé un émissaire officieux, en la personne de Monzie, de Mistler ou d'Henry Bérenger ? » Le 9 mars (télégramme n° 405), au moment où le chancelier Schusschnigg annonce le plébiscite, Gabriel Puaux télégraphie : « L'ouverture des négociations anglo-italiennes n'a pas été sans encourager M. Schusschnigg dans cette ultime tentative. Sans qu'il y ait eu à cet égard une démarche ou une déclaration officielle du gouvernement italien, M. Guido Schmidt (7) m'a affirmé qu'il avait la certitude que M. Mussolini, dès qu'il se serait entendu avec l'Angleterre, et du même coup avec la France, emploierait sa liberté d'action à la défense de l'indépendance autrichienne ». Cette insistance vaut au ministre de France à Vienne de recevoir du ministre un télégramme qui lui reproche « l'inconvenance » de ses suggestions (8). Le gouvernement français ne prend donc aucune initiative pour essayer de « prévenir » l'*Anschluss*.

C'est seulement devant le fait accompli, dans la journée du 11 mars (les troupes allemandes sont entrées à Vienne), que la

(5) Télégramme de Vienne, 1er mars 1938.
(6) Du 25 juin 1935; ce projet prévoyait une collaboration des armées française et italienne contre l'Allemagne, si celle-ci menaçait l'indépendance de l'Autriche.
(7) Ministre autrichien des Affaires étrangères.
(8) Publié dans G. Puaux, *Mort et transfiguration de l'Autriche 1932-1945*, Paris, 1956.

Grande-Bretagne et la France, sans se concerter, se décident à effectuer une démarche à Rome. Elles s'entendent répondre que le comte Ciano « n'a rien à dire ».

Si cette démarche avait été faite quinze jours auparavant aurait-elle eu plus de chances de succès ? Dans l'état actuel de notre information, il n'y a pas lieu de le penser. Mais nous ignorons encore ce que pourront révéler les archives italiennes.

II. — L'Italie conclut un accord méditerranéen avec la Grande-Bretagne, mais non pas avec la France

La négociation anglo-italienne, souhaitée par Neville Chamberlain, sans faire référence à la question d'Autriche, s'était engagée le 5 mars (instructions adressées à lord Perth). Le dénouement survenu à Vienne le 11 mars la rendait plus nécessaire encore qu'auparavant, car l'Italie, dès lors qu'elle avait perdu son meilleur point d'appui pour une expansion économique ou politique en Europe danubienne, allait, sans nul doute, regarder avec plus d'insistance vers la Méditerranée. L'hypothèse était d'autant plus vraisemblable qu'à ce moment la victoire de Franco dans la guerre civile espagnole paraissait prochaine.

Cette négociation aboutit à la signature de l'accord du 16 avril 1938. Les deux gouvernements renouvellent leurs déclarations du 2 janvier 1937 au sujet du *statu quo* en Méditerranée occidentale. Le gouvernement anglais accepte d'envisager la reconnaissance de la souveraineté italienne en Éthiopie, à condition que ses intérêts dans la région du lac Tsana soient respectés. Le gouvernement italien accepte la formule de retrait des volontaires en Espagne, établie par le Comité de non-intervention ; il reconnaît l'influence dominante de la Grande-Bretagne dans la partie méridionale de l'Arabie. L'un et l'autre s'engagent à ne pas porter atteinte à l'indépendance et à l'intégrité territoriale de l'Arabie séoudite, du Yémen, et de quelques îles de la mer Rouge. Pourtant l'accord n'entrera pas en vigueur immédiatement : le gouvernement anglais considère le règlement effectif de la question espagnole comme une condition préalable et nécessaire.

En fait, c'est le 16 novembre — donc sept mois plus tard seulement — que cet accord entrera en vigueur.

Pourquoi ce long retard ? C'est l'état des relations entre la France et l'Italie qui en est la cause essentielle. Le gouvernement britannique souhaite d'abord que l'accord anglo-italien soit complété par un accord franco-italien ; lorsqu'il constate que Mussolini ne se prête pas à ce rapprochement franco-italien, il décide (en juillet) d'ajourner l'entrée en vigueur de l'accord du 16 avril ; mais le 26 octobre — après Munich — le cabinet britannique estime nécessaire de reprendre et de maintenir sa politique de rapprochement avec l'Italie, il accepte donc que l'accord entre en vigueur *sans* que le rapprochement franco-italien ait été réalisé.

Dans cette période, quelle est la ligne de conduite suivie par le gouvernement français ?

1°) L'ambassadeur de France à Londres a reçu du *Foreign Office* des informations sur la préparation de l'accord anglo-italien du 16 avril. Dès le 5 mars, il a connu les instructions adressées à l'ambassadeur anglais à Rome. Le 2 avril (9), il a été informé, par lord Halifax, du contenu de l'accord, dans ses grandes lignes. La diplomatie britannique, dans cette négociation, s'est appliquée — dit le secrétaire d'Etat — à sauvegarder les intérêts français en Méditerranée et en mer Rouge ; elle aurait souhaité « une formule permettant l'accession du gouvernement français à l'accord visant le *statu quo* en Méditerranée ; mais le gouvernement italien ne s'y est pas prêté ; car il veut « traiter directement avec chaque puissance intéressée ». L'ambassadeur (10), dans les rapports qu'il adresse au Quai d'Orsay, indique comment il faut interpréter, à son avis, la politique anglaise en cette occasion : le gouvernement anglais a conscience de l'état « d'infériorité relative » de son réarmement ; il estime que pour faire face au « choc allemand », il aura besoin non seulement de la « collaboration efficace de la France », mais de la « neutralité de l'Italie », du moins jusqu'en 1940 (car au-delà le progrès des constructions navales anglaises améliorera la situation en Méditerranée) ; en outre les milieux politiques pensent que, dans la guerre civile espagnole, « la victoire définitive du général Franco ne saurait plus tarder » : il est donc grand temps d'obtenir de l'Italie une promesse de respect du *statu quo* en Méditerranée (11).

Le gouvernement français, à ce moment, fait pleine confiance à la Grande-Bretagne. Pourtant, le 8 avril, le ministre des Affaires étrangères — c'est (pour un bref délai) Paul Boncour (12) — exprime le désir que, dans la négociation anglo-italienne, la diplomatie anglaise n'accepte pas la présence en Espagne « des forces et du matériel étrangers » à proximité de la frontière française, car ce sont « des positions qui pour nous sont vitales ». En somme, Paul Boncour insiste sur la question du « retrait des volontaires » qui est au premier plan dans les préoccupations du Comité de non-intervention. Il ne présente aucune autre objection. Mais cette demande tardive ne rencontre aucun écho. D'ailleurs, le 10, la chute du cabinet Léon Blum met fin à la carrière du ministre.

(9) Télégramme de Ch. Corbin, n° 893-900.
(10) Rapports n°ˢ 316, 325 et 328 du 7 avril.
(11) Sur ce point, *The Diaries of Sir Alexander Cadogan* (Londres, 1971) confirment les remarques de Ch. Corbin.
(12) Télégramme n° 1069-1070 à Londres. Dans une lettre personnelle à Blondel, chargé d'affaires à Rome, 7 avril, Massigli indique que le ministre « veut aboutir ».

2°) Le jour même de la signature de l'accord anglo-italien, le nouveau ministre des Affaires étrangères, Georges Bonnet, fait remettre une note au comte Ciano : le gouvernement français est prêt à engager « à très bref délai » une négociation avec le gouvernement italien ; il souhaite « améliorer les conditions psychologiques d'une franche et cordiale collaboration ». Le 21 avril, il adresse des instructions au chargé d'affaires de France à Rome. Tandis que le directeur des affaires politiques avait envisagé, le 16, de se borner, pour créer « un nouveau climat », à obtenir de l'Italie deux déclarations : respect du *statu quo* en Méditerranée et promesse de « désintéressement » dans la question d'Espagne, ces instructions indiquent un programme beaucoup plus étendu : aux deux déclarations générales prévues par le directeur des affaires politiques, elles ajoutent, en douze points, des suggestions précises. La France, disent ces instructions, est disposée à négocier « une nouvelle convention sur le statut des Italiens en Tunisie et en Somalie française ; elle sera prête, aussitôt après, à effectuer les petites cessions de territoires promises par les accords de janvier 1935 ; l'Italie devrait donner son adhésion au traité naval de 1936. Mais le point 8 formule des réserves au sujet des clauses de l'accord anglo-italien qui ont reconnu à l'Italie des « droits spéciaux » dans quelques îlots de la mer Rouge, et dans la péninsule arabique (13). Le lendemain, Ciano indique qu'il a pris connaissance de ce programme, et qu'il va le mettre à l'étude ; le 24, il dit l'avoir remis à Mussolini. Il n'exprime aucune opinion au chargé d'affaires de France ; mais à l'ambassadeur de Grande-Bretagne, il déclare qu'il a été « troublé de l'étendue et de la complexité » de ce programme français, et « surpris » des réserves relatives à l'Arabie ; de son côté, Mussolini dit à lord Perth : « La France est vraiment trop formaliste » (14).

Pourtant, la première réponse de Ciano, le 30 avril, ne paraît pas défavorable. Le chargé d'affaires de France a l'impression qu'il s'agirait de trouver une formule qui ménage l' « amour-propre » italien.

3°) Mais, quelques jours plus tard, le ton change. Le 12 mai, Ciano se refuse à donner à la France « des assurances quelconques au sujet de l'Espagne » ; le 14, dans un discours prononcé à Gênes, le Duce déclare qu'il veut « être circonspect en ce qui concerne les relations avec la France », parce que l'Italie et la France sont, dans la guerre d'Espagne, « de chaque côté de la barricade ». Le

---

(13) Le motif de ces réserves est indiqué dans un télégramme adressé le 26 avril à Corbin (n° 1171-75) : il ne faut pas donner à penser aux populations de ces parages « que l'Italie est en train de s'y substituer à la France, d'accord avec l'Angleterre ».

(14) Télégramme de Blondel, 24 avril. Dans son livre *De Washington au Quai d'Orsay*, p. 145, Georges Bonnet écrit qu'il avait indiqué à Blondel que, sur les douze points, deux seulement étaient essentiels : le retrait des volontaires d'Espagne et le statut des Italiens de Tunisie.

2 juin, à Milan, Ciano déclare que le but de la politique italienne est d'obtenir que la France prenne dans la question d'Espagne une position analogue à celle de la Grande-Bretagne, c'est-à-dire fermer la frontière des Pyrénées « à tout trafic ouvert ou déguisé en faveur de la République espagnole ». Le 5 juin, à Paris, le directeur des affaires politiques estime que le gouvernement italien, en refusant la conversation, cherche à « séparer la France et l'Angleterre ». Il est donc nécessaire que le gouvernement britannique ajourne la mise en vigueur de l'accord du 16 avril, tant qu'un accord franco-italien ne sera pas conclu ; et qu'il ne laisse au gouvernement italien « aucun espoir d'obtenir entre-temps les facilités financières, dont il a un besoin pressant ».

Le 20 juin, la démarche à Londres est effectuée : « l'opinion publique française serait péniblement impressionnée si le gouvernement britannique croyait devoir mettre à exécution l'accord du 16 avril, alors que M. Mussolini semble se dérober systématiquement à toute reprise de négociations avec la France », dit l'ambassadeur. La réponse de lord Halifax est nuancée : la conclusion d'un accord franco-italien, dit-il, ne peut pas être présentée comme une « condition expresse » de l'accord anglo-italien, mais elle en est le « complément nécessaire ». Il ne veut donc pas subordonner cette mise en vigueur « à la reprise des conversations avec la France », car l'essentiel est de chercher à « soustraire l'Italie à l'emprise allemande », mais il est prêt à dire à Mussolini que l'accord anglo-italien « ne saurait avoir de suite positive et appréciable s'il n'est accompagné d'un rapprochement avec la France ».

En fait il se borne à faire connaître à Rome et à annoncer, le 6 juillet, à la chambre des Communes, qu'il « ajourne » la mise en vigueur de l'accord du 16 avril, sans faire allusion à l'échec de la négociation franco-italienne. Il évite donc d'exercer sur le gouvernement italien une pression directe. Aussi la presse italienne accepte-t-elle sans réagir la décision du cabinet anglais, tandis qu'elle exprime à toute occasion sa mauvaise humeur envers la France.

En somme, la diplomatie anglaise, tout en donnant satisfaction, au fond, aux observations françaises, n'a pas endommagé sensiblement les relations anglo-italiennes. Ces ménagements lui permettent, le 28 septembre, à l'heure la plus critique de la crise tchécoslovaque, de demander au Duce d' « user de son influence » auprès de Hitler pour éviter la guerre imminente (15).

4°) Après la conférence de Munich, le cabinet britannique reçoit de son ambassadeur à Rome des rapports pressants. La Grande-Bretagne, dit lord Perth, si elle désire que le gouvernement italien continue à favoriser une « détente » dans les relations inter-

_____

(15) Le 2 novembre, à la chambre des Communes, Neville Chamberlain présentera l'attitude de l'Italie au moment de Munich comme « une justification de la politique pratiquée par le cabinet à l'égard de l'Italie ».

nationales, ne peut pas éviter de lui accorder quelques satisfactions. La plus importante doit être la mise en vigueur de l'accord anglo-italien du 16 avril. Sinon, Mussolini se décidera à transformer l'Axe Berlin-Rome en une alliance. C'est cet argument qui entraîne, le 26 octobre, la décision du cabinet britannique. Le gouvernement français n'a été ni consulté, ni pressenti ; il n'a, semble-t-il, rien soupçonné des intentions anglaises. Or Halifax, en l'informant, voudrait obtenir une expression de l'approbation française « qu'il puisse rendre publique » (16). En fait, il n'obtient pas cette approbation expresse, et il se contente de dire à la chambre des Communes le 2 novembre que la France est « favorable à toute initiative susceptible d'améliorer les relations entre Londres et Rome ».

Le gouvernement italien a donc réalisé, après sept mois, le dessein qu'il avait souhaité dès l'origine : la conclusion d'un accord avec la Grande-Bretagne *seule*. Le cabinet anglais, après avoir, en juillet, maintenu, dans cette question, une solidarité complète avec la France, a fini par abandonner cette position. Ce revirement donne, semble-t-il, au gouvernement italien l'espoir de pouvoir séparer la Grande-Bretagne de la France.

III. — Le conflit diplomatique entre l'Italie et la France (30 novembre 1938 - 6 février 1939)

C'est à partir du 30 novembre (manifestation dirigée contre la France, pendant la séance de la Chambre des faisceaux, en présence de Mussolini) que cet effort de la politique italienne se manifeste publiquement. Au moment même où le Premier ministre britannique vient d'annoncer sa visite à Rome, la presse italienne engage contre la France une campagne violente. Elle se plaint que l'Italie n'ait pas reçu les « compensations coloniales » promises en 1915 par l'article 13 du traité de Londres. Elle indique que l' « explosion de colère » pourrait « aboutir finalement à l'inexorable recours aux armes ». Le gouvernement italien, tout en appliquant, selon l'expression du *Times*, « la méthode de la diplomatie par l'agitation », se borne à annoncer, le 22 décembre, qu'il ne tient plus pour valables les accords signés le 7 janvier 1935 par Mussolini et Pierre Laval. Il en demande la révision. Le refus du gouvernement français (déclaration de Georges Bonnet le 14 décembre, devant la commission des Affaires étrangères de la chambre des Députés ; discours de Daladier en séance publique le 26 janvier) est résumé dans la formule : « ni un seul arpent de terre, ni un seul de nos droits ». Il est unanimement approuvé par la chambre des Députés.

(16) *Documents on British foreign policy, 1919-1939, Third Series III*, n° 363 et 368.

Or, au cours de cette tension franco-italienne, la politique britannique suit sa propre voie.

Le Premier ministre maintient sa décision de venir en visite à Rome, en dépit de la tension entre la France et l'Italie. Questionné à la chambre des Communes sur l'attitude que prendrait la Grande-Bretagne dans le cas d'une attaque italienne contre les territoires de l'Empire français, Neville Chamberlain répond le 13 décembre que l'assistance mutuelle franco-anglaise, annoncée par la déclaration de 1936, n'a trait qu'aux « frontières orientales » de la France, et le 14 décembre, qu'une attaque italienne contre la Tunisie serait naturellement « une source de graves préoccupations pour le gouvernement de Sa Majesté », puisqu'elle serait contraire à la promesse de respect du *statu quo* inscrite dans l'accord anglo-italien du 16 avril 1938. Il ajoute, il est vrai, dans une allocution prononcée hors du Parlement, ce même jour : « les relations entre la France et l'Angleterre sont si étroites qu'elles dépassent de beaucoup toute obligation légale, puisqu'elles reposent sur l'identité des intérêts ». Mais, sollicité de dire s'il consentirait à sanctionner cette identité d'intérêts par la conclusion d'une alliance défensive, il élude toute réponse. La presse italienne prend prétexte de ces réticences pour indiquer que le Premier ministre britannique serait enclin à jouer un rôle de « médiateur » entre la France et l'Italie, et elle envisage cette éventualité avec une évidente satisfaction.

Les déclarations publiques indiquent donc que les divergences sont sérieuses entre la France et la Grande-Bretagne dans ce domaine des relations avec l'Italie. Dans quelle mesure l'examen des archives diplomatiques françaises permet-il de rectifier ou de compléter ce tableau ?

Dans les préoccupations françaises, c'est la visite imminente de Neville Chamberlain à Rome qui, en décembre 1938, vient au premier plan. L'ambassadeur à Rome est inquiet. François-Poncet, le 14 décembre, sans connaître encore le refus péremptoire opposé par Georges Bonnet aux revendications de la presse italienne, estime que cette visite « demeure dangereuse » pour la France. Ne faudrait-il pas adresser au Premier ministre anglais une mise en garde, en lui indiquant, d'une part, dans quelles conditions le gouvernement français pourrait admettre d'engager une discussion avec l'Italie, et, d'autre part, quelles sont les « positions » que la France est décidée à « n'abandonner en aucun cas » ? Le 29 décembre, dans un rapport où il critique l' « optimisme vraiment déconcertant » de son collègue anglais, qui est « perméable aux diverses argumentations italiennes », l'ambassadeur se demande ce qui va se passer lorsque le Premier ministre, pendant sa visite à Rome, se trouvera en présence de revendications territoriales italiennes dirigées contre la France. S'il adopte un ton ferme et annonce son intention de donner, le cas échéant, son appui à la France, il amènera certainement le gouvernement italien à modérer sa politique. Mais tout propos

« évasif » sera interprété par Mussolini comme un encouragement. Or quelle attitude Neville Chamberlain adoptera-t-il ? « Le pronostic est réservé », estime l'ambassadeur. A Londres, Charles Corbin croit, lui aussi, que le Duce, dans ses entretiens avec le Premier ministre, s'apprête à évoquer « tous les points en litige avec la France » ; mais, d'après les propos tenus par sir Alexander Cadogan, il a tout lieu de penser que Neville Chamberlain « écartera toute revendication territoriale ». Par contre, il acceptera d'engager un débat sur la question d'Espagne, « si M. Mussolini se montre raisonnable ».

Le ministre français des Affaires étrangères ne partage pas, semble-t-il, les préoccupations de ses ambassadeurs : il se déclare certain du concours « loyal » de la Grande-Bretagne. Pourtant, dès lors que le Premier ministre anglais est décidé à aller à Rome, ne faut-il pas lui demander de prendre, à cette occasion, une position nette dans la polémique entre la France et l'Italie ? Georges Bonnet hésite. Il estime d'abord, le 12 décembre, qu'il serait « inopportun » de solliciter de la Grande-Bretagne « des démarches dont la répétition pourrait apparaître comme traduisant une inquiétude ». Le 26 décembre, pourtant, dans un entretien avec l'ambassadeur de Grande-Bretagne à Paris, il souhaite que Neville Chamberlain rappelle à Mussolini que « toute violation du *statu quo* en Méditerranée » serait inconciliable avec l'accord anglo-italien du 16 avril 1938 : cet avertissement serait certainement efficace. Le 29 décembre enfin — au moment où la presse italienne fait allusion au rôle de « médiateur » qui pourrait être celui du Premier ministre anglais — le ministre français adresse à Londres une mise en garde : le chargé d'affaires, Roger Cambon, reçoit mandat de faire connaître au gouvernement britannique le désir du gouvernement français « de régler, seul avec le gouvernement italien, les questions en litige ». L'aide-mémoire remis à lord Halifax déclare que la France, « fermement résolue à défendre intégralement sa position actuelle et celle de son Empire [...], n'a pas à fournir à ce sujet de justification, ni à accepter des interventions ou des arbitrages ». Si, au cours des entretiens de Rome, Mussolini fait appel aux « bons offices » de la Grande-Bretagne dans le différend franco-italien, « il serait utile que fût affirmé à cette occasion que la Grande-Bretagne n'acceptera pas de jouer le rôle d'intermédiaire » et que « la nation britannique comprend et approuve l'attitude française ».

Le 4 janvier 1939, l'ambassadeur de France, qui vient de rentrer à Londres, est reçu par le secrétaire d'Etat. Le gouvernement français, dit-il, ne croit pas que le gouvernement italien songe à une déclaration de guerre ; mais il croit « possible » un coup de main italien sur Djibouti. Lord Halifax déclare qu'il « comprend complètement » la position de la France (il ne dit pas qu'il *l'approuve*) et qu'il ne prendra pas, à Rome, « une position de quasi-médiation ». Le lendemain, il annonce le désir d'avoir « une courte conversation » avec Georges Bonnet ou Edouard Daladier, lorsque, en route pour Rome, il traversera Paris. Les messages qu'il adresse, chaque jour, du 6 au 9 janvier, à son ambassadeur à Paris préparent cette conversation, et indiquent l'attitude que comptent adopter, à Rome, les hommes d'Etat anglais : ils refuseront de donner un avis sur Djibouti et sur le statut des Italiens de Tunisie ; ils laisseront entendre que l'entrée d'un Italien dans le conseil d'administration du canal de Suez sera possible, dès que les relations franco-italiennes seront améliorées ; ils diront que l'annulation des accords de janvier 1935 entrave le dessein du gouvernement anglais d'établir une coopération internationale.

L'ambassadeur de France à Londres, dans un important rapport qu'il adresse à son gouvernement le 9 janvier, se déclare rassuré (17). Tous les renseignements qu'il a recueillis montrent que Neville Chamberlain et Halifax ont « la volonté de ne rien faire dont la France pût prendre ombrage » et de « maintenir intacte l'entente avec Paris qui est le pivot de la politique extérieure de la Grande-Bretagne ». Pourtant un élément d'incertitude subsiste : quel « accent » le Premier ministre mettra-t-il « dans l'expression du point de vue britannique » ? Au fond, les « dispositions personnelles » dans lesquelles il abordera Mussolini ne sont pas connues. C'est pour cela que certaines inquiétudes se manifestent en France, et aussi en Grande-Bretagne. Mais, dit l'ambassadeur, Neville Chamberlain ne songe certainement pas à être « l'artisan ou l'auxiliaire d'un affaiblissement » de la France. Et, si jamais il « relâchait les liens » avec la France, l'opinion publique réagirait avec vigueur. Il a bien conscience de « l'attention jalouse avec laquelle le public anglais suit sa politique à l'égard de l'Italie ».

Dans le bref entretien (une heure à peine) qui a lieu à Paris le 10 janvier, entre Daladier, Georges Bonnet, Neville Chamberlain et Halifax, le président du Conseil français explique pourquoi il ne peut pas envisager de faire la moindre concession à l'Italie : en pareil cas, il serait « balayé », car l'attitude « intolérable » de la presse et du gouvernement italien a provoqué en France une « union sacrée ». Il ne présente aucune objection au programme anglais des entretiens de Rome. Deux questions incidentes sont seulement posées. L'une concerne le rôle de l'Allemagne. Les initiatives italiennes à l'égard de la France ne seraient-elles pas en rapport avec les projets hitlériens en Ukraine ? Neville Chamberlain et Georges Bonnet sont d'accord pour penser que Hitler désire peut-être fixer l'attention de la France en Méditerranée pour avoir les mains libres en Europe orientale. L'autre met en cause les desseins italiens en Espagne : le gouvernement italien respectera-t-il les engagements pris dans l'accord anglo-italien du 16 avril 1938 ? Mais, remarquent les hommes d'Etat anglais, l'assurance verbale qui serait donnée n'aurait pas plus de valeur que l'assurance écrite antérieure. Sur ces deux points, l'entretien reste sans conclusion.

(17) Rapport n° 20.

En fait, au cours des entretiens de Rome, le 11 et le 12 janvier 1939, Mussolini et Ciano ne font allusion ni aux revendications territoriales italiennes à l'égard de la France, ni au statut des Italiens de Tunisie, ni même au conseil d'administration du canal de Suez. Selon les prévisions de sir Alexander Cadogan, ils insistent sur la question d'Espagne qui est, dans les relations franco-italiennes, le « principal obstacle », puisque la France et l'Italie y ont « des vues opposées ». Mussolini ne conteste pas que l'assistance qu'il donne à Franco dépasse de beaucoup celle que le gouvernement français donne ou laisse donner au gouvernement républicain, mais il envisage le cas où la France s'engagerait dans une « large intervention » (18). Il n'en est « pas question », dit Neville Chamberlain. Pourtant, déclare le Duce, c'est cette situation qui interdit toute négociation entre la France et l'Italie. Ciano rappelle, dans son entretien du 12 avec Halifax, que la conversation franco-italienne de mai 1938 a été rompue à cause de la question d'Espagne : le gouvernement italien n'est pas disposé à modifier son attitude.

Les informations données à la presse ne relatent évidemment pas le caractère de ces entretiens ; elles indiquent pourtant que le gouvernement italien n'a pas obtenu le résultat qu'il recherchait. La solidarité entre la France et la Grande-Bretagne est maintenue.

Est-ce suffisant ? Lorsque la presse italienne fait allusion à l'éventualité d'un « recours aux armes », le chancelier Hitler, dans le discours qu'il prononce le 30 janvier au Reichstag, annonce « qu'une guerre contre l'Italie, déclenchée à la légère, quels qu'en soient les motifs, appellera l'Allemagne du côté de son amie ». Interrogé le 6 février à la chambre des Communes sur la portée des engagements anglais à l'égard de la France, le Premier ministre se décide à faire une déclaration essentielle : « La solidarité d'intérêts unissant la France et la Grande-Bretagne est telle que toute menace aux intérêts vitaux de la France, d'où qu'elle vînt, susciterait nécessairement la coopération immédiate de notre pays ». Sans doute l'expression « intérêts vitaux » peut donner lieu à des interprétations diverses. S'agit-il des intérêts « que la France considère elle-même comme vitaux ? », demande le *Daily Telegraph*. Lord Halifax déclare, à la chambre des Lords, que « l'on ferait une profonde erreur en supposant qu'une restriction mentale quelconque accompagnait les paroles du Premier ministre ». Il souligne « l'identité des intérêts français et britanniques ».

La portée de cette déclaration est soulignée par la presse britannique. Elle efface le souvenir de quelques semaines incertaines.

(18) Le 23 décembre, les nationalistes ont lancé une grande offensive à l'Ouest de Barcelone, et la résistance des républicains, au début de janvier, commence à fléchir.

IV. — L'Italie établit sa prépondérance dans l'Adriatique

Au début du printemps 1939, la politique italienne obtient un succès notable : l'annexion de l'Albanie (8 avril) lui assure la domination du canal d'Otrante et lui donne une « tête de pont » pour agir dans les Balkans. Dans la question méditerranéenne, c'est un avantage important. Mais, par ailleurs, le gouvernement italien ne met pas à exécution les menaces qu'il avait autorisé ses journaux à adresser à la France. Il continue, en outre, à ménager la Grande-Bretagne ; à la fin de la guerre civile espagnole (28 mars), il rapatrie les « volontaires » italiens, sans essayer de se faire attribuer des avantages territoriaux. L'accord anglo-italien du 16 avril 1938 est donc respecté.

Or le Premier ministre britannique, après avoir donné, le 6 février, une promesse d'assistance à la France, ne cesse pas de lui donner des conseils de prudence : le 2 mars, il demande au gouvernement français de ne pas envoyer de renforts militaires en Tunisie ; le 11 mars, il offre « ses bons offices » pour apaiser la tension franco-italienne ; le 28 mars, il renouvelle cet appel à la prudence. A ces démarches diplomatiques, Edouard Daladier répond en invoquant le « sentiment national français » : le ton de la campagne menée par la presse italienne ne permet pas d'engager une négociation qui apparaîtrait comme un « signe de faiblesse ». Pendant trois mois, l'attitude du gouvernement français devant la pression anglaise reste absolument négative.

Pourtant le président du Conseil français n'est pas, au fond, aussi résolu qu'il paraît l'être, car il tente avec le gouvernement italien une négociation secrète : la mission Paul Baudouin. Les revendications italiennes sont alors indiquées par Ciano. A *Djibouti* : établissement d'une zone franche dans le port, et cession d'une partie de la voie ferrée de Djibouti à Addis-Abeba (celle qui se trouve en territoire éthiopien). A *Suez* : participation italienne dans le conseil d'administration du canal. En *Tunisie* : révision des accords de janvier 1935, de telle sorte que les Italiens puissent garder indéfiniment la nationalité italienne. Ces demandes ne reçoivent aucune réponse. Le 20 mars, Daladier avertit Baudouin qu'il ne donnera aucune suite à ces entretiens, car toute négociation lui paraît impossible dans le « climat » dont est responsable la campagne de la presse italienne. Le gouvernement anglais ignore cet épisode important.

L'ambassadeur de France à Rome, lui aussi, l'ignore. Aussi, pendant plusieurs semaines, souhaite-t-il reprendre contact avec Ciano ; il estime que le moment serait opportun, car le gouvernement italien est mécontent de n'avoir pas été informé, avant le 15 mars, des desseins allemands sur la Tchécoslovaquie ; le 22, le 26 et le 28 mars, puis le 15 avril, l'ambassadeur insiste : « Il me semble particulièrement regrettable que nous n'ayons aucun contact direct avec le gouvernement de Rome » : la diplomatie française perd ainsi le moyen « d'exercer une influence » sur le gouvernement italien et de voir « la mesure dans laquelle il existe encore une chance de sauvegarder la paix » (19). Le 25 avril, il saisit l'occasion de la signature d'une convention commerciale pour avoir un entretien avec Ciano, qui lui fait connaître la mission Baudouin et son échec.

Ce même jour, à Paris, l'ambassadeur de Grande-Bretagne remet au Quai d'Orsay une note qui demande des informations sur l'état des relations franco-italiennes. Daladier, qui, depuis une huitaine de jours est hésitant (20), demande à l'ambassadeur de France à Londres d'avoir une « conversation privée » avec Halifax, pour connaître le fond de la pensée du gouvernement britannique. Le 27 avril, dans une « lettre particulière », Charles Corbin rend compte de cet entretien.

Dans ce dialogue franco-anglais, ce sont les informations venues de Rome qui viennent au premier plan. L'ambassadeur anglais, lord Perth, qui quitte son poste, a été reçu par Mussolini en audience d'adieu. Le Duce a abordé la question des relations franco-italiennes ; il avait, a-t-il dit, « négocié avec Baudouin » ; mais le gouvernement français n'a pas donné suite à cette ébauche de pourparlers ; et, a-t-il ajouté, il ne fallait pas oublier qu'il était « obligé de prouver constamment sa fidélité à l'Axe, tout en essayant d'opposer une barrière à la politique allemande ». C'est ce propos de Mussolini qui doit retenir l'attention. Halifax pense qu'il y a encore « un effort à tenter » auprès du Duce, car « la politique fasciste est subtile, compliquée et présente plusieurs faces ». Il est donc tout prêt, sans jouer le rôle d' « intermédiaire », à s'efforcer de dissiper les méfiances mutuelles entre la France et l'Italie. A la fin de sa longue lettre, Charles Corbin insiste sur « la valeur psychologique indéniable » de cet entretien, car, dit-il, « je ne puis mettre en doute la parfaite sincérité » de lord Halifax.

Le résultat de cette insistance anglaise est modeste. Le 3 mai Georges Bonnet se décide à répondre aux télégrammes de François-Poncet : le gouvernement français, dit-il, n'a jamais interdit à l'ambassadeur « toute conversation avec le gouvernement italien » ; mais il n'a « aucune proposition à formuler », car il n'est pas « demandeur » ; il attendra donc les « véritables éléments d'appréciation qui lui font encore défaut ». Dans cette réponse, aucune allusion n'est faite aux informations apportées par la mission Baudouin.

(19) Télégramme n° 1559 du 15 avril.
(20) Le 17 avril, dans une brève note au crayon, il indique : « faut-il ne pas bouger et attendre réponse Mussolini; faut-il entamer négociation avec M.; faut-il laisser aller ? » Léger, ajoute-t-il, est « hostile » à la 2ᵉ et à la 3ᵉ solution.

Nanti de l'autorisation implicite qui lui a été donnée par ce télégramme du 3 mai, l'ambassadeur de France à Rome a un entretien, le 11 mai, avec Ciano. Il met l'accent immédiatement sur la question la plus délicate : le statut des Italiens de Tunisie. Quelle est, exactement, sur ce point, la revendication ? Si le gouvernement italien veut obtenir le droit pour ses nationaux de « rester Italiens » indéfiniment, cette demande « n'a aucune chance » d'être acceptée par la France, dit l'ambassadeur. Quel compromis est-il possible d'envisager ? Ciano répond que Mussolini ne semble pas avoir à cet égard une opinion « définitivement arrêtée » ; peut-être se contentera-t-il d'une « consolidation » du statut de 1896 « pour un nombre d'années à débattre ». La négociation franco-italienne paraît donc engagée.

C'est dans ce contexte nouveau que se place le second dialogue franco-anglais : l'entretien Halifax-Daladier, à Paris, le 20 mai. Les thèses respectives y sont clairement exposées (21). Il est donc nécessaire d'y insister.

Halifax reste convaincu que le Duce désire, au fond, « s'affranchir un peu de l'emprise allemande » (22). Il estime « essentiel d'user de l'influence italienne sur l'Allemagne pour empêcher la catastrophe finale ». A cet égard, les relations franco-italiennes présentent une « importance vitale », car le Duce désire vivement obtenir quelque chose qu'il puisse montrer à son peuple ». Il faut donc que la France lui donne des « satisfactions raisonnables », afin de « ne pas perdre une occasion de consolider la paix ». La Grande-Bretagne peut légitimement attendre de la France qu'elle tienne compte de ses conseils : ne vient-elle pas, pour sa part, selon le désir exprimé par le gouvernement français, d'accepter, dans le domaine des forces militaires, le principe de la conscription (23) ?

Daladier admet qu'il pourrait peut-être accorder au gouvernement italien l'établissement d'un port franc à Djibouti et la cession d'une partie de la voie ferrée de Djibouti à Addis-Abeba. Encore faut-il que l'Italie offre « une contrepartie » : sinon la France perdrait son prestige « dans l'opinion du monde musulman ». Mais sur le statut des Italiens en Tunisie, aucune concession n'est possible : le président du Conseil « préférerait quitter le pouvoir ». Si les revendications italiennes étaient précisées, « il ne pourrait faire autrement » que de les « renvoyer à Rome ». Sans doute, il souhaite de « bons rapports » avec l'Italie, mais sur le terrain « de la réciprocité et de l'équivalence ». L'opinion française, qui n'a pas oublié la manifestation du 30 novembre à la Chambre des faisceaux, ne comprendrait pas une autre attitude. A quel risque s'expose-t-on ? « Un coup de main italien sur Djibouti ? » Ce ne serait « pas une

---

(21) Ce compte rendu se trouve dans les papiers Daladier.
(22) Il ne soupçonne pas que la signature du «Pacte d'Acier» est imminente.
(23) Voté le 26 avril par la chambre des Communes.

catastrophe » pour la France ; il serait plus grave pour l'Angleterre elle-même.

Pourtant, dit Halifax, ne faudrait-il pas laisser entendre qu'une discussion serait possible, si les « conditions générales » étaient modifiées ? Daladier ne paraît pas croire que cette modification puisse intervenir, dans un délai prévisible. Certes, s'il croyait pouvoir amener Mussolini « à un autre état d'esprit », il ferait sans doute quelques concessions, mais « il a la conviction que cela ne conduirait à aucun résultat », car « l'Italie est entre les mains de l'Allemagne ».

L'annonce, deux jours plus tard, de la conclusion de l'alliance italo-allemande ne peut que confirmer cette conviction : lorsque François-Poncet, le 31 mai, essaie de continuer l'échange de vues qu'il avait commencé, le 11, il reçoit un accueil décourageant. D'après Ciano, dit l'ambassadeur, « il ne saurait être question de négocier » tant que durera la « querelle de presse », et « elle durera tant qu'il ne sera pas question de négocier ».

V. — L'Italie alliée de l'Allemagne

En dépit de ces conditions nouvelles, Neville Chamberlain persiste à désirer une « normalisation » des relations franco-italiennes. A la fin de juin (24), au moment où les nouvelles de presse font prévoir une action allemande imminente dans la question de Dantzig, le comportement du gouvernement italien redevient une préoccupation urgente. Le Premier ministre anglais veut donc faire auprès du gouvernement français une nouvelle tentative. L'ambassadeur anglais à Paris, le 7 juillet, a l'intention de reprendre l'argument dont Halifax avait déjà fait état dans l'entretien du 20 mai : le gouvernement anglais a donné satisfaction aux désirs exprimés par le gouvernement français dans la question de la conscription ; il espère donc que Daladier, en contrepartie, manifestera quelque obligeance dans la question italienne. En fait, le dialogue, cette fois, a lieu par écrit : une lettre de Neville Chamberlain à Daladier, le 13 juillet, à laquelle le président du Conseil français répond le 24.

La lettre de Neville Chamberlain indique trois arguments : l'espoir subsiste de voir Mussolini exercer une influence sur Hitler « dans le sens de la paix » ; la négociation franco-italienne, en tout cas, ferait « gagner du temps » ; enfin elle oppose un démenti efficace à la propagande allemande, selon laquelle la Grande-Bretagne et la France ne cherchent pas une solution diplomatique. Sans doute, l'opinion française ne souhaite pas cette négociation franco-italienne et même la réprouve ; mais Daladier a une position assez solide pour passer outre à cette résistance. En remettant, le 14 juillet, à son

(24) *British Documents*, Tome V, n° 195.

destinataire la traduction de ce message, sir Eric Phipps répète que le cabinet anglais attache la plus grande importance à cette affaire, « dont dépend probablement la question de la guerre ou de la paix ». L'ambassadeur, pourtant, n'est pas optimiste, car, écrit-il, au Quai d'Orsay, Léger est hostile à l'Italie, et Georges Bonnet, bien qu'il partage au fond les vues anglaises sur ce point, « a peur » de Daladier.

Le 17 juillet, la réponse du président du Conseil français est prête. Elle n'est pas entièrement négative. Sans doute Daladier commence par rappeler les tentatives qui ont été faites pour amener le gouvernement italien à faire connaître avec précision ses revendications. Les réponses italiennes ont été très sommaires, sauf sur la question des Italiens de Tunisie, où Mussolini voudrait obtenir « la consolidation perpétuelle du statut de 1896 », qui est « impossible ». Tout dernièrement encore, le 5 juillet, l'ambassadeur de France a cherché à savoir si le gouvernement italien envisageait ou non la possibilité d'un règlement pacifique des litiges, et Ciano n'a répondu « ni oui, ni non ». Toute « initiative nouvelle » de la part de la France serait donc considérée par le gouvernement italien comme « une preuve de faiblesse » ; elle donnerait à Mussolini des doutes « sur la réalité de notre force, de notre confiance et de notre solidarité ». Pourtant Daladier ne s'en tient pas à ce refus. Il envisage le cas où le cabinet anglais, s'il le juge nécessaire, pourrait obtenir de Ciano les précisions que le gouvernement français ne veut plus lui demander. Encore faudrait-il, si une négociation anglo-italienne s'engageait alors, que l'Italie donne des « garanties de neutralité », et qu'elle assure à la France « un solde de tout compte particulier avec l'Italie ». Mais est-ce prudent ? Mussolini, sans doute, escompte trouver une occasion de séparer la Grande-Bretagne et la France ! Pourtant le président du Conseil français déclare, en conclusion de son long message, s'en remettre « à la sagesse » du Premier ministre anglais.

Ce projet de réponse admet donc une participation directe de la Grande-Bretagne au règlement du conflit diplomatique franco-italien. Sans doute, ne jouerait-elle qu'un rôle « d'intermédiaire », non pas de « médiateur ». C'est tout de même une position bien différente de celle que le gouvernement français avait adoptée quelques mois auparavant, lors de la visite de Neville Chamberlain à Rome. Mais ce projet est profondément remanié avant d'être expédié, le 24 juillet seulement, au Premier ministre anglais : tout le passage qui concerne la participation éventuelle de la Grande-Bretagne est supprimé. Dans quelles conditions ce remaniement essentiel a-t-il été effectué ? Ni les documents d'archives, ni les témoignages actuellement connus ne permettent de le savoir. Toujours est-il que, dans cette version définitive, la réponse française qui est expédiée le 24 juillet est un refus, tempéré seulement par la déclaration finale où Daladier déclare s'en remettre à « la sagesse » du Premier ministre britannique.

Neville Chamberlain n'insiste pas. Le 3 août, il se déclare convaincu. Il reconnaît qu'il serait inopportun de reprendre, pour le moment, une tentative ; mais il y reviendra, dit-il, si « les circonstances paraissent devenir plus favorables ».

Dans cette longue série de tentatives faites par le Premier ministre anglais pour amener le gouvernement français à engager une négociation avec le gouvernement italien, celle-ci est la dernière. Au cours du dernier mois de la paix, Neville Chamberlain et Halifax ne paraissent plus croire qu'il soit encore possible d'exercer par Rome une influence sur Berlin. Le 24 août, ce n'est pas sir Percy Loraine, c'est François-Poncet qui, dans un entretien avec Ciano, évoque le souvenir de Munich et suggère une nouvelle initiative italienne « pour préserver l'Europe du carnage ». Et lorsque, le 31 août, Ciano offre la réunion d'une conférence, que Georges Bonnet semble prêt à accepter, même après le début des hostilités en Pologne, c'est la fermeté de Halifax qui met fin à cette tentative.

Conclusion

Ce rapport a été volontairement limité à l'exposé des positions prises par les gouvernements britannique et français, et des explications qu'ils ont données à leur partenaire. Il doit maintenant, en conclusion, examiner les questions que suggère l'interprétation des politiques.

La politique anglaise.

La ligne de conduite adoptée par le cabinet anglais à l'égard de l'Italie était conforme à la politique d'*appeasement* annoncée par le Premier ministre. A son avis, elle était souhaitable, pour des raisons de principe. Elle était opportune, peut-être même nécessaire, tant que le retard du réarmement britannique n'aurait pas été comblé. Pourtant cette explication générale est insuffisante. Deux questions, au moins, viennent à l'esprit :

1°) Neville Chamberlain et Halifax ont sans cesse exprimé l'espoir que Mussolini pouvait être « amené » à exercer une influence sur Hitler en faveur de la paix. Quelles raisons avaient-ils de le penser ? Certes ils étaient orientés en ce sens par les rapports de lord Perth, puis de sir P. Loraine qui ne donnaient pas seulement des impressions sur l'état d'esprit des Italiens, mais qui citaient parfois des propos tenus par Mussolini ou Ciano. Pourtant quelle valeur fallait-il attribuer à ces propos ? Les hommes d'Etat anglais ne pouvaient pas ignorer que la diplomatie italienne cherchait à séparer la France et la Grande-Bretagne ; ils auraient donc dû être portés à la méfiance.

Or ils semblaient croire à la sincérité du Duce. Avaient-ils, outre les rapports de l'ambassade, d'autres sources de renseignements ? Et lesquelles ? Bien entendu, ces impressions ou ces informations ont varié selon les circonstances. Il faudrait donc pouvoir les analyser à chacun des moments où la diplomatie anglaise a effectué des démarches auprès du gouvernement français.

2°) Neville Chamberlain et Halifax croyaient-ils que les âpres contestations entre l'Italie et la France pouvaient mener à une *guerre* ? Le gouvernement français ne le pensait pas ; il envisageait tout au plus un « coup de main » sur Djibouti. Mais il admettait que la participation de l'Italie à une guerre *générale,* aux côtés de l'Allemagne, était vraisemblable. Quelle était, à cet égard, l'opinion du gouvernement britannique ? Il y a lieu de remarquer que Neville Chamberlain n'a mis aucun empressement à envisager des conversations entre les états-majors navals anglais et français dans le cas d'une guerre en Méditerranée. Est-il possible de déterminer à partir de quelle date il a cru à la possibilité de la participation de l'Italie à une guerre générale ?

La politique française.

Dans ses échanges de vues avec Neville Chamberlain et Halifax, Edouard Daladier, pour résister à la pression de la Grande-Bretagne, a invoqué deux arguments :

1°) L'opinion publique française, à cause de la manifestation du 30 novembre 1938 et de la violence de la campagne menée par la presse italienne, ne pouvait pas admettre que son gouvernement prenne l'initiative d'une négociation avec Mussolini : c'était une question d'amour-propre national, et même de dignité. L'unanimité qui s'était manifestée, le 30 janvier 1939, à la chambre des Députés, était significative. Cet argument était exact : le mouvement d'opinion était très vigoureux, même dans les milieux populaires. Pourtant Neville Chamberlain pensait que le président du Conseil français avait une situation politique assez solide pour résister à ce mouvement d'opinion, s'il le voulait vraiment. Mais Daladier ne pouvait pas oublier un incident récent : la « mission » effectuée par Paul Baudouin n'était pas longtemps restée secrète ; elle avait été révélée par la presse, et, en dépit du démenti que Daladier avait immédiatement donné, cette révélation avait provoqué des réactions très vives. Ce souvenir pesait sur le comportement du président du Conseil.

2°) Le gouvernement français, après avoir proclamé en janvier 1939 qu'il ne ferait aucune concession à l'Italie, a été hésitant. Il a essayé d'engager, en février, la négociation secrète de Baudouin, à laquelle il n'a pas donné suite parce que les revendications italiennes lui ont paru inacceptables. Il a donc, en mars et en avril, écarté les conseils de la Grande-Bretagne, mais sans expliquer au gouvernement anglais les raisons de son attitude. En mai, il s'est montré disposé à amorcer, non sans réticences, une négociation avec l'Italie, cette fois par la voie diplomatique normale. La conclusion, le 22 mai, du Pacte d'Acier a mis fin à cette velléité. Désormais Daladier se déclare convaincu que toute nouvelle tentative serait vaine, car Mussolini, dès lors qu'il a renoncé, au profit de l'Allemagne, à l'influence qu'il pouvait exercer en Europe centrale, n'a plus qu'un seul champ d'action possible : la Méditerranée.

Encore faut-il se demander pourquoi les revendications italiennes, telles qu'elles avaient été exposées à Paul Baudouin, ont été jugées inacceptables. En fait, Daladier semble avoir été prêt à faire quelques concessions mineures, dans la question de Djibouti. Mais il estimait impossible de céder sur la question de Tunisie. Or quelle était à cet égard la revendication italienne ? Mussolini, en janvier 1935, avait accepté la suppression « progressive » du statut privilégié que possédaient, en Tunisie, les Italiens ; il voulait effacer cette promesse et imposer le maintien de ce statut, tel qu'il avait été fixé par les conventions de 1896. Ce maintien serait-il « définitif » ? Ciano avait laissé entendre, le 11 mai, que Mussolini se contenterait peut-être d'une solution temporaire, mais, quelques jours plus tard, avait mis fin à la conversation. Daladier ne voulait pas admettre que les conventions de 1896 reçoivent cette consécration nouvelle, parce que ces conventions donnaient à l'Italie une « hypothèque morale » sur la Tunisie, et surtout parce que la France, si elle acceptait de revenir à ce régime de 1896 dont elle avait annoncé, en janvier 1935, la suppression prochaine, risquait, pensait-il, de « perdre son prestige dans le monde musulman ».

Pourtant ces deux arguments exprimaient-ils complètement les mobiles de la politique française ? Il est probable que cette politique a subi, en outre, l'influence de données psychologiques, politiques et stratégiques :

Données psychologiques. Les anciens combattants (25), lorsqu'ils évoquaient les souvenirs de 1914-1918, témoignaient souvent d'un certain mépris pour le soldat italien. Sous leur influence, la majorité de l'opinion avait tendance à ne pas prendre au sérieux l'armée italienne.

Données politiques. L'hostilité à l'égard du régime fasciste se manifestait au Parlement, au sein des partis qui formaient la majorité gouvernementale. Elle existait au Quai d'Orsay, disait l'ambassadeur de Grande-Bretagne, chez le secrétaire général (26) et plusieurs hauts fonctionnaires. L'ambassadeur de France à Rome

---

(25) Je ne dis pas les *associations d'anciens combattants,* car les dirigeants de ces associations prenaient à l'égard de l'Italie des positions fortement influencées par les préférences politiques.

(26) Mais, en sens inverse, voir la note de Daladier citée ci-dessus.

remarquait, en mars 1939, que la plupart des membres du gouvernement français éprouvaient une « antipathie » pour le Duce. Sans doute cet anti-fascisme n'était pas un obstacle absolu à une négociation. Mais les adversaires du régime fasciste ne souhaitaient pas que cette négociation puisse apporter à l'Italie un succès diplomatique dont Mussolini aurait le bénéfice.

Données stratégiques. Elles étaient exprimées par les chefs des états-majors, naval et terrestre. L'Italie, en cas de guerre générale, serait l'adversaire le plus faible, donc le plus vulnérable. En novembre 1937, l'amiral Darlan, d'après ses papiers personnels, pensait que l'attaque devrait, « par priorité », être dirigée contre l'Italie. « Il faut faire crever l'Italie... Toute action militaire qui n'aurait pas été précédée de la conquête de la Méditerranée est une action inutile » (27). En juillet 1939, lorsque Neville Chamberlain suggère de créer un *Conseil suprême interallié* pour établir des prévisions dans le domaine stratégique, le général Gamelin écarte le projet, parce qu'il sait être en désaccord avec ses collègues anglais : les états-majors français veulent, en cas de guerre, diriger contre l'Italie les premiers efforts, tandis que les états-majors britanniques regardent vers l'Atlantique et la mer du Nord.

Sans doute, ces motifs n'étaient pas *déterminants*. Mais ces préoccupations ou ces intentions n'étaient pas de nature à orienter la politique italienne de la France dans la voie de la conciliation.

Pourtant le désaccord qui s'est manifesté, à cet égard, entre la Grande-Bretagne et la France a-t-il eu, en fait, des conséquences importantes ? Je ne le crois pas. Lorsque Neville Chamberlain voulait amener le gouvernement français à chercher un rapprochement avec l'Italie, il espérait obtenir une promesse de neutralité italienne en cas d'agression allemande contre les puissances occidentales, et il croyait que cette promesse suffirait à dissuader Hitler de recourir aux armes. Or, le 1er septembre 1939, l'Italie est restée neutre, bien qu'elle n'eût pas obtenu les satisfactions qu'elle avait demandées à la France ; et cette neutralité italienne n'a pas empêché Hitler de provoquer le conflit. Les événements ont donc imposé un démenti à la politique italienne de Neville Chamberlain.

(27) Cité par Reussner, *Conversations d'états-majors franco-britanniques 1935-1939*, p. 207.

LE THÉATRE D'OPÉRATIONS DU NORD-EST

Colonel P. LE GOYET

Chef de la Section « Etudes » - Service historique de l'Armée

The North-East operational theatre. — I) Belgium-Holland-Switzerland : the only course of action open to Britain, in the event of a German invasion, was to intervene with its expeditionary corps. Gamelin envisaged assisting Belgium, but Belgian and Dutch neutrality prevented any agreement between Army Staffs before the outbreak of hostilities.
II. Poland : All England could offer was some air support. Following on Franco-Polish conversations, Gamelin envisaged a supporting offensive, but the plans remained vague.
III. The B.E.F. : The Anglo-French conversations envisaged the following points :
    1. Command (subordinated to the French high command).
    2. Transport (which the French wished to speed up).
    3. Movements and landings, concentration, communications.
    4. Use (to the left of the French army).
From March to September 1939, Franco-British cooperation had progressed, but many problems had yet to be solved.

Dans un conflit éventuel avec les puissances de l'Axe, les Franco-Britanniques ont toujours considéré comme primordiale la conservation de l'intégrité de leur territoire et de leur Empire (1).

Il ne fait pas de doute par ailleurs que « le gros morceau », selon l'expression du général Gamelin, serait l'Allemagne, matériellement et moralement beaucoup plus solide que l'Italie. Le théâtre principal serait donc celui du Nord-Est.

L'importance des moyens à y affecter, leur articulation, leur emploi dépendent des positions adoptées vis-à-vis de la Belgique, de la Hollande, de la Suisse et des secours mis en œuvre pour soulager la Pologne.

---

(1) Le problème stratégique franco-britannique a déjà été évoqué lors du colloque de Londres.

I. — Belgique - Hollande - Suisse

Une offensive allemande à l'Ouest fait redouter la violation de la neutralité belge, hollandaise et peut-être suisse. Les Britanniques voient le problème de la façon suivante.

L'armée belge, forte de 3 divisions mobiles et de 18 divisions d'infanterie, pourrait se mobiliser et se rassembler à Z + 3. Si elle est obligée de se replier en abandonnant ses fortifications, il est possible qu'elle se dirige vers Anvers au lieu de la France.

L'armée hollandaise, étant donné la faiblesse de ses effectifs mais grâce aux inondations, peut envisager de se rétablir sur des lignes successives en vue de couvrir Amsterdam et Rotterdam, réduits de la défense. Il est vraisemblable que la partie Sud du territoire serait rapidement occupée avant que les Alliés aient pu intervenir. L'action de l'aviation se bornerait à une coopération avec les troupes à terre. La marine serait absorbée entièrement par la défense des ports et il ne faut pas s'attendre à ce que la Hollande ramène des Indes quelques unités de sa flotte coloniale.

La Suisse, grâce à la mise sur pied de guerre instantanée de 250.000 hommes répartis en 9 divisions et 4 brigades de montagne et à un terrain favorable à la défensive, peut espérer faire face avec ses 100 avions de chasse à une avance adverse et harceler routes et voies ferrées par une guerre de guérilla.

En ce qui la concerne, la Grande-Bretagne ne pourrait agir sur terre que par son corps expéditionnaire. Deux divisions et des éléments de corps d'armée seraient dirigés sur le continent. Une partie de l'aviation serait envoyée en France, à moins que les circonstances soient telles que les forces aériennes soient plus efficaces basées en Angleterre.

Le dispositif naval britannique en assurant la sécurité des communications couvrirait également les ports français de la Manche et de l'Atlantique et protégerait le commerce maritime et les possessions coloniales.

Une telle opération allemande apparaît au général Gamelin en avril 1939 :

« le renouvellement de la manœuvre de 1914 étendue vers le Nord et *puissamment renforcée par des engins blindés et des forces aériennes* ».

Elle revêtirait le caractère d'une attaque brusquée suivie d'une exploitation profonde immédiate.

« Se couvrant en Luxembourg belge tout en fixant la défense de la position fortifiée française à l'Est de Montmédy avec un minimum de moyens, les Allemands lanceraient le gros de leurs forces à partir du front Clèves-Duren en direction de Bruxelles-Cambrai pour atteindre sans désemparer la position française d'Hirson à la mer du Nord, en submergeant les défenses belges et hollandaises » (2).

L'effort principal serait effectué par les unités blindées appuyées par l'aviation et ouvrant la voie à un premier échelon d'une quarantaine de divisions échelonnées en profondeur.

Le terrain, favorable à la défense grâce aux cours d'eau et aux canaux, et les destructions massives pourraient ralentir la progression allemande même en cas d'attaque brusquée.

Si les positions belges et hollandaises étaient rompues, la Belgique replierait ses forces pour la défense du « réduit national » Anvers-Gand, très difficile à enlever en raison des inondations. La Hollande couvrirait sa capitale sur le Rhin et au Nord à hauteur d'Utrecht.

Cependant, la défense des Belges et des Hollandais serait plus efficace si elle était organisée à temps et si elle pouvait bénéficier du secours des Franco-Britanniques. Mais ces derniers ne peuvent intervenir que s'ils sont appelés. Afin d'éviter la bataille de rencontre, il conviendrait alors, suivant les circonstances :

« — *au mieux* de renforcer les Belges sur leur position de résistance même : Meuse et canal Albert ;

— *au minimum* de tenir l'Escaut de Tournai et d'Audenarde, pour raccorder, à partir de Maulde, la défense française au réduit national belge dans la région de Gand et barrer à l'ennemi l'accès direct à la mer. »

Entre ces solutions extrêmes, le général Gamelin en envisage une troisième : s'établir sur une ligne intermédiaire jalonnée par Anvers, Malines, la Dyle de Louvain et Namur. Mais, en avril 1939, cette position n'est pas préparée et elle ne pourrait être utilisée que pour ralentir momentanément la progression allemande.

Les forces de cavalerie et les unités mécanisées seraient en mesure d'opérer sur la Meuse au Sud de Namur et dans la région Est et Sud-Est de Bruxelles quatre à cinq jours après avoir reçu l'autorisation de pénétrer en Belgique, si l'opération s'exécutait en sûreté. Des mesures préparatoires permettraient de réduire les délais à 48 heures.

L'Escaut pourrait être tenu dans 24 ou 48 heures par un premier échelon de forces.

Dans toutes ces hypothèses, les forces aériennes franco-britanniques auraient à jouer un rôle primordial en agissant sur les nombreux points de passage obligés que comportent les itinéraires à hauteur des lignes d'eau.

(2) Défense Nationale, très secret, conditions générales d'une offensive allemande par la Belgique et la Hollande.

Français et Britanniques confrontent au cours de la deuxième phase des conversations leurs points de vue sur l'organisation de la défense en Belgique. Les Britanniques manifestent leur préférence pour le choix de la ligne Anvers-Bruxelles-Namur, étant donné l'intérêt que présente la possession des territoires belge et hollandais comme base pour une reprise de l'offensive contre l'Allemagne.

En outre, quelle que soit la profondeur de l'intervention, il est admis que les forces aériennes franco-britanniques basées en France et en Angleterre s'emploieraient, en première urgence, à l'attaque des colonnes allemandes pénétrant en Belgique et en Hollande. Toute l'aviation de bombardement britannique participerait à ces actions.

En mai, bien que les Belges n'aient pas encore fait connaître leur intention d'occuper en force et en temps voulu la position du canal Albert, il apparaît « nécessaire de prévoir *l'organisation de notre défense initiale* sur la *ligne de l'Escaut*, ainsi que les mesures à prendre pour pouvoir *en déboucher offensivement* » (3).

Mais au moment de la déclaration de guerre, rien n'est encore arrêté, la neutralité belge et hollandaise interdisant les accords d'états-majors (4).

II. — Pologne

Après l'occupation de la Tchécoslovaquie, la Pologne prend enfin conscience du danger qui la menace. Décidée à se défendre, elle sollicite une aide matérielle de la France. Le commandement français adopte une attitude prudente et émet un avis favorable à l'envoi de matériel de guerre et notamment de chars.

Au cours des conversations qui ont lieu en avril 1939, les Britanniques déclarent qu'en cas d'agression allemande « ils ne pourront pas donner une assistance directe et effective » à la Pologne et à la Roumanie. Seule une partie de l'aviation britannique pourrait participer avec l'aviation française à l'attaque d'objectifs (sauf contre la population civile) dont la neutralisation favoriserait le succès des troupes terrestres.

Ils espèrent par ailleurs que la France aura la possibilité d'effectuer des opérations offensives à objectifs limités pour détourner les forces allemandes du théâtre oriental.

La délégation britannique, au cours de la deuxième phase des conversations, affirme que la Pologne en s'associant à un pacte avec

(3) Souligné dans le texte : P.V. conversations franco-britanniques, deuxième phase, AFC (J) 65.
(4) Cf. *Les relations militaires franco-belges 1936-1940*, Paris, Centre National de la Recherche Scientifique, 1964.

la Grande-Bretagne et la France a ruiné le plan allemand. Si Hitler attaque à l'Ouest, il sera obligé de laisser 25 divisions face à la Pologne et son action en sera diminuée d'autant. S'il attaque à l'Est, il devra « utiliser des forces encore plus nombreuses et les Alliés seraient en mesure au minimum de s'organiser défensivement de façon solide à l'Ouest et peut-être même de passer à l'offensive » (5).

Mais l'intervention de la Pologne ne pourrait revêtir toute sa valeur que si elle entraînait, du fait de l'entrée en ligne d'autres alliés, la constitution d'un front oriental étendu, solide et capable de durer. Attirée par des ressources économiques qui lui sont indispensables pour mener une guerre de longue durée, l'Allemagne serait amenée à s'engager de plus en plus dans cette direction.

Cette orientation rendrait moins flagrante initialement l'infériorité des Occidentaux et permettrait de disposer de forces accrues pour mettre l'Italie hors de combat. Cependant la solidité du front oriental semble conditionnée par le ravitaillement que pourrait fournir l'U.R.S.S. et par l'attitude de la Turquie dont l'engagement aux côtés des Alliés offrirait des possibilités supplémentaires.

L'ouverture d'hostilités à l'Est ne paraît pas devoir hypothéquer sensiblement le potentiel des forces allemandes de bombardement. Par contre, les escadrilles de reconnaissance des Alliés détermineraient facilement l'axe d'effort principal adverse (Est ou Ouest). Ceux-ci utiliseraient en outre les terrains polonais pour attaquer Berlin et les objectifs à l'Est de la capitale allemande.

Si la Pologne autorisait l'U.R.S.S. à contribuer à sa défense, les avantages stratégiques seraient considérables. En revanche, la participation éventuelle des marines polonaise et roumaine ne présente pas un intérêt particulier.

Selon la délégation britannique et notamment le général Kennedy, « les distances sont si grandes et les communications si difficiles qu'il serait malaisé à l'Allemagne d'obtenir une décision rapide [en Pologne]. Pourtant, ce ne serait qu'une question de temps avant que [celle-ci] ne soit éliminée de la guerre ». Cependant, « même si la Pologne était entièrement conquise, les forces allemandes qui y seraient maintenues pour tenir le pays seraient à peu près aussi nombreuses que celles qu'il aurait fallu pour mener la campagne contre ce pays ». Le général déclare qu' « une des raisons qui lui faisait exprimer cette idée c'est que, même si la Russie ne prenait pas part à la guerre dès l'ouverture des hostilités, elle n'en constituerait pas moins une menace dangereuse pour l'Allemagne lorsque celle-ci se serait emparée de la Pologne » (6).

Le commandant Noiret, de la délégation française, approuve ce

(5) P.V. des conversations franco-britanniques, deuxième phase, AFC (J) 56.
(6) Source : lettre du capitaine de vaisseau Danckwerts au général Lelong, 2 mai 1939.

point de vue. C'est pourquoi, dit-il, il est tellement important que le front oriental soit prolongé par la Roumanie qui peut mettre en ligne 35 divisions. En ajoutant les 50 polonaises, la force ainsi constituée n'est pas négligeable. En effet, si l'armée roumaine accuse des faiblesses en artillerie, la troupe est bonne ; il ne partage donc pas le pessimisme britannique.

Le 2 mai 1939, les Britanniques formulent une nouvelle hypothèse : les Allemands pourraient adopter une attitude strictement défensive à l'Ouest, offensive contre la Pologne à l'Est, l'Italie restant neutre au début des hostilités. Ils proposent qu'une étude plus détaillée soit entreprise sur l'action que mèneraient les Alliés dans cette éventualité (7).

« Nous serons contraints, répond le commandement français, de prendre l'offensive contre l'Allemagne, ce qui attirera à brève échéance contre nous et contre la Grande-Bretagne la presque totalité de l'aviation allemande, à moins que les forces soviétiques s'engageant en Pologne n'en retiennent une notable partie sur le front oriental, ce qui est évidemment grandement désirable (8).

Des conversations franco-polonaises se tiennent à Paris le 16 mai, notamment entre le général Kasprzycki et le général Gamelin. Celui-ci reste très vague. Le plan qui soulagera la Pologne doit, dit-il, être très souple, trop d'inconnues subsistant sur les intentions allemandes et sur l'attitude de puissances telles que l'Italie, la Yougoslavie, l'Espagne. « Le mieux est d'agir suivant les circonstances. »,

Le général Vuillemin affirme toutefois que l'aviation agira vigoureusement au début du conflit pour dégager la Pologne ; bien qu'il déplore le manque de bases, il espère pouvoir diriger quelques escadres françaises sur le territoire polonais.

Le général Gamelin précise alors qu'il faudra quinze jours avant de pouvoir entamer une action offensive préliminaire à l'attaque de rupture de la ligne Siegfried à laquelle participerait la moitié des forces de l'armée française.

Les Polonais prennent acte de l'assurance donnée par le général Gamelin que l'armée française fera tout son possible pour secourir la Pologne et s'engagent, si l'effort principal se portait contre la France, à tenter de s'emparer de la Prusse orientale.

Le protocole militaire devait faire suite à un accord politique qui ne fut jamais signé, si bien qu'à la lettre il n'a aucune valeur.

Les 25 et 26 mai, des conversations sur la coopération aérienne se poursuivent à Paris. En cas d'attaque massive du Reich contre la

(7) Cf. note 6.
(8) Paris, le 20 mai, note sur les conséquences de la neutralité éventuelle de l'Italie. Réponse à la lettre du capitaine de vaisseau Danckwerts du 2 mai 1939, P.V. 13ᵉ séance.

Pologne, les Français enverront, après décision du gouvernement, des unités de bombardement en Pologne pour une durée de quelques jours (5 groupes d'Amiot 143).

Pendant ce temps, le 23 mai, ont lieu des conversations d'états-majors anglo-polonais (9) au sujet de l'aide aérienne que pourrait apporter la Grande-Bretagne en cas d'agression allemande contre la Pologne.

Selon le général Clayton, l'aviation britannique serait employée de façon défensive, qu'il ne faut pas confondre avec une attitude passive, et s'efforcerait de diminuer le potentiel adverse en bombardant les bases et les usines. Le colonel Davidson désire s'en tenir uniquement aux objectifs militaires. Le général Clayton souligne que la Grande-Bretagne ne s'attaquerait aux objectifs civils que si les Allemands en prenaient l'initiative. Le qualificatif « militaire » s'appliquera-t-il aux terrains d'aviation, aux voies ferrées, aux gares ? demandent alors les Polonais. Le colonel Davidson précise par ailleurs que l'aviation britannique pourrait parvenir jusqu'à la frontière polonaise à condition de décoller de bases situées en France. Cinq escadrilles de 16 avions sont prévues à cet effet. D'autres pourraient éventuellement partir d'Angleterre. Actuellement, le nombre d'avions de bombardement de première ligne est de 524. Toute l'aviation de bombardement britannique doit normalement être employée contre l'Allemagne. En 1941, le nombre d'avions de première ligne (toutes catégories) s'élèvera à 2.500, et la réserve sera de 100 à 200 % si la production se maintient au niveau actuel.

Le lendemain 24 mai, une séance, à laquelle prennent part les responsables de l'aviation (10), apporte quelques précisions. La faiblesse de l'aviation polonaise (4 escadrilles de 60-70 avions de ligne sont chargées du bombardement rapproché dans la zone des armées) ne permet pas d'envisager des actions profondes, et le bombardement d'objectifs civils ne sera effectué qu'à titre de représailles. Ces représailles pourraient alors être le fait de l'Angleterre.

En conclusion, les Polonais doivent se contenter de l'assurance « que la seule aide que les puissances occidentales pourront donner à la Pologne au cours de cette période sera une attaque aérienne aussi forte et aussi profonde que possible » (11).

(9) *Participants :*
Britanniques : brigadier général Clayton, capitaine de vaisseau Tawilings, colonel d'aviation Davidson.
Polonais : général Stachiewicz chef d'état-major, contre-amiral Swiraki commandant la Marine, général Ujejski commandant l'Aviation, colonel d'état-major Jaklicz, sous-chef de l'état-major général, colonel Driewanowski secrétaire de la conférence.
(10) *Britanniques :* colonel Davidson et officiers de l'armée de l'air.
Polonais : général Ujejski, commandant Bobinski, Kiecon de l'état-major général Air, lieutenant-colonel Kmiciuski attaché militaire de l'Air à Londres, secrétaire de la conférence.
(11) P.V. de la réunion du 24 mai 1939, forces aériennes anglo-polonaises.

En juin 1939, face à la menace qui pèse sur Dantzig et sur la Pologne et qui peut conduire à la guerre, le gouvenement britannique, à la suite d'un échange de vues entre Beck et les ambassadeurs à Varsovie, indique que des mesures préparatoires s'imposent afin de réaliser la mobilisation progressive des trois armes.

De son côté, le général Gamelin rédige le 31 mai les directives concernant les opérations initiales à mener entre Rhin et Moselle pour attirer le maximum des forces allemandes et soulager la Pologne. Des actions locales en vue de prendre le contact seraient suivies de l'engagement progressif des avant-gardes puis du gros des forces après la réunion des moyens nécessaires.

Après la visite du général Gamelin à Londres en juin et les entretiens du général Pownall avec le colonel Petibon, un certain nombre de questions demeurent en suspens. D'après le général Lelong, une autre rencontre devrait être organisée avant que ne soient prises les décisions concernant les demandes de matériel présentées aux Britanniques par les puissances du front oriental.

Les Français font un geste symbolique : un bataillon de chars R 35 débarque à Gdynia dans la première semaine de juillet.

Le 13 juillet 1939, le général Gort fait savoir que le général Ironside va partir en mission en Pologne pour essayer de se renseigner sur les intentions polonaises en ce qui concerne Dantzig. Le général Gamelin expose ensuite les grandes lignes de sa politique. A son avis, il convient de laisser commencer la guerre à l'Est, pour qu'elle ne se généralise que progressivement. Ceci donnerait le temps nécessaire à la mise sur pied de la totalité des forces franco-britanniques. Il n'est pas question de laisser initialement la Pologne seule face à l'Allemagne. Le fait de mobiliser retiendrait à l'Ouest d'importantes forces allemandes qui prendraient position sur la ligne Siegfried. Des gains de terrain permettraient d'organiser une zone de destructions puissante et un glacis profond en avant de la ligne Maginot.

En août 1939, au cours de la treizième réunion d'état-major à Londres, l'aide à la Pologne est évoquée dans le cas où l'Allemagne attaquerait avec le maximum de ses forces à l'Est, tout en se couvrant à l'Ouest.

« De cet échange de vues, il ressort[ait] clairement qu'au début, il [ne serait] pas possible d'envisager une action immédiate soit sur terre, soit sur mer pour aider la Pologne et que le seul procédé pourrait être une offensive aérienne contre l'Allemagne (12). »

Désireux de « coordonner les actions aériennes en cas de guerre », l'état-major britannique juge nécessaire d'obtenir l'accord des Polo-

(12) Londres, le 14 août 1939, Bureaux du Cabinet et du Comité de Défense impériale.

nais sur les méthodes du bombardement aérien et le choix des objectifs. L'état-major français sera tenu au courant de la suite réservée à ces conversations.

Les Polonais suivent avec réserve les conversations franco-anglo-soviétiques et repoussent obstinément une éventuelle participation russe à une guerre contre l'Allemagne... Quand leur gouvernement reviendra sur sa décision, il sera trop tard, le pacte de non-agression germano-soviétique scellera le déclenchement de la deuxième guerre mondiale dans les conditions stratégiques les plus désastreuses.

III. — Le Corps expéditionnaire britannique (B.E.F)

Démographiquement affaiblie par la guerre de 1914-1918, la France, face aux prolifiques Allemands et Italiens, devrait en cas d'hostilités tenir en échec un ennemi trois fois supérieur en nombre. Si les alliances éventuelles et les ressources de son Empire atténuent cette disproportion, le soutien de la Grande-Bretagne s'avère néanmoins indispensable, surtout en cas d'intervention en Belgique, en Hollande ou en Méditerranée.

La caution de la Grande-Bretagne renforcerait en outre la position française près des puissances de l'Europe centrale et orientale qui désapprouvent une action séparée de la France.

Au lendemain de la conclusion de l'accord anglo-italien, Chamberlain repousse toutes les orientations dirigées contre l'Italie et ne veut tenir compte malgré les inquiétudes françaises que de la menace allemande.

Les Britanniques qui ne veulent pas renouveler l'expérience de 1914 ont donc longtemps hésité à envoyer un corps expéditionnaire sur le continent. Son entretien, son renforcement sont susceptibles d'entraîner des sacrifices qu'ils jugent excessifs et inutiles, les forces ainsi gaspillées pouvant être mieux utilisées sur mer, dans les airs, dans les usines et dans les fermes... Le principe est cependant acquis..., mais l'importance, la composition, les modalités de transport, de concentration, d'emploi et de subordination ne sont pas encore arrêtées le 15 mars 1939.

1. *Commandement.* — Français et Britanniques conçoivent de façon fort différente la subordination des troupes anglaises opérant en France.

Le 8 août, après de longues discussions, le gouvernement britannique propose à ses alliés :

« Les accords concernant le commandement du corps expéditionnaire britannique, quand il opérera sur le continent, [auront] comme base la subordination du commandant de ce corps expéditionnaire au commandant en chef français, étant bien entendu que le commandant du corps expéditionnaire britannique aura le droit d'en appeler à son propre gouvernement avant d'exécuter un ordre qui lui paraîtrait devoir mettre en péril l'armée britannique (13). »

Le maréchal Haig avait reçu les mêmes instructions lorsque le général Foch fut nommé commandant en chef des forces alliées sur le front occidental en juin 1918.

Les Britanniques envisagent même de mettre le corps expéditionnaire sous les ordres du commandant des armées du Nord-Est et d'affecter à son quartier général un officier de liaison britannique (le colonel Swayne est déjà désigné) assisté de deux ou trois officiers. Des officiers de liaison seraient également détachés auprès des armées française et belge et un officier de liaison du grade de général s'installera avec son état-major à Paris. L'importance de celui-ci serait fonction du stationnement de l'organisme interallié chargé de la conduite supérieure de la guerre. Si ce dernier siège en Angleterre, l'état-major sera très réduit, sa mission se bornant à la liaison entre le général Gamelin et le chef d'état-major impérial. Il serait beaucoup plus important en France, le chef d'état-major de la mission devenant le délégué du chef d'état-major impérial.

Le 13 juillet, le général Gamelin, au cours d'une réunion interalliée fait part de l'acceptation du général Gort commandant le corps expéditionnaire de se placer sous les ordres du général adjoint au commandant en chef des forces terrestres, commandant le théâtre d'opérations Nord-Est (général Georges).

2. *Transport de la B.E.F.* — Un point important demeure encore imprécis en ce qui concerne le transport de la B.E.F. : afin d'établir le calendrier des prévisions relatives à l'utilisation des ports, la répartition des interprètes, la mise en état des zones de cantonnements, la préparation des mouvements par voie ferrée, les Français désirent connaître la relation entre le jour Z (correspondant à J+1 en France), premier jour de la mobilisation en Grande-Bretagne, et le jour M, jour initial des transports par mer du Corps expéditionnaire. Jusqu'ici il avait été admis que M = Z + 14, c'est-à-dire que les transports par mer commenceraient au plus tôt le 15e jour après la mobilisation française. Cette date est confirmée le 18 mai 1939 (14).

Ces délais inquiètent beaucoup le général Gamelin. Il intervient auprès du général Gort le 19 avril 1939 pour qu'ils soient réduits, les moyens susceptibles d'être mis sur pied par l'Allemagne et l'Italie

(13) Bureau du Cabinet et du Comité de Défense impériale (Richmond Terrace, Londres S.W. 1), 8 août 1939.
(14) Note n° 122-3/EMA-W, conversations d'états-majors franco-britanniques, note pour le *War Office*, Paris, le 18 mai 1939.

ayant considérablement augmenté et une action importante sur le front occidental devenant possible dès l'ouverture des hostilités. La France peut initialement tenir tête à l'envahisseur mais elle ne pourrait prolonger cet effort. Il est donc nécessaire que des moyens britanniques puissants puissent être transportés le plus vite possible sur le continent. La rapidité de l'intervention influencerait peut-être la Belgique et la renforcerait « dans le désir de chercher à résister à l'envahisseur » (15).

Le 25 avril, au cours de la deuxième phase des conversations, l'état-major britannique communique à la délégation française le programme relatif à l'envoi en France de l'armée de campagne.

Le projet est :

a) de mettre en route l'armée régulière (4 divisions d'infanterie et 2 divisions mobiles) aussitôt que possible après le début des hostilités, soit dans les six premières semaines ;

b) de rendre disponibles 10 divisions territoriales pendant les 4e, 5e, 6e mois après le début des hostilités et 16 autres divisions territoriales du 9e au 12e mois.

Ceci ne change rien à la décision suivant laquelle « l'engagement pris par le gouvernement britannique d'envoyer une armée sur le continent ne se rapporte qu'aux divisions régulières ». L'emploi des divisions territoriales fera l'objet de discussions ultérieures en fonction de la situation du moment.

Le général Gort doit en informer personnellement le général Gamelin. Le général Lelong fait remarquer qu'il serait désirable d'envisager les débarquements dans des ports plus nombreux et plus rapprochés de la Grande-Bretagne, en vue d'accélérer la mise en œuvre. Le colonel Slessor de l'*Air Ministry* émet à ce sujet les plus grandes réserves, les ports de la Manche étant très vulnérables aux attaques aériennes.

Lors de sa visite à Londres du 6 au 9 juin, le général Gamelin s'entretient avec le général Gort de l'accélération des délais d'arrivée du corps expéditionnaire. L'étude qui est entreprise permet de prévoir à J + 7 l'arrivée de l'*Advanced Striking Force* ainsi que des éléments de chasse et de D.C.A.

L'arrivée des deux premières divisions ne peut être avancée ; en revanche, le général Gort estime que les suivantes seront à J + 32 dans les zones de rassemblement et à J + 34 dans la zone de concentration. La division mobile serait transportée dans des délais comparables. La base de concentration pourrait être fixée dès maintenant, ainsi que la désignation de deux missions de liaison : l'une à l'échelon des généraux Dill et Georges, l'autre à celui des généraux Gort et Gamelin.

(15) Lettre n° 2167/S du 19 avril 1939, général Gamelin à général Gort chef de l'état-major impérial, *War Office*.

3. *Mouvements - débarquements*. — Les Britanniques confirment le 3 août les dates précises des différents débarquements :

Cherbourg   Z + 8
Brest   Z + 10
Nantes - Saint-Nazaire   Z + 16
Base sanitaire   Z + 12

Les cantonnements dans la zone de rassemblement devront être prêts à Z + 9 (16).

Les détachements précurseurs pourraient être acheminés à partir de Z + 4 par moyens automobiles (17).

Les délais de préavis de transport par voie ferrée sont variables suivant le nombre de rames et le degré d'avancement de la mobilisation française. Pour les mouvements prévus au procès-verbal du 4 août 1939, les délais sont de l'ordre de 48 heures.

Depuis les conversations d'état-major de 1936, les plans de transport de la force de campagne (*Field Force*), de la force aérienne avancée (*Advenced Skriking Force*) et des forces aériennes organiques ont subi quelques modifications. Il paraît nécessaire de les mettre à jour.

Les Britanniques proposent d'utiliser les ports suivants : Le Havre, Nantes, Saint-Nazaire, Dieppe (ce dernier comme port sanitaire) et d'y adjoindre ceux de Brest et de Cherbourg, mais pour le personnel seulement.

Deux bases seraient installées, l'une à proximité de Nantes - Saint-Nazaire (la base Sud), l'autre dans la région Le Havre-Rouen (la base Nord).

Ces deux bases seraient organisées d'une façon identique de manière à être interchangeables, c'est-à-dire que chacune soit en mesure de subvenir à l'entretien du corps expéditionnaire au cas où l'autre serait inutilisable.

Les Anglais prévoient dans chacune d'elles l'installation d'un service de santé comprenant un hôpital général de 600 lits et une section d'hygiène de campagne.

La base sanitaire — 3 hôpitaux généraux de 1 200 lits, un dépôt de convalescents de 2 000 lits, un dépôt de matériel sanitaire — serait établie dans les environs de Dieppe. Si les hôpitaux ne peuvent utiliser les bâtiments déjà existants, il est prévu de les construire.

(16) Source : note n° 167/3/EMA/W, 3 août 1939. Traduction de la note n° GS/P/301 du 24 juillet 1939 (Q 32), *War Office*.
(17) Effectifs de ces détachements précurseurs :
    Nantes : 44 officiers — 41 hommes de troupe
    Brest : 22 officiers — 27 hommes de troupe
    Le Mans : 45 officiers — 44 hommes de troupe
    Dieppe : 5 officiers — 6 hommes de troupe.

Dieppe sera le seul port d'amarrage des navires hôpitaux. Les trains sanitaires, avant le débarquement du matériel britannique, seront fournis par la France.

Le 14 août, l'état-major français fait connaître qu'à partir de J + 7 un train « couchés » - un train mixte, de J + 16 un train « couchés » et de J + 20 trois trains mixtes (18) pourront être constitués.

Les 100 lits d'hospitalisation demandés initialement dans chaque port de débarquement seront réservés à l'hôpital militaire de Nantes, aux hôpitaux maritimes de Brest et de Cherbourg.

Dans toute la mesure du possible, satisfaction est donnée aux demandes britanniques, même celles qui paraissent les plus insignifiantes comme celles des cales pour transport par voie ferrée suivant le modèle fourni par l'état-major anglais (19).

Le 1ᵉʳ septembre 1939, le général Howard-Vyse dans une lettre adressée au général Lelong précise l'échelonnement prévu pour les envois en France des divisions territoriales du corps expéditionnaire :

— deux divisions d'infanterie : Z + 4 mois
— une 3ᵉ division d'infanterie et
   une division motorisée : Z + 5 mois
— une division de cavalerie montée : Z + 4 à Z + 6 mois
— une division blindée : Z + 8 mois
(une autre division blindée sera prête beaucoup plus tard).

Pour les 19 divisions restantes, une blindée, 5 motorisées, 13 d'infanterie, il n'est pas possible d'indiquer les délais. Ils dépendent des pertes causées par la guerre, des possibilités de production et de mobilisation.

.4 *Commandement de la défense locale dans les ports français utilisés par le corps expéditionnaire britannique.* — Les Britanniques estiment qu'il faut un commandement unique, ayant sous son autorité tous les moyens de défense, actifs et passifs. Il est difficile de fixer une règle générale, mais ils proposent que dans les ports où les intérêts français sont prépondérants (c'est le cas des bases navales), le commandement soit français. En revanche, dans les localités où la question de sécurité est d'une importance primordiale et où la majorité des moyens est fournie par eux, le commandement devrait être britannique ; il en est de même dans une localité où est stationné un Q.G. régional français mais où les moyens de défense sont spécifiquement anglais.

(18) Note n° 182/3/EMA/W, Paris, le 14 août 1939, conversations d'états-majors franco-britanniques, note pour le *War Office*, installations dans les bases.
(19) 300 cales (avant et arrière), 300 cales latérales sont stockées à Nantes (sous-commission des chemins de fer), note n° 129/3/EMA/W, 25 mai 1939.

5. *Concentration.* — A la date du 29 juin 1939, les décisions au sujet de la concentration n'ont pas encore été arrêtées.

Le colonel Petibon propose au général Pownall :

— *1ᵉʳ échelon* (2 divisions d'infanterie, un élément organique de corps d'armée) — Saint-Omer, Hazebrouck, Aire-sur-la-Lys ;

— *2ᵉ échelon* (2 divisions d'infanterie) — Abbeville, Picquigny, Poix. G.Q.G. et éléments d'armée — Saint-Pol-sur-Ternoise.

Le 4 août, le colonel Hawes du *War Office* et le lieutenant-colonel Louchet, sous-chef du 4ᵉ Bureau de l'E.M.A. parviennent à un accord. Ils déterminent trois zones de concentration : C3 (Saint-Omer, Hazebrouck), C2 (Abbeville, Amiens [exclu]), C1 (Louviers, Evreux, Nantes). Les zones C2 et C3 correspondent chacune au stationnement d'un corps d'armée à 2 divisions. La zone C1 (au Sud de la Seine) doit servir :

— *normalement,* de zone de stationnement intermédiaire aux colonnes faisant mouvement par voie de terre, de la zone de rassemblement (Le Mans - Laval) aux zones de concentration C2 et C3 ;

— *éventuellement,* de zone de débarquement aux éléments de cavalerie (motorisés) faisant mouvement par voie ferrée, si les circonstances imposent une mise à terre avant le franchissement de la Seine.

Les acheminements sont à prévoir à partir du 19ᵉ jour de la mobilisation britannique.

Voie ferrée.

Un crédit de 24 rames sera alloué sur l'itinéraire le plus à l'Ouest de notre concentration : Alençon, Rouen, Amiens, Arras — détournement éventuel par Evreux, Nantes, Beauvais.

Les enlèvements ne peuvent faire l'objet d'un plan préétabli, mais seront réglés le moment venu à la demande du commandement britannique.

Voie de terre.

Les mouvements V.T. se feront sur trois itinéraires distincts franchissant respectivement la Seine à Pont-de-l'Arche, Vernon, Mantes.

Commandement et régulation.

Les éléments de liaison britanniques nécessaires (*Movement Control*) seront établis auprès des organes intéressés du service militaire des chemins de fer et du service des mouvements et transports sur routes.

6. *Aviation du corps expéditionnaire.* — Pour la couverture aérienne des postes de débarquement de la zone de rassemblement et des terrains utilisés par les forces de l'aviation britannique, le commandement français avait affecté deux groupes de D.C.A.

Les moyens britanniques se limitaient à une puis 4 escadrilles de chasse, par la suite 3 régiments à 24 pièces de 76 mm (ou 94 mm), 3 batteries légères à 12 pièces de 40 mm, un bataillon de projecteurs, 2 régiments légers non embrigadés.

En juin 1939, le général Gamelin estime que les Britanniques doivent assumer leur propre défense. Ceux-ci rétorquent que les besoins de la défense aérienne de la Grande-Bretagne sont encore loin d'être satisfaits et que les escadrilles n'ont pas d'échelon roulant.

Toutefois, le commandement britannique établit un programme de première urgence destiné à accélérer l'entrée en ligne des quatre escadrilles de chasse à Z + 23, délai qui pourrait être ramené à 2 ou 3 jours en cas de crise mais sans échelons au sol et à doter l'armée de campagne de un ou peut-être deux régiments de D.C.A. supplémentaires. En attendant, le commandement britannique compte sur les Français pour assurer la couverture aérienne.

Un programme de deuxième urgence est à l'étude ; il visera à hâter encore l'entrée en ligne des quatre escadrilles de chasse, à relever les unités françaises, à se charger intégralement de la couverture aérienne.

Il importe avant tout de ne pas retarder la mise en route du gros des forces sous prétexte que le débarquement et le déploiement de la D.C.A. britannique ne peuvent être réalisés.

L'état-major français prévoit qu'en 1940, les Britanniques seront responsables de la défense antiaérienne de leurs forces et que la contribution française se réduira à deux groupes.

7. *Transmissions.* — Les câbles télégraphiques et téléphoniques traversant la Manche aboutissent vers Calais et Boulogne et ne permettent pas des liaisons faciles entre la Grande-Bretagne et le corps expéditionnaire dont les bases seraient à Nantes et au Havre. Le service des postes britanniques va mettre en service un câble reliant le Royaume-Uni à l'île de Jersey et déclare en octobre 1938 que cette pose ne durerait pas plus de 15 jours si le temps est propice (20). Si ce câble était prolongé jusqu'à la côte, les autorités françaises pourraient envisager les raccordements aux systèmes téléphoniques et télégraphiques.

(20) Source : n° 37/3/EMA/W, 14 octobre 1938, conversations d'états-majors franco-britanniques (traduction d'une note britannique).

L'état-major de l'armée approuve immédiatement le projet britannique et des instructions sont données au ministre des P.T.T.

Des discussions se poursuivent au sujet du système combiné télégraphe-téléphone ; il s'ensuit de nombreuses modifications, d'autant plus que la zone de rassemblement est fixée à Laval et non au Mans. Le 21 mai 1939, l'état-major britannique suggère d'envoyer en France, dès l'ouverture des hostilités, deux officiers, l'un à Paris, l'autre à Rennes pour coopérer à l'établissement des réseaux britanniques.

8. G.Q.C. - P.C. — Le quartier général du corps expéditionnaire est fixé au Mans; celui du 1er corps à Laval (caserne Schneider). Les Britanniques demandent que le poste de commandement de l'aviation de coopération soit installé près du Mans plutôt qu'à Laval ainsi que le suggéraient les Français (21).

9. *Emploi*. — L'arrivée tardive des éléments du corps expéditionnaire rend son emploi difficilement prévisible avec exactitude en avril 1939. Cela oblige le général Gamelin à faire des hypothèses très larges.

Il pourrait être utilisé à la gauche des armées françaises soit initialement en réserve si les hostilités se limitent au Luxembourg, ou dans les Flandres françaises ou belges si le conflit s'étend à la Belgique. De toute façon, la zone de rassemblement prévue : Le Mans-Laval permet de répondre à ces deux hypothèses. Le général Gamelin compte sur l'entrée en ligne de forces importantes britanniques pour reconstituer des forces avec lesquelles il serait possible de reprendre l'initiative des opérations (22).

Le 22 avril, la pensée du général Gamelin se précise. Il envisage d'une façon ferme l'emploi du corps expéditionnaire à la gauche du dispositif général des armées françaises :

« — que ce soit dans l'éventualité où nous serions appelés préventivement à leur secours par les Belges.

— ou que nous soyons amenés à recueillir les forces belges en nous établissant sur la position jalonnée par nos organisations défensives du Nord, prolongée par la position de l'Escaut et Gand.

Au cas où la neutralité de la Belgique serait respectée, les forces britanniques seraient établies face à la frontière franco-belge prêtes à intervenir dans les hypothèses ci-dessus indiquées (23). »

(21) Source : note n° 202/2/EMA/W du 27 août 1939, conversation d'états-majors franco-britanniques. Traduction de la note n° CSIP.143 du 21 août 1939 du *War Office*.
(22) « Très secret », 14 avril 1939, conditions éventuelles d'emploi des forces britanniques.
(23) C.S.G. Vice-Présidence, Paris, le 22 avril 1939, note sur le rôle des forces britanniques dans la période initiale de la guerre.

Ce projet n'est-il pas une vue de l'esprit ? Qu'adviendra-t-il en effet si les Allemands déclenchent, dès la déclaration de guerre, une offensive à l'Ouest, les Britanniques ne pouvant dans le cas le plus favorable transporter les premiers éléments du corps expéditionnaire avant le 15ᵉ jour suivant la mobilisation ?

Le 19 juin, dans une lettre au colonel Petibon, le général Pownall fait connaître que les différentes solutions sont examinées ; il « estime qu'elles devraient être acceptées d'un commun accord en fonction, naturellement, de la situation telle qu'elle apparaîtra en temps voulu ».

Le 29 juin, le colonel insiste sur le rôle initial de la *Field Force* qui pourrait être le suivant :

« a) *en cas de violation de la neutralité belge* par l'Allemagne la *Field Force* s'engagerait en Belgique à la gauche des armées françaises.

b) en cas de respect de la neutralité belge par l'Allemagne la *Field Force* serait maintenue initialement en réserve en arrière de la frontière franco-belge.

Cette mission est confirmée par le général Gamelin à la réunion du 13 juillet.

« Le général Gort ayant demandé si la gauche des forces britanniques engagées en Belgique serait en liaison directe avec l'armée belge ou bien avec des forces françaises assurant la soudure entre les Britanniques et les Belges, le général Gamelin répond que le dispositif dépendra de la situation. Si les Allemands envahissent la Belgique d'entrée de jeu, les troupes françaises pénètreront immédiatement en territoire belge et le corps expéditionnaire britannique, lorsqu'il interviendra, trouvera des éléments français sur son front d'engagement ainsi qu'à sa gauche. Par contre, si la pénétration en Belgique ne s'effectue qu'après réunion du corps expéditionnaire, il est possible que la gauche britannique soit directement en contact avec les Belges (24). »

Conclusion

Du 15 mars 1939 à la déclaration de guerre, la coopération militaire franco-britannique a fait des progrès considérables.

Cependant, certaines questions intéressant le théâtre des opérations du Nord-Est n'ont pas été résolues : le problème des neutres sur cette frontière n'a pas avancé d'un pas, l'aide à la Pologne paraît dérisoire et l'intervention du corps expéditionnaire, malgré des études

(24) Conversations militaires franco-britanniques, 13 juillet 1939. Assistaient à la réunion :
Français : généraux Gamelin, Georges, Colson, Jamet (à une partie : généraux Buhrer et Huntziger).
Britanniques : généraux Gort, Pownall, Kennedy, colonel Nawes.

très poussées, nécessite des délais incompatibles avec une action susceptible de contrecarrer les projets allemands.

Il ne pouvait en être autrement : la mise sur pied d'une coalition est une affaire de patience, et ici comme ailleurs, le temps aura manqué pour harmoniser les conceptions et permettre les réalisations efficaces.

FRANCO-BRITISH STRATEGIC POLICY, 1939 *

Lieutenant-Colonel B.R. NEAVE-HILL

*Chef de la Section d'Histoire de l'Armée,
Ministère de la Défense, Londres*

La stratégie franco-britannique en 1939. — Les Alliés ont compris la nécessité d'un second front à l'Est, ce qui justifiait la garantie donnée à la Pologne. Mais en constatant leur incapacité concrète à aider celle-ci en cas d'attaque initiale allemande à l'Est, ils ont été amenés à envisager ce qui arriverait si les Allemands victorieux se retournaient ensuite vers l'Ouest. Le retrait français de la Rhénanie les forçait à abandonner l'initiative et à pratiquer la défensive, c'est-à-dire (ont-ils noté dès le printemps 1939), à mener une « bataille de rencontre » sur les plaines de Flandre. Or les réserves apparaissaient déjà insuffisantes, les armes et l'équipement inférieurs, malgré la liberté que donnait la probable neutralité italienne. Aussi les stratèges alliés jugeaient-ils que si cette hypothèse se réalisait, elle se présenterait dans des conditions défavorables. Pour le commandement, les Britanniques tirèrent les leçons de la guerre de 1914-1918. Ils proposèrent aux Français, qui acceptèrent, la constitution d'un Conseil Suprême de Guerre Interallié. Ils offrirent de placer la force expéditionnaire britannique sous commandement français, ce qui provoqua un malentendu : les Britanniques pensaient à Georges, tandis que Gamelin avait cru qu'il s'agissait de lui.

I — The North-East theatre of operations

The decision to send the B.E.F. to France.

On 8 March 1939 (1) Mr Hore-Belisha, then Secretary of State for War, opened the debate on the Army Estimates. During the course of his speech he referred to the Prime Minister's statement, that he felt :

"... bound to make it plain that the solidarity of interest by which France and this country are united is such that any threat to the vital interests of France, from whatever quarter it came, must evoke the immediate co-operation of this country".

N.-B. Cette communication comprenait des documents annexes qui ont été supprimés à la publication.
(1) Hansard, vol. 344, cols. 2161 ff, 2171, 2173, 2181.

Whilst the defence of the U.K. came first, nevertheless, Hore-Belisha explained, the formation of the Middle East Reserve combined with the forces in India released both regular and territorial army divisions in the U.K. to provide a field force. This field force in whole or in part was for use "as and when the future may require", and was to comprise six regular divisions (four infantry and two armoured) and thirteen Territorial divisions (nine infantry, three motorised and one armoured). With the addition of two Territorial cavalry brigades, and a number of unbrigaded units, this force amounted in all to more than 19 divisions.

Nevertheless at that time, despite declarations of our solidarity with France (2), no specific announcement was made that an expeditionary force would be sent to the Continent, although as Mr Lawson noted "he has come nearer to-day to a commitment than he did last year, when he gave the impression that in no circumstances would an expeditionnary force be sent from this country to France in case of war".

However, the debate generally indicated that, whilst there was no specific undertaking, undoubtelly an expeditionary force would be sent to the Continent to support France in the event of war with Germany. A week later, on 15 March 1939, German troops crossed the Czech frontier and Hitler proclaimed the "Protectorate of Bohemia and Moravia", followed the next day by his acceptance of the "Protectorate of Slovakia". On the 17 March Chamberlain accused Hitler of breaking his word ; appeasement was at an end ; it had become clear that war was inevitable. On 31 March Chamberlain announced British and French guarantees to Poland.

Meanwhile on 29 March Staff Conversations (3) (agreed at a meeting of the Cabinet 8 February 1939) had been opened with the French, the first of a series which was to continue up to the outbreak of war. It was during the first and second stages of these in April and May 1939, that the size and composition of the B.E.F. and the timings of its move to the Continent were arrived at. Limited liability was at an end. Gradually the size of force and its rate of despatch were stepped up until the following programme constituted the "general aim of His Majesty's Government", i.e.

" (a) To send over the Regular Army of 4 Infantry Divisions and 2 Mobile Divisions as soon as possible after the outbreak of war, namely in the first six weeks.

(b) The first 10 Territorial Divisions to be available for service where required in the 4th, 5th and 6th months after the outbreak of war.

(2) Hansard, *op. cit.*, col. 2185.
(3) DP (P) 56.

(c) The last 16 Divisions of the Territorial (4) Army to be available for service where required in the 9th-12th months after the outbreak of war ".

The British stressed, however, that nothing in the above programme altered the decision that :

"the commitment to despatch an Army to the Continent only relates to Regular Divisions".

Consequently the deployment of the Territorial Divisions was left to be decided, in consultation with the French Government, in the light of circumstances and would be related to the best interests of the Allied cause as a whole.

The Broad Strategic Policy.

The Franco-British Strategic Policy was discussed during the First Staff Talks, which were held in London from 29 March to 4 April 1939 (5). Then it was agreed that the Broad Strategic Policy for the Allied conduct of the war should be that (6) :

"... we should be faced by enemies who would be more fully prepared than ourselves for war on a national scale, would have superiority in air and land forces, but would be inferior at sea and in general economic strength. In these circumstances, we must be prepared to face a major offensive directed against either France or the United Kingdom or against both. To defeat such an offensive we should have to concentrate all our initial efforts, and during this time our major strategy would be defensive.

37. Nevertheless, Italian action in North Africa may give the opportunity for counter-offensive operations early in the war, without prejudice to the success of the defence in Europe.

38. Our control of Italian communication to East Africa and adequate measures to raise the tribes in Ethopia might achieve early results in that area.

39. In general, therefore, we should be ready to seize any opportunity of obtaining, without undue cost, successes against Italy which might reduce her will to fight.

40. Our subsequent policy should be directed to holding Germany and to dealing decisively with Italy, while at the same time building up our military strength to a point at which we shall be in a position to undertake the offensive against Germany.

(4) The Prime Minister announced the doubling of the Territorial Army (TA) on 29 March 1939. Although on paper there were thirteen TA divisions in practice the number never exceeded twelve, or twenty-four when doubled.

(5) (DP) (P) 56. A.F.C. 7 (Revise).

(6) A.F.C. 7 (Revise) p. 8.

41. During these stages the steady and rigorous application of economic pressure would be reducing the powers of resistance of our enemies.

42. Meanwhile, in peace, as later in war, all the resources of diplomacy should be directed to securing the benevolent neutrality or active assistance of other Powers, particularly the United States of America".

Second Staff Talks to consider implications of a Polish alliance (7).

On 31st March, however, whilst the talks were in progress we gave our pledge to go to the help of Poland in face of German aggression. Events were moving fast and so the scope of the Second Stage talks was enlarged to take account of a possible alliance with Poland and the intervention of Japan. These talks took place from 24 April to 4 May 1939, when the French and British views regarding Eastern Europe were that :

"the value of the alliance with Poland and Roumania lay in their ability, such as it is, to form a long, solid and durable Eastern front which would, at the least, contain considerable German forces. It was agreed that the distances in Poland were so great, and the communications so bad, that it would be difficult for Germany to obtain a quick decision. Even if Poland were conquered the number of troops which would be tied up in holding the country and in providing against a possible threat from Russia would be as great as the number required for the offensive against Poland".

Talks opened with Poland.

It was essential, however, to open discussions (8) with the Poles and instructions to do so were given on 2 May 1939. On 17th May (9) the C.O.S. approved a memorandum to be used as a brief by the British Delegation. This memorandum stated that the main strategical advantage to France and Great Britain of having Poland (and Roumania) as an ally was that (10) it would involve Germany in a war on two fronts, and also that it would decrease the prospect of German aggression against Poland and Roumania.

This implied that Germany would have to provide forces both on the Eastern as well as on her Western front. The memorandum then went into a "comparison of forces" and a consideration of the

(7) C.O.S. 890, A.F.C 16.
(8) As General Ironside remarked in his report on his conversations with Colonel Beck and Marshal Smigley-Ridz : "We have given them an open cheque and we want(ed) to be sure that this cheque would not be presented unless there was every reason for it".
(9) C.O.S. 909.
(10) W.O. 106/1677 (Polish Affairs 1939).

strategical situation on land and in the air should Germany attack in the East, and hold in the West, or attack in the West and hold in the East.

At that time it was estimated that France would have 85 divisions within the first months of the war, plus relatively strong forces in North Africa. Great Britain aimed to equip 16 divisions in the early stages of hostilities and ultimately a further sixteen. Her plans, however, were not then complete but steps were being taken to speed matters up. The first six regular divisions only were committed to France and the remainder were to be deployed as the situation required at the time. Within three days of mobilization Poland expected to have in the field five cavalry brigades and twelve infantry divisions and this force was planned to reach twenty cavalry brigades and forty-eight divisions in the first month plus six to twelve divisions for internal security (11) duties giving a total of between 54 and 60 divisions. Roumania expected to have within the first two months of war 3 cavalry and 22 infantry divisions and 3 mixed mountain brigades, plus a frontier guard of 50,000 and 30,500 Gendarmerie for I.S. duties; but she was largely dependant on purchases abroad for her armaments etc. Germany, it was estimated, would be able to deploy 105-110 divisions at the outset of the war, of which 77-80 would be active and first line reserve divisions, and the remaining 26-30 of lower fighting value. It was appreciated (12) that the approximate distribution of Germany's land forces, apart from 10 divisions in Bohemia, Moravia and Slovakia might be :

"(a) *Offensive against Roumania and defensive elsewhere.* In Roumania she might use 20 divisions and keep on her defensive fronts :

Polish front	18-22 divisions
Western front	30-35 »
Central reserve	27-23 »

(b) *Offensive against Poland and defensive elsewhere.* In Poland she might use 40-45 divisions, and keep on her other fronts :

Roumanian front	15-17 divisions
Western front	30-35 »
Central reserve	10- 3 »

(11) C.O.S. 909.
(12) It was emphasised, however, that an accurate forecast of the distribution of Germany's land forces was not possible, whilst, a mere numerical comparison of strengths by divisions, apart from other factors might be both misleading and dangerous.

The position if Germany attacked in the East and "held" in the West.

... Germany (13) might concentrate some 60-65 divisions against Poland and Roumania retaining 40-45 for employment elsewhere.

General conclusions reached at Anglo-Polish Staff Talks.

From the Anglo-Polish Staff Talks, however, it emerged (14) that the Poles expected the Germans to attack them with about 80 divisions, against which they could put into the field about 40 divisions. The Polish Air Force lacked fighters, was only to be used for army co-operation and was inferior to that of Germany. Their plan was to withdraw from their Western frontier to a shorter line based on rivers and lakes in the area of the old German-Russian frontier. They, optimistically in the opinion of the British, hoped to be able to launch local counter offensives with East Prussia as a possible objective.

The Poles had over half a million trained reservists surplus to mobilisation requirements but were unable to organise them for lack of equipment, although they were building up reserves of war material and in June 1939 had enough to replace 2-3 months wastage. The output of their factories was able to cover only about half their losses. However, new factories, provided they were not disrupted by enemy action, would, it was hoped, increase output if supplies of raw material and skilled labour were assured. To keep the Polish Army in the field it was necessary without delay to provide war material, particularly fighters and guns, to organise the supply of war material and raw material from outside Poland, and to arrange credits or loans.

Russia was obviously the most suitable source of supply but Poland did not welcome the idea of Russian troops on her soil. She was, however, prepared to accept Russian war material, and to agree to Russian aircraft operating from the airfields.

Whilst the Polish Navy was unlikely to affect the course of operations in Eastern Europe at the outset, nevertheless it was thought that the Germans might have to retain naval units in the Baltic out of proportion to its strength. Unfortunately no part of the Polish coast was suitable for British naval units.

(13) She might also make available a large proportion of her total of 1,900 bombers. Her fighters, on the other hand, would to a large extent be contained on Western front by the threat of the French and British bombers.
(14) C.O.S. 927.

Anglo-French consideration of implications of Polish alliance in event of war with Germany.

Apart from the provision of armaments, raw material, and financial assistance it was essential for the French and ourselves to be quite clear about what we could do to relieve pressure on Poland and subject Germany to the full burden of a two-front war. This problem was discussed at the second Staff Talks, and the French views (15) were :

"There can be no question of hurried attack on the Siegfried Line. If Italy were hostile, successful attacks might eventually be made against her, one of the results of which would be to open up a flank from which to attack Germany. No major offensive against Italy could, however, take place until after the arrival of British forces in France. The only possible solution on land, therefore, would be an advance into Germany through Holland and Belgium, if these countries could be induced to give their consent. Some help in the way of specialists, and special material, might be afforded directly to the Eastern Front" (16).

Subsequently our military attaché in Paris reported on 18 May, to the D.M.O. & I. at the War Office, an account of a conversation with Colonel Petitbon on the subject of the Anglo-Polish Staff conversations then in progress. The following is an extract from the military attaché's account (17) :

"... The thesis which is being maintained by the French is that their main offensive must be initially in the Mediterranean area and not against Germany and the advantage to Poland from such a course is that success will enable her to be supplied via the Mediterranean and the Black Sea. On the German front, should the main German offensive be directed against Poland, the French design is to take such action as will compel the Germans to maintain the maximum number of divisions in the West. This would include ground and air action, and Petibon suggested that in the air we might be able to help, although he was careful to add that no suggestion of this sort had been made to the Poles. Ground action would include offensives well prepared and with limited objectives. In this connection the French point out that the Siegfried Line is not like the Maginot Line, in that although it strengthens the defence, it will not enable the Germans to economise effectives, since it must be held in depth. In this it more resembles the French defences to the North of the Maginot Line proper, which are only designed as the framework and which will have to be held in depth by the field army. Such action will have the additional advantage of making it more difficult for the Germans to reinforce the Italian front.

Should the German offensive be made in the West, the Poles are to take the offensive. In this case the French make no suggestions as

(15) At that time the French Delegation had not cleared their views with the French High Command.
(16) C.O.S. 905.
(17) C.O.S. 905.

344

to objectives, but suggest only that they should not be too ambitious and that there should be no question of trying to reach Berlin in a day.

In view of the fact that the naval command in the North Sea and the Eastern Mediterranean is our responsibility nothing has been said about the possibilities of naval assistance to Poland.

Finally, I gathered that the Poles were a little disappointed that the French were not prepared to go bald-headed for the Germans, but that the French had maintained their point of view that the first offensive must be in the Mediterranean area".

This was followed by a paper from the French on 28 May which was a good deal less informative and definite. The basis of the French Delegation's paper was the action to be taken assuming Italy's neutrality, a possibility that we had not previously entertained, and which seemed to us irrelevant to the problem of assisting Poland. One conclusion reached in this paper was that :

"(a) From the point of view of the coalition, it will always be a question, whether in the West or in the East, of organising at the outset long and solid fronts facing Germany, which will compel the enemy to deploy the greatest possible number of his forces. From these fronts offensive operations against Germany will be launched. The form, the extent and the date of these operations cannot be determined a priori".

Thus so far our discussions with France had not produced any answer to the problem of reducing pressure on Poland in the event of German aggression. There was little we could do on land, and any air attack on military objectives, in their narrowest sense, was unlikely to impose sufficiently severe pressure on Germany to force her to relieve pressure on Poland; the Navy was also unable to exert any pressure at the outset.

The views of Léon Noël, the French Ambassador to Poland, which he submitted, albeit after the collapse of Poland, to Daladier are, however, of interest (18) :

"From the day that Czechoslovakia was over-run, the danger threatening Poland was clear to read on the map of that part of Europe. The seizure by Germany of the Sudetenland, then Bohemia, then Moravia, and finally Slovakia, extended the Polish-German frontier to nearly 2,000 kilometres, and completely encircled Polish territory from the South. On the North, East Prussia formed a spear head threatening Warsaw, the heart of Poland, and no more than 100 kilometres away. In the event of war with Germany, the Polish armies would, beyond question, be compelled to abandon as speedily as possible more than a third of their territory in order to save the rest. The armament factories, built up at great expense and with much pride and care, in the *triangle de sécurité* in the cental region between Sandomierz, Lublin, and Przemysl, would be from that moment at the mercy of the German Air Force as well as under direct menace of invasion from Slovakia. There remained no alternative to the Polish High Command, except to organise

(18) W.O. 106/1677 1tr HV 1.

the defence of their country on the line formed by the Bierbza, the Narew, the Vistula, and the Dunajec, or the San. Such were the unescapable strategic consequences of the ill-starred policy followed by Beck from his is coming into power in 1932 until after Munich, in spite of lavish warnings, [...] which led to the systematic destruction of the Peace Treaties, of the League of Nations, the Little Entente, the State of Czechoslovakia, and, in a word, of all those barriers which Poland, creation of the Versailles Treaty, ought to have been the first to strengthen and to uphold.

Availing itself of the starting line provided by Hitler's policy, [...] the German Army was in the most favourable position to choose the best points on 2,000 kilometres of frontier from which to launch its attack on the Poles and disorganise their defence. Being itself the aggressor, the advantages of the initial situation redounded still further to the advantage of Germany".

Gamelin, it is recorded, agreed with Noël's views in their entirety.

Italian neutrality and the West.

The French having raised the possibility of Italian neutrality, the C.O.S. naturally considered the problems which might arise (19). The C.I.D., discussing the C.O.S. paper, concluded that :

"[...] it would not be possible to relieve German pressure on Poland by action against Italy ".

During discussion (20) it had seemed, however, that there was a mistaken impression in the minds of certain members that :

"[...] by vigorous offensive action against Italy from the outset, we could knock her out quickly and thus release our forces for operations in other theatres".

The European Appreciation stated, inter alia, that (21) :

"In the Mediterranean and Red Sea areas, [...] we should bring immediate pressure to bear on Italy by offensive action whenever possible against her naval forces and bases and defended ports, by interrupting her seaborne trade and isolating her overseas territories".

but following discussions with the French it appeared that the most profitable enterprise by them would be an attack against Tripoli from Tunisia. Even this course was open to delay because of the uncertain attitude of Spain, particularly in Spanish Morocco. Far

(19) C.O.S. 939 (Revise) (Also C.I.D. DP (P) 65).
(20) C.O.S. 942 (JP) Paper No. JP 470) C.O.S. 959 (JP) (JP 511) C.I.D. DP (P) 65.
(21) C.I.D. DP (P) 44, C.O.S. 939 (Revise).
(22) C.I.D. DP (P) 65, DP (P) 66.

from being able to attack Tripoli on the outbreak of war, the French estimated that this could not be launched in under two months and then only if Spain remained neutral. Furthermore (23) the Royal Navy could not promise any great success in the Mediterranean, nor the Royal Air Force any hope of attacking the industrial centres of Northern Italy, since it was outside the range of our home based aircraft and of the airfields allotted to the A.A.S.F. in France. It could certainly not be recommended as a means of relieving pressure on Poland. Thus although we had every intention of taking the offensive against Italy we could not expect an early knock-out. In fact any offensive action we could take was very meagre, and there was very little if anything that we could do to help the Poles. It seemed to some Cabinet Members that we should be held up on the Siegfried Line and were likely to lose the war from the start, and in any event were compelled to do nothing serious for months on end ; the effect on neutrals particularly the Balkan States and the United States would, they considered, be deplorable. The C.I.D. summed up their conclusions as :

"(i) Italian neutrality (24), if it could by any means be assured, would be decidedly preferable to her active hostility (25).

(ii) No action that we can take against Italy on sea, on land or in the air would materially relieve the pressure of a German attack on Poland.

(iii) An immediate offensive concentrated on Italy far from improving would tend to weaken our position in the Far East" (26).

Consideration of Allied Policy in the West.

Any French offensive against Italy relied on the build-up of the B.E.F. on the Continent. It was only by replacing French divisions in the line by British that the French could create the force, of some thirty divisions, required for this task. Not unnaturally the French looked upon the build-up and strength of the B.E.F. as a matter of great importance.

However, French policy envisaged that the first objective for the employment of the field force was to ensure a solid defence, against attack, based on the Maginot Line. Thus in fact an attack on a hostile Italy in Europe was not immediately practicable in the early days of the war. This is not the place to discuss the different doctrines that this policy raised, but rather to consider the effect that this reliance on defence and on the Maginot Line in particular

(23) C.O.S. 939.
(24) Hore-Belisha, however, foresaw difficulties if Italy remained neutral.
(25) C.I.D. Mins 360th Mtg. for Hore-Belisha's statement.
(26) C.O.S. 900 (JP) (JP 406).

had on French Plans. The main Maginot Line, with its permanent fortresses with their supporting defence, stopped short of that part of the French frontier covering the great Northern industrial area, which was protected only by minor defences. One reason given for this abrupt change in the strength of the Northern defences was that the ground was unsuitable, that is geologically unsuitable, for the construction of massive defence works. Another reason was that massive frontier defences there would leave Belgium out in the cold. Perhaps more important, however, is that to have extended the heavily fortified zone further North might have disrupted, possibly severely, the industrial area. Furthermore due to the proximity of this area to the Belgian frontier it was difficult to create defense in depth, except by Belgian consent. Belgium, however, following Hitler's occupation of the Rhineland had declared her neutrality. This failure to extend the Line Northwards had the following important consequences :

a. it channelled any enemy attack into the area between Sedan and the 'sea' thus making the violation of Belgian (and perhaps Dutch (27)) territory inevitable.

b. it invited a French advance into Belgium and Holland to provide depth in defence in advance of the industrial area.

Furthermore it locked up in the Maginot Line high quality regular French troops. Thus the very layout of the Maginot Line dictated that, as in the past, battle would be joined on the historic fields of Flanders.

Belgian neutrality and lack of co-operation, however, prevented any liaison, and co-ordination of plans and unity of control. Since the Allies themselves could not violate neutral territory to get at Germany, the only area of operations, until the enemy attacked in the North, as attack the must, was against the Siegfried Line forward of the main Maginot Line. There, however, it was French policy not to become deeply engaged. Consequently all the Allies could do was 'to sit and wait'. Naturally the C.I.D. were anxious to know the French plans for going to the support of the Belgian army in the event of German aggression. At the second Staff talks (24 April - 3 May 1939) the French unfolded their policy which is recorded as follows (28) :

"(A) The intervention of French forces in Belgium is dependent on the permission of the Belgian Government to enter its territory. A further condition as regards land forces is the necessity of avoiding an encounter battle against superior forces on the Belgian plains in unprepared positions and with insufficient reserves.

(27) An advance through Holland would enable Germany to deploy on a wider front giving her improved communications, a more suitable line of advance under threat or possible air attack.

Initially the choice will lie, according to circumstances, between the following courses :

At best — to reinforce the Belgians on their line of resistance itself, i.e. the Meuse and the Albert Canal.

As a minimum — to hold the Scheldt on the Line Tournai — Audenarde so as to connect the French defences at Maulde with the Belgian "National Redoubt" above Ghent and thus deny to the enemy direct access to the sea.

The choice between these courses will depend on the situation and particularly on when the Belgians ask for French assistance.

Even if the intervention of land forces had to be limited in depth, Franco-British air forces would have a leading part to play in slowing up the German advance owing to the numerous defiles where the roads cross the water-courses. The most important of these crossings should be classified as objectives of urgent importance for the Franco-British air forces.

(B) Although only delaying action or a defensive proper is contemplated initially in Belgium, yet the French High Command have not lost sight of the necessity of passing to the counter-offensive as early as possible, making the most of the extremely favourable position of Belgium territory.

The starting lines for this operation would be either the Albert Canal or the Scheldt, with the possibility of an intermediate position (Brussels-Namur) which it might be possible to hold and organise in sufficient time.

Since, without a full knowledge of the Belgian plans, the occupation in force of the Albert Canal position cannot be guaranteed within the time available, the only safe assumption is that our initial defensive position will be organised on the line of the Scheldt and that it is from here that we must be prepared to launch our offensive".

It was essential, however, to give depth to the defences of the great industrial area of the North-East. Furthermore although the Western Allies were morally incapable of violating Belgian and Dutch neutrality they were, nevertheless, bound to go to their aid in face of German aggression. Consequently the French High Command never had any option other than to fight an encounter battle on the plains of Belgium. This action was inescapable despite Belgian neutrality and their lack of co-operation which rashly frustrated any Allied action by prohibiting both adequate reconnaissance and preparation.

Whether in the event this action entailed and advance to the River Dyle (Plan D) or to the Scheldt (Plan E) it invited just the dangers envisaged, i.e. "an encounter battle (29) on the plains of Belgium with insufficient reserves", and this is what happened.

(28) A.F.C. 25 Annex V.
(29) A German *attaque brusquée*, by armoured formations with air support, on completion of their operations against Poland, had been foreseen by the Western Allies.

By withdrawing from the Rhineland, France's Eastern policy for containing Germany in conjunction with Poland, Czechoslovakia and Austria had collapsed. Subsequent attempts to build a long solid Eastern block also failed, a failure sealed by the Russian-German pact of August 1939. Following the withdrawal from the Rhineland France's attitude became defensive, a policy which inevitably forced her to surrender the initiative. It was this policy and outlook (30) that led her into an encounter battle in unfavourable circumstances, on the Plains of Flanders. Without some containment of German forces in the East and lacking wholehearted and sustained Belgian co-operation the result was inevitable.

As general Lelong remarked at the 13th meeting of the Anglo-French Staff Conversations held on 3 May 1939 (31) :

"[...] if Germany decided to remain strictly on the defensive and Italy remained neutral, a very thorny problem would be presented to the French and British. The Maginot Line and Siegfried Line faced each other, and France could not seriously attack Germany without long preparation [...]. There could be no question of a hurried attack on the Siegfried Line. There seemed to be no solution for action [...] other than an advance into Germany through Belgium and Holland [...] with the consent, if it could be obtained, of those two countries".

Group Captain Slessor emphasised however that :

"The object of the Allies would be to ensure for Germany the disadvantages of a two-front war. They would not achieve this object unless they took some action in the West".

But with inferior arms and equipment, confined by a neutral Italy (and Switzerland), and ignored by Belgium, Allied offensive action in the North-East was not immediately possible on the outbreak of war, nor could it be without long preparations and build-up of men, armaments and materials. Thus from the start the initiative was surrendered by the Western Allies leaving the enemy to select, albeit within a limited area, his time and place of attack (32). As for our pledge to Poland, her fate depended "upon the ultimate outcome of the war" and this in turn depended on our ability to bring about the eventual defeat of Germany, and not on our ability to relieve pressure on her at the outset. As the French Ambassador, Léon Noël, wrote to Daladier (33), the overwhelming defeat of Poland was inevitable for "nothing but immediate and instant help from the West would have averted it".

(30) Allied failure to understand and provide adequately against a *Blitzkrieg* of armoured and air attack in combination was also at fault, and this failure to understand perpetuated what was in the event a false tactical doctrine.
(31) C.O.S. 900 (DP) (JP 406).
(32) T.R.M. Butler, *Grand Strategy*, vol. II, pp. 11-12.
(33) Noël-Daladier, 15 october 1939, W.O. 106/1677.

II — Command

The organisations for command set up by the British and French in the event of war with Germany in 1939 covered :

    a. Supreme Control in War.

    b. The Higher Command in France in War.

Supreme control in war.

As their meeting on 22 May 1939 (34) the Committee of Imperial Defence (C.I.D.) approved the conclusions and recommandations of the Chiefs of Staff (C.O.S.) on the "Organisation for the Higher Command in France in War" subject to the examination of the larger problem of supreme control of the war by the allied governments (35). The Minister for Co-ordination of Defence was, therefore, invited in consultation with the Service Ministers to prepare a Memorandum on Supreme Control. This was done and, at a meeting of the C.I.D. on 6 July 1939 (36). Lord Chatfield summarised his recommendations as follows :

    a. There should be a single Supreme War Council on which all Allied Powers should be represented.

    b. The Supreme War Council should meet either in France or England, preferably in England.

    c. France and England should each be represented on the Council by their Prime Ministers and one other Minister; it was thought that both Prime Ministers should take with them to Council meetings such Ministers and advisers as they require, having regard to the business on the Agenda.

    d. Owing to difficulties of communications, other members of the coalition might be represented by their Ambassadors, this arrangement should be discussed with the Governments concerned after agreement has been reached with the French.

    e. The Supreme War Council should have no executive authority, final decisions being a matter for the Allied Governments.

    f. If it was agreed that the Council would meet in London, there would be a strong case for the despatch of Franco-British Missions to the Eastern fronts at the outset of hostilities.

    g. The Supreme War Council should have permanent Military Representatives from each of the Powers represented thereon. These representatives would work as a Joint Staff and would be subordinate to the Supreme Naval, Military and Air authorities of their respective countries.

(34) C.I.D. 355 Mtg Min. 5.
(35) C.I.D. DP (P) 50.
(36) C.I.D. DP (P) 64; C.I.D. 364 Mtg.

h. In the case of Great Britain, there should be three technical advisers to the Supreme War Council, one from each of the Services. Individually each of these Officers would be subordinate to his own Service Chief : collectively they would be subordinate to the Chiefs of Staff Sub Committee. It was agreed that one or more of the Chiefs of Staff themselves should attend meetings of the Supreme War Council, if the Prime Minister so desired (see c. above).

i. In addition to the arrangements for providing the Supreme War Council with advice on strategic matters (see g. and h. above), it would be necessary to set up other Inter-Allied bodies to advise on shipping, supply matters and other essential elements of the allied war effort (37).

These recommendations were approved in principle.

Subsequently on 28 July 1939 (38) on the recommendations of the C.O.S. it was agreed that the rank of the representatives to be appointed by each service should be that of rear-admiral, major-general or air-vice-marshal, both in peace or war, irrespective of the location of the Council. These advisers were to be supported by a small staff which would be increased in the event of the Supreme War Council being located in Paris, although to off-set this the Service Missions earmarked to proceed to the headquarters of the French Service Chiefs might be dispensed with, depending on the location of these headquarters. In war some increase in staff would become necessary if the council was in Paris. Wherever the staff was located a secretariat would be essential and arrangements were being made accordingly. It had become obvious, however, that the relationship between the British C.O.S. and their Ministers was quite different from that of the French Ministers and their advisers. Lord Chatfield stated at a C.I.D. meeting on 24 July 1939 that (39) :

"In days gone by it had been the practice for the Chiefs of Staff to consider and work out possible war time plans and to keep them in their hands until the time came when the War Cabinet would have to make a decision as to which to put into affect. Two years ago this system had been changed, and it was decided that appreciation and plans should be brought to the notice of Ministers so that the latter should be aware of and approve their general strategical conception. The French military authorities adhered to the old system and did not inform their Ministers of their military plans. The result seemed to be that we had conversations which seemed to lead always to changes of view. He thought the time had come when it was essential for us to be able to clear up these important matters with the French".

Further "it was important that we should discuss this matter with the French and also the Poles and the Turks, and this pointed to the desirability of setting up forthwith a wholetime Anglo-French military body to prepare and keep under constant review inter-allied strategical plans".

(37) C.I.D. DP (P) 64, Pt 3.
(38) 1580 - B (D.C.O.S. 14 B).
(39) C.I.D. DP (P) 59, DP (P) 65, C.I.D. 368 Mtg Min 4.

The Chiefs of Staff also favoured the setting up of a body of military advisers for "the conversations were bound to be spasmodic and many loose ends remained".

According the C.I.D. agreed, at their meeting on 24 July 1939, that whilst :

"... the position is still indeterminate in regard to many features of inter-allied strategy, it was of the first importance that these matters should be definitely resolved at the earliest possible date",

and that :

"... recommendations should be made to the French authorities that the military organisation which it is contemplated should give technical advice to the Supreme War Council in time of War should be set up forthwith preferably in London and should remain in permanent session" (40).

Thus whilst in World War I it had taken three years and a crushing defeat to bring the major Allies together so as to achieve unity of purpose in the higher direction of the war, in 1939 preparations were well in hand before war had been declared (41). At that time, however, the position of the two Prime Ministers, Chamberlain in Britain and Daladier in France was not precisely the same. Daladier although President of the Council (Prime Minister) was also Minister of National Defence and Minister for War, but the British did not have a Minister of Defence but a Minister for Co-ordination of Defence, quite a different matter, for he lacked executive authority and was enmeshed in financial restrictions (42). Furthermore Daladier in both his appointements as Minister of National Defence and as Minister for War had as his chief technical adviser, General Gamelin, Chief of Staff for National Defence. Gamelin was responsible for co-ordinating but not for issuing orders to the three services. The British had no similar appointment, for control rested in the Cabinet as advised by the C.I.D. and C.O.S. It is important to appreciate that the C.I.D. of which the Prime Minister was the President and his Deputy Chairman, was not an executive body.

The C.O.S. had a dual responsability as heads of their respective Services and as advisers to the Government on defense policy as a whole. As advisers the Chiefs constituted as it were "a super-Chief of War Staff in Commission". (43).

Before war had been declared Chamberlain and Daladier had agreed that they, as Prime Ministers, each with one other Minister, would represent the United Kingdom and France respectively on

(40) C.I.D. 368 Mtg Min 1.
(41) T.R.M. Butler, *Grand Strategy*, vol. II, pp. 9-10, H.M.S.O.
(42) This position became anomalous and it was abolished in April 1940.
(43) C.M.D. 2029.

the Supreme War Council; other Allied Powers were to be represented by their ambassadors ((44). The Council had no executive authority, final decisions on policy being reserved for the Governments. Permanent military representatives were appointed to advise on technical matters, working together as a joint staff but subordinate to their own Service chiefs, the British representatives being collectively subordinate to the Chiefs of Staff Committee. A French and British secretariat was established which functioned both in Paris and London. The discussions in London continued the work arising out of the Staff Talks and were held daily until the collapse of France in June 1940.

The higher command in France 1939-1940.

On the outbreak of war in September, Lord Gort, the C.I.G.S., became C-in-C B.E.F. The C.I.D. had already considered his position *vis-à-vis* the French High Command and it had been agreed that (45).

"... the arrangements for command of the Field Force when operating on the continent should be based on the subordination of its commander to the French Commander-in-Chief in France".

When reaching the decision the Chiefs of Staff had been influenced by the lessons of World War I.

Then the independence of mind of Sir John French had caused considerable friction during the early stages of the campaign which inevitably resulted in lack of co-operation first, between French and Lanrezac, and subsequently in needless delay in accepting Joffre's plan for an advance to the Marne. Later, however, General Nivelle interpreted too closely a working agreement enabling the French High Command to secure co-operation between the French and British armies. It therefore became necessary to provide for the British C-in-C to appeal to his own Government should circumstances arise affecting the safety of his command. Consequently the directive given to Lord Gort, C-in-C B.E.F., states, inter alia :

"1. The role of the force under your command is to co-operate with our Allies in the defeat of our common enemy.

2. You will be under command of the French Commander-in-Chief 'North-East Theatre of Operations' [...]. You will carry out loyally any instructions issued by him [...]; if any order given by him appears to you to imperil the British Field Force, it is agreed [...] that you should be at liberty to appeal to the British Government before executing that order [...]; you will not hesitate to avail yourself of your right [...] if you think fit" (46).

(44) T.R.M. Butler, *op. cit.*, p. 9-10.
(45) C.O.S. 886 (April 1939).
(46) On 6 August 1942 general Dwight D. Eisenhower was appointed

Whilst General Gamelin was the Commander-in-Chief of the Allied Forces, General Georges was the C-in-C North Eastern Front. Thus Gort's directive placed him directly under Georges. In fact the B.E.F. formed part of Army Group N° 1 (Billotte) which covered the front from Longwy to the North Sea and in addition to the B.E.F. comprised N° 1, 2, 7 and 9 French armies and the G.H.Q. Reserve.

It should be noted, however, that (47) General Gamelin (and later General Weygand) had two functions, one as Chief of Staff, *Defense Nationale,* the other as Commander-in-Chief *Forces terrestres.* As Chief of Staff he was concerned with all three services, being assisted by General Jamet (48) who was responsible for co-ordination of the Air Force (Vuillemin), the Navy (Darlan) and also the Armies of the North-East (Georges), South-East (Billotte), Africa (Noguès) and the Levant (Weygand).

As Commander-in-Chief Land Forces Gamelin's immediate subordinates were Georges, Billotte, Noguès and Weygand. In theory he exerted control over them through his Chief of Staff at G.H.Q., Bineau. Gamelin, however, was also assisted by a *Cabinet Particulier* under Colonel Petibon, with sections for land, sea and air services, nicknamed 'Bonaparte'. This body, since it had more power than the Chief of Staff Bineau, who lived 20 miles away and only saw Gamelin for an hour or two each day, was not popular.

Since, however, the Armies of the North-East at that time, were, without doubt, the most important it was inevitable that Gamelin should interfere with Georges, and to some extent Georges and Gamelin shared the same staff (49).

Consequently difficulties were bound to arise regarding Gort's responsibility to Georges and Billotte, whilst his right of appeal to his own government was unlikely, in the minds of the French Commanders and politicians, to make matters less complicated.

Unfortunately during the Staff Talks (48) Gamelin had gained the impression that Gort was directly under his command, although

C-in-C Allied Expeditionary Force responsible to the Combined Chiefs of Staff. He was determined to make of this Anglo-American command a truly Allied Force. In accordance with his wishes the British Chiefs of Staff agreed to limit General Anderson's (commander 1st British Army) right of appeal to the War Office to "occasions of the gravest emergency" and even then only after giving general Eisenhower his reasons for making an appeal.

Cf. J.S.O. Playfair and C.J.C. Moloney, *The Mediterranean and Middle East,* vol. IV, pp. 112, 114, H.M.S.O.

(47) Howard Vyse Military Mission, Report No. 1.

(48) *Higher Strategic Decisions of the War,* Narrative E, Ch. VI, Vol. 1.

(49) It is doubtful if in fract the Commander-in-Chief North-Eastern Armies (Georges) was a necessary link, and when the crisis came G.Q.G. seems to have taken direct control of the three Army groups. To the British mission it appeared that even when a *directive* or order was issued over the signature of Georges that it had really been dictated by Weygand (Gamelin's successor).

it was understood that in the early stages of the war Gort would be under command of General Georges. But although the arrangements for the command of the B.E.F. had been agreed by the French Delegation at the Staff Conference on 28 August 1939 the only confirmation that Gort would be placed under command of Georges appears in a note from our military attaché in Paris. This note followed a discussion with General Dentz then Deputy Chief of Staff at the French Ministry of War, dated 3 September 1939, and stated :

"The British Field Force will come directly under the orders of General Georges as commanding the armies of the North East",

and included a diagram showing Georges as C-in-C North-East.

This arrangement was confirmed in the orders to Lord Gort. Nevertheless the British firmly believed that Gamelin had delegated his authority to Georges, and Gort in fact on a number of occasions acted on orders from Georges, who in turn had delegated his authority to a subordinate commander (50). In a letter from Gamelin to the C.I.G.S. dated 18 February 1940 it appeared, however, that Gamelin had always considered the B.E.F. to be directly under his orders and he stated that it had never been "in his mind" to place it under the orders of a Commander of an Army Group. Gamelin continued that it was understood that to simplify matters,

"General Gort could in all matters of routine service deal directly with General Georges, C-in-C French Forces on the North-Eastern Front, whose command as far as operations are concerned stet are analogous to that of Marshal Petain at the end of the last war".

Whereas the C.O.S. pointed out this was not the interpretation as understood by us, nor indeed by General Georges (51). Oliver Stanley wrote (52) :

"Clearly a position of very great difficulty has arisen [...]. The C.I.G.S. and Lord Gort, who are in complete agreement on the matter, regard with the gravest apprehension the change now contemplated".

Both, he said, felt very strongly that at present, when the B.E.F. was comparatively small, its well-being and security depended on its being under the command of the General who would issue orders to the armies on each side of it since :

"Grave dangers might arise in regard to the use of French reserves in support of our sector".

Furthermore the passage in Gamelin's letter drawing the comparison with Marshal Pétain's position had a sinister ring for those

(50) C.O.S. (40) 351, p. 7.
(51) C.O.S. (40) 351. Encl. p. 10.
(52) Narrative, op. cit.

who remembered March 1918. Oliver Stanley went on to point out
that Gamelin was clearly within his rights, and that any alteration
would presumably have to be made by the Supreme War Council.
As such a course might make the B.E.F. a bone of contention in
"French political or military intrigue", it was to be avoided if this
could be done without compromising the security of our forces. He
suggested that the War Cabinet should authorise the C.I.G.S. to
try to persuade Gamelin, tactfully, to acquiesce in, "and indeed to
formalize", the resumption of the relations that had hitherto existed
between Lord Gort and General Georges. Should this fail the
alternatives were : either

"(1) General Gamelin should restrict himself to the issue of strategic
directives while tactical and operation orders came from General Georges,
an arrangement which, though less happy than the original one, would
not be so dangerous as that contemplated by General Gamelin, and
would "save his face"; or

(2) If the War Cabinet felt this compromise to be insecure and unsa-
tisfactory, the matter would have to be taken up personally by the
Prime Minister with Daladier, or discussed by the Supreme War
Council".

Meanwhile the C.I.G.S. (Lord Ironside) had written to General
Gamelin seeking an early decision and the issue of a *directive*.
Subsequently Gamelin confirmed in a conversation with Ironside
that "strategic orders" would be issued by him, that "tactical orders"
would emanate from Georges, and that Lord Gort had at all times
both the right of access and of appeal to him (Gamelin). The
promised *directive,* however, never materialized.

When at a later date General Spears asked Gamelin "who
commanded the B.E.F., he or Georges", Gamelin replied : "*Mais, le
général Georges*", adding : "and of course I give General Georges
his instructions" (53). Gamelin continued : "you realise of course
that your Government fully appreciates and accepts this position.
It is I who attend the meetings of the Supreme War Council, where
I represent all the troops in France [...] as well of course as the
French overseas theatres".

"So there it was. The B.E.F. was a unit in the largest French Group
of Armies, Georges' North-East Command, but the real command was
claimed by Gamelin, who took his orders from the French Government
and from no one else".

Spears commented :

In times of inactivity the French complex command system
led to friction such as the dispute concerning command of the B.E.F.
referred to above ; during active operation it not only led to lack

(53) Edward Spears, *Assignment to Catastrophe,* Vol. I, p. 33.

of firmness and decision, but also imposed dely. Arrangements for air support were unsatisfactory, too, since despite Gamelin's position as *Generalissimo*, air support had to be asked for through Gamelin in his 'terrestrial' capacity.

The anomalous position of the B.E.F. was mainly because it was so small, and the British authorities had no wish to offend the susceptibilities of the French High Commandant (54). The first meeting of the Anglo-French Supreme War Council was held on 12 September 1939; although General Gamelin was present, Gort, the British Commander-in-Chief, was not.

(54) E. Spears, *op. cit.*

FORCES ET FAIBLESSES
DES CONVERSATIONS AÉRIENNES
FRANCO-BRITANNIQUES

Patrick FRIDENSON

Maître-assistant à l'Université de Paris X - Nanterre

Strength and weakness of Franco-British air talks. — The main themes dealt with were :

1) The conversations on aircraft production (March-April 1939). The British industrial potential was a "strong point", but the French potential was a "weak point". In order to remedy the situation, orders had to be placed with the United States, which was no easy matter, and which was, in any case, insufficient. The British were appealed to for help and collaboration, but rather too late and not without a great deal of reluctance. On both sides there remained prejudices, although the British had given the French an exceptional proof of confidence in supplying them with radar. For the rest, everyone always had the impression that there was no hurry.

2) The difference in mentality. It was noticeable in all those conversations. The confidence was never unlimited on both sides. The French showed unrealistic optimism, while the British, fearing to be involved to a greater extent than they would have wished, were reluctant to commit themselves and to draw up precise plans in advance. And neither of the governments was being urged to act by public opinion, which was divided and uncertain.

Des conversations franco-britanniques de 1935-1939 on n'a pendant longtemps retenu, à la suite de la défaite de la France en 1940 puis du procès de Riom, que les limites, les insuffisances et les faiblesses. Le vent est-il en train de tourner ? Une étude anglaise en 1950 (1), nos propres recherches (2) et les rapports des colloques

---

(1) D.G. Richards, *The R.A.F. in France and the Low Countries, 1939-1940,* Londres, Air Historical Branch Narrative, inédit.

(2) J. Lecuir et P. Fridenson, *Français et Britanniques : la coopération militaire aérienne (1935 - mai 1940),* Versailles, Service historique de l'Armée de l'Air (S.H.A.A.), 1968, 120 pages dactylographiées; *id.,* « l'organisation de la coopération aérienne franco-britannique », *Revue d'Histoire de la 2ᵉ Guerre*

de 1971 et 1972 mettent, en effet, l'accent sur l'importance des résultats acquis, compte tenu des conditions difficiles et parfois inexorables dans lesquelles ils ont été obtenus. Bref, la tendance récente souligne les points forts du bilan des rapports franco-britanniques. Ou elle en légitime les échecs : selon certains spécialistes, l'absence d'un second front à l'Est était inévitable car les négociations des démocraties occidentales avec l'Etat soviétique ne pouvaient aboutir qu'à une impasse (3).

Il faut cependant essayer de cerner avec plus de précision forces et faiblesses. On mettra à l'actif des Alliés leur conception stratégique d'ensemble affirmée dès avril-mai 1939 : ils avaient intérêt à une guerre longue, dans laquelle l'entrée en jeu de tout leur potentiel leur donnerait de façon certaine la victoire. De même, ils avaient prévu avec juste raison que l'avance initiale allemande pourrait se faire à travers la Hollande ou la Belgique. Quant à l'hypothèse conjointe d'une guerre contre l'Italie, qui permettrait aux Alliés de remporter un succès facile et rapide contre les colonies italiennes, elle avait été abandonnée à la fin de mai 1939 et peu à peu remplacée à bon droit par celle d'une Italie neutre. Les Alliés avaient aussi eu le mérite de prendre conscience du danger constitué par la puissance japonaise. Enfin leurs services de renseignements avaient su reconnaître la supériorité aérienne à court terme de l'Allemagne, même s'ils l'avaient un peu surestimée.

Mais la Seconde Guerre Mondiale a mis en évidence un certain nombre de défauts des conceptions alliées, qui constituent un véritable passif. La logique de la guerre longue n'avait pas été poussée jusqu'à son terme. Elle impliquait que les conversations franco-britanniques accordent une large place aux questions économiques, et se consacrent à l'établissement d'un plan intensif de production pour l'effort de guerre; dans ce cas, les Alliés auraient eu le temps de tenir sans trop de risques jusqu'à ce que l'accumulation des forces ait pu jouer en leur faveur. Or les progrès qu'avaient accomplis les Alliés dans cette direction restent loin du compte nécessaire quand survient la guerre. Français et Britanniques n'avaient pas non plus réussi à vaincre la crainte britannique d'une attaque allemande directe sur la Grande-Bretagne. Pourtant jamais les Allemands n'avaient envisagé un tel *knock-out blow,* à en croire les plans découverts après 1945. Les Alliés n'ont pas davantage mené à fond leurs préparatifs de riposte dans l'hypothèse inverse, celle d'une attaque par les Pays-Bas : la coordination avec la Belgique et la Hollande n'avait pu être poussée assez loin. Certes, les Britanniques avaient entamé des conversations avec les Belges à la demande de

Mondiale, janvier 1969, p. 43-74; P. Fridenson, *La coopération franco-britannique de 1935 à mai 1940,* Vincennes, S.H.A.A., 1969, 6 + 16 pages dactylographiées ; « A propos de la coopération militaire aérienne franco-britannique », R.H. 2ᵉ G.M., janvier 1971, p. 121-124.
(3) Rapport de R. Wheatley pour le colloque de 1971.

ces derniers à partir de mai 1938. Mais ils avaient dû les arrêter, toujours sur la requête des Belges, le 30 mars 1939. L'estimation des forces en présence ne se trouvait pas elle-même à l'abri de toute critique. Les Alliés majoraient la valeur de l'armée de terre française et de la ligne Maginot. En revanche, ils minoraient (surtout du côté anglais) celle des forces armées ou de la stratégie soviétiques.

De ce faisceau d'éléments nous ne retiendrons ici que deux thèmes caractéristiques, d'une part une donnée économique : la production aéronautique ; d'autre part une donnée politique : les mentalités des états-majors qui ont conduit les négociations, dans une perspective positive, mais nullement exclusive de limites et de divergences finales.

I. — Les conversations sur la production aéronautique

Les conclusions de la première phase des conversations franco-britanniques, tenues du 29 mars au 4 avril 1939, inscrivent parmi « les points forts du système allié » « le potentiel industriel britannique » et déplorent au contraire « le faible potentiel actuel de l'industrie aéronautique française » (4). Encore la délégation française avait-elle réussi *in extremis* à atténuer la sévérité de la première rédaction de cette phrase, qui flétrissait « la faiblesse de l'industrie aéronautique française ». Plus de trente ans après, il s'agit d'expliquer ce constat et de voir pourquoi les conversations franco-britanniques sur ce sujet n'ont pu guérir ce talon d'Achille (5).

Tout est loin d'avoir été dit sur la production aéronautique française de cette époque (6). Bien sûr, les nationalisations des maisons d'aviation qu'a opérées le Front Populaire s'imposaient de façon absolue et se sont révélées indispensables. Bien sûr, la production aéronautique a connu de 1936 à 1939 et surtout 1940 un taux de croissance exceptionnellement élevé, même par rapport aux autres pays. Mais peut-on borner à des couleurs aussi roses, comme le suggérait un article récent (7), un tableau de cette industrie ? Dans l'état actuel des recherches, il ne le semble pas. Au reste, les responsables britanniques des années 30 avaient porté très tôt un diagnostic lucide. Dès la fin de novembre 1937, au cours d'une entrevue en Angleterre avec le président du Conseil Chautemps,

(4) S.H.A.A., DI 238 (nouvelle numérotation), document A.F.C. (J) 29 : conclusion approuvée par les deux délégations.
(5) Nous utilisons ici exclusivement les documents conservés en France.
(6) Il faut attendre les résultats des travaux en cours de James M. Laux (Université de Cincinnati) et de Mme Lachmann (Université de Paris IV).
(7) J. Truelle, « La production aéronautique militaire française jusqu'en juin 1940 », R.H. 2e G.M., janvier 1969, p. 75-110.

Chamberlain avait insisté sur le mauvais état de la production aéronautique française. Il avait pleinement convaincu son interlocuteur.
Aussi Chautemps accueillit-il avec intérêt la lettre que, peu de temps
après ce voyage, le ministre de l'Air Pierre Cot lui adressa le
6 décembre 1937. Elle contenait des propositions tendant à augmenter
le budget dévolu à l'armée de l'air (8). Elles ne furent pas toutes
acceptées, et une note interne du cabinet du ministre de l'Air regret-
tait peu après que « la proportion des crédits du budget air par
rapport aux crédits de défense nationale » fût « inférieure en France
à celle de l'Angleterre » (9). Mais les demandes de l'Air aboutirent
tout de même à l'élaboration du Plan V en mars 1938, qui évaluait
à un niveau beaucoup plus élevé les besoins en matériel de l'aviation
française. On peut donc dire que la pression des Britanniques n'était
pas étrangère à ce réajustement en hausse des perspectives de la
production française.

Mais de multiples facteurs vinrent entraver la réalisation du
Plan V et empêcher qu'en soient dépassés les objectifs. Les nationalisations ne produisirent leurs fruits et n'accrurent l'efficacité des
firmes que petit à petit. L'individualisme, l'entêtement, l'optimisme
parfois inconsidéré des constructeurs privés rendaient toujours déli-
cates la satisfaction complète des besoins de l'armée de l'air et l'har-
monisation de leur production avec celle des sociétés nationalisées (10).
Les constructeurs, quant à eux, incriminaient la lourdeur, la rigidité,
le formalisme, la défiance à l'égard des formules neuves qui leur
semblaient caractériser les services techniques et industriels du
ministère de l'Air (11). Ils voyaient aussi leur développement freiné
par la lenteur et les retards avec lesquels le ministère leur payait les
marchés de guerre (12). De son côté, le Conseil Supérieur de l'Air
jugeait que la dotation de l'armée de l'air en personnel à instruire
(et la durée de l'instruction...) imposait une limite regrettable, mais
infranchissable et objective à l'expansion de la production aéronautique. Il montrait la restriction à la croissance et la gêne qui résul-
taient pour les constructeurs, privés ou publics, de la passation des
commandes par tranches, procédé que le ministère des Finances avait
rendu obligatoire (13). Le comité du matériel du ministère de l'Air,
lui, constatait qu'une partie de la production nationale allait à l'exportation, et plus d'une fois mit son veto à des commandes de grandes

(8) S.H.A.A., B 37, historique budgétaire, non daté.
(9) S.H.A.A., B 37, note du 29 janvier 1938 sur la comparaison des budgets
de l'Air et de la Défense nationale de la France et de l'Angleterre.
(10) S.H.A.A., B 6, procès-verbaux des réunions du Comité du Matériel du
ministère de l'Air, 1938 et 1939.
(11) Interview par nos soins de M. François Lehideux (président de la
Société des Avions Caudron depuis 1934), 10 février 1972.
(12) S.H.A.A., B 6, procès-verbal de la réunion des constructeurs du 16
janvier 1939.
(13) S.H.A.A., B 5, procès-verbal du Conseil Supérieur de l'Air du 28 mars
1939.

ou petites puissances étrangères (14). A ses yeux, elles constituaient une perte de substance pour l'aéronautique militaire française.

Dans ces conditions, les déficiences de la production française pour l'aviation ne pouvaient avoir que deux palliatifs : des commandes en Amérique du Nord, une coopération industrielle avec la Grande-Bretagne.

L'histoire des marchés d'avions conclus avec les Etats-Unis vient d'être retracée avec talent (15). Après une campagne d'opinion du sénateur La Grange dès janvier 1938, la France se mit en quête des possibilités américaines au début de l'hiver 1938 et en janvier 1939 elle parvint à placer commande de 555 avions de combat. Il est clair que cette opération venait bien tard. En effet, des forces internes en France en avaient gêné la réalisation. Les milieux financiers libéraux, et à leur tête le ministre des Finances Paul Reynaud, avaient manifesté une longue opposition à cette mesure, car elle devait entraîner une baisse des réserves d'or de la France (16). Pour de tout autres raisons, il en allait de même de certains constructeurs, tel Paul-Louis Weiller, qui voulaient réserver à des Français le monopole des bénéfices sur commandes de guerre, et des milieux ouvriers qui, derrière la C.G.T. et le parti communiste, voyaient dans les commandes américaines une menace possible pour l'emploi et une source de licenciements (17).

On saisit sur cet exemple à la fois le rôle des « forces profondes » de la société française sur la politique militaire et la conjonction quasi maléfique d'oppositions qui bloquèrent si souvent la prise de décision dans la France de la fin des années 30. Quoi qu'il en soit, de toute façon, l'aide américaine ne suffisait pas à étancher la soif d'avions du gouvernement français. La capacité de production de l'industrie aéronautique américaine se trouvait pour le moment inférieure aux besoins.

Restait alors la Grande-Bretagne. Les contacts entre Français et Britanniques sur cette question ont eu lieu très tard, en 1939 seulement. Dans les raisons de ce retard l'orgueil des Français le disputait à leur ignorance de la croissance britannique. En 1937, par exemple, l'état-major de l'Air français avouait la minceur de ses informations sur les forces aériennes britanniques : « Les indications sur le nombre des avions de bombardement de cette flotte de 1 700 appareils font défaut. De même, on manque de renseignements sur les intentions futures du gouvernement britannique en matière d'armement aérien » (18). Il fallut, en fait, attendre mai 1939 pour que les

(14) S.H.A.A., B 6, par exemple procès-verbaux du Comité du Matériel des 8 avril et 26 novembre 1938.
(15) J. McVickar Haight, Jr., American Aid to France, 1938-1940, New York, Atheneum, 1970, 278 p.
(16) J. Haight, op. cit., p. VI et passim.
(17) J. Haight, op. cit., p. 107, note 7.
(18) S.H.A.A., B 4, note E.M.A.A. de mars-avril 1937.

responsables français fassent établir et aient en main une documentation sérieuse et exhaustive sur « l'effort consenti par le gouvernement britannique pour le développement de son aviation de guerre ». Ce fut l'objet d'une note aussi copieuse que pertinente que l'attaché financier près notre ambassade de Londres prépara pour la visite à Londres du ministre de l'Air Guy La Chambre et lui remit lors de son séjour là-bas (19). Quant à l'orgueil (on en a déjà vu une manifestation dans la formulation atténuée citée ci-dessus), il inspirait souvent aux négociateurs français des prévisions optimistes sur le développement de leur industrie aéronautique. En outre, devait aussi jouer, comme avec les Etats-Unis, la crainte d'une ponction sur les réserves d'or françaises, brochant sur les difficultés financières de notre pays. Du côté des Britanniques, interviennent non seulement la priorité naturelle à l'équipement de la R.A.F., mais aussi une méfiance constante à l'égard du sérieux des Français. En voici un exemple. Le 22 mars 1939, Chamberlain tance Georges Bonnet parce que la production française, loin d'atteindre les 400 avions par mois que Daladier lui avait annoncés (alors que les Anglais en sont à 600), plafonne autour de 100. Bien plus, le même Chamberlain cache à Bonnet son intention de passer comme la France des commandes en Amérique, en prétendant que par leur conception les avions militaires américains sont inférieurs à ceux des Anglais (20). Les Français ne seront avertis qu'en avril (21). Il faut reconnaître que les doutes des Britanniques avaient quelque fondement. Les archives britanniques (22) donnent une image accablante de l'état de l'armée de l'air française de septembre 1939 à mai 1940 : mauvaises installations de nombreuses bases (mais pas toutes), inefficacité du système d'alerte contre les raids aériens, etc.

On comprend dès lors que c'est seulement pendant la première phase des conversations de 1939 que les deux parties commencèrent à traiter le problème des matériels aéronautiques et connexes. Les militaires britanniques (comme nous l'avons montré avec Jean Lecuir dans de précédents travaux) offrirent d'insérer dans leurs plans de fabrication une commande française de quelques-uns des premiers radars. Nous pouvons apporter sur ce point des précisions nouvelles. Quand les Français eurent accepté, il fut entendu que la livraison ne pourrait commencer qu'au début de 1940, après satisfaction des besoins britanniques. Dès le 11 avril 1939, une délégation technique de trois officiers français partit pour Londres se familiariser avec l'arme nouvelle (23). Dirigée par le capitaine de corvette Ballande,

(19) S.H.A.A., B 37, « les conditions financières de la production aéronautique en Grande-Bretagne », 17 pages et 2 annexes.
(20) *Documents on British Foreign Policy*, 3ᵉ série, tome IV, p. 462-463.
(21) J. Haight, *op. cit.*, p. 119.
(22) Londres, *Public Record Office*, fonds versé par l'*Air Historical Branch* (P.R.O.).
(23) S.H.A.A., lettre du général Mendigal, 26 août 1964 ; R. Balbaud, *L'Entente à l'épreuve*, Londres, 1944, p. 48 ; témoignage précis du capitaine

après avoit été mise au courant par le *group captain* Leedham, elle visita les 13 et 14 avril la station de recherches ultra-secrète de Bawdsey, dans le Suffolk. Le 22 avril, une conférence de travail réunissait à Paris le contrôleur général Jacomet, les généraux Colson (terre) et Mendigal (air), le contre-amiral Tavéra, le capitaine de corvette Ballande. Elle accorda à la commande de radars un crédit de 440 millions (au lieu des 664 millions prévus, car la Marine, « qui désirait seulement s'inspirer des matériels anglais pour hâter la mise au point des recherches entreprises en France » par la Société française de Radio-télégraphie, n'avait voulu demander qu'un « échantillonnage peu important »). Une seconde mission, au cours de laquelle fut signé le contrat avec l'*Air Ministry*, eut lieu à Londres du 24 au 26 avril. Ses membres rencontrèrent le père du radar, Robert Watson Watt. Celui-ci vint en France en mai et visita notamment les zones de Reims et de Toulon.

En juin, six officiers français furent détachés pour un stage de huit semaines à la station de Bawdsey. Ensuite la formation du personnel des armées de l'air et de terre se fit à Montpellier, celle du personnel de la marine à Hyères et Toulon. Au 10 mai 1940, il y avait en France 6 stations radar, situées respectivement à Calais, Le Tréport, Escobecques (près de Lille), Desvres (près de Boulogne), Ficheux (près d'Arras) et Le Cateau. La salle de filtrage, d'abord placée au château d'Allonville, fut transférée à Arras en sous-sol dans un ancien dépôt de munitions, sous les murs de la ville. 20 officiers et 150 soldats de l'armée de l'air française furent affectés au centre de transmission n° 1 à Arras, à la fois pour assurer les liaisons avec les Britanniques et pour apprendre les techniques anglaises de fonctionnement d'une salle de filtrage. D'autre part, le personnel avait déjà été formé pour ce qui aurait dû être le centre de filtrage n° 2 à Reims, dont l'installation pourtant presque terminée dut être arrêtée à cause de l'avance allemande. De plus, en mai-juin 1940 le personnel de l'armée de l'air française a eu la responsabilité totale de la veille dans les stations radar mobiles britanniques, et, par l'intermédiaire du général Jullien, l'armée française a eu connaissance de tous les plans et de toutes les caractéristiques des antennes de 240 pieds, ainsi que des plans d'une station radar type (24).

Parallèlement, le 4 avril, Guy La Chambre se rendit à Londres pour y rencontrer le secrétaire d'Etat à l'Air, Sir Kingsley Wood, et étudier les moyens d'accélérer l'équipement de la France en avions. Sir Kingsley Wood ne mâcha pas ses mots. A ses yeux, les Français n'entendaient rien à la production en grande série (25). Il

de corvette Ballande dans H. Ballande, *De l'amirauté à Bikini,* Paris, 1972, p. 26-35.

(24) Nous exprimons ici notre vive reconnaissance à M. Mills, rédacteur à l'*Air Historical Branch,* qui nous a apporté sur cette question de précieux éclaircissements.

(25) D.G. Richards, *op. cit.*

proposa à la France de lui livrer immédiatement 50 bombardiers moyens *Fairey Battle* et sous un délai de 6 mois 150 autres appareils de même type, 74 avions d'entraînement *Tiger Moth* et 50 monoplans *Magister,* les uns et les autres immédiatement livrables. Il se permit aussi de suggérer que « les états-majors anglais et français envisagent en commun pour plus tard la détermination des types d'appareils des deux pays; [que] l'on considère l'unification des spécifications des appareils pour les deux pays; [que] les accessoires soient standardisés; les matières premières soient unifiées. Le point de la situation des deux pays devra être fait en vue de leur mobilisation industrielle respective » (26). Il semble que les Français aient accepté avec lenteur ces différentes propositions. Au cours de cet entretien, les deux ministres discutèrent aussi des commandes à passer aux Etats-Unis. Ils convinrent que le goulot d'étranglement majeur de leur production se trouvait du côté des moteurs en ligne. Comme les Britanniques manquaient pour l'instant de devises, il appartiendrait au ministère de l'Air français, mieux doté, de commander de tels moteurs à la *General Motors* (27). Par la suite, divers entretiens eurent lieu entre les deux ministres, tant à Paris qu'à Londres, tandis qu'à l'arrière-plan progressait la coopération franco-britannique sur les questions économiques à la suite de la deuxième phase des conversations (29 avril-4 mai). La dernière rencontre date du 25 juillet 1939 (28). Dans ces conversations les Britanniques acceptèrent de prêter à la France 88 moteurs Rolls-Royce Merlin X pour servir au démarrage d'une usine de moteurs d'avions Merlin X créée, à l'initiative du ministère de l'Air, par Fordair, une filiale française de Ford. La production de cette usine qui démarra à l'été 1939 devait aller non seulement à la France, mais aussi en partie à la Grande-Bretagne (29). Pour réels qu'aient été les progrès enregistrés tout au long de ces conversations, leur limite apparaît dans le fait que, contrairement aux impressions des négociateurs français de l'époque, la franchise dans l'information ne devint totale qu'au dernier moment. En effet, les chiffres complets sur les appareils existants des différents types, la production des derniers mois et les plans de production pour les six mois à venir furent échangés seulement lors de la déclaration de guerre (30).

Ce dernier détail illustre bien (malgré la livraison des radars) la relative minceur de la coopération franco-britannique dans le domaine de l'industrie aéronautique. Elle s'explique par la différence des politiques et des mentalités des deux gouvernements et de leurs états-majors, par le jeu des forces profondes des deux sociétés et par

(26) S.H.A.A., B 6, procès-verbal de la conférence spéciale des directeurs du ministère de l'Air du 6 avril 1939, 7 avril 1939.
(27) J. Haight, *op. cit.*, p. 120.
(28) Nous avons donné de plus amples détails sur ces entretiens dans notre rapport au colloque de 1973.
(29) S.H.A.A., B 6, procès-verbal du Comité du Matériel du 9 août 1939.
(30) D.G. Richards, *op. cit.*

les limitations économiques et financières qui pesaient sur eux. Il reste que les négociateurs nous paraissent aujourd'hui avoir sous-estimé l'importance du facteur temps dans la bonne marche de l'effort de guerre. En septembre 1939, la coopération aéronautique industrielle n'avait donc pas porté tous ses fruits potentiels. De fait, en dernière instance, la divergence des mentalités reste bien caractéristique des négociations franco-britanniques (31).

II. — Le décalage des mentalités

De ce décalage, abondamment illustré par les rapports aux colloques de 1971 et de 1972 et par nos précédentes recherches, nous pouvons donner de nouvelles preuves touchant les conversations entre les états-majors de l'Air.

Les documents attestent d'abord que la méfiance des officiers supérieurs français à l'égard du gouvernement britannique n'a jamais cessé. Ils étaient presque tous persuadés que la Grande-Bretagne pouvait donner plus qu'elle ne le voulait. Ils ne semblent pas avoir compris que leurs homologues de l'armée de l'air britannique et certains hommes politiques du Cabinet n'étaient sensibles qu'à la faiblesse de leurs propres ressources, alors que d'autres ministres, pour des raisons diplomatiques, poussaient, eux, à l'extension de l'aide à la France. Plus généralement, les Français et leur gouvernement ne sont pas tout à fait exempts d'un optimisme à la frontière de l'irréalisme. On l'a vu pour les discordances entre leurs prévisions de production et les réalités. Mais il en est un exemple aussi flagrant. Lorsque Daladier, en mars 1938, se convertit à l'idée de passer des commandes d'avions ou de moteurs à des firmes étrangères, il déclare qu'il le fera auprès soit des Etats-Unis, soit de l'Union Soviétique (32). La mention de cette seconde puissance ne plaide pas en faveur de la lucidité de la politique française. Ayant laissé péricliter le pacte franco-soviétique de 1935, la voilà qui envisageait tout de même de se fournir auprès de l'allié négligé !

Du côté britannique, le point de vue des chefs d'état-major est assez complexe. Eux non plus ne font pas confiance à leur partenaire. Ils craignent d'être engagés sans pouvoir réel de contrôle dans une guerre menée selon les plans français, ce qui semble s'être produit en 1914 à la suite des conversations militaires franco-britanniques de cette époque (33). Ils ont du mal à se faire à l'idée que les plans à établir en commun en 1939 risquent de les entraîner plus loin que

(31) Cette partie du rapport a été amputée de tout ce qui a trait au Japon.
(32) S.H.A.A., B 5, procès-verbal de la séance du Conseil Supérieur de l'Air de mars 1938.
(33) P.R.O., note du chef d'état-major de l'Air britannique, 30 juin 1938.

ceux d'avant 1914 (34). Ils redoutent également des « fuites » de la part des milieux politiques et militaires français qui renseigneraient aussitôt les puissances de l'Axe (35). Ainsi les conversations de 1939 auront-elles lieu à Londres, parce que les Britanniques y ont davantage de moyens « d'éviter une publicité indue et d'exercer un contrôle plus strict sur la presse » (37). Ils n'ont confiance ni dans les capacités de production aéronautique françaises ni dans l'infrastructure technique et administrative de nos bases aériennes et de nos grands commandements (37). Et pas davantage dans les plans français, qu'ils demandent à connaître et même à approuver (38). Pendant longtemps, ils sont de fermes soutiens de la politique d'apaisement à l'égard de l'Allemagne et de l'Italie, d'autant plus qu'ils manquent de crédits et espèrent que le temps leur permettra d'augmenter leurs forces. Cela les amène à freiner le développement des conversations d'états-majors avec la France, qui pourrait les faire accuser « de préparer une guerre offensive contre l'Allemagne » (39) ou ruiner toute entente avec l'Italie « si les Italiens venaient à savoir que nous conduisons nos conversations avec les Français sur l'hypothèse d'une Italie hostile » (40). En octobre 1938, alors que l'état-major britannique de la Marine veut pousser plus avant la discussion avec la France, la Terre s'y oppose et l'Air partage ce dernier point de vue. A quoi bon inclure dans les conversations des plans contre l'Italie ? « Cela pourrait l'obliger à rallier le camp de nos ennemis, au lieu de lui permettre de se dissocier lentement de l'axe Rome-Berlin » (41).

Le Comité britannique des chefs d'état-major ne se rallia à l'idée d'une coopération plus étroite avec la France qu'après la rencontre Daladier-Chamberlain du 24 novembre 1938 à Paris. Le secrétariat d'Etat aux Affaires étrangères qui était, on le sait, favorable à une collaboration accrue depuis décembre 1937, exerça alors de nouvelles pressions sur les militaires. Ils se rangèrent à son avis fin janvier-début février 1939 (42). A l'arrière-plan de toute cette attitude, il n'y avait qu'une pensée, constante depuis 1937 : « Dans une guerre, les Allemands accorderaient probablement la

(34) P.R.O., lettre du major général Ismay au chef d'état-major de l'Air britannique, 2 février 1939.
(35) P.R.O., note de la direction des Plans de l'état-major de l'Air britannique, 21 juin 1937.
(36) P.R.O., note du Comité de Défense impériale, 3 février 1939.
(37) P.R.O., note du Comité de Défense impériale, avril 1938.
(38) P.R.O., id., et note des chefs d'état-major du 31 octobre 1938.
(39) P.R.O., note du chef d'état-major adjoint de l'Air britannique, 26 avril 1938.
(40) P.R.O., note du Comité de Défense impériale, 29 novembre 1938.
(41) P.R.O., note de l'état-major de l'Air britannique, 31 octobre 1938. De même, note du 19 novembre 1938 : « Il ne serait pas sage à présent, dans la perspective d'un accord avec l'Italie, d'entamer des conversations sur la défense de la Méditerranée ou de la mer Rouge ».
(42) P.R.O., note du 26 janvier 1939.

priorité à une attaque aérienne intensive contre la Grande-Bretagne [...]. Le pays auquel les Allemands réserveront le gros de leur attaque initiale sera la Grande-Bretagne » (43). Rendant visite le 20 avril 1939 aux généraux Vuillemin et Mendigal, l'*Air vice-marshal* Barratt leur expliqua une fois de plus que la Grande-Bretagne « offrait tout autant que la France une grande quantité d'objectifs extrêmement vulnérables [...] et qu'ils ne devaient avoir aucune peine à comprendre que notre sécurité était aussi importante pour nous que la leur l'était pour eux-mêmes » (44). Les attaques aériennes massives de la Bataille d'Angleterre ont confirmé *a posteriori* une partie de ces craintes.

La défiance relative à l'égard de la France n'est pas la seule constante de la mentalité militaire britannique. Il s'y ajoute une répugnance permanente à l'égard de la formulation de plans communs et précis. Elle risquerait d'interdire aux Anglais certains objectifs qu'ils souhaiteraient attaquer en Allemagne (45). « Dans la guerre moderne, l'agresseur pouvait faire mouvement avec une rapidité telle qu'il n'y aurait pas le temps de faire des plans », déclarait Chamberlain (46). A la direction des Plans, le *group captain* Collier estimait, tout comme la Marine, que les discussions sur les plans communs et la coordination des opérations « pourraient être improvisées relativement vite à la déclaration de guerre ou pendant la crise qui l'aurait précédée » (47). De plus, en 1938, les Britanniques n'avaient pas encore arrêté leurs propres conceptions stratégiques aériennes : alors comment auraient-ils pu en discuter avec les Français ? (48). Bref, les Britanniques ne voyaient guère ce qu'il y aurait à gagner à « discuter de situations hypothétiques avant que des événements aient eu lieu ». Leur refus découlait en droite ligne de leur appréciation initiale de la situation de l'Europe. « A cette époque le risque d'une agression allemande à l'Ouest ne paraissait pas aussi imminent et nous n'envisagions pas la possibilité que l'Allemagne adopte un plan d'agression contre le Royaume-Uni en passant par la Hollande » (49). Mais même lorsque la situation diplomatique changea et que l'état-major de l'Air britannique se décida à demander la discussion de plans de guerre avec les Français (janvier 1939), il ne se départit pas de ses doutes sur le bien-fondé de plans trop détaillés : « Du point de vue de l'Air il n'est pas possible ni désirable

(43) P.R.O., note de la direction des Plans de l'état-major de l'Air britannique, 21 juin 1937.
(44) P.R.O., compte rendu de la visite de Barratt à Vuillemin, 20 avril 1939.
(45) P.R.O., note de la direction des Plans du ministère de l'Air pour le Comité de Défense impériale, 16 février 1938.
(46) P.R.O., A.H.B. 1, Air 9.78, déclaration de N. Chamberlain au conseil des Ministres du 6 avril 1938.
(47) P.R.O., lettre de Collier, 21 avril 1938.
(48) P.R.O., note du chef d'état-major adjoint à l'Air britannique, 21 avril 1938.
(49) P.R.O., note du 26 janvier 1939.

370

d'élaborer à l'avance des plans rigoureux et immuables pour faire face à une situation dont la nature et les développements déjouent toute prédiction. Pour la marine, les plans peuvent être établis de façon définitive, presque jusque dans les détails. Il n'en va pas de même pour les forces aériennes, où ce genre de dispositions ne peut être pris à l'avance » (50). La même note précise : « Nous devons avoir pour tâche prioritaire la protection de notre pays contre une attaque aérienne. Ce qui ne permet absolument pas de dire à l'avance quelle proportion de nos bombardiers nous pourrons attribuer pour telle ou telle tâche à tel ou tel moment particulier ».

Il ne fait pas l'ombre d'un doute que la situation géographique de la Grande-Bretagne pouvait l'exposer à des attaques tous azimuts, et lui interdisait de raffiner par le menu ses conceptions stratégiques pour l'air. Mais à l'inverse il semble bien que ce faisant les Britanniques méconnaissaient l'importance du temps nécessaire à l'élaboration de ces plans, ce qui n'allait pas sans affaiblir leurs positions face à l'Allemagne.

Le « réalisme » qui dictait aux Anglais leur méfiance relative envers les Français et leur répugnance à l'égard de plans détaillés ne caractérisait cependant pas la totalité de leurs positions. Les documents d'archives britanniques montrent, par exemple, qu'à l'automne et l'hiver 1938 les chefs d'état-major ont cru que leur pays arriverait à dissocier par la diplomatie l'Italie de l'Allemagne et à rompre pacifiquement l'Axe. L'année suivante, en 1939, peu avant la troisième phase des conversations, on relève encore chez eux une nouvelle illusion : l'espoir tenace de soulever le peuple allemand contre le régime nazi (51).

Ces trois constantes de l'attitude des Britanniques ne doivent pas cependant masquer l'évolution favorable qu'avaient connue leurs rapports avec les Français. Une note de juin 1938, que nous avons lue au colloque de 1971, donne la mesure de leur prudence initiale : « Le chef d'état-major de l'Air a donné comme instruction que les mots « allié » ou « alliés » ne doivent jamais être employés ni dans nos notes ni dans nos interventions orales pendant les conversations d'états-majors. Le ministère de la Guerre est aussi d'accord pour observer cette règle. Vous devrez donc tâcher de ne pas employer ce mot dans vos conversations avec l'état-major de l'Air français » (52). A l'été 1939, en revanche, ils trouvaient que « de très grands progrès ont été accomplis. L'état-major de l'Air français a coopéré et très efficacement » (53). Ce texte atteste que les responsables militaires britanniques, quand l'évolution de la situation internationale l'a rendu

(50) P.R.O., *Note by the Air Staff*, 31 janvier 1939.
(51) S.H.A.A., D 1 238, lettre de l'attaché militaire à Londres au Secrétariat général de la Défense nationale, 16 août 1939.
(52) P.R.O., note de Peirse, *Director of Operations*, à l'attaché de l'air britannique à Paris, 15 juin 1938.
(53) P.R.O., note du 7 juillet 1939.

inévitable, en sont venus à apprécier la valeur de la coopération entre Alliés et à en jouer très loyalement le jeu. Mais Français et Britanniques avaient-ils vraiment en septembre 1939 pris tous les moyens de réduire les divergences de leurs mentalités ? Celles que nous avons observées chez les négociateurs militaires et politiques ne reflétaient-elles pas les différences entre les opinions publiques des deux nations ? (54).

Conclusion

Assurément la coopération entre la France et la Grande-Bretagne a fait de 1935 à 1939 de nombreux progrès, et sur des points fort importants. Mais elle reste en deçà du niveau de coopération atteint en 1918 (et en 1918 seulement) par les deux membres de l'Entente Cordiale. Pourquoi n'a-t-il pu être retrouvé ? Cela tient sans doute aux deux faiblesses essentielles de la position des deux démocraties de capitalisme libéral en 1939. Une seule préoccupation majeure habitait leurs chefs : conserver. Ce conservatisme européen et impérial ne rendait guère attrayante la politique des Alliés aux yeux d'un grand nombre d'autres puissances, et il explique même la lenteur et les limites de la copération entre les deux alliés. D'autre part, la coopération entre Alliés se déroulait constamment au sommet, en l'absence de pression ferme d'opinions publiques et de forces profondes largement divisées ou désorientées. Avec ses oscillations et ses limites, avait-elle de quoi motiver les peuples, pouvait-elle (et le cherchait-elle ?) les préparer de façon claire à lutter contre le nazisme ?

(54) Cf. J. Cairns, "A nation of shopkeepers in search of a suitable France, 1913-1940", *American Historical Review,* juin 1974, p. 710-743. Et, parallèlement, S.M. Osgood, "Le mythe de « la perfide Albion » en France, 1919-1940", *Cahiers d'Histoire,* n° 1, 1975, p. 5-20.

ANGLO FRENCH CONVERSATIONS AIR STAFF VIEWS ON PREPARATION FOR THE NORTH EAST THEATRE OF OPERATIONS*

Group Captain E.B. HASLAM
Chef de la Section historique de l'Air (R.A.F.)
Ministère de la Défense, Londres

L'aviation dans les conversations franco-britanniques à propos du théâtre d'opérations du Nord-Est. — Très vite la Pologne est apparue, dans les conversations de 1939, comme ne pouvant pas être sauvée par des attaques aériennes. En revanche, l'attitude des Alliés à l'égard de l'Italie s'est modifiée : ils ont laissé de côté leurs plans d'action à son égard pour tabler sur sa neutralité en cas d'hostilités. Le problème essentiel était donc la politique de bombardement à l'égard de l'Allemagne. Les Français se sont ralliés au point de vue britannique : limiter les bombardements sur l'Allemagne à des objectifs purement militaires, pour ne heurter ni le peuple allemand ni les neutres. Enfin les Alliés ont préparé l'installation de missions de liaison d'aviateurs dans les deux pays dès l'entrée en guerre et ils ont reconnu aux commandements britanniques une très large autorité sur les forces de la R.A.F. opérant en France. Cependant et de façon significative, le dispositif de liaison restait à préciser sur certains points en septembre 1939.

Introduction.

1. The paper tabled on Anglo-French Staff Conversations 1938-1939 at the London symposium in 1971 was an agreed synthesis from the records of the 3 British Service historical sections. This present paper gives a single view, i.e. that of the Royal Air Force, and is presented because it gives additional detail and, it is hoped, captures some of the flavour of the frank air staff discussions which were conducted throughout 1939 before and after the outbreak of war.

* *N.B.* Cette communication comprenait des textes annexes qui ont été supprimés à la publication.

374

Staff Conversations 1936 early 1939.

2. In April 1936 staff conversations were held between British, French and Belgian Air Staff representatives at the Air Ministry, London (1). The names of the chief representatives are of historic interest :

> *Great Britain :* Air Vice-Marshal Courtney, D.C.A.S.
> Group Captain A.T. Harris, D.D. Plans.
> *France :* General Mouchard, Deputy Chief of Air Staff.
> *Belgium :* Major Wouters, Air Attaché, London.

The conversations were limited in scope, being chiefly concerned with exchanges of information about strength of forces and administrative facilities (2). As far as the air side was concerned, the strength of the respective air forces and the availability of aerodromes were discussed while other matters of technical detail were remitted for future examination by the Service attaches (Questions of air protection in port and assembly areas were discussed by the Army Staff).

3. During 1937 the British air attaché in Paris pursued these contacts, discussing with Commandant Loriot, head of the Second Bureau, the state of Germany's air force and aircraft industry and the selection of the most profitable bombing objectives in Germany.

4. In February 1938 the Cabinet authorised confidential communications on a purely technical footing between the British and French Air Staffs on aerodrome and other facilities in France. Exchange of visits by officers of the two Air Forces was also approved. The Cabinet pointed out, however, that with the development of the long-range bomber our dependence on French aerodromes would diminish. Even after the German occupation of Austria in March 1938 the Chiefs of Staff were taking a cautious line for they stated that our numerical inferiority was so great that we should be in no position to help France save that any action to reduce the scale of attack on Great Britain would also benefit the French. The real point constantly before the minds of the Chiefs of Staff when they approved air conversations, and opposed naval and military, was that our medium-range bombers of that time would operate against Germany more effectively from France than from Great Britain (4).

5. During the staff conversations on the air side considerable progress was made so that by the end of September 1938 the broad framework of arrangements for the Advanced Air Striking Force

(1) Cabinet 28 (36) — Minute 3.
(2) CP 110 (36).
(3) C.I.D. 1405 B.
(4) D.P. (P) 24 C.O.S.

had been prepared and in the form is which they were carried out in September 1939. However, the programme of sending 20 bomber squadrons was not made a definite commitment and it was never presented as specific aid for the French Army. The essence of the matter was one of range and the control of the squadrons was to remain with Bomber Command in England.

The 1939 Conversations — General Strategy.

6. The conversations of 1939 opened in London on 29 March (5) On the British side they were conducted by the Joint Planning Committee (6) for the Chiefs of Staff feared that if they themselves had conducted the discussions public alarm would have been caused and precipitate action on the part of Herr Hitler might have been provoked (7). The R.A.F. delegates were accordingly Group Captain J.C. Slessor, Director of Plans, and Group Captain H.H.M. Fraser, Deputy Director of Plans, while the air attaché from Paris, Group Captain D. Colyer, was attached to the delegation. The French air delegates were Colonel Rozoy and Colonel Ayme. Certain instructions were given to the British delegates (8). Of these three particularly affected the air side — that a German land attack on France or Belgium would oblige us to despatch a Field Force to the Continent (for this would include an R.A.F. « Component ») ; that it was no part of our policy to initiate air attacks involving casualties to the enemy civil population : and that information of secret equipment, such as R.D.F., might be imparted to the French as long as they agreed to our manufacturing what they might decide to adopt.

7. The first stage of the conversations (29 March-4 April 1939) was entirely taken up with matters of general strategy. The paper by Lt.-Col. Neave-Hill deals in broad outline with the general strategy to be adopted in a future war against Germany and Italy. The enormous danger constituted by Japanese intervention was also faced with sombre realism. On the air side emphasis was already laid on the importance to Germany of the Ruhr output and Swedish iron ore. But it was realised that limited air action against purely military objectives would be the likely initiative possible on the British and French sides. It was appreciated that "the Allied air forces are greatly inferior to those of Germany and Italy in air striking power, judged on the basis of first line strength and in April 1939 the position regarding Allied reserves will be most unsatisfactory". The facts were thus fairly presented : there could be no misconception in French minds of our air strength and it was

(5) A.F.C. 30.
(6) C.O.S. 838.
(7) Cabinet 6 (39).
(8) Cabinet 8 (39) — Conclusion 6 (2).

in fact an agreed conclusion that though the British if not strong
were at least rapidly improving their air position, the unsatisfactory
output of the French aircraft industry was one of the sources of allied
weakness just as was the length of time necessary to build up the
British Army.

The Guarantee to Poland — Air Staff Views.

8. On 31 March 1939 the British Government extended a guarantee
to Poland. There was no disposition to regard the Polish air force
in an unduly optimistic light (9). Its 30 long-range bombers and
200 bomber-reconnaissance aircraft would probably compel Germany
to make arrangements for the air defence of Berlin, Stettin (with its
fuel reservoir) and the power plants of Eastern Germany and it
was thought that Germany might be compelled to keep 20 % of
her first-line fighter strength in the East. This, together with a
similar dispersion in her A.A. defences would be a welcome reduction
of her power to meet British and French air attack. Any threat from
the Poles to Germany, however, would be very short lived unless
the U.S.S.R. helped Poland with aircraft and pilots. It was the
Polish contribution on land which was regarded as really important
for though Germany could certainly eliminate Poland (and Roumania)
by concentrating in force against her, the number of German divisions
required to hold down Poland and safeguard against possible Russian
attack would be little less than that required to conquer her (10).
Again the importance of the U.S.S.R. was recognised and it was
assumed by the Allies that she could be a friendly neutral to the
extent of supplying Poland with armaments. It was acknowledged
that neither by land or sea, nor in the supply of armaments, would
we or the French afford Poland (and Roumania) direct support against
a German invasion.

9. As it had been generally agreed that no direct help to Poland
could be given by France and Great Britain on land or sea, the
question of air support assumed particular importance (11). The
prospect that Germany's main offensive might be directed against
Poland while she stood entirely on the defensive in the West raised
the question whether in such a case our air attack might be extended
to other than purely "military" objectives. A British paper discussed
the various courses of action open to us. If we despatched the first
contingent of the Field Force and the A.A.S.F. to France but initiated
no offensive action in the air except against warships at sea we
should certainly not relieve Poland. In such a case Germany would

(9) A.F.C. 6.
(10) A.F.C. (J) 56.
(11) A.F.C. (J) 92.

conduct not a two front war but two successive one front wars and she would gain territory and commodities which would neutralize the effects of our blockade. If, in addition to taking the above preparatory measures, we attacked "military" objectives (e.g. the German Fleet and its bases, the *Luftwaffe* establishments, the German Army in the West) we should make it clear to neutrals that we meant business but again should not relieve Poland to any appreciable extent. As a third course we might extend our air action to stocks of oil fuel and synthetic oil plants. This would contain greater German air forces in the West and would be particularly valuable if the Polish (and Russian) air forces also bombed oil targets. Even this, however, would not relieve pressure on Poland at the outset and it would certainly invite attack on our own vulnerable oil stores and throw us open to the charge of bombing civilians. Finally, we might "take the gloves off" from the start and attack all objectives best calculated to reduce the enemy's war effort (e.g. power and ball-bearings as well as oil). Militarily this might be the most effective but the result on neutral opinion and in consolidating the German people under the Nazi regime would be unfavourable.

10. In sum, the British Air Staff views, though they decided for no definite course, displayed a propensity to regard attack on oil objectives as the plan with the greatest advantages. It was made quite clear, however, that none of these courses could save Poland and that the ultimate fate of that country would depend not on our ability to relieve her at the outset, but on our ability eventually to win the war. It was evident that we could help Poland directly only in the air and that this help could not in itself be decisive. Nevertheless it was a very important subject of study for on which course was adopted depended the whole of our bombardment policy — whether we did, or did not, choose to initiate attacks in which large numbers of civilians would perish. Mr D.G. Richards writing about these matters commented : "A sentence not unworthy of Gibbon summed up the view of the British Air Staff on this matter : "The British Staff would observe that this delicate and difficult problem may well be solved for us by the Germans, who are perhaps unlikely to refrain, for more than a limited period at most, from action that would force the Allies from all legal instructions' ".

Air Co-operation Against Italy.

11. The question of air action against Italy and her colonies was pursued (12) throughout the second stage of the Conversations

(12) A.F.C. 7.

both in London and during the subsequent Anglo-French meetings at Aden, Rabat and Jerusalem. The French had pressed for further British aircraft (particularly fighters) to be sent to Northern France in order that French air forces could move to Southern France for an offensive against Italy. They were also keen that British air forces (or French, if the British reinforced Northern France) should be sent to Tunisia for action against South Italy, Sicily, Sardinia and Libya (13). The possibility made some appeal to us, particularly in that offensive operations from Tunisia might provide the answer to the air threat against Malta. We ultimately informed the French that at the moment we could not release further aircraft from Great Britain but that if the most urgent need in war proved to be the reinforcement of Tunisia we should reconsider the matter, preferably by releasing French squadrons from Northern France (14).

12. Various actions were planned in the African theatre both to meet possible threats from Libya and to disrupt the Italian Empire.

Arrangements for Liaison and Command.

13. Arrangements had already been made by the Air Ministry for the despatch of two air liaison missions to France in the event of war, and their location had been agreed with the French (15). No. 1 mission (to be led by Air Marshal Barratt) was to represent the Chief of the Air Staff and was to be located at the H.Q. of General Vuillemin who would become Commander-in-Chief of French air forces on the outbreak of war. No. 2 mission (to be led by Air Commodore Don — formerly air attaché, Berlin) was to represent the A.O.C.-in-C. Bomber Command and was to be located at the H.Q. of the 1st French Air Army (the Air Army of the North East, commanded by General Mouchard) which would control the bulk of the French bomber force. These arrangements were in fact applied at the outbreak of war but were altered by the institution of the B.A.F.F. Command in January 1940.

14. The French for their part proposed to send a liaison mission to Great Britain in time of war or crisis, consisting of one General Officer (or Colonel) from each service department, and one representative of the Ministry of Colonies : the principal air member of this (Colonel Rozoy) would study the intentions of the Chief of Air Staff in England, just as Air Marshal Barratt would study those of General Vuillemin in France (16). The French Mission

(13) A.F.C. 37 — Part II — Annex I.
(14) A.F.C. 37 — Part V.
(15) A.F.C. 12.
(16) A.F.C. (J) & A.F.C. (J) 75.

would also be charged with wider duties than individual departmental questions, for they would study problems of higher strategy and prepare material for the High Command. The Mission would be distinct from that which in peace time was part of the French Embassy, which would also continue its activities in war. It was later agreed that French air representatives should also be attached to Bomber Command Headquarters. These arrangements were in general carried out in September 1939, but the scope of the French missions was still very ill-defined at that date.

15. In regard to air command, the arrangement at this time proposed by the British was that the A.O.C. Air Component would be under the orders of the G.O.C.-in-C., British Expeditionary Force (17). He in turn would be subordinated to the French C.-in-C., providing that he was at liberty to appeal to the British government before executing any order which appeared to him to imperil his army. The A.O.C. Advanced Air Striking Force, however, should receive his orders from the A.O.C.-in-C., British Bomber Command (who, it will be remembered, was to be represented at the headquarters of the French North Eastern Army). A slightly revised form to the A.A.S.F. proposals was given in the third stage of the conversations, just before the outbreak of war, and was to the effect that the A.A.S.F. would receive its operation orders from the A.O.C.-in-C., British Bomber Command, but would conform to the administrative and disciplinary regulations of the Army Commander in whose area the force found itself (18). It was agreed between the delegations that the « close liaison » between the British Air Staff, the A.O.C.-in-C. Bomber Command and the French High Command should make it possible to meet the requirements of the French generalissimo if Bomber Command was concentrated in support of land forces in battle on the Western Front. "Alternatively, should circumstances arise, such as a comparative lull on the land front, arrangements for the collaboration of French air forces in the plans of the British Bomber Command would similarly be made through this liaison". Various proposals for command were also studied for the overseas theatres of operations.

Other Major Topics Discussed.

16. To reduce the size of this paper mention will be made here only of the subjects headings of other important matters discussed by the Air Staffs. They included :

    a. Anti-aircraft protection of bases, assembly areas and aerodromes.

(17) A.F.C. (J) 95.
(18) A.F.C. (J) 107.

    b. Air aspect of chemical warfare.

    c. Administrative arrangements for the reception and maintenance of British air forces in France.

    d. The state of French aircraft production.

The 1939 Conversations — Final Stages.

17. The increased gravity of the Polish crisis brought about the resumption in London of direct conversations between the two delegations. For this, which may be called the third stage of the conversations, the composition of the British delegation was altered, for the Permanent Military Advisers (designate) at Supreme War Council H.Q. now took the place of the Joint Planning Sub-Committee. Group Captain Slessor thus dropped out of the air delegation, his place being taken by Air Vice-Marshal Evill, but for the sake of continuity the assistant-directors of plans were still included in the delegation. The meetings took place in London from 28th to 31st August, after which they gave place to more regular methods of wartime liaison and co-ordination (19). The delegations during this stage discussed the new situation in Europe, but agreed that the implications of the Soviet-German non-aggression pact could not usefully be examined until the situation became more stabilised (20). The advantage and disadvantages of Roumanian belligerency on our side were mooted, but it was noted that the Poles themselves preferred Roumania not to enter as long as Hungary refrained from joining Germany. The Roumanian air force was, of course, insignificant. The position of Italy was also discussed. An agreed policy had been laid down by the Allied Governments that Italian neutrality was decidedly preferable to Italian hostility, and that Italy would probably do her utmost to avoid becoming involved. British commanders had therefore received instructions to take non-provocative defensive precautions against Italian hostility, and to avoid initiating any action which would bring her in against us. The French were invited to send similar instructions to their commanders.

18. Instructions for allied commanders on the subject of bombardment policy were now practically complete. The British commanders had been instructed (as a matter of expediency, and not in deference to any definition of 'legality') (21) to limit bombardement operations to purely military objectives in the narrowest sense of the word — for example, the German fleet and its bases, German air force units and establishments, and the German Army on the Western Front. This was for the opening phase of the war and did not preclude the

(19) A.F.C. (33).
(20) A.F.C. (32).
(21) C.O.S. 961.

possibility of extended action later. The French indicated that they were in complete agreement, and that their air force had already received similar instructions, while the navy should be correspondingly notified and any allies brought into line (22). The British informed the French that in the first few days of the war they might employ a policy still more restricted. The French, on the other hand, asserted that they intended to go to the limit of the agreed policy in an effort to relieve Poland; later, however, it became apparent that their intentions did not go beyond an attack on enemy aerodromes. In regard to bombardment policy as a whole, the French suggested the publication of a joint declaration at the beginning of the war stating that the allies intended to confine their bombing to purely military objectives. The C.I.D. approved this suggestion, and the drafting of the declaration — which was also to include our determination to observe the rules of war in relation to gas, submarine attack, and attacks on shipping by aircraft — was discussed by the two governments through Foreign Office channels.

19. There was also, during this third stage of the conversations a good deal of discussion on the subject of higher command (23). The arrangement for the air forces in France was completed. Further study was given to the subject of the higher command overseas, and the co-ordination of military missions to Poland, Roumania, Turkey and Greece was discussed, though no agreed conclusions were reached. It was at this point in the Anglo-French conversations that war broke out. The course of this, as it happened, was to give leisure for the further pursuit of many matters of allied co-operation, and in one sense the date September 3rd marks no real break. Nevertheless there is interest in examining to what pitch of perfection the allies had brought their joint plans in the five or six months covered by these contacts, and in suggesting by the light of later events which of the allied premises seem to have been sound, and which of more dubious value.

(22) A.F.C. 33.
(23) A.F.C. (J) 107.

FRANCE, GRANDE-BRETAGNE ET POLOGNE
(MARS-AOUT 1939)

Henri MICHEL

Directeur de Recherche
au Centre National de la Recherche Scientifique

France, Great Britain and Poland (March-August 1939). — In March 1939 Great Britain had no commitment towards Poland, while France, for hert part, was bound to Poland by an agreement which dated back to 1921 but which was in abeyance. After the "Prague putsch" it was Britain which took the initiative of formally, backing up Poland in order to show Hitler that no further move on his part would be tolerated henceforth. But the Anglo-Polish agreement raised delicate problems which no one cared to solve rapidly, the English thinking that it would be a warning strong enough to make Hitler hesitate, and Beck considering that it would strengthen his hand in any discussion with Germany.

The negotiations to determine the modes of application therefore dragged on all the longer because of the French intervention, accompanied by a certain reluctance to take on any very clear commitments : a Franco-Polish military agreement was concluded, but its application was subordinated to a political convention which found a stumbling block in the Dantzig problem. On all those questions the French were reluctant to pledge themselves before the British had done so. In fact, when the war broke out, nothing had been solved. The Western powers were apprehensive of any reckless on the part of Poland, and they were too poorly equipped to be of any great assistance to her. They had no doubt hoped that the coalition would intimidate Hitler sufficiently to force him to retreat and thus save the peace. If not, the war would be long, but Poland, after suffering defeat in an initial phase, would rise again thanks to the allied victory.

En septembre 1939, la France et la Grande-Bretagne ont laissé écraser la Pologne par l'armée allemande ; l'inaction anglaise a été totale, l'action française minime. Le comportement allié est d'autant plus étonnant que politiques et militaires avaient posé en principe qu'un front oriental durable était absolument nécessaire pour contenir d'abord, et vaincre ensuite l'Allemagne. Comment l'expliquer ? Quels étaient les engagements des puissances occidentales envers la

Pologne ? Ont-ils été tenus ou les Polonais sont-ils en droit d'affirmer, comme ils ne s'en privent pas, qu'ils ont été abandonnés à leur sort ? C'est à ces questions que nous essaierons de répondre à partir d'une documentation partielle.

I

Quelle est la situation en mars 1939 ? Avant cette date, la Grande-Bretagne n'avait aucune obligation envers la Pologne, sauf en application du pacte de la S.D.N.; elle n'était liée sur le continent que par des accords strictement limités, tel l'accord naval avec le Reich; elle avait manifesté de la répugnance à garantir la Tchécoslovaquie sortie des accords de Munich. Certes, on n'était pas dupe à Londres des promesses de Hitler; mais, semble-t-il, on ne désespérait pas d'orienter l'expansionnisme allemand de façon à conserver des relations pacifiques avec l'Allemagne. Imaginait-on un affrontement entre l'Allemagne nazie et l'U.R.S.S. soviétique, ou espérait-on plutôt que leur hostilité réciproque réduirait la liberté d'action de chacune des deux puissances, jugées également malfaisantes ? En tout cas, prévenu semble-t-il que quelque chose se tramait contre la Tchécoslovaquie, Chamberlain ne jugea pas utile de mettre Hitler en garde contre un nouveau coup de force.

Par contre, les engagements de la France envers la Pologne sont anciens et précis, à la fois politiques, militaires et financiers. Par les accords de 1921, les deux pays devaient se concerter sur toutes les questions de politique étrangère les concernant, et développer leurs relations économiques. La convention militaire secrète, signée par Foch, visait le cas d'une agression allemande contre les deux puissances et aussi celui d'une guerre entre la Pologne et l'U.R.S.S. ; la France enverrait en Pologne du matériel et du personnel technique, *mais pas de troupes*; elle assurerait la sécurité des communications entre les deux pays, y compris les lignes maritimes (c'est-à-dire la Baltique). Les deux états-majors devraient coopérer étroitement, et un protocole additif de 1926 avait prévu une identique coopération entre les services de renseignements.

En fait, ces accords étaient tombés en désuétude. En 1928, le gouvernement français avait voulu alléger les obligations françaises — en supprimant la désignation explicite de l'Allemagne et de l'U.R.S.S. ainsi que l'assurance de garantir les lignes maritimes ; les Polonais s'y étaient opposés ; sur le papier, les accords demeuraient donc inchangés, mais les contacts d'états-majors avaient pratiquement cessé.

Ils reprirent après l'arrivée de Hitler au pouvoir et des visites du général Debeney à Varsovie en 1934, puis du maréchal Rydz-Smigly à Paris en 1936. Lors de la remilitarisation de la Rhénanie, la Pologne avait fait savoir qu'elle se considérait toujours comme liée à la France (1). Le gouvernement du Front Populaire avait octroyé à la Pologne une aide financière de 1 350 millions de francs, sous forme d'obligations à émettre en France (accords dits de Rambouillet, du 17 septembre 1936); la Pologne passerait, en France, pour 1 250 millions de francs de commandes et de travaux d'intérêt militaire. De leur côté, aviateurs français et polonais s'étaient rencontrés; étant donné que Berlin ne pouvait être bombardé qu'à partir de l'Est, on avait envisagé l'envoi d'unités aériennes en Pologne et l'unification du matériel de bombardement (2). On avait achoppé sur le problème du ravitaillement des avions en essence et en munitions, chaque partie estimant qu'il revenait à l'autre de l'assumer; en définitive, rien de précis n'avait été conclu, et de très faibles quantités de matériel français avaient été envoyées en Pologne en mai 1938 — probablement comme prototypes.

C'est que, politiquement et psychologiquement, les relations n'ont cessé de se détériorer. La Pologne ne suit aucune des initiatives françaises; elle a conclu un « accord de bon voisinage » avec l'Allemagne nazie en 1934; elle a refusé de participer au projet de pacte oriental de 1935, affirmé une hostilité constante envers la S.D.N., manifesté sa sympathie pour l'Italie dans l'affaire d'Ethiopie — « elle se trouve toujours dans le camp des ennemis de la France », écrit Léon Noël. Aussi bien le ton des rapports avec la France demeure-t-il aigre-doux; les Français se plaignent que les Polonais utilisent en Pologne même les crédits qu'ils leur ont accordés, et ne passent pas suffisamment de commandes en France; en octobre 1938, il reste à leur fournir 500 millions de francs, en deux ans; de leur côté, les Polonais font grief aux Français de la lenteur et de l'insuffisance des livraisons de matériel de guerre.

Dans ces conditions, l'intervention polonaise envers la Tchécoslovaquie, en septembre 1938, avait provoqué une véritable rupture de fait. L'irritation française fut d'autant plus vive que tant Rydz-Smigly à Gamelin que l'ambassadeur polonais à Georges Bonnet avaient promis que la Pologne n'attaquerait pas la Tchécoslovaquie; l'ambassadeur français à Varsovie s'abstient pendant plusieurs semaines de recevoir des Polonais; une mission militaire française en Pologne est décommandée à la demande du Quai d'Orsay; le gouvernement français envisage de suspendre l'application des accords de Rambouillet; la presse polonaise manifeste sa sympathie pour les revendications coloniales de l'Italie, puis mène campagne pour l'octroi de colonies à la Pologne, etc.

Ainsi s'épaissit une brume de défiance qui ne se dissipera jamais

(1) L'attitude polonaise n'était cependant pas très claire; le gouvernement allemand avait été prévenu de cette démarche, et informé que le gouvernement polonais désirait conserver, en tout état de cause, des liaisons avec lui.
(2) Entretiens à Paris, en septembre 1937, entre les généraux Féquant et Rayski.

386

totalement. Tandis qu'à Varsovie on estime que, avec le Front Populaire, la politique de la France s'est inféodée à celle de l'U.R.S.S., à Paris on s'inquiète de l'exaltation nationaliste polonaise, du complexe de grande puissance que fait la Pologne, du « réalisme » de sa politique. Si on accorde un certain crédit aux militaires, on se méfie surtout des initiatives du ministre des Affaires étrangères, le colonel Beck, qui mène un jeu personnel et secret, et qui conduit à peu près seul la politique étrangère de son pays ; on le soupçonne de sympathies pour l'Allemagne nazie et on le croit disposé à s'accorder directement avec elle — la Slovaquie dans l'immédiat, l'Ukraine ultérieurement, pouvant être le lot de la Pologne. L'ambassadeur Léon Noël câble de Varsovie que « M. Beck n'aime pas la France, ne croit pas à son avenir... Il affirme, en toutes occasions, la fidélité de la Pologne à son alliance avec la France, mais il escompte toujours que, si nous étions engagés dans un conflit, les circonstances seraient assez confuses pour qu'on pût prétendre que le *casus foederis* ne se présente pas ».

Aussi bien veut-on, du côté français, remettre en question les obligations de la France envers la Pologne, pour ne pas risquer de se trouver à nouveau, comme avec la Tchécoslovaquie, dans l'impossibilité de les remplir. Il semble que l'initiative soit venue de Léon Noël, mais il dit avoir été approuvé par Léon Blum, les généraux Weygand et Gamelin, et avoir convaincu Georges Bonnet — nous ne connaissons pas l'opinion de Daladier. Sans rompre l'alliance, que Gamelin considérait comme « un pilier de la défense française », on la remplacerait, écrit Léon Noël, par « un pacte d'amitié et de consultation, complété par un accord militaire, d'une portée limitée, mais suffisante pour justifier et rendre nécessaires des contacts réguliers entre états-majors ». C'était un peu revenir à la position française d'après 1928. Certains voulaient-ils aller plus loin et « larguer tous nos accords à l'Est », comme Léon Noël en accuse G. Bonnet, qui s'en défend, mais qui s'en prend de son côté, sans les nommer, « aux partisans du repli sur l'Empire » ? De toutes façons, la proposition française tourne court, les Polonais la rejetant catégoriquement ; non seulement ils s'en tiennent aux textes de 1921, mais ils veulent « raffermir » l'accord politique et « mettre à jour » l'accord militaire. Les Français n'insistent pas.

Ainsi, au mois de mars 1939, les relations franco-polonaises sont ambiguës ; elles continuent à être régies, juridiquement, par des textes datant de 1921 (3), que les Polonais considèrent toujours comme valables et auxquels ils tiennent beaucoup, bien qu'en fait ils ne soient guère appliqués ; les Français ne les ont pas dénoncés mais les acceptent de mauvais gré ; non sans arrière-pensée parfois, puisque Léon Noël prête à A. Léger l'idée que, « au dernier moment, il suffirait de constituer le dossier de nos griefs envers la Pologne,

(3) Qui peuvent entraîner la France dans une guerre contre l'U.R.S.S.

pour nous autoriser à nous dégager ». Dans ces conditions, après le « coup de Prague », les initiatives à l'égard de la Pologne ne vont pas venir de la France mais, de façon tout à fait inattendue, de la Grande-Bretagne ; c'est elle qui va désormais mener le jeu.

II

Chamberlain se serait peut-être résigné au nouveau coup allemand sur Prague, pas tellement inattendu ; il semble, pendant trois jours, avoir pensé à limiter sa réaction à une protestation. Mais, le 17 mars, l'agence Reuter annonce un ultimatum économique allemand à la Roumanie, exigeant qu'elle cède au Reich tout le pétrole et tous les produits alimentaires qu'elle peut exporter. Du coup, Chamberlain décide d'accorder la « garantie » de la Grande-Bretagne à la Roumanie et à la Pologne — malgré le démenti de l'ultimatum et le refus de toute garantie exprimés par la première, et les réticences de la seconde. Après avoir rejeté, en accord avec la France, une proposition soviétique de conférence générale « en raison des difficultés pratiques de réalisation », le gouvernement britannique propose à la France, l'U.R.S.S. et la Pologne une déclaration commune ; devant les objections des deux dernières puissances, il va de l'avant, unilatéralement. Le 31 mars, Chamberlain annonce à la chambre des Communes que, si l'indépendance de la Pologne était menacée, la Grande-Bretagne lui donnerait toute l'aide en son pouvoir. Au début d'avril, Beck vient à Londres ; l'engagement britannique devient bilatéral ; en attendant « un accord permanent et réciproque » que les contractants se déclarent « prêts à conclure », la Grande-Bretagne et la Pologne « s'assurent d'une assistance mutuelle dans le cas d'une menace directe ou indirecte contre l'indépendance de l'une des deux parties ». Ainsi, soudainement, la Grande-Bretagne se lie à une puissance du continent d'une façon telle qu'elle risque d'être entraînée dans un conflit pour maintenir les frontières les plus contestées et les plus contestables parmi celles tracées par le traité de Versailles.

Quelles sont les raisons de ce changement capital ? Il est clair que la déclaration de Chamberlain — en dépit de quelques sons de cloche divergents, tel un article du *Times* limitant la portée de l'engagement anglais — exprime le sentiment à peu près unanime de l'opinion britannique ; l'ambassadeur allemand à Londres fait état, le 15 mars, « d'un sentiment de fureur contenue ». Chacun pense qu'on ne peut plus accorder aucune confiance à Hitler, et les partisans de la fermeté à son égard, Cassandres non écoutées jusquelà, paraissent décidément avoir raison. Il ne fait pas de doute que Chamberlain a été, personnellement, écœuré par la mauvaise foi de son partenaire de Munich.

Il pense donc qu'il importe de prévenir solennellement celui-ci que, à l'avenir, on ne le laissera plus sévir impunément. Or, entre la mi-mars et la mi-avril, outre « les coups » de Prague et de Memel, « l'ultimatum » à la Roumanie et l'agression italienne contre l'Albanie, les bruits les plus divers de vastes opérations nouvelles des dictateurs ont circulé avec insistance. Pour ne citer que ceux qui filtrent à travers les documents diplomatiques britanniques, le 7 avril une attaque allemande paraît imminente contre la France — la nouvelle vient du directeur politique du Quai d'Orsay ; en même temps sont notés des mouvements de troupes italiennes en direction de la Yougoslavie et de l'Egypte ; le 2e Bureau français prévoit une attaque allemande sur Dantzig et le corridor; mais, le 8 avril, vient d'Espagne la nouvelle de débarquements italiens à Cadix, avec Gibraltar comme objectif. A. Léger en est convaincu, mais G. Bonnet continue à croire que c'est l'Egypte qui est visée ; le 9 avril, l'attaché militaire grec à Rome déclare que Corfou va être attaquée, puis le reste de la Grèce ; d'autres nouvelles alarmantes, toutes « de bonne source », proviennent de Turquie, etc. Ainsi s'établit un climat de peur intense et d'alertes incessantes. Les Anglais et les Français pensent que la seule façon de dissuader les dictateurs est de leur faire redouter une guerre avec la Grande-Bretagne et avec la France ; les premiers multiplient d'autant plus volontiers les déclarations verbales que leurs moyens de riposte sont plus faibles ; tous pensent que le temps presse ; c'est en hâte qu'est élevé contre les desseins agressifs prêtés aux Etats totalitaires le barrage des textes et des paroles énergiques, et l'arsenal des pactes.

Les intérêts britanniques considérables en Roumanie expliquent l'intérêt particulier porté à Londres à celle-ci. Mais comment la secourir ? Seule, la Pologne est en mesure d'agir directement ; or on peut légitimement redouter qu'elle soit en train de s'accorder avec l'Allemagne : Beck avait rencontré Hitler à Berchtesgaden, et rien n'avait filtré de leur entretien. A. Léger a prédit à l'ambassadeur britannique, le 20 mars, que Beck, « tout à fait cynique et faux, déclarera, si la Grande-Bretagne ne se décide pas à soutenir la Pologne, que celle-ci n'a pas d'autre choix que s'entendre avec l'Allemagne ». Le 21 mars, Halifax et Bonnet se sont rencontrés à Londres — à l'occasion de la visite du président Lebrun ; ils sont convenus « qu'il faut faire face à l'agression allemande contre qui que ce soit », et ils ont constaté « l'importance capitale de la Pologne [...]. L'aide russe ne sera effective que si la Pologne l'autorise [...] ; la plus ferme pression devait donc être exercée sur la Pologne ». Arrêter Hitler sur le sentier de la guerre, galvaniser contre lui les Etats menacés, mais aussi détourner la Pologne de céder à sa pression ou à ses promesses, et faciliter en même temps la défense de la Roumanie, pour laquelle ils ont un faible, telles paraissent les raisons du changement de cap de la politique des Anglais en Europe continentale, et de l'accord bi-latéral entre la Grande-Bretagne et la Pologne.

Cependant, si la conclusion de l'accord n'a pas suscité de grandes difficultés, au cours de la discussion des problèmes ont été soulevés auxquels n'ont pas été trouvées immédiatement des solutions. D'une part, les Anglais ont fait état de la menace d'agression qui pesait sur la Hollande, la Belgique et le Danemark, et ils ont demandé à Beck quelle serait dans ce cas la réaction de la Pologne ; Beck a réservé sa réponse en déclarant qu'il en référerait à son gouvernement. D'autre part, le ministre polonais s'est montré très réticent au sujet de la Roumanie ; il a mis en doute la volonté des dirigeants roumains de se défendre contre une attaque allemande et il a refusé d'exercer une pression sur la Hongrie, amie de la Pologne. Surtout, Beck a rejeté catégoriquement toute inclusion de l'U.R.S.S. dans le front anti-hitlérien ; Hitler, a-t-il déclaré, la considèrerait comme une provocation et, loin d'éviter un conflit, on en précipiterait l'échéance ; en vain Chamberlain a-t-il fait valoir que la Pologne, en cas de guerre, ne pourrait recevoir d'armes et de matériel qu'en provenance de l'U.R.S.S.; le ministre polonais a refusé de lier son pays, de quelque façon que ce fut, avec celle-ci, le « testament » de Pilsudski interdisant à la Pologne de devenir dépendante d'un de ses grands voisins.

Ainsi l'accord anglo-polonais des 4-6 avril demeure-t-il provisoire ; les deux contractants s'engagent à régler le plus rapidement possible les points en suspens. En attendant, l'accord demeure sur le plan élevé des principes. Rien n'a été prévu, ni même discuté, sur la façon dont il serait appliqué. En particulier, rien n'a été dit d'une aide britannique financière et économique — dont l'ambassadeur anglais à Varsovie soulignait l'urgence pour permettre à la Pologne d'améliorer une puissance militaire qui laissait fort à désirer (4). En outre, il a été seulement prévu que des conversations militaires s'engageraient prochainement et Beck n'a pas demandé davantage ; or il semble bien que les chefs militaires anglais avaient été consultés par le gouvernement de Sa Majesté avant le 31 mars et qu'ils avaient nettement montré l'impossibilité pour la Grande-Bretagne de se porter au secours de la Pologne, de quelque façon que ce fût; ils devaient confirmer cette conclusion négative dans les conversations qu'ils auront avec leurs collègues français en avril, après la conclusion de l'accord anglo-polonais. Celui-ci est donc tout de circonstance, sinon même de façade ; il se situe à la limite du bluff — bien que le risque d'une guerre longue avec la Grande-Bretagne constituât évidemment pour Hitler un avertissement sérieux. Il est donc clair que les deux contractants ne se sont pas engagés sans arrière-pensées, assez voisines semble-t-il.

Du côté des Polonais, la promesse du secours britannique vient au moment où ils connaissent le prix des revendications allemandes

(4) Beck a déclaré dans ses Mémoires qu'il ne se serait pas conduit en *gentleman* s'il avait parlé immédiatement gros sous ; les Polonais n'affichaient pas de tels scrupules lorsqu'ils s'adressaient aux Français.

à leur égard ; l'espoir euphorique d'un arrangement direct avec le Reich s'est évanoui. Dès octobre 1938, Hitler a présenté sa note : retour de Dantzig dans la patrie allemande, octroi de l'exterritorialité aux autostrades et aux chemins de fer à travers le corridor; en échange, les frontières seraient mutuellement garanties (5). Bien que les exigences allemandes se soient accompagnées de quelques gestes de bonne volonté — attribution à la Pologne du nœud stratégique de Bohumin et, surtout, établissement d'une frontière commune avec la Hongrie — les Polonais rejettent catégoriquement les demandes allemandes. Tout en se gardant bien de révéler ces faits aux Anglais, en affirmant même contre toute vérité que les négociations sur Dantzig « étaient en progrès », Beck a souligné nettement à Londres que la Pologne faisait de tout changement de la situation de Dantzig une question de principe. Mais les demandes hitlériennes avaient montré la vanité de la politique poursuivie par le ministre des Affaires étrangères polonais d'un rapprochement durable avec le Reich ; Beck avait été très critiqué dans son pays ; selon Léon Noël, « plusieurs ministres ne cachaient guère leur mécontentement ». La garantie britannique du 31 mars remet le ministre des Affaires étrangères en position de force ; elle l'avait d'abord inquiété, car il redoutait une réaction allemande brutale ; il l'aurait souhaitée plus confidentielle ; le gouvernement français n'en aurait été informé que si la situation empirait. Telle quelle, la déclaration de Chamberlain, puis l'accord bi-latéral des 4-6 avril, donnaient cependant à la Pologne des atouts inespérés ; elle était véritablement reconnue comme une grande puissance ; le texte la laissait maîtresse de déterminer elle-même la menace, directe ou indirecte, qui pouvait mettre en péril son indépendance, et d'entraîner ainsi la Grande-Bretagne derrière elle. Dans ces conditions, espérant reprendre les conversations avec les Allemands, Beck ne tenait pas trop à préciser les engagements de son pays ; en somme il est allé chercher à Londres un atout diplomatique supplémentaire ; il a dit à Eden, d'ailleurs, sa conviction que Hitler ne prendrait pas le risque d'un conflit généralisé pour le règlement de questions somme toute mineures ; pour lui « la puissance de la Wehrmacht est très grossie ».

Pour les Anglais, un premier résultat est obtenu : la Pologne est liée aux démocraties occidentales, et on peut espérer que les dirigeants allemands mesureront la portée de ce rapprochement ; du temps est ainsi gagné, le risque d'éclatement d'un conflit est écarté. Chamberlain est convaincu que sa décision n'aura pas pour l'instant de conséquence grave (6). Il souhaite que la Pologne et l'Allemagne parviennent à un accommodement qui ne mette pas en péril l'indépendance polonaise — il l'avait souligné le 31 mars — et il ne

(5) Selon Peter Kleist, *Entre Hitler et Staline*, p. 2, Ribbentrop aurait sondé les Polonais pour les entraîner dans une aventure anti-soviétique, mais ceux-ci auraient refusé.

(6) K. Feiling, *The life of Neville Chamberlain*, p. 401.

désespère pas qu'on y arrive, le temps aidant. Pas plus que les Polonais, les Anglais ne sont désireux de préciser leurs engagements, parce qu'ils savent qu'ils ne peuvent rien apporter de bien solide à leur allié et qu'ils entendent se réserver une certaine latitude d'action.

III

Dans ces conditions, les choses vont traîner en longueur ; c'est un des traits des relations des démocraties occidentales avec la Pologne que de changer brusquement de rythme ; sous l'emprise d'événements graves, des décisions importantes sont prises à la hâte ; puis, la crainte momentanément évanouie, bien que l'état de tension demeure, alors que la menace d'un conflit continue à être perçue par tous, on prend à nouveau son temps, les échanges de vues franco ou anglo-polonais tardent ou s'enveloppent d'un brouillard volontaire. Il est vrai que l'invasion de l'Albanie a conduit la France et la Grande-Bretagne à donner leur garantie à la Grèce, et à mener une activité diplomatique intense en Méditerranée, en direction de la Turquie notamment ; Anglais et Polonais discutent encore sur le comportement commun à adopter en cas d'invasion de la Belgique et de la Hollande ; le résultat est que les premiers font la sourde oreille aux demandes des seconds pour que leur soit accordée une aide financière et que commencent des conversations entre militaires.

Les Polonais, forts désormais de l'appui britannique, espèrent que les Allemands se montreront plus conciliants. Le colonel Beck révèle à Léon Noël que Hitler lui a affirmé à Berchtesgaden son désir que « les relations germano-polonaises ne soient pas troublées par le problème de Dantzig » ; Léon Noël ajoute à la nouvelle le commentaire que « Beck demeure, malgré tout, fidèle à sa politique d'équilibre et de bascule ». Effectivement, recevant le ministre des Affaires étrangères roumain, G. Gafenco, le 17 avril, le colonel Beck le comble de bonnes paroles, mais refuse de coucher sur le papier les conclusions des entretiens — si bien que le Roumain les interprète dans un sens large et favorable à son pays, mais que le Polonais au contraire insiste sur le fait que rien n'est véritablement changé aux engagements des deux puissances. Les partisans de M. Beck, câble Léon Noël, soulignent que « la politique polonaise n'est pas modifiée, que la Pologne n'a adhéré à aucun bloc, qu'elle garde toute son indépendance diplomatique. Cependant, et c'est une autre constante de leur comportement, les Polonais exercent une sorte de chantage sur leurs alliés occidentaux ; ils se servent d'un avantage consenti par l'un pour en obtenir autant, sinon plus, de l'autre ». Dès le 12 avril, Beck a souligné que les Français devraient mettre leurs engagements envers les Polonais au diapason de ceux, plus larges (dit-il), que viennent de contracter les Britanniques.

Le gouvernement français s'est unanimement réjoui de la nouvelle orientation de la politique britannique (7), et de la « garantie » accordée à la Pologne. Le 13 avril, dans une déclaration publique, Edouard Daladier a repris à peu près les termes de N. Chamberlain pour « confirmer » l'alliance franco-polonaise, et assurer que « la France et la Pologne se garantissent immédiatement et directement contre toute menace directe et indirecte qui porterait atteinte à leurs intérêts vitaux » (8). Les Français consentent donc à engager des conversations avec les Polonais, afin de parvenir à un double accord, politique et militaire. Mais ils ne se pressent guère ; de Varsovie, Léon Noël multiplie les conseils de prudence, recommande des conversations d'états-majors « très discrètes, par le canal des attachés militaires », et insiste sur les faiblesses de l'économie et de l'armée polonaises. Tout se passe en somme comme si, à Varsovie, à Londres et à Paris, on espérait toujours amener Hitler à un accommodement, en faisant peser sur lui, pour l'y décider, le risque d'une conflagration où l'Allemagne serait obligée de combattre sur deux fronts avec, liguées contre elle, les immenses ressources des Empires français et anglais.

C'est toutefois Hitler qui presse le mouvement ; il semble bien que, dès avril, il avait pris la décision d'écraser la Pologne ; le 3 mai, il dénonce le traité germano-polonais de 1934. Une nouvelle fois, le colonel Beck reste en face de ses illusions perdues ; mais la réaction polonaise est toute de fermeté ; le colonel Beck affirme devant la Diète que « la Pologne ne se laissera pas repousser de la Baltique » et, pour la première fois, le ministre polonais des Affaires étrangères est populaire dans son propre pays. Désormais la Pologne sait qu'elle court le risque d'une attaque allemande à tout instant, et qu'elle doit s'y préparer ; or un secours véritable ne peut lui venir que de l'armée française, dont les généraux polonais se font la plus haute idée. C'est pour le préparer et en préciser les modalités que le ministre polonais de la Guerre, le général Kasprzicki vient à Paris le 15 mai. Les Polonais attachent à cette visite la plus grande importance ; Beck le souligne auprès de Léon Noël : le négociateur polonais a reçu du maréchal Rydz-Smigly, et de lui-même « les instructions les plus précises ». D'après une étude du général Kirchmayer, tirée des documents polonais, le général Kasprzycki était chargé d'obtenir des « réponses nettes » aux questions suivantes : combien de temps faudra-t-il à la France pour déclencher des opérations d'envergure contre l'Allemagne ? Quels types d'opérations prévoit-elle ? A-t-elle l'intention de sortir de ses frontières pour

(7) D'après Jean Zay, E. Daladier aurait dit en conseil des Ministres : « Les Anglais sont prêts à considérer maintenant que leur frontière n'est plus sur le Rhin, mais sur la Vistule ».
(8) Il est significatif des intentions du colonel Beck qu'il se soit plaint auprès de Léon Noël de ne pas avoir été consulté sur la rédaction de la formule, tout en disant se réjouir qu'elle ait été prononcée.

attaquer l'Allemagne ? La fourniture de matériel de guerre — chars et artillerie lourde — était aussi prévue et, pour donner la mesure des demandes polonaises, le 17 mai, l'ambassadeur polonais à Paris avait sollicité de nouveaux crédits « qui ne soient pas inférieurs à deux milliards de francs ».

La visite du ministre polonais, et ses demandes, vont plonger les Français dans le plus grand embarras, et provoquer un incroyable imbroglio qui, après la guerre, opposera violemment le général Gamelin à Georges Bonnet. Il est même difficile de savoir qui a invité Kasprzycki — le général affirme qu'il n'a été informé de sa venue que le 13 mai par le Quai d'Orsay, alors qu'il arrivait le 14 et que les conversations commençaient le 15 ; mais le ministre écrit que l'invitation émanait du général, ce que confirme Léon Noël. Le moins qu'on puisse dire, c'est que les ministères des Affaires étrangères et de la Défense nationale n'ont guère accordé leurs violons. En fait, deux négociations s'engagent en même temps et parallèlement ; une, diplomatique, entre G. Bonnet et l'ambassadeur polonais à Paris, pour la signature d'un accord politique, sur la rédaction duquel les deux parties sont d'accord — le conseil des Ministres français l'a approuvée le 12 mai ; l'autre, militaire, le général polonais rencontrant les trois commandants en chef français de l'armée de Terre, de la Marine et de l'Air, étant bien entendu que la signature de la convention militaire était subordonnée à celle de la convention politique.

Tant bien que mal, les conversations militaires aboutissent à un accord, dans des conditions qui ne sont guère propres à enthousiasmer les Polonais — le général Gamelin avait même joué sur les mots en faisant une distinction entre « le gros » et « les gros » des forces françaises, subtilité que l'interlocuteur polonais a dû avoir quelque peine à comprendre, et qui était destinée à dissimuler que l'armée française n'attaquerait pas au Nord-Est avec l'essentiel et le meilleur de ses troupes, mais seulement, après des délais assez longs, avec la plus grande partie des unités rassemblées sur cette partie des frontières. Une note, non signée et non datée, du Service historique de l'armée de l'Air (9), dont on ne peut pas dire si elle est une directive ou simplement une constatation, permet de caractériser très bien le comportement des Français : « freiner les désirs polonais, se limiter aux accords techniques, et n'accorder que l'aide tactique minima qui était due à la nation amie, dans le cadre de nos faibles possibilités ».

D'autre part, deux points d'une importance capitale ont été laissés de côté, du moins dans les conclusions écrites (10). Alors que, le 4 mai, les militaires français et anglais étaient convenus de la nécessité de la belligérance polonaise en cas de conflit avec l'Allemagne,

(9) D 1 252, n° 395.
(10) Le compte rendu de ces conversations a été publié par la revue polonaise à Londres, *Bellona*, II, 1958.

mais avaient souligné que le second front ainsi créé ne serait solide qu'avec le concours de l'U.R.S.S., les Français ne soufflent mot aux Polonais de l'énorme problème ainsi posé, ce qui ne pouvait que réduire singulièrement la portée des décisions prises. Quant aux plans d'opérations respectifs, si les négociateurs s'en sont mutuellement informés, ce que nie Léon Noël, ce fut de façon tout à fait confidentielle et probablement partielle : « les Polonais, dit Gamelin. avaient demandé de ne pas en parler à nos diplomates respectifs ».

Mais, si imparfaits qu'ils fussent, les accords militaires ne furent pas signés, les conversations politiques ayant abouti à un grave différend, au sujet de Dantzig. Bien que les explications données par les protagonistes soient différentes, sinon même contradictoires, un fait est certain : que sa bonne foi ait été surprise, comme il l'affirme, ou qu'il se soit ravisé comme le lui reproche l'ambassadeur polonais à Paris, Georges Bonnet s'est montré choqué que le général Gamelin, sans l'en avoir prévenu, ait accepté de considérer comme une agression allemande contre la Pologne « une menace contre les intérêts vitaux de celle-ci à Dantzig », alors que lui-même s'était contenté de prendre acte d'une déclaration dans le même sens faite par l'ambassadeur polonais, et destinée à figurer dans un article additionnel — formule prudente — qui n'engageait pas la France, contrairement à celle acceptée par le général Gamelin.

Ce qui est significatif d'une certaine unanimité française sur la question, c'est la facilité avec laquelle le général Gamelin s'est incliné ; il écrit « qu'il se renseigna » au Quai d'Orsay et qu'il s'entendit dire qu'il fallait d'abord signer l'accord politique ; les termes de la convention militaire ne sont pas à nouveau discutés, le différend n'est pas aplani, mais sa signature est différée ; en raccompagnant le ministre polonais, le général Gamelin lui donna l'assurance qu'elle ne saurait tarder — mais elle ne sera pas donnée avant septembre 1939. Il est clair que les Polonais avaient essayé de forcer la main aux Français, en obtenant d'un côté ce qu'on leur refusait de l'autre ; mais il est clair aussi que, en dépit de leurs discussions aigres-douces, militaires et diplomates français inclinaient également à ne pas prendre à ce moment d'engagement trop précis envers la Pologne.

Ce comportement peut paraître d'autant plus surprenant, sinon aberrant, que tous étaient convaincus du grand péril couru par la Pologne, de la nécessité de l'avoir comme alliée, et de l'obligation de lui fournir les moyens de résister en cas d'agression. La réaction polonaise est d'une extrême violence. Le 27 mai, le colonel Beck se plaint à Léon Noël « avec une certaine amertume [...]. Il dit ne pas comprendre les difficultés qui se sont élevées [...]. A Londres tout s'était réglé en quelques heures ». Léon Noël conclut : « Beck se demande maintenant si l'accord peut se faire entre nous ». Ainsi, après avoir eu très peur que les Polonais ne s'entendent avec les Allemands, après les avoir poussés à leur tenir tête, les Français semblaient renâcler au moment de préciser et de confirmer leurs engagements envers leurs alliés. Pourquoi ?

L'explication fournie par Georges Bonnet, dans un memorandum du 22 mai, et reprise par lui dans ses Mémoires est que, en agissant ainsi, la France s'était alignée sur la Grande-Bretagne : « les circonstances et l'importance capitale d'un tel accord commandent au gouvernement français de prendre ses décisions avec une certaine prudence et en pleine concordance avec le gouvernement anglais ». Or, le 18 mai, Ch. Corbin avait câblé que « les Anglais n'avaient discuté d'aucun texte concernant Dantzig et que, au surplus, les gouvernements anglais et polonais estimaient que la reprise des conversations à Londres ne présentait plus un grand caractère d'urgence ». Confirmation de ce fait fut donnée le 20 mai à Georges Bonnet, par lord Halifax lui-même venu à Paris (11). Ne pas être en flèche sur les Anglais, être assuré de les avoir à ses côtés en cas de guerre provoquée sur le continent par les problèmes polonais, explique, et suffirait à expliquer, la prudence du gouvernement français.

Mais en outre, depuis que le risque de guerre se précisait et que la multiplication des incidents survenus à Dantzig montrait à l'évidence à tous à propos de quels problèmes et à quel endroit le conflit éclaterait, l'opinion française était extrêmement sensibilisée et profondément divisée. Une ligne de faille partage désormais les partis politiques — le parti socialiste surtout —, les syndicats ouvriers, la franc-maçonnerie et même des associations aussi nettement orientées que le Comité de vigilance des intellectuels antifascistes; il n'est pas sûr que chaque Français ne soit pas, en lui-même, partagé. Naturellement c'est dans la presse que la fracture, qui fut celle de Munich, est la plus visible ; de surprenantes collusions s'instituent, telle, pour ne pas « mourir pour Dantzig », celle entre l'Œuvre et l'Action française ; l'ambassadeur britannique à Paris est frappé par la simultanéité de telles campagnes (12) dont Léon Noël et Coulondre s'accordent pour déplorer le fâcheux effet. En fait, la division est trop profonde et trop durable pour être orchestrée. Il est probable que le gouvernement n'y échappe pas. Les idées et le comportement du président du Conseil n'apparaissent pas clairement dans les documents accessibles ; en fait, dans l'affaire des accords avec la Pologne, il se montre pour le moins ondoyant ; après avoir autorisé Gamelin à signer la convention militaire, malgré la clause sur Dantzig, il se rend ensuite aux raisons de Georges Bonnet ; il se comporte ainsi plus en arbitre entre les factions de l'équipe au pouvoir qu'en chef de gouvernement. Energique en paroles, le comportement français l'est moins dans l'action.

(11) D.B.F.P., 3e série, t. V, p. 608-611.
(12) Ibid., n° 360; la division est même dans les journaux; la direction de l'Œuvre se désolidarise de Marcel Déat à qui elle a ouvert les colonnes du journal ; dans l'Intransigeant s'opposent parfois Bailby et « Gallus », etc.

IV

Dans ces conditions, les accords avec la Pologne ne vont pratiquement pas progresser jusqu'à la déclaration de guerre. Les Français pressent les Anglais de conclure l'accord politique ; ils s'aligneront ensuite sur la position de leur allié, en signant le même texte, le même jour ; mais les Anglais ne se hâtent guère ; l'accord anglo-polonais ne sera signé que le 25 août, l'accord franco-polonais le 4 septembre. Toutefois, G. Bonnet avait rappelé « en toute netteté » à Ribbentrop le 1ᵉʳ juillet « l'inébranlable détermination du gouvernement français de remplir ses obligations envers la Pologne » ; il ne semble pas que les Anglais aient signifié un avertissement analogue aux Allemands.

Sur le plan financier, les ambassadeurs anglais et français à Varsovie insistent vivement, auprès de leurs gouvernements, sur l'utilité et l'urgence d'une aide à la Pologne ; ils soulignent que celle-ci a beaucoup d'hommes et peu d'armes (13), que ses liaisons ferroviaires seront vite désorganisées en cas de conflit, et ses principaux centres industriels occupés ou dévastés ; la Pologne doit donc acheter des armes, et constituer de vastes stocks de matériel ; pour cela, elle a besoin de devises fortes. Mais le chancelier de l'Echiquier à Londres, le ministre des Finances en France, se font tirer la manche ; il faut alimenter le budget militaire, français ou anglais, et ne pas mettre en péril la livre, ou le franc. En définitive, le 4 juillet, les Anglais se disent prêts à octroyer un crédit de 5 millions de livres à la Pologne ; mais ils posent un certain nombre de conditions que les Polonais refusent : dévaluation du zloty, obligation de laisser les crédits en Grande-Bretagne jusqu'à leur utilisation, « libre emploi éventuel de l'encaisse de la Banque de Pologne ». Le chef de la mission commerciale polonaise à Londres, Koc, relate à Varsovie les résultats décevants de ses démarches ; les militaires lui disent : « nous n'avons pas d'armes, demandez des crédits » et les financiers répondent : « nous joignons à peine les deux bouts, réclamez des armes ». Le 25 juillet, à la veille des vacances parlementaires, sir John Simon reconnaît « l'échec partiel des conversations » ; comme les Français, qui ont consenti un nouveau prêt de 600 millions de francs, se mettent là aussi à la remorque des Anglais, les Polonais entreront en guerre sans avoir reçu du matériel de leurs alliés, et bénéficieront d'un secours financier quand la défaite de leurs armées sera consommée. En outre, en agissant ainsi, Anglais et Français se sont privés d'un puissant moyen de pression pour triompher de certaines réticences polonaises — à l'égard de l'U.R.S.S. notamment.

---

(13) « Ce que nous dépenserons ainsi, écrit Léon Noël, sera autant d'épargne sur le sang de nos soldats ».

Sur le plan militaire, rien n'est bien clair. Les Anglais ont envoyé une mission à Varsovie ; ils ont promis de bombarder l'Allemagne à l'Ouest, alors qu'ils savent très bien que les Français ne le veulent pas, par crainte de représailles. De son côté, Gamelin avait fait inclure dans l'introduction des accords, conclus mais non signés, que « les opérations dépendraient de la décision commune des deux gouvernements » ; dans ses Mémoires, il a soutenu qu'il pouvait fort bien ne pas appliquer l'accord militaire, puisque l'accord politique, qui le conditionnait, n'avait pas été paraphé ! La façon et les moyens de secourir la Pologne occupent très peu de place dans les conversations d'états-majors où les Alliés mettent leurs plans au point ; il semble que les gouvernements ne l'aient pas demandé et que les militaires n'y aient pas songé. Le maréchal Rydz-Smigly redoutait bien un peu que les retards mis à la signature de la convention politique ne signifient une hésitation de la France à remplir ses obligations d'alliée. Mais les militaires polonais se refusent à imaginer que tant de déclarations, solennelles et publiques, de garantie à leur pays, puissent se traduire par un abandon de fait ; ils croient que au moins quarante divisions françaises, appuyées par 2 000 chars, l'artillerie lourde et toute l'aviation, attaqueront la ligne Siegfried. Ils considèrent toujours comme valables les textes datant de 1921 — or ceux-ci peuvent entraîner la France dans une guerre contre l'U.R.S.S. !

V

Les malentendus sont donc nombreux et profonds ; ils portent sur des questions encore en litige, et résultent tant de l'ordre de priorité établi par les Alliés pour leurs démarches diplomatiques que de leur méfiance à l'égard des intentions des Polonais ; surtout, les faibles forces dont ils disposent, et la nécessité de gagner du temps pour les accroître, obligent les Français et les Anglais à élaborer une stratégie à long terme, qui leur interdit de courir un risque excessif en se portant, en une première phase, au secours de la Pologne.

Les Polonais avaient admis qu'une invasion de la Belgique et de la Hollande serait pour eux un *casus belli* (14), mais ils élevaient des difficultés pour tout engagement concernant la Suisse — sur ce point, il paraissent curieusement plus décidés à plaire aux Anglais qu'aux Français. C'est qu'ils ont l'intention d'établir une corrélation entre la menace qui pèse sur les petits Etats de l'Europe occidentale, et celle qu'ils redoutent sur les Pays baltes ou sur Dantzig. La discussion échoue sur un problème de rédaction ; comme

(14) Ils avaient d'abord demandé que les Français ne soient pas informés de cette décision.

les Occidentaux sont au même moment peu disposés à accepter les demandes soviétiques concernant les Pays baltes, ils ne veulent pas que les Etats garantis soient cités ; on est donc d'accord sur le fond, mais pas sur un texte.

Plus grave est le problème roumain. Les Anglais continuent à faire pression sur la Pologne pour qu'elle accepte de se porter au secours de la Roumanie si celle-ci est attaquée. Beck pensait que les Anglais voulaient en somme faire assumer par les Polonais la garantie qu'ils avaient inconsidérément accordée à la Roumanie ; c'était à ses yeux une erreur, pareille à celle commise à l'égard de la Tchécoslovaquie. Il n'était peut-être pas mécontent non plus de laisser à l'expansion allemande une autre orientation possible que la Pologne ; en outre il ne désirait faire aucune peine aux Hongrois, à qui une vieille amitié et le sentiment d'analogies profondes unissaient les Polonais.

Mais, surtout, au sujet du problème de Dantzig s'est institué un véritable dialogue de sourds. Pour les Polonais, tout ce qui peut modifier le statut de la ville libre menace leurs « intérêts vitaux », même « une modification unilatérale du statut international de Dantzig ou des droits garantis à la Pologne dans la ville libre ». Les Français semblent plus convaincus que les Anglais de l'importance capitale de Dantzig pour la Pologne. Mais, bien que son ambassadeur à Varsovie soit d'avis que « l'important, ce n'est pas Dantzig, c'est de savoir si la Pologne tombera dans l'orbite économique, politique et militaire de l'Allemagne », le gouvernement britannique refuse d'être lié par une formule aussi vague que « intérêt vital ». La formule « intérêt vital » permettrait au gouvernement polonais, au cas où des complications d'une portée incertaine surgiraient à Dantzig, de « disposer des engagements de ses alliés sans leur laisser la moindre marge d'appréciation ». Les Anglais sont prêts à se battre pour l'indépendance de la Pologne, mais pas forcément pour son intégrité. Les juristes anglais et français essaient de parvenir à un texte commun. Ils font une différence entre « une action de force extérieure s'exerçant à Dantzig » et une « action intérieure » à laquelle « la Pologne pourrait mettre bon ordre elle-même ». Les Polonais refusent cette distinction.

Il n'est guère en diplomatie de question insoluble si la confiance règne entre les contractants. Ce n'est pas le cas entre les Occidentaux et les Polonais. La suspicion à l'égard du colonel Beck n'a pas disparu ; lord Halifax est convaincu qu'il s'attendait à l'invasion de la Bohême par les Allemands en mars 1939 et que, seule, la rapidité de l'action allemande l'a empêché de réaliser ses propres objectifs. Mais la méfiance a changé d'objet. Ce que redoutent les Anglais et les Français, c'est désormais l'agressivité polonaise à l'égard des Allemands, ceux de Dantzig d'abord. Ils savent que l'état-major polonais estime que la moindre concession sur Dantzig serait considérée par Hitler comme une preuve de faiblesse et le précipiterait à l'assaut de la Pologne. Le colonel Beck a bien affirmé que nulle action ne serait entreprise par la Pologne sans concertation avec ses alliés ; mais il a réservé le cas de force majeure et de périls trop pressants. Anglais et Français sont convaincus que les Polonais ont tout un plan en réserve, qu'ils refusent de révéler (15). Ils craignent d'être entraînés dans un conflit par une proclamation du Sénat de Dantzig, ou l'infiltration d'éléments nazis, que les Polonais ne toléreraient pas. Aussi bien leurs ambassadeurs à Varsovie, après avoir redouté longtemps que les Polonais s'allient aux Allemands, s'efforcent de les dissuader d'emprunter contre eux le sentier de la guerre ; ils multiplient les conseils de prudence et de modération — encore le 25 août.

Bien que ce ne soit pas écrit noir sur blanc, ne pas signer un accord définitif avec la Pologne, demeurer à son sujet sur le plan des principes et des formules générales, et lui mesurer chichement l'aide financière, économique et militaire qu'elle réclame, sont autant de précautions pour l'empêcher de prendre des initiatives dangereuses pour la paix ; elle ne serait pas sûre d'être suivie par ses alliés, et elle n'avait pas les moyens pour agir seule. Mais une autre raison imposait de gagner du temps dans les pourparlers avec la Pologne ; Anglais et Français savaient en effet pertinemment qu'il leur serait impossible de lui venir en aide une fois qu'elle serait attaquée ; le matériel dont elle aurait besoin ne pourrait lui parvenir que de l'U.R.S.S. Les Anglais en tirent la conclusion, *after the most careful consideration,* que « une coopération effective contre l'agresseur passe par un accord anglo-franco-soviétique » — position différente de celle adoptée en mars. Il faut donc renverser l'ordre des facteurs et n'établir définitivement le texte des accords avec la Pologne, qu'après avoir conclu celui avec l'U.R.S.S. La Pologne, comme se plaisent à le dire aujourd'hui les historiens polonais, n'était en somme pour les Occidentaux qu'une alliée de remplacement (16). Ce qu'on comprend mal alors, c'est pourquoi les avances vers l'U.R.S.S. n'ont pas été plus franches et plus nettes, et pourquoi aucune pression n'a été exercée sur la Pologne pour lui faire accepter l'aide soviétique, ne serait-ce que sous la forme d'une convention commerciale de nourriture, de matières premières et de matériel — comme le préconisait Léon Noël ; d'autant plus que les Soviétiques insistaient pour que, d'abord, fut réglé le préalable polonais. Le risque était grand — mais il semble n'avoir pas été mesuré, ni même perçu — que leur profonde inimitié n'amenât un des alliés orientaux, déconcertés par les méandres de la diplomatie occi-

(15) Cette conviction est une des raisons de l'envoi du général Ironside en Pologne en juillet 1939.

(16) A la lumière des événements, cette décision paraît sage, prophétique même : l'U.R.S.S. a montré toute sa puissance économique et militaire ; mais, à l'époque les experts estimaient que l'Armée Rouge était très faible et soulignaient que seule, à l'Est de l'Europe, la Pologne possédait une frontière commune avec l'Allemagne et était résolue à se battre avec elle.

dentale, à tirer son épingle du jeu en s'accordant directement avec le Reich (17).

Cependant, les attachés militaires français et anglais, ou les missions envoyées sur place, avaient maintes fois souligné l'excellent moral mais aussi la grande faiblesse de la Pologne, et l'impossibilité où elle serait de résister longtemps à la Wehrmacht si les moyens nécessaires ne lui étaient pas fournis. Il était contradictoire de penser qu'un front oriental durable était indispensable, et de refuser en même temps les moyens de le consolider. Certes, les exigences de leur propre réarmement expliquaient la répugnance des Français, et plus encore des Anglais (18), à se dessaisir d'armements qui leur feraient peut-être défaut au moment crucial. Mais il semble qu'aient joué deux autres considérations ; l'une est une erreur d'évaluation du rythme de la guerre ; parmi les stratèges alliés, aucun n'avait mesuré la force et la vitesse de pénétration des *Panzerdivisionen* ; on savait que le front polonais serait crevé, que la moitié de la Pologne serait envahie, mais tout le monde était convaincu — Gamelin comme Ironside — qu'une occupation totale du territoire polonais était impossible, et que la résistance polonaise durerait bien six mois (19). Intervenait alors, dans le calcul, la deuxième considération, à savoir que la décision du conflit n'interviendrait pas en Pologne ; une manche s'y disputerait si la première attaque allemande s'effectuait contre elle ; une aide précieuse serait apportée par son armée si la Wehrmacht déferlait par les Pays-Bas. Mais, de toute façon, la guerre serait longue ; elle serait gagnée grâce aux immenses ressources des Empires britannique et français ; il importait donc de préserver le temps nécessaire pour les mettre en valeur. La Pologne était ainsi victime d'une guerre de coalition ; dans une première phase, on lui demandait de tenir le plus longtemps possible ; dans une deuxième, elle disparaîtrait, comme si souvent dans son passé ; au terme de la lutte, elle ressusciterait de ses cendres, grâce à la victoire de ses alliés. Mais les Polonais étaient les seuls à ne pas savoir que les belles paroles et les promesses qui leur avaient été prodiguées se traduiraient, à l'heure du danger, par un abandon.

Toutefois, on peut se demander si toutes les hésitations, les demi-mesures, les déclarations énergiques que les actes ne suivent pas, ne s'expliquent pas en définitive par l'espoir, pas tout à fait perdu pour un certain nombre de dirigeants français et anglais — après tout, ce sont les « hommes de Munich » qui tiennent encore la barre — que la paix peut encore être sauvée. On incite Hitler à

(17) Le comte Ciano, le régent Horthy, entre autres, s'étaient efforcés de démontrer aux Polonais que « l'Angleterre était loin [...] et la France décidée à se battre pour Tunis, pas pour Dantzig » (comte Szembek, *Journal*, p. 464-473).
(18) Cf. sur ce point, les étonnantes déclarations de Hore-Belisha à Ironside (*Diaries*, p. 81-82).
(19) Les Polonais eux-mêmes avaient prévu qu'ils contre-attaqueraient le 12ᵉ jour.

de salutaires réflexions en dessinant la coalition gigantesque qui se dressera contre lui s'il persiste dans ses desseins belliqueux, mais on évite de « le provoquer » en donnant à cette coalition la fermeté et la consistance que l'imminence du péril devrait imposer (20). Encore le 15 août, Halifax écrivait à Kennard : « J'ai l'impression que Hitler est toujours aussi indécis, qu'il est désireux d'éviter la guerre et de ne point frapper s'il peut le faire sans perdre la face ». On espère toujours régler à l'amiable la question de Dantzig ; si on a écarté une suggestion du Vatican, on pense à une médiation scandinave. Halifax s'était déclaré très impressionné par une formule du Führer que Dantzig pourrait revenir au Reich, mais demeurerait désarmée et démilitarisée. On escompte aussi que l'Italie, même après la signature du pacte qui la lie à l'Allemagne, fera obstacle à un coup de force hitlérien, à condition de ne pas donner à Hitler de bonnes raisons de l'entreprendre. Bref, bien qu'aucune démarche dans ce sens ne ressorte des documents consultables et qu'il s'agisse plus d'une attitude d'esprit que d'une action diplomatique, l'espoir de préserver la paix freine la préparation de la guerre. S'il en était bien ainsi, la Pologne aurait été victime des illusions de ses alliés, plus encore que de leur impréparation ou de leurs faux calculs.

L'ensemble des problèmes polonais n'était qu'une partie, la plus complexe, la plus périlleuse aussi, de ceux que posaient la sauvegarde de la paix ou la préparation de la guerre. La France et l'Angleterre les ont abordés en parfait accord tant sur les fins que sur les moyens, généralement après concertation, toujours en fonction d'une honnête information mutuelle. A partir du 31 mars, le comportement français s'est aligné sur les positions britanniques. Cela étant, dans la voie suivie en définitive pour le règlement de questions particulièrement embrouillées, ce sont les points de vue, sinon les intérêts britanniques, qui l'ont emporté. Après tout, si la Pologne ne tient pas, les Anglais en seront certes contrariés et gênés, mais pas en danger immédiat ; il restera la ligne Maginot, et la Manche, pour les protéger. Par contre, les Français étaient immédiatement en première ligne ; on peut donc se demander si, dans l'octroi de crédits, l'envoi de matériel ou la conclusion d'accords précis avec les Polonais, ils n'ont pas eu tort de ne pas prendre à temps les mesures nécessaires, seuls s'il le fallait (ils en avaient souvent les moyens), pour consolider un front oriental dont l'effondrement rapide les placerait dans une situation très difficile.

(20) A Londres, seul Churchill était partisan d'envoyer quelques gros vaisseaux de bataille dans la Baltique.

REMARQUES SUR LES NÉGOCIATIONS ANGLO-FRANCO-SOVIÉTIQUES DE 1939[*]

Jean LALOY

Ministre plénipotentiaire, Directeur des Archives diplomatiques

Remarks on the 1939 Anglo-Franco-Soviet negotiations. — Examination of certains points, in the French documents.

1) *Method of negotiation.*

The negotiation was conducted directly by G. Bonnet, rather casually and with archaic methods. In the Anglo-French negotiations, memoranda were exchanged, a great deal of time was lost and there were no personal exchanges. With the Soviets, all personal contacts came to an end with the dismissal of Litvinov.

2) *Fundamental questions.*

Franco-British consultations : both governments felt a sense of solidarity, but failed to achieve a common viewpoint or attitude (especially in April-May).

The attitude of the Soviet government: there is little that is new in the French documents, but an analysis of the Soviet press seems to indicate that the decision to attempt a rapprochement with Germany does in fact date back to late April or early May. Stalin may have been endeavouring to regain a position where he could play a part in European affairs before opting for war.

The Western tactics : two points were never frankly discussed with the U.S.S.R. — the mutual distrust and the Soviet claims to Poland, Romania and the Baltic States. There was lacking a strong will, which alone might have been able to bring some pressure to bear on the Soviet government policy.

La négociation qui a échoué le 23 août se divise assez facilement en plusieurs étapes qu'on peut mettre en rapport avec les pourparlers parallèles germano-soviétiques et les principales manifestations publiques pendant cette période.

[*] Réponse à la communication de M. Wheatley, présentée à Londres en 1971.

Dans ce cadre général qu'apportent les documents d'archives français ? Ils sont incomplets, proviennent de la reconstitution faite après-guerre, de collections rapatriées des postes diplomatiques ou de « papiers » personnels. Ils sont donc loin d'offrir une base sûre à la recherche.

Malgré ces déficiences, les documents français permettent de préciser quelques points et de soulever quelques questions.

I. — Méthodes de négociation

On ne trouve pas trace dans les documents français d'un organisme analogue au *Foreign Policy Committee of the Cabinet* mentionné par M. Wheatley (1). Il n'existe pratiquement aucune analyse semblable à celles qu'a faites ce comité à l'intention du gouvernement britannique (par mémorandum du 22 mai) (2).

Du côté français, la négociation semble menée directement par Georges Bonnet sur la base de ses conversations et de la correspondance du ministère. Il n'y a pas beaucoup de contacts décelables avec le ministère de la Défense nationale, sauf dans les journées critiques de la fin août, ce qui est le minimum. Mais une enquête plus approfondie pourrait infirmer ces vues.

En ce qui concerne la méthode de négociation, on peut distinguer les aspects proprement français, les aspects franco-britanniques, les aspects franco-soviétiques.

Aspects français.

Les responsables sont, outre le ministre, le directeur du Cabinet Charles Rochat, le secrétaire général Alexis Léger et les ambassadeurs, Charles Corbin, P.E. Naggiar, etc... Les papiers personnels n'apportent ici à peu près rien. On trouve par contre une description vive (et acide) du fonctionnement du ministère à cette époque dans le *Commentaire* de Jean Chauvel, dont le premier tome a paru en 1972 à Paris.

Les données les plus intéressantes concernent les négociateurs à Moscou : Jean Payart, chargé d'affaires entre février et mai 1939, Paul-Emile Naggiar, ambassadeur. Celui-ci, venant de Pékin, a présenté ses lettres de créance en février 1939, et, malade, n'est revenu à Moscou qu'à la fin mai.

Les deux hommes sont très différents. Payart est en poste en

(1) Rapport de M. Wheatley, p. 203.
(2) *British Documents*, 3ᵉ série, vol. V, n° 590, p. 647.

U.R.S.S. depuis 1931. Il connaît le pays, est en relations d'amitié personnelle avec Litvinov. C'est un esprit subtil, réfléchi, un caractère réservé sinon farouche, un homme peu commun. Naggiar, jeté dans une négociation dont il n'a pas noué les fils, donne l'impression d'un esprit méthodique et sérieux. Ses commentaires, à la différence de ceux de Payart, ne sortent que rarement du cadre strict de la négociation (sinon, en septembre, pour se consoler en citant *La Russie en 1839* du marquis de Custines). De plus, les rapports entre les deux hommes ne sont pas bons, comme le montrent diverses annotations marginales de Naggiar. En fait Payart quitte Moscou dès la fin mai et n'y reviendra qu'après le 23 août.

Il n'existe malheureusement pas de fonds Corbin. L'ambassadeur à Londres a pourtant joué un rôle important qui apparaît dans la correspondance officielle.

Dans l'ensemble, ce groupe d'hommes donne moins l'impression d'une équipe que d'une association assez hétérogène. Le ministre, en l'occurrence Georges Bonnet, possède une grande latitude pour agir sinon pour manœuvrer.

La méthode de négociation est dépourvue de rigueur. G. Bonnet commence à Paris des conversations avec l'ambassadeur soviétique, Iakov Sourits (qu'il considère, on ne sait pourquoi, comme un « diplomate de carrière ») mais le chargé d'affaires à Moscou n'est pas tenu régulièrement au courant. Payart est invité à faire des démarches sans connaître l'ensemble des positions. Il en résulte de nombreux malentendus dont la cause paraît plus technique que politique : manque d'organisation, méthodes du bon vieux temps dans un monde qui n'est ni vieux ni bon. Mais ces « ratés » renforcent sans doute la méfiance soviétique. Ils se produiront jusqu'à la fin de la négociation. Les deux ambassadeurs à Moscou se plaignent à plusieurs reprises d'avoir été laissés dans l'ignorance de négociations menées plus ou moins parallèlement à Paris (et aussi à Londres, semble-t-il), ou d'avoir été devancés par leurs ministres. Au contraire, la conversation germano-russe est bien contrôlée et ordonnée à la prussienne.

Aspects franco-britanniques.

Ce manque de méthode est également notable dans les consultations entre Londres et Paris. A aucun moment, malgré l'urgence, on ne songe à constituer un secrétariat commun, ou plus modestement un groupe de coordination. Les deux ministères échangent des mémorandums précédés de longues formules de courtoisie. A Paris, ils doivent être traduits avant d'être présentés au ministre. Un temps précieux est ainsi perdu avant qu'un point de vue commun puisse se dégager. Molotov se plaint à plusieurs reprises de la lenteur des répliques anglo-françaises.

A cela s'ajoute que dans les deux premiers mois il y a complète dualité de négociations. Paris cherche à trouver une formule pour adapter le pacte du 2 mai 1935 à la situation nouvelle. Londres s'accroche à son idée de déclaration soviétique unilatérale. Même lorsque, après les conversations directes entre ministres français et anglais (20 au 23 mai à Paris et à Genève), on aura décidé de mener une négociation commune, on continuera à échanger des mémorandums et à pratiquer une diplomatie à l'ancienne mode tout en répétant à chaque fois : le temps presse, dépêchons-nous !

De façon plus générale, les contacts franco-britanniques ne sont jamais intimes. Chamberlain suit son sentiment propre. Il prend note des observations françaises mais il ne semble pas les écouter. Ce point est évoqué plus bas.

Aspects franco-soviétiques.

Il faut distinguer ici les conversations de Paris et celles de Moscou.

A Paris (comme, semble-t-il, à Londres) les représentants soviétiques (sans doute mal informés) laissent à leurs interlocuteurs une image assez bénigne de la politique soviétique. Ils la présentent sous son jour le plus favorable. Les ministres croient avoir progressé alors qu'à Moscou on est toujours sur place.

A Moscou, il faut distinguer la période Litvinov de la période Molotov. Jusqu'au 31 mai les remarques personnelles sont nombreuses et les allusions, les mimiques, les clins d'œil permettent d'apercevoir un peu des arrière-pensées.

Dans une dépêche du 24 mars, Payart rapporte ainsi une réponse qu'il a obtenue de Litvinov sur les discussions germano-soviétiques à propos du sort des diplomates russes à Prague :

« Les Allemands, a-t-il souligné *avec un sourire énigmatique où il entrait beaucoup d'amertume et un peu de défi* (3), ont été fort aimables. Ils nous ont laissé entendre que nous n'avions pas à nous presser et qu'ils laisseraient à nos agents, aussi longtemps qu'il serait nécessaire, le bénéfice des immunités diplomatiques ».

De la même façon, dans un télégramme du 2 avril, le chargé d'affaires, relatant un entretien entre Litvinov et sir W. Seeds, écrit :

« A un moment des conversations, le Commissaire du peuple a exprimé incidemment l'idée qu'après tout une politique d'isolement serait peut-être la meilleure pour l'U.R.S.S. Ce n'était sans doute là qu'une boutade par laquelle M. Litvinov cherchait à stimuler le zèle de son

(3) Souligné par nous.

interlocuteur; mais *les boutades de M. Litvinov indiquent presque tou-jours une des directions alternées de la pensée des dirigeants* » (4).

A moins, dirait-on aujourd'hui avec le recul, qu'il ne se soit agi d'avertissements masqués et de prudentes mises en garde. Ces exem-ples en tout cas permettent de fixer l'une des raisons du renvoi de Litvinov : Staline a sans doute voulu établir entre le négociateur soviétique et les diplomates occidentaux un écran opaque, assurant la sécurité du jeu sur deux tableaux.

Dans toute cette période, Litvinov paraît désireux de progrès rapides avec les Occidentaux comme s'il craignait d'être devancé par son propre gouvernement et placé devant un fait accompli.

« Ce n'est pas à coup de télégrammes, dit-il en avril, que les problè-mes qui se posent peuvent se résoudre [...]. Seule une conférence où chacun présente ses possibilités de contribuer à une action commune présente des chances d'efficacité » (télégramme de Moscou du 14 avril).

C'est donc à juste titre que Payart le 4 mai considère le renvoi de Litvinov comme signifiant un « recul de l'U.R.S.S. [...] pouvant aller jusqu'à une entente toujours possible avec l'Allemagne ». Mais ni l'ambassade de France ni celle de Grande-Bretagne ne semblent avoir recueilli (ou transmis) les indications qu'envoie au département d'Etat le chargé d'affaires des Etats-Unis le 6 juillet (5) et selon lesquelles, depuis l'arrivée de Molotov, à peu près tout le personnel du commissariat aux affaires étrangères (90 %) a été changé. C'est à ce moment qu'apparaît pour la première fois « un certain Gromyko » (*one Gromyko*) à la division des affaires américaines.

Quoi qu'il en soit de ce point, il est certain qu'après le 3 mai, il n'y a plus aucune conversation sur le mode personnel entre Soviétiques et Français (ou Anglais, semble-t-il) alors qu'avec les Allemands, il en va tout autrement (cf. spécialement les contacts entre Astakhov et Schnurre à Berlin en mai et surtout en juillet).

II. — Questions de fond

a) *Les consultations franco-britanniques.*

L'un des points qui mérite discussion est l'état des rapports franco-britanniques. D'une part les deux gouvernements se sentent solidaires, de l'autre, ils ne parviennent ni à des vues ni à des attitudes communes.

---

(4) Souligné par nous.
(5) *Foreign Policy of the US*, Washington 1952, *The Soviet Union 1933-39*, pp. 770-773.

Ceci est très marqué dans la période des négociations parallèles (5 avril-25 mai). Dès le début avril, Georges Bonnet se lance dans une conversation avec Sourits qui conduit à l'idée d'un échange de lettres franco-soviétiques étendant les clauses du pacte franco-soviétique au cas d'assistance à un pays tiers (Pologne-Roumanie). Dans le même temps Halifax propose (15 avril) une déclaration unilatérale soviétique. A partir de ce moment et jusqu'à la fin juillet, le gouvernement français sera toujours en avance d'une concession sur le gouvernement britannique. Il insistera sans cesse sur la nécessité d'aller vite. C'est sur cet aspect des choses qu'insiste beaucoup Bonnet dans son livre *De Munich à la guerre* (Paris, 1967).

Mais, selon les documents consultés, les choses sont un peu moins nettes. Le 18 avril, le gouvernement soviétique a défini une position qui, en fait, ne variera guère :

a) pacte d'assistance mutuelle avec réciprocité des engagements entre les trois signataires ;

b) engagement d'assistance aux Etats limitrophes de l'U.R.S.S. (de la Baltique à la mer Noire) en cas d'agression ;

c) nécessité d'une convention militaire en même temps que le traité politique ;

d) l'Angleterre ne garantit la Pologne que contre l'Allemagne (la frontière polono-soviétique reste à découvert) ;

e) le pacte polono-roumain, tourné contre l'U.R.S.S., doit être réorienté *erga omnes* ;

f) engagement de ne pas conclure de paix séparée.

Cette proposition soviétique devrait renforcer le gouvernement français dans sa conviction que seul un traité en bonne et due forme est acceptable pour l'U.R.S.S. Cependant, le 13 mai, Bonnet télégraphie au chargé d'affaires à Moscou dans les termes suivants :

« Il y aurait à mon avis de sérieux inconvénients à laisser supposer à Moscou que nous ne souhaitons pas voir accepter les propositions anglaises qui, en elles-mêmes, ne soulèvent de notre part aucune objection de fond... ».

Du point de vue de la tactique, cette attitude est parfaitement correcte. Mais sur le fond, elle implique, de la part du gouvernement français, une certaine hésitation qui ne correspond pas tout à fait à ses déclarations officielles. Dans son livre, Bonnet ne fait pas allusion à ce télégramme.

Dans le même ouvrage, Bonnet déclare que le projet de pacte tripartite qu'il a remis à Sourits le 29 avril vise le cas d'agression allemande non seulement contre la Pologne, la Roumanie ou la Turquie, mais aussi contre les Pays baltes. Or, dans un bref télégramme à Londres du 13 mai à 23 heures, on lit :

« Je vous confirme ma dernière communication téléphonique. Lorsque j'ai remis le projet français à l'ambassadeur de l'U.R.S.S., je lui ai fait connaître par écrit que les mots *Europe centrale et orientale* visaient uniquement la Pologne, la Roumanie et la Turquie ».

Il y a donc une certaine ambiguïté. Celle-ci est soulignée dans un mémorandum relatant une conversation entre G. Bonnet et Sourits le 26 mai. Dans ce texte, Bonnet expose à Sourits qu'il faut tirer au clair l'attitude de l'U.R.S.S. envers la Pologne et la Roumanie :

« La Russie et l'Allemagne depuis 1919 ne sont plus limitrophes. Elles sont séparées par la Pologne. Celle-ci ne veut pas accepter le passage des avions et des troupes russes. Car elle est convaincue que les Russes profiteront de leur passage pour occuper définitivement les territoires polonais. Les Roumains raisonnent de même pour la Bessarabie... ».

« ... Il importe donc à tout prix de sortir de l'équivoque dans laquelle nous nous débattons depuis tant d'années en posant clairement la question au gouvernement soviétique : « Comment, avec quoi, dans quelles conditions, apporterez-vous votre concours ? » Pour la France, la réponse est facile puisqu'elle est limitrophe de l'Allemagne [...]. Mais pour l'U.R.S.S. ? [...] Il faut à tout prix qu'on sache, au cas où l'accord ne pourrait s'établir, que la faute incombe à l'U.R.S.S. et non à nous... ».

Et dans une note personnelle du même jour et de la même main, on lit :

« On peut se demander si en réalité l'alliance polonaise est compatible avec l'alliance russe ».

On trouve des considérations analogues dans un télégramme de Bonnet à Moscou le 14 juin.

On ne sait si vraiment ces propos ont été tenus à Sourits. Dans l'affirmative, ils n'indiquent pas une volonté farouche d'aboutir, et ont dû être interprétés en sens négatif à Moscou.

Ceci dit, il serait utile d'analyser méthodiquement les motivations de la longue et persistante hésitation britannique. Lorsque le gouvernement de Londres parle de la nécessité de ne pas provoquer inutilement le Reich, qu'a-t-il exactement en vue ? Une remarque de sir N. Henderson à M. de Weizsäcker le 13 juin mérite attention : « Si le pacte russe était mis au point, il serait plus aisé de parler avec Berlin » (6), remarque reprise curieusement le 17 juin par Coulondre (7). D'autre part, et comme Bonnet, le gouvernement britannique dans ses notes à Moscou fait presque candidement état de l'impossibilité pour la Pologne ou la Roumanie d'accepter purement et simplement l'assistance soviétique. Il est vrai que le problème se posait. Mais pourquoi le poser, sans tenter en aucune manière de le résoudre ?

(6) *Akten zur Deutschen Auswärtigen Politik* (ADAP), série D, t. VII, n° 521, p. 598.
(7) *Ibid.*, p. 618.

Il serait intéressant d'élucider cet ensemble complexe d'arrière-pensées anglaises et françaises pour essayer de comprendre mieux son effet sur le gouvernement soviétique. Mais on ne peut réfléchir là-dessus sans avoir tenté de préciser certains points de la position de Moscou.

b) *L'attitude du gouvernement soviétique.*

Sur l'idée qu'on s'en est fait *pendant la négociation,* le dossier français n'apporte pas grand-chose de nouveau.

On a signalé plus haut les réserves et le pessimisme de G. Bonnet. Les avis exprimés par l'ambassade à Moscou diffèrent selon les périodes. Jusqu'au départ de Litvinov, Payart a donné de nombreux avertissements. Il n'a pas écarté l'idée du rapprochement germano-soviétique, mais il a penché plutôt vers celle d'une neutralité, l'U.R.S.S. restant à l'écart du conflit, sans aller jusqu'à l'entente avec Hitler. De ce point de vue, il a souligné à plusieurs reprises l'inconvénient des propositions anglaises antérieures au 26 mai, qui permettaient à l'U.R.S.S. de se cantonner dans une position d'équidistance, de neutralité plus ou moins bienveillante. Le fait que l'U.R.S.S. ait écarté les propositions britanniques aurait pu faire comprendre que l'objectif soviétique était autre. Mais de réflexions sur ce sujet on ne trouve pas trace au dossier, toutes les notes rédigées à Paris ayant, semble-t-il, disparu.

Après le départ de Payart, Naggiar ne fait que peu de commentaires. Il explique à plusieurs reprises pourquoi il vaut mieux signer un mauvais accord que reconnaître l'échec, il fait état d'influences diverses et supposées au *Politburo,* mais il n'a probablement pas le temps d'aller plus loin.

Il serait donc intéressant de connaître les analyses et les réactions des milieux dirigeants britanniques sans oublier l'utilité des études concernant la presse et les revues.

Pour ce qui concerne la position du gouvernement soviétique, telle qu'on peut la comprendre aujourd'hui, on est amené, en l'absence de documents russes, à s'appuyer sur les éléments suivants.

Presse soviétique.

Une analyse rapide de la presse soviétique permet de remarquer que la négociation tripartite a fait l'objet de nombreux communiqués ou éditoriaux presque uniformément défavorables, surtout au mois de juin 1939. Par contre, et jusqu'au 22 juillet, il n'y a aucune allusion à la conversation avec l'Allemagne.

Même si l'on admet que ces communiqués sont partiellement

une réponse aux indiscrétions constantes des journaux anglais et français, on doit reconnaître que par leur contenu ils semblent destinés au moins en partie à transmettre aux Allemands un message rassurant : « on parle, oui, mais rien n'est décidé ».

Du relevé incomplet auquel nous avons procédé (surtout dans les recueils de documents) il résulte qu'on trouve dans la presse soviétique les textes suivants :

9 mai. — *Communiqué Tass* déclarant que les propositions anglaises de garantie placent l'U.R.S.S. dans une position inégale et défavorable (démenti à une nouvelle de l'agence Reuter).

11 mai. — *Editorial des Izvestia,* soulignant la nécessité d'un accord sur une base de stricte égalité.

31 mai. — *Discours de Molotov* au Soviet Suprême, appelant à la vigilance, à la méfiance contre ceux qui veulent détourner l'agression de leurs frontières pour la diriger vers d'autres, etc.

7 juin. — *Commentaire de la Pravda* sur la nécessité de garantir les Etats baltes et la Finlande, pour parvenir à un accord.

13 juin. — *Editorial de la Pravda,* sur le même sujet.

16 juin. — *Communiqué Tass* : les entretiens anglo-franco-soviétiques se sont poursuivis mais d'une façon qualifiée de « non entièrement favorable ».

21 juin. — *Communiqué Tass* : l'U.R.S.S. n'a jamais demandé que soient garanties ses frontières en Extrême-Orient.

22 juin. — *Communiqué Tass* : les « nouvelles » propositions anglo-françaises n'apportent rien de nouveau.

29 juin. — *Article de Jdanov dans la Pravda* mettant en doute la bonne foi anglo-française : « A mon avis personnel, la seule chose que désirent les Français et les Anglais est de parler d'un accord et, prétextant la soi-disant rigidité soviétique, de préparer leur opinion publique à un compromis avec l'agresseur ».

En juillet, la presse est beaucoup moins riche en textes de cette nature. On ne trouve qu'un communiqué Tass du 9 juillet : « les entretiens franco-anglo-soviétiques [...] n'ont pas donné de résultats déterminés ». Les communiqués reparaissent vers le 16 août mais c'est pour préparer au retournement du 23.

Sous réserve d'une enquête plus complète, on est tenté de tirer la conclusion que, dès le mois de juin, le gouvernement soviétique cherche plus à se rapprocher de Berlin qu'à favoriser l'accord avec l'Ouest. Le tournant se situerait à l'époque du voyage de Potemkine en Turquie et en Pologne-Roumanie (fin avril, début mai) c'est-à-dire au moment de la chute de Litvinov. Ceci impliquerait que la décision a été prise assez tôt et que les négociations ne pouvaient donc aboutir à rien.

Une hypothèse.

Mais on peut soutenir aussi que Staline, avant de fixer son choix, a cherché à savoir quelles étaient les conditions les plus favorables pour sa rentrée dans les affaires européennes, dont les accords de Munich l'avaient exclu. Si c'est là son premier objectif, il a peut-être pensé, comme Chamberlain et Bonnet, que la crise finirait de nouveau par un mauvais compromis. Pour être sûr de ne pas en être éliminé, il fallait qu'il se rapproche de l'Allemagne. Ceci fait, il pouvait obtenir des bénéfices aussi bien de la paix que de la guerre. Mais il ne semble avoir eu la certitude de la guerre qu'en août, lorsque Hitler l'a supplié de conclure l'accord dans le plus bref délai possible. Ainsi le choix en faveur de l'Allemagne est antérieur au choix en faveur de la guerre. Il ne le contredit pas.

Cette manière de voir ne remet pas en cause les données généralement admises. Elle introduit une variante, à titre d'hypothèse. Celle-ci permet d'envisager d'autres issues que celle qui s'est finalement réalisée.

Elle permet de conclure sur les possibilités qui s'offraient encore aux Franco-Anglais en mai-juin 1939.

c) *La tactique occidentale.*

Deux points n'ont jamais fait l'objet d'explications quelconques entre Occidentaux et Soviétiques en 1939 : la méfiance mutuelle, les revendications soviétiques à l'encontre de la Pologne, de la Roumanie et des Pays baltes.

Sur le premier point, la méfiance, il semble bien que les Occidentaux et les Soviétiques nourrissent les uns à l'égard des autres des suspicions identiques : chacun craint d'être lancé dans la guerre et lâché dès les hostilités commencées. Cette crainte n'était pas injustifiée, comme la suite l'a montré. Si on voulait la dissiper, il fallait agir autrement que par l'intermédiaire de négociateurs strictement diplomatiques. Il fallait tenter une explication approfondie par l'envoi d'une personnalité de premier plan ou par l'invitation de Molotov à Londres et à Paris. Etait-ce une chose possible en 1939 ? C'est peu probable étant donné les dirigeants de l'époque. En soi, ce n'était pas impossible. Chamberlain avait bien été à Godesberg. Cela aurait-il changé quelque chose ? Cela aurait au moins changé le dossier.

Sur le second point, les revendications, on peut faire le même raisonnement. Pourquoi n'avoir pas posé clairement la question ? Pourquoi n'avoir pas tenté de lier les deux aspects du problème ? On pouvait dire à Staline : Ne croyez pas que nous vous lâcherons. Nous ferons la guerre, et nous la ferons avec vous. De votre côté, ne vous lancez pas dans la rectification unilatérale des injustices territoriales. On verra cela après la guerre. Pour l'instant, vous avez besoin de Beck, ne lui rognez pas un morceau de son territoire.

On ne sait ce qu'aurait donné ce langage. Mais le dossier aurait été meilleur. L'U.R.S.S. aurait été placée devant un choix réel, quelque chose comme le choix entre le vice (la satisfaction de ses appétits grossiers) et la vertu (la victoire sur soi-même).

En bref, si l'on voulait peser sur la volonté du gouvernement soviétique, il fallait avoir soi-même une volonté droite et ferme. De celle-ci, les documents ne témoignent guère.

RAPPORT GÉNÉRAL
PRÉSENTÉ A LA SÉANCE DE CLOTURE,
28 SEPTEMBRE 1972

Pierre RENOUVIN (†)
Membre de l'Institut

General remarks. — The problems examined were those that might lead to discussion.

1) **The 1935 Ethiopian crisis.** The symposium shed no new light, except on one point : Laval would have been disposed, according to British documents, to give Britain a firm backing if the latter had been willing to commit itself clearly with regard to Central Europe. But the British government, faithful to its traditional political line, refused.

2) **The turning point of the British policy at the begining of 1939.** The policy of "appeasement" is to be explained by motives that were both ideological (to admit that a revision of the 1919 treaties was nesessary) and opportunist (to gain time). But the abandoning of this policy in March 1939 was prepared by the steps taken in February, when it was feared that a German attack would be launched on the Netherlands.

3) **The diplomatic actions of France and Great Britain from March to September 1939.** Harmony was not always therule.

In Italy, Chamberlain recommended to Daladier to show some "goodwill" but without success. It is, in any case, far from certain that Mussolini was led to adopt a policy of non-belligerance by the conciliating attitude of Great Britain.

With regard to Poland, Gamelin does not appear to have envisaged making a serious effort. If he made any promises, it was with a view to encouraging her to resist Hitler and thus gain time.

With regard to the U.S.S.R. the Western powers did not ask Poland about the right of access, no doubt hoping that she would accept it when she found herself faced with the decision. They were warned about the Germano-Soviet rapprochement, but were unaware of the real intentions of Stalin, as we still are.

These findings make no fundamental change in the state of the questions under study. Further research will be necessary, but it is made difficult by the present unsatisfactory state of French records.

Vous m'avez confié la mission, mes chers collègues, de donner aux échanges de vue qui se sont poursuivis pendant ces trois journées une conclusion provisoire (1). Nos débats — vous le savez — n'ont pas abouti à la rédaction de « formules d'accord » : l'accord s'est seulement manifesté par la convergence des remarques que nous avons présentées en séance, les uns et les autres. C'est cette convergence que j'ai essayé d'enregistrer dans ce rapport final. Mais il est inévitable qu'en pareil cas la part de l'interprétation personnelle reste importante, et peut-être estimerez-vous que j'ai péché par optimisme.

Au cours de notre précédent colloque, nous avions, le professeur James Joll et moi, présenté des rapports généraux sur les relations franco-anglaises pendant la période 1935-1939. Ces rapports avaient fait apparaître que plusieurs aspects de ces relations ne donnaient pas lieu à des divergences notables d'interprétation entre historiens anglais et français. Tel était le cas de l'accord naval anglo-allemand de juillet 1935, du fonctionnement de la politique de non-intervention pendant la guerre civile d'Espagne, de la réoccupation de la Rhénanie en mars 1936, de la crise de l'*Anschluss* en février-mars 1938, et même des origines de la conférence de Munich en septembre 1938. Aussi avait-il paru préférable que le programme de travail, dans notre réunion de cette année, mît l'accent sur des problèmes qui pouvaient donner matière à discussions : les divergences entre la politique de la Grande-Bretagne et celle de la France pendant la crise éthiopienne de 1935 ; le « tournant » de la politique anglaise en mars 1939 ; les positions respectives des deux Etats, entre mars et septembre 1939, à l'égard de l'Italie, de la Pologne et de l'U.R.S.S. A quels résultats sommes-nous parvenus ?

I. — La crise éthiopienne de 1935

Le rapport du professeur F.W. Deakin a apporté des informations très importantes et très neuves, grâce à la consultation des archives du cabinet (2). Dans l'ample débat auquel ce rapport a donné lieu, notre attention s'est surtout orientée vers le contraste entre le « jeu » compliqué du président du Conseil français à l'égard de l'Italie, et la fermeté du gouvernement anglais.

1°) Le « jeu » de Pierre Laval était bien connu dans ses grandes lignes. Les données nouvelles apportées au cours de notre colloque n'ont fait que confirmer ce que l'on savait déjà sur le comportement

(1) A cette conclusion a répondu une intervention orale du professeur James Joll (N.D.L.R.).
(2) Ce rapport n'a pas pu être inclus dans la publication.

du gouvernement français au moment où Mussolini a commencé en Ethiopie les opérations militaires. Le président du Conseil français a promis, le 5 et le 18 octobre, que la flotte française donnerait son assistance à la flotte anglaise, rassemblée en Méditerranée orientale, dans le cas où Mussolini déciderait une réplique armée à cette concentration de forces ; le rapport de M. Philippe Masson a donné sur ce point toutes les précisions nécessaires. Pourtant Pierre Laval s'est efforcé de faire atténuer les sanctions économiques et financières appliquées à l'Italie, et il a élaboré, à plusieurs reprises, jusqu'en décembre 1935, des plans de médiation. Pourquoi a-t-il adopté ces attitudes difficilement conciliables ?

Sans doute, il reconnaissait la nécessité où se trouvait la France de rester solidaire de la Grande-Bretagne : le ministre de la Marine, Piétri, lui avait rappelé le 1er septembre que, dans le cas d'une guerre avec l'Allemagne — hypothèse que la politique française ne pouvait jamais cesser d'envisager — la France avait absolument besoin de la protection que, seule, la flotte anglaise était à même de lui assurer, pour maintenir son approvisionnement en matières premières et en denrées alimentaires en provenance des Etats-Unis. Il était donc nécessaire de manifester cette solidarité anglo-française contre l'Italie, dès lors que la Grande-Bretagne le demandait.

Mais, d'autre part, la politique française avait besoin de l'appui de l'Italie dans la question d'Autriche. En juillet 1934, lors de l'assassinat du chancelier Dollfuss, c'est l'attitude de Mussolini qui avait protégé l'indépendance autrichienne contre la menace hitlérienne. Or le Duce se montrait résolu à confirmer et même à élargir cette politique : il avait approuvé, le 25 juin 1935, les résultats d'une négociation entre les états-majors des armées française et italienne ; cet accord Badoglio-Gamelin avait prévu une coopération militaire franco-italienne en cas de nouvelle menace allemande contre l'indépendance de l'Autriche. Les conversations complémentaires (dont le colonel Le Goyet a retrouvé les résultats dans les archives) avaient établi avec une grande précision les modalités de cette coopération. Il fallait donc ménager l'Italie. Comment pouvait-on espérer maintenir cette coopération dans l'Europe danubienne, si la France mettait obstacle à l'expansion italienne en Afrique orientale ?

En évitant l'application à l'Italie de sanctions rigoureuses, Pierre Laval cherche à garder le bénéfice de l'accord Badoglio-Gamelin. A cet égard, sa politique était conforme aux désirs exprimés par l'état-major de l'Armée.

2°) La politique du gouvernement anglais (bien que Samuel Hoare ne soit pas pleinement d'accord avec ses collègues) est beaucoup plus nette : la Grande-Bretagne a intérêt à éviter que l'Italie établisse une colonie, au débouché méridional de la mer Rouge, c'est-à-dire sur le flanc d'une grande route navale de l'Empire britannique ; cet intérêt coïncide avec les principes de la sécurité collective tels qu'ils ont été définis par le pacte de la Société des Nations. Le cabinet a donc lieu de se plaindre de l'attitude de Pierre Laval, dont les objections et les réticences entravent l'application des sanctions et diminuent l'efficacité. Pourtant cette fermeté du cabinet anglais était-elle certaine ? Jusqu'où avait-il l'intention de la pousser ? L'opinion publique qui, lors du *Peace Ballott* (27 juin 1935) s'était prononcée à une grande majorité en faveur de l'application de sanctions économiques n'envisageait pourtant ni la fermeture du canal de Suez, ni l'embargo sur le pétrole ; elle comptait conduire contre l'Italie une « guerre économique », comme celles qu'elle avait souvent menées avec succès, dans le cours de son histoire (je me trouvais à Oxford à la fin de juin 1934, et j'ai souvenir de conversations avec mes collègues anglais) ; elle n'avait pas envisagé que cette guerre économique puisse aboutir à un conflit armé. Le cabinet semble avoir pensé en septembre 1935 que le gouvernement italien « bluffait » ; il n'a pas tenu compte des nécessités qui étaient celles d'un dictateur : Mussolini ne pouvait pas reculer sans perdre son prestige. En octobre, l'opinion publique anglaise a perdu son enthousiasme lorsqu'elle a compris que l'application des sanctions, si elle était poussée jusqu'à ses conséquences logiques, pouvait mener à un conflit armé (3).

Sur ces aspects de la crise éthiopienne, nos travaux ont donné des précisions et des confirmations intéressantes ; en particulier sur la visite d'Anthony Eden à Rome, à la fin de juin, sur les entretiens entre Pierre Laval et Anthony Eden, et sur les études faites, dans le domaine des sanctions, par les experts anglais et français ; mais ils n'ont apporté de « révélation » que sur un seul point, dont l'importance me paraît grande. Ce point est le suivant.

Les documents anglais, dont fait état le rapport du professeur F.W. Deakin, montrent que Pierre Laval aurait été disposé à abandonner sa politique d'atermoiements et à donner un appui sans réticences à la Grande-Bretagne, à condition que le cabinet anglais accepte de prendre, à l'égard de la France, des engagements précis, au sujet de l'Europe centrale. Cette promesse anglaise aurait permis au gouvernement français de tenir pour négligeable l'accord Badoglio-Gamelin. La question a été posée, le 10 septembre 1935, par Pierre Laval, dans un entretien avec Athony Eden à Genève. La France, a-t-il dit, ne voulait pas « perdre le bénéfice » de ses « relations spéciales avec l'Italie », dès lors que la Grande-Bretagne n'avait jamais accepté de garantir l'indépendance de l'Autriche. Le cabinet a examiné le 24 septembre quelle réponse il convenait de donner au gouvernement français. Il a adopté une attitude négative. Ce refus était conforme à la ligne de conduite qu'il avait adoptée à l'égard des problèmes de l'Europe centrale et qu'il avait maintenue jusqu'à la

(3) C'est une remarque qu'avait faite, en 1954, M. H.G. Nichols, dans un rapport présenté à une « table ronde » de l'Institut d'études politiques de Paris.

fin de juillet 1938. Mais elle a évidemment confirmé Pierre Laval dans la conviction qu'il était nécessaire de ménager l'Italie. Il me semble que c'est là dans l'étude de la politique française un élément d'explication essentiel dont, jusqu'ici, la recherche historique n'avait pas tenu compte.

II. — Le tournant de la politique anglaise au début de 1939

Le gouvernement anglais avait annoncé, à l'automne de 1937, le dessein de mener une politique extérieure d'*appeasement* ; il espérait que l'Allemagne, si elle obtenait des satisfactions partielles non seulement dans les questions économiques, coloniales mais aussi dans la question du statut territorial, renoncerait à réaliser, par *la force*, une politique d'expansion. Cet apaisement a été effectivement pratiqué pendant dix-huit mois. Mais le 18 mars 1939, dans une déclaration faite à la chambre des Communes, Neville Chamberlain a annoncé qu'il y renonçait.

Ces constatations bien connues nous ont amenés à nous poser deux questions. Pourquoi le cabinet anglais avait-il adopté en 1937 cette politique en dépit de l'antipathie profonde que ressentaient à l'égard du régime national-socialiste la plupart des dirigeants politiques et la grande majorité de l'opinion publique ? Et dans quelles circonstances exactes l'a-t-il abandonnée ?

1°) Le dessein d'*appeasement* était orienté par deux préoccupations :

Mobiles idéologiques. Les hommes d'Etat anglais estimaient inévitable et juste de faire des concessions aux revendications allemandes dans les régions de l'Europe danubienne où la Grande-Bretagne refusait d'assumer des responsabilités directes : dans la mesure où ces revendications avaient pour but de rattacher à l'Allemagne des populations de langue allemande, la politique hitlérienne ne pouvait-elle pas se réclamer du « principe des nationalités » dont la Grande-Bretagne et la France avaient si souvent proclamé les mérites ? A condition que les demandes allemandes ne soient pas appuyées par la menace d'un recours aux armes, la politique anglaise était donc prête à reconnaître que le monde ne pouvait pas être « statique » : « L'élasticité fait partie de la sécurité », avait indiqué en septembre 1935 un memorandum du *Foreign Office*. C'est donc une révision partielle des traités de 1919, dans des limites « raisonnables », qui est, au fond, le dessein majeur : cette révision adaptera le statut politique « aux conditions réelles des relations internationales ».

Mobiles d'opportunité. La politique d'*appeasement* peut permettre de gagner du temps. Or les intérêts de la Grande-Bretagne en

Asie orientale sont gravement menacés depuis qu'en juillet 1937
l' « incident chinois » est devenu une guerre sino-japonaise. Comment
la Grande-Bretagne pourrait-elle accomplir en Asie l'effort qui peut
devenir nécessaire si elle est obligée, au même moment, de faire face
à la menace d'un conflit européen ? Même sur le plan naval, la
Grande-Bretagne, à cause du retard de son réarmement, est obligée
de ménager l'Italie. En tout cas, le gouvernement anglais ne doit pas
prendre des engagements qu'il serait incapable de tenir.

Les rapports qui ont été présentés au cours de notre colloque
ont mis en lumière, dans ce domaine, des points de vue importants.
Mais la part respective de chacun de ces mobiles a donné lieu à
des appréciations différentes.

2°) Lorsque Neville Chamberlain a annoncé publiquement, le
18 mars 1939 qu'il renonçait à cette politique, cette position nouvelle
a été la conséquence directe de l'annexion de la Tchécoslovaquie par
l'Allemagne : il est superflu d'insister sur une constatation dont
l'évidence n'a jamais été mise en doute. Mais les rapports qui ont été
présentés au cours de nos travaux (je pense surtout à ceux de M.
Neave-Hill et du colonel Le Goyet) ont pourtant montré que, au
cours des deux mois précédents, ce revirement de la politique extérieure anglaise avait été annoncé par des signes dont les contempo-
rains n'avaient pas mesuré l'importance.

Le 10 février 1939, le cabinet anglais avait autorisé les états-
majors britanniques — naval, terrestre et aérien — à prendre contact
avec les états-majors français, afin de préparer leur collaboration en
cas de guerre franco-allemande. Cette décision n'était pas en relation
directe avec la question tchèque ; elle procédait immédiatement de
la crainte d'une invasion allemande dans les Pays-Bas, que laissaient
prévoir les informations reçues par les services anglais de renseignements. Or les Pays-Bas pouvaient devenir une « plate-forme aérienne »
située à une distance des Iles britanniques telle que l'aviation allemande de bombardement pourrait y établir ses bases de départ. Le
memorandum établi le 25 février par l'état-major anglais sur les
problèmes de stratégie générale, et la réponse de l'état-major français
du 7 mars, ont été les premières manifestations de cette nouvelle
politique.

Le 8 mars, en séance de la chambre des Communes, Hore
Belisha, secrétaire d'Etat à la Guerre, avait déclaré que, dans le
cas où les « intérêts vitaux » de la France seraient menacés, la
Grande-Bretagne lui donnerait une « coopération immédiate ». Cette
déclaration avait été faite à propos du conflit diplomatique franco-
italien, dont le principal enjeu était la question tunisienne ; elle avait
pourtant une valeur générale : elle s'appliquerait donc au cas d'un
conflit franco-allemand : Hore Belisha, il est vrai, n'avait pas dit
dans quel délai exact cette coopération « immédiate » se manifes-
terait par l'envoi d'un corps expéditionnaire sur le continent, mais

il avait indiqué que l'armée anglaise pourrait engager progressivement 19 divisions dans des opérations en Europe. Jamais auparavant le cabinet anglais n'avait donné une promesse aussi nette : le 25 septembre 1938, au moment le plus grave de la crise tchécoslovaque, il avait annoncé seulement qu'il donnerait son assistance à la France si celle-ci était « en danger », mais il n'avait pas promis une entrée immédiate dans la guerre.

Il n'est donc pas douteux que, même avant le « coup de Prague », la politique anglaise avait déjà marqué une orientation nouvelle. Cette constatation, qui corrige les interprétations traditionnelles, a été mise en lumière par les travaux de notre colloque. Mais c'est l'événement du 15 mars 1939 qui a eu raison des dernières hésitations du cabinet et qui a déterminé dans l'opinion publique le « choc » décisif.

III. — L'action diplomatique de la France et de Grande-Bretagne de mars à septembre 1939

A partir du 18 mars 1939, les gouvernements anglais et français ont mené une action diplomatique concertée, dont le but était de décourager l'agression. Certes, ils envisageaient l'éventualité de la guerre, si leur effort de dissuasion restait vain ; mais ils ne la souhaitaient certes pas. Les documents qui ont été rassemblés dans les rapports du colonel Le Goyet et de MM. Haslam, Neave-Hill et Fridenson montrent que les états-majors avaient pleine conscience des difficultés et des dangers qu'entraînerait un grand conflit, car l'armée et surtout l'aviation allemandes avaient une supériorité certaine sur les forces franco-anglaises. Pourtant Daladier et Neville Chamberlain n'avaient aucune inquiétude sérieuse sur l'issue de la lutte, car ils avaient une confiance absolue dans la défensive (le procès-verbal des entretiens de Londres, le 29 avril 1939, témoigne de cet état d'esprit) (4). Par contre, où pourrait-on mener une action offensive contre l'Allemagne ? L'attaque contre la ligne Siegfried, impossible au début des hostilités, pourrait peut-être être envisagée plus tard, mais après de longs préparatifs. Le « débordement » de la ligne Siegfried par le Nord n'était pas possible, à cause de la neutralité belge. La seule suggestion présentée par le général Gamelin (le 13 juillet 1939) était un souvenir de la première guerre mondiale : effectuer à Salonique un débarquement qui pourrait ouvrir la voie à une offensive contre l'Europe centrale.

A ce stade préliminaire, les prévisions stratégiques ne provo-

(4) Le général Gamelin était moins optimiste, car il craignait, si les Allemands violaient la neutralité belge, d'être obligé de livrer en Belgique une « bataille de rencontre ».

quent pas, semble-t-il, de désaccord sérieux. Au contraire, dans l'action diplomatique, l'harmonie s'établit plus difficilement.

L'Italie.

En 1938, le cabinet anglais, après la démission d'Anthony Eden, avait appliqué à l'Italie comme à l'Allemagne la politique d'*appeasement*. En mars 1939, lorsqu'il a renoncé à cette politique, dans ses relations avec l'Allemagne, il y est resté fidèle dans ses relations avec l'Italie. Bien que la presse italienne ait mené contre la France des attaques incessantes et véhémentes, le cabinet anglais a conservé avec le gouvernement italien des relations non seulement correctes, mais cordiales. Dans les rapports parallèles que nous avons présentés, le professeur D.C. Watt et moi, nous avons examiné ce désaccord dans les relations anglo-françaises.

Neville Chamberlain, en mars et en avril 1939, insiste à plusieurs reprises auprès de Daladier sur la nécessité de liquider au plus vite les différends franco-italiens : ce serait, dit-il, le moyen le plus sûr de maintenir la paix européenne, car Mussolini, s'il obtient satisfaction dans une négociation avec la France, restera neutre dans un conflit franco-allemand, et cette perspective suffira à dissuader Hitler de faire la guerre. Le Premier ministre réitère ces instances en juillet, bien que dans l'intervalle l'Italie ait conclu avec l'Allemagne le « Pacte d'Acier ». Il se borne pourtant à demander au gouvernement français de donner à l'Italie « une preuve de bonne volonté », sans préciser quelles concessions il conviendrait de lui accorder.

Daladier réplique que l'opinion publique et le Parlement français ne pourraient pas admettre que le gouvernement négocie avec un partenaire dont les revendications sont présentées sur un ton injurieux ; il ne dit pas qu'il a tenté, en février, une négociation secrète — la mission Baudouin — et qu'il a refusé d'y donner suite parce que le gouvernement italien voulait remettre en question le statut de la Tunisie. En fin de compte, après quatre mois d'efforts, le Premier ministre anglais renonce, au début d'août, à convaincre le président du Conseil français.

Sur tous ces échanges de vues franco-anglais, nous avons, le professeur D.C. Watt et moi, fait les mêmes constatations. Mais nos interprétations sont divergentes sur deux points :

1°) Quelle appréciation convient-il de porter sur la politique italienne de Neville Chamberlain ?

Le comportement du Premier ministre anglais, à mon avis, a été dominé par deux préoccupations : il estimait qu'une négociation franco-italienne était indispensable pour obtenir la neutralité de l'Italie en cas de guerre franco-allemande ; et il croyait que cette neutralité de l'Italie suffirait à dissuader Hitler de recourir aux armes. Or ces prévisions étaient, l'une et l'autre, erronées : le gouvernement italien est resté neutre, le 1ᵉʳ septembre 1939, bien que Daladier n'ait pas manifesté à l'égard de l'Italie la « bonne volonté » qu'avait recommandé Neville Chamberlain ; pourtant cette neutralité italienne n'a pas exercé sur Hitler l'effet de « dissuasion» qu'avait escompté la politique anglaise. Le bilan de cette politique me paraît donc avoir été négatif.

C'est ce que conteste le professeur D.C. Watt. A son avis, les ménagements que Neville Chamberlain a tenu à conserver à l'égard de l'Italie n'ont pas été inutiles : dans les débats qui, à Rome, au cours de la seconde et de la troisième semaines d'août 1939, ont précédé la déclaration de non-belligérance, il y a tout lieu de penser que la prudence du Premier ministre anglais a fait « pencher la balance ».

A vrai dire, nous n'avons aucun moyen de connaître exactement l'état d'esprit de Mussolini. Tout ce que nous pouvons constater, d'après les documents diplomatiques italiens qui ont été publiés (5), c'est que la décision de « non-belligérance » a été prise avant tout pour des motifs militaires : insuffisance des préparatifs et déficit des stocks de matières premières. Le Duce n'avait-il pas déclaré à Hitler qu'il ne voulait pas envisager de participer à une guerre avant 1942 ? Il ne semble pas que le comportement de Neville Chamberlain soit entré en ligne de compte dans la décision de « non-belligérence ».

2°) Les deux gouvernements étaient-ils d'accord sur les mesures militaires et navales à prendre dans le cas où l'action diplomatique n'empêcherait pas la participation de l'Italie à une guerre européenne ? Le cabinet anglais, si désireux qu'il fût de maintenir le contact avec le gouvernement italien, ne pouvait certes pas négliger le cas où son effort échouerait ; il approuvait donc les études d'état-major qui envisageaient l'éventualité d'un conflit. Or le professeur Watt constate à cet égard une contradiction entre les documents anglais et les documents français : les états-majors français, d'après les documents que j'ai cités dans mon rapport, souhaitaient au début de 1939 avoir l'occasion de mener des opérations offensives contre l'Italie ; pourtant les états-majors anglais, dans l'été de 1939, ont rencontré de la part des Français, remarque le professeur Watt, beaucoup de réticences et même d'hésitations lorsqu'ils ont voulu établir un plan d'opérations.

Il me semble maintenant, après la lecture des rapports de nos experts militaires — de M. Neave-Hill surtout — que cette question a été beaucoup plus compliquée que nous ne le pensions, le professeur Watt et moi. En fait, en mars 1939, l'état-major britannique et l'état-major français étaient d'accord pour envisager, dès le début d'une guerre européenne, une action armée contre l'Italie en Afrique du Nord-Est (Libye et Ethiopie). Mais, lorsque le projet a été examiné

(5) *Documenti diplomatici italiani*, Ottava Serie, volume XIII (Rome, 1953).

de plus près, l'état-major français, en mai 1939, a présenté des objections : pour engager une action contre la Libye, il fallait être assuré de la neutralité du Maroc espagnol, et prévoir un délai de deux mois au moins, après la mobilisation, pour achever les préparatifs ; quant à une grande offensive contre les régions industrielles de l'Italie du Nord, elle exigerait d'engager 30 divisions ! Dans ces conditions, le comité des chefs d'état-major anglais a estimé, à la fin de mai, qu'il était préférable d'abandonner l'entreprise. Et le comité de Défense impériale, le 24 juillet, a confirmé cette décision.

La Pologne.

Les relations de la Grande-Bretagne et de la France avec la Pologne, à partir du 18 mars 1939, ont donné lieu à un ample échange de vues. Nous avons certes examiné, à la lumière des documents nouveaux apportés par le professeur F.W. Deakin, les conditions dans lesquelles a été accordée le 31 mars la *garantie* anglaise à la Pologne et nous avons entendu avec beaucoup d'intérêt notre collègue Seton-Watson contester le principe même de cette garantie. Mais c'est la collaboration militaire franco-polonaise qui a retenu surtout notre attention, sur la base du rapport établi par notre collègue Henri Michel. Le 17 mai, lors de la visite à Paris du ministre de la Guerre polonais, le général Gamelin avait donné des promesses précises, dont la plus importante concernait une offensive française contre la ligne Siegfried, qui devait être lancée quinze jours après la mobilisation. Toutefois l'exécution de cette convention militaire était subordonnée à la conclusion d'un accord politique, qui n'était pas encore conclu, et qui l'a été seulement le 5 septembre, donc *après* le début des hostilités. Dans l'intervalle entre la fin de mai et le début de septembre, le général Gamelin était en droit de considérer comme nuls et non avenus les engagements qu'il avait pris. C'est la thèse qu'il a soutenue dans ses Mémoires (6). Pourtant le texte établi le 17 mai, même s'il était sans valeur juridique, était au moins une déclaration d'intentions ; il avait une valeur morale. Or il apparaît que le chef de l'état-major général français, à aucun moment, n'a eu l'intention de préparer sérieusement l'exécution de ses promesses. Le 31 mai, dans les instructions qu'il adressait au général Georges, il se bornait à indiquer qu'il y aurait lieu, en cas de guerre européenne, de mener des actions offensives pour soulager l'armée polonaise ; mais il n'en précisait pas l'ampleur, et n'en indiquait pas la date (« le quinzième jour »). Ces instructions n'ont été ni reprises ni complétées au cours des trois mois suivants. Et les états-majors français n'ont même pas donné à l'armée polonaise l'aide *en matériel* qu'ils auraient sans doute pu lui fournir. En constatant cette passivité, nous avons été amenés à nous poser deux questions :

(6) *Servir*, tome II, p. 418.

1°) L'état-major polonais a-t-il fait une tentative au cours de ces trois mois pour reprendre contact avec l'état-major français ? Cette démarche aurait été bien nécessaire : dès lors que la convention militaire du 17 mai restait « en attente », faute de conclusion de l'accord politique, le commandant en chef de l'armée polonaise aurait eu grand intérêt, semble-t-il, à savoir dans quelle mesure le général Gamelin restait prêt à tenir ses promesses. Or, d'après les recherches qui ont été faites par le colonel Le Goyet dans les archives militaires françaises, l'état-major polonais n'a pris aucune initiative à cet égard. Pourquoi ? Il préférait, semble-t-il, ne poser aucune question, parce qu'il aurait été amené, s'il avait engagé une conversation nouvelle, à fournir des indications précises sur son plan d'opérations, qu'il désirait tenir secret, même à l'égard de la France. Mais, en l'absence de documentation polonaise, cette explication reste contestable.

2°) Le général Gamelin envisageait-il ou non une offensive rapide contre la ligne Siegfried ? Nos experts militaires nous ont dit qu'il n'y songeait pas, non seulement parce que cette opération aurait entraîné de lourdes pertes en hommes (et qu'elle aurait donc été dangereuse pour l'état du *moral* en France), mais parce que les conditions techniques ne permettaient pas de l'entreprendre : cette offensive aurait exigé l'emploi de chars lourds d'un modèle spécial et de projectiles d'artillerie lourde dotés d'une grande force de perforation (7). Sans doute, ce matériel existait, mais en quantité trop insuffisante pour nourrir une opération de grande envergure ; et il n'apparaît pas qu'un effort ait été accompli entre mai et septembre 1939 pour développer ces fabrications. Pourquoi donc Gamelin a-t-il donné aux Polonais des promesses qu'il était incapable de tenir ? L'explication, nous la trouvons vraisemblablement dans un propos que le commandant en chef français a tenu, le 13 juillet 1939, au général Gort, désigné pour commander le corps expéditionnaire anglais : il fallait, disait-il, « laisser la guerre commencer à l'Est », parce que la Pologne pourrait résister quatre mois, peut-être six, et que la France et la Grande-Bretagne disposeraient ainsi du délai dont elles avaient besoin pour mettre au point leurs préparatifs militaires. Dès lors l'interprétation historique est tentée d'attribuer à Gamelin une arrière-pensée : le gouvernement polonais, s'il avait été informé que l'armée française était hors d'état de lui donner une aide efficace, se serait probablement résigné à négocier avec l'Allemagne ; tout de suite après ce succès obtenu sans guerre, Hitler aurait pu tourner ses forces « vers l'Ouest » ; dans l'intérêt de la France et de la Grande-Bretagne mieux valait voir la Pologne résister aux revendications allemandes et accepter la guerre. Mais cette conclusion, pour vraisemblable qu'elle soit, ne peut pas s'appuyer sur des preuves certaines.

(7) Le général Gamelin, dans *Servir*, tome III, p. 74, déclare que ces projectiles spéciaux, dont le modèle avait été établi en 1938, n'ont été fabriqués en grande série qu'au printemps de 1940.

L'U.R.S.S.

Le vain effort qui a été tenté par la Grande-Bretagne et la France, entre mars et septembre 1939, pour obtenir de l'U.R.S.S. une promesse d'assistance contre l'Allemagne a été étudié dans les rapports de M. R. Wheatley et de M. Jean Laloy. En mars, les deux gouvernements avaient une position toute différente, puisque la France avait, depuis mai 1935, un pacte avec l'U.R.S.S., tandis que le cabinet anglais avait à surmonter deux obstacles : l'antipathie et la méfiance profonde que lui inspirait le régime soviétique, et la médiocre opinion qu'il avait sur la valeur de l'armée russe. Lorsque le cabinet anglais s'est décidé à négocier, la collaboration franco-anglaise a-t-elle été sans réticences ? C'est la question à laquelle nous nous sommes attachés. Nous avons constaté que les gouvernements anglais et français avaient été en désaccord, au milieu d'avril, au sujet de l'étendue des offres qu'il convenait de faire à l'U.R.S.S., qu'ils l'étaient aussi, au début de mai au sujet de la portée de la garantie à accorder aux Etats baltes ; et que les hésitations, les lenteurs, les ambiguïtés avaient persisté pendant la majeure partie de la négociation. Nous avons aperçu les signes de méfiance des Franco-Anglais qui craignaient d'être entraînés par l'U.R.S.S. dans une guerre, puis abandonnés par elle, et nous avons vu que l'U.R.S.S. éprouvait la même crainte. Pourtant nous avons lieu de penser que, même si la négociation avait été menée dans une atmosphère différente, des difficultés fondamentales en auraient vraisemblablement empêché le succès, car l'U.R.S.S. pouvait obtenir, en traitant avec l'Allemagne, des avantages bien supérieurs à ceux que pouvaient lui offrir la France et la Grande-Bretagne (8). Enfin nous avons reconnu, chez certains négociateurs anglais et français, le vague espoir qu'une négociation avec l'U.R.S.S. pouvait être un bon moyen d'inquiéter le gouvernement allemand et d'ouvrir ainsi la voie à une négociation avec l'Allemagne.

Au-delà de ces jugements portés sur les méthodes et les arrière-pensées de la diplomatie, deux aspects de cette négociation ont retenu notre attention : pourquoi la question du droit de passage à travers la Pologne, qui a été l'obstacle majeur lors des conversations d'états-majors menées à Moscou par le général Doumenc et l'amiral Drax, en août 1939, a-t-elle été posée si tardivement ? Et pourquoi la diplomatie franco-anglaise n'a-t-elle pas mesuré le danger d'un rapprochement germano-russe ?

Sur la question du droit de passage, le gouvernement polonais avait, de longue date, déclaré qu'il s'opposerait absolument à l'entrée des troupes soviétiques en territoire polonais, et il avait donné des

(8) M. Laloy a pourtant été sur ce point, plus réservé que ne l'était M. Wheatley.

arguments qui n'étaient certes pas négligeables. Il était donc permis de se demander si l'alliance polonaise était incompatible avec l'alliance russe : l'U.R.S.S. ne pouvait évidemment pas donner une promesse d'intervention en cas de guerre européenne, si le droit de passage lui était refusé. Pourquoi les Franco-Anglais, dès le début de la lente négociation avec l'U.R.S.S., n'ont-ils pas mis les Polonais « au pied du mur » ? Probablement parce qu'ils ont pensé (9) que, dans ce débat difficile avec le gouvernement polonais, ils seraient amenés à indiquer quels étaient leurs plans militaires ; or ces plans étaient inconsistants. Mieux valait donc attendre le moment où, placés devant une menace allemande imminente, les Polonais finiraient par se résigner à accorder aux Russes le droit de passage : telle était la conviction des milieux dirigeants à Londres comme à Paris. Mais avaient-ils songé qu'en pareil cas l'intervention de l'U.R.S.S., faute de préparatifs, ne pourrait pas être immédiate et risquait donc d'être inefficace ?

Sur l'éventualité d'un rapprochement germano-russe, les gouvernements anglais et français avaient reçu quelques informations données par leurs agents diplomatiques ou leurs attachés militaires et même, dans un cas au moins, par un membre de l'opposition allemande à Hitler (10) ; mais ces informations étaient restées très vagues : elles exprimaient une crainte, mais elles n'indiquaient pas qu'une négociation secrète russo-allemande était en cours. Le *Foreign Office* semble avoir pensé que ce danger ne pouvait pas se présenter tant que se prolongeait la négociation anglo-franco-russe (11). Pourtant la portée de cette erreur a-t-elle été grave ? Elle l'a été, sans aucun doute, si l'on tient pour certain que, dès le 3 mai (date de la chute de Litvinov), Staline était résolu à conclure un accord avec l'Allemagne : toute la négociation anglo-franco-russe était donc vaine. Mais sommes-nous sûrs que tel était l'état d'esprit de Staline ? Il est possible, remarque M. Laloy, qu'il ait voulu surtout « rentrer dans les affaires européennes » dont il avait été exclu lors de la conférence de Munich, et attendre le tour que prendraient les événements. Convaincu que la crise polonaise se terminerait par un « nouveau Munich », il ne croyait pas à la guerre et peut-être n'y a-t-il vraiment cru qu'au milieu d'août. Dans cette hypothèse, la négociation anglo-franco-polonaise, en mai-juin, offrait encore des possibilités. Entre ces deux interprétations, nous n'avons pas les moyens de choisir, faute de pouvoir connaître les documents des archives russes. Nous pouvons seulement remarquer que Staline, à partir de juin, a fait dire, à plusieurs reprises, dans la presse, que la négociation anglo-franco-russe n'était pas en bonne voie : il préparait donc l'opinion publique russe à l'échec de cette négociation.

(9) C'est l'hypothèse de M. Laloy.
(10) Rapport de M. Wheatley, p. 210.
(11) Voir sur ce point le rapport de M. Wheatley.

Est-il nécessaire de souligner que ces recherches, qui éclairent d'un jour nouveau certains aspects des relations franco-anglaises à la veille de la guerre, ne modifient pourtant pas sensiblement l'image que nous nous formions ? La Grande-Bretagne et la France se sont résignées à la guerre parce qu'elles auraient perdu toute autorité morale dans le monde si elles avaient laissé faire ; elles avaient conscience que cette guerre serait longue et que les ressources économiques y joueraient un grand rôle ; elles savaient enfin qu'elles abordaient cette épreuve dans des conditions difficiles, dès lors que l'accord germano-russe du 23 août 1939 enlevait au blocus une large part de son efficacité.

Ce coup d'œil général qui a cherché à souligner les points essentiels de nos débats est bien loin de pouvoir en montrer tous les aspects. Nous n'avons certes pas pu donner aux questions économiques la place qu'elles méritaient, car la maladie du rapporteur français, M. Néré, n'a pas permis d'ouvrir un large débat sur l'important rapport de Mrs. Gowing. Mais nous avons été amenés à aborder incidemment d'amples problèmes sur lesquels nous avons essayé de jeter, en passant, quelques lueurs. C'est ainsi que nous avons suivi avec grand intérêt les remarques de MM. Duroselle et Watt sur les conditions dans lesquelles s'est formée, en Grande-Bretagne et en France, l'opinion publique, ou les observations de M. Philippe Masson sur la mentalité respective des états-majors navals. Nous avons été invités à réfléchir aussi sur le rôle comparé des hauts fonctionnaires au Quai d'Orsay et au *Foreign Office,* sur l'influence des questions impériales dans l'élaboration de la politique extérieure anglaise, sur l'importance que pourrait présenter l'étude des contacts entre la Droite française et la Droite anglaise. (Je note les souvenirs qui me viennent à l'esprit, et je ne prétends pas les évoquer tous). Sans avoir le temps d'examiner de plus près ces questions, nous avons eu le sentiment que ces échanges de vues occasionnels pouvaient suggérer le programme de nouvelles recherches, qui seraient entreprises par notre groupe de travail, dans le même esprit de coopération amicale.

Au terme de ce rapport, il me paraît nécessaire de souligner une remarque que nous avons eu l'occasion de faire à propos de la qualité fort inégale des sources d'archives dont nous disposons : en fait l'historien trouve dans les archives françaises une documentation beaucoup moins sûre et moins complète que dans les archives anglaises. Pourquoi ? Pour trois raisons :

1°) Les procès-verbaux des séances du cabinet anglais sont une source dont l'importance est primordiale (nous avons pu le constater au cours de nos débats). Or, en France, avant 1945, les délibérations du Conseil des ministres ne donnaient pas lieu à la rédaction d'un procès-verbal : il paraissait préférable de ne pas fixer, par écrit, les opinions émises au sein du Conseil, et même les décisions prises. Le président du Conseil n'avait même pas de secrétariat général. Dans les instructions adressées aux ambassadeurs par le ministre des Affaires étrangères, l'historien rencontre pourtant quelquefois une indication selon laquelle le texte de ces intructions a été « délibéré en Conseil des ministres ». Sauf dans ce cas, qui est rare, les délibérations du Conseil ne sont donc connues que par des témoignages.

2°) Les archives du ministère français des Affaires étrangères ont subi, du fait de la guerre de 1939-45, de graves dommages (12). Le 16 mai 1940 (destruction de documents qu'il n'était pas possible de transporter en province, au moment où l'on a cru, pendant quelques heures, que les troupes allemandes allaient immédiatement marcher sur Paris : ces destructions ont surtout affecté les documents des années 1938 et 1939) ; le 25 août 1944 (incendie d'une aile du ministère, au cours des combats pour la Libération de Paris). L'effort considérable qui a été entrepris par les archivistes pour réparer dans la mesure du possible ces dommages, en utilisant les archives des grands postes diplomatiques (surtout celles de l'ambassade à Londres) ne pouvait que les atténuer. Sans doute il a été possible de reconstituer, dans les correspondances diplomatiques, presque tous les documents intéressants ; mais les documents qui n'avaient pas fait l'objet d'une transmission (notes pour le ministre ; comptes rendus d'entretiens du ministre) ont presque toujours disparu. Les papiers privés qui ont été remis soit aux archives du ministère (papiers de Georges Bonnet, papiers de René Massigli) soit à la Fondation des Sciences politiques (papiers Daladier) ont, il est vrai, comblé une partie de ces graves lacunes, mais une partie seulement. Les fonds d'archives de l'état-major de l'Armée et de l'état-major de la Marine ont subi aussi des dommages, moins graves pourtant que ceux des archives du ministère des Affaires étrangères.

3°) Enfin l'état actuel des classements dans les archives du Quai d'Orsay est médiocre pour 1938-1939, parce que les archivistes, absorbés par des tâches de reconstitution, n'ont pas encore eu le temps de s'y consacrer. Les recherches sont donc malaisées : l'historien peut toujours craindre de n'avoir pas vu les dossiers utiles. Cet inconvénient n'est que temporaire. Mais il se manifestera encore pendant trois ans environ.

Il est nécessaire que nous connaissions ces obstacles, pour mesurer les difficultés que nous pourrons rencontrer au cours de nos recherches futures.

---

(12) L'étendue de ces dommages a été signalée depuis longtemps par une note de M.A. Outrey, chef de Service des archives du ministère, publiée dans le n° 2 (octobre 1949) des *Cahiers d'histoire de la guerre*, p. 31-33. Mais cette note paraît avoir échappé à l'attention de nombreux historiens.

INDEX

(Noms de lieux, de personnes et de thèmes étudiés)

A

Abbeville, 332.
Abyssinie, 144, 251, 281, 284.
Accord Badoglio-Gamelin, 20, 23, 38, 299, 417, 418.
Adam (lieut-gén. Sir Ronald F), 118.
Addis Abeba, 296, 309, 311.
Aden, 114, 198, 378.
Adriatique, 309.
Afrique, 48, 123, 354.
Afrique Noire, 173.
Afrique du Nord, 23, 104, 107, 113, 117, 122, 138, 144, 146, 158, 162, 166, 170, 173, 287, 290, 293, 339, 341.
Afrique orientale, 17, 18, 104, 107, 113, 137, 166, 339, 417, 423.
Afrique du Sud, 197.
Agences : Reuter, 387, 411 ; Tass, 411.
Air : Armée de l'Air française, 125, 143, 172, 322.
   Luftwaffe, 102, 171, 173, 374, 377, 420, 421.
   Royal Air Force, 97, 98, 114, 116, 117, 143, 145, 151, 156, 169, 170, 172, 174, 322, 325, 346, 364, 373, 374.
   Aviation italienne, 162.
   Aviation polonaise, 170, 325.
   Aviation soviétique, 171.
   Avions (types d'), Amiot 143, 169 ; Blenheim, 174, 175 ; Bréguet d'assaut, 163; Caudron-Renault, 167 ; Dewoitine 520, 163 ; Fairey Battle, 174, 175 ; Léo 45, 163 ; Morane 406, 163.
   D.C.A., 142, 163, 168.
Aire-sur-la Lys, 332.
Albanie, 58, 59, 63, 86, 89, 166, 287, 289 à 291, 309, 388, 391.
Albert (canal), 112, 321, 322, 348.
Alençon, 332.
Alexandre (roi de Yougoslavie), 69.
Alexandrette (Sandjak), 54, 59, 60, 291.
Alexandrie, 286.

Allemagne, 18, 19, 26 à 34, 36, 39, 40, 42, 50, 51, 54 à 60, 65, 67 à 70, 73, 74, 76 à 80, 82, 84 à 87, 94 à 101, 102, 104, 105, 108, 109, 117, 119, 124, 125, 128, 129, 136 à 142, 144, 145, 152, 158, 162, 164, 167, 172, 173, 181, 183, 187, 195, 196, 197, 201, 202, 204 à 207, 209, 210, 211, 216, 217, 219, 221, 234, 237, 238, 247, 249, 253, 255 à 258, 260, 261, 272, 273, 274, 278, 280, 285 à 288, 290, 291, 297, 298, 307, 308, 311, 312, 315, 316, 319, 322 à 324, 326 à 328, 335, 338 à 345, 347, 349, 350, 360, 368 à 370, 374, 375, 376, 377, 380, 384 à 386, 388, 390, 392, 393, 397, 398, 400, 401, 407 à 409, 410, 412, 417, 419 à 422, 425 à 427.
Alpes, 23, 144, 293.
Amery (Léo), 248.
Amiens, 332.
Amsterdam, 320.
Anderson (sir John, général), 247.
Ankara, 54, 59, 60.
Anschluss, 35, 37, 38, 39, 68, 74, 75 à 77, 125, 158, 231, 283, 299, 416.
Anvers, 320, 321.
Arabe (révolte), 280.
Arabie, 300, 302.
Argentine, 181, 182.
Armentières, 118.
Arras, 332, 365.
Asie, 173, 419.
Astakhov, 407.
Atholl (duchess of), 248.
Atlantique, 29, 48, 100, 139, 140, 260, 268, 269, 285, 286, 293, 317, 320.
Audenarde, 321.
Autriche, 17 à 20, 23, 24, 35 à 38, 64, 68, 69, 71, 74, 95, 120, 129, 251, 280, 281, 297 à 300, 349, 374, 418.
Axe Berlin-Rome, 31, 54, 63, 143, 201, 207, 293, 296, 297, 319, 368, 370.
Ayme (colonel), 130, 375.

432

B

BADOGLIO (maréchal), 19, 23, 114.
BAILLY (commandant), 161, 165, 169.
BALDWIN, 19, 27, 244, 247, 261.
Baléares (Iles), 30, 31, 138.
Balkans, 46, 60, 74, 77, 78, 81, 82, 148, 278, 309, 346.
BALLANDE (capitaine de corvette), 365.
Baltes (Etats), 47, 102, 191, 202, 205, 206, 208, 209, 397, 409, 411, 412, 426.
Baltique, 63, 88, 140 à 142, 203, 210, 342, 384, 392, 408.
BARON (député français), 268.
BARRAT (Air vice-marshal), 172, 369, 378, 379.
BARRES, 228.
BARTHOU (Louis), 67 à 70, 216, 230.
BAUDOIN (Paul), 288 à 290, 316, 422.
Bawdsey, 365.
Beauvais, 332.
BECK (colonel), 58, 85, 86, 210, 216, 218, 326, 345, 386 à 392, 394, 398, 399, 413.
Belgique, 23, 26, 28, 33, 34, 42, 54, 65, 94, 96, 101, 105, 111, 112, 137, 139, 144, 153, 156, 158, 166, 174, 181, 191, 192, 208, 267, 273, 319 à 322, 327, 329, 334, 335, 347 à 349, 360, 375, 389, 391, 397.
Belgrade, 55, 72.
BELLEFON (Méric de), 181, 192, 269, 270, 272.
BELOFF (Max), 50.
BENES (Edouard), 40, 220, 236.
Berchtesgaden, 35, 41, 42, 279, 281, 297, 388, 391.
BERENGER (Henry), 299.
BERGERY (député français), 236, 240, 241.
Berlin, 18, 34, 35, 57, 68 à 72, 74, 128, 205, 211, 220, 280, 284, 291, 314, 323, 344, 376, 378, 385, 407, 409, 411.
Bessarabie, 202, 211, 409.
BEVAN (Aneurin), 249.
BEVIN (Ernest), 249.
BIDAULT (Georges), 234.
Bierbza, 345.
Bilbao, 280.
BILLOTTE (général), 354, 355.
BINEAU, 354.
BIRKENHEAD, 247.
Birmingham, 79.
Bizerte, 122, 144.
BLONDEL, 38.
BLUM (Léon), 30, 31, 215, 217, 218, 220, 221, 227, 231 à 233, 234, 237, 301, 386.
Bohême, 218, 338, 341, 344, 398.
BONCOUR (Paul), 235, 237, 301.
BONNEFOUS (Edouard), 232.
BONNET (Georges), 46, 48, 49, 58, 81 à 84, 158 à 160, 203, 217, 229, 230, 232, 237, 241, 284, 288 à 292, 302, 304 à 308, 310, 311, 313, 314, 364, 385, 386, 388, 393 à 395, 404, 408 à 410, 412, 429.
BORIS (roi de Bulgarie), 284.
BOUHEY (Jean, député français), 234.
BRASILLACH (Robert), 237.
Brenner, 38, 298.
Brésil, 197.
Brest, 330.
BREYTON (capitaine), 161.
BRIDGEMAN, 247.
Bristol, 117.
BROOKE (lieutenant général), 117.
BROWN (E.), 247.
BRUNET (René), 241.
Bruxelles, 112, 321, 348.
BUCARD (Marcel), 227, 240.
Bucarest, 57, 58, 80 à 83.
Bulgarie, 53, 54, 59, 63 à 65, 77, 87, 109.
BURGIN (Leslie), 247.

C

Cadix, 388.
CADMAN (sir John), 264, 265.
CADOGAN (sir Alexander), 211, 267, 285, 306, 308.
CAMBON (Roger), 306.
Cambrai, 320.
CAMPINCHI, 234.
Canada, 193.
Canaries, 30, 138.
CARTIER (Raymond), 234.
CAVALLERO (général), 291.
Chalons, 170.
CHAMBERLAIN (sir Austen), 33, 247.
CHAMBERLAIN (Neville), 34, 36 à 39, 41 à 43, 45 à 48, 56, 60, 76 à 80, 82, 83, 85, 87, 88, 130 à 133, 135 à 137, 156, 158, 159, 162, 163, 171, 180, 203 à 207, 209, 211, 213, 235, 237, 244 à 250, 253 à 258, 260, 261, 279 à 286, 291, 292, 294, 297, 298, 300, 305 à 308, 312 à 315, 317, 327, 338, 352, 362, 364, 368, 369, 384, 387, 389 à 392, 406, 412, 419 à 423.
CHAMPETIER DE RIBES, 232, 234.
CHATFIELD (amiral), 30, 134, 203, 287, 350, 351.
CHAUTEMPS (Camille), 25, 156, 231, 297, 362.
CHAUVEL (Jean), 404.
Cherbourg, 117, 330.
CHICHERY, 231.
Chine, 95, 110, 117, 138, 161, 251, 280.
CHURCHILL (Winston), 26, 27, 30, 42, 78, 203, 230, 247 à 249, 254, 259, 287.
Chypre, 117.

CIANO (comte), 37 à 39, 279, 282, 284, 288 à 292, 297, 300, 302, 303, 308 à 316.
CLAYTON (général), 325.
Clèves, 320.
COCKBURN (Claud, alias PITCAIRN Franck), 251, 252.
COLLIER (group-captain), 369.
COLSON (général), 365.
COLYER (group-captain D.), 375.
CORBIN (Charles), 49, 57, 67, 79, 87, 129, 157, 176, 289, 290, 310, 311, 395, 404, 405.
Combustible : charbon, 187, 192, 268 ; pétrole, 22, 24, 186, 192, 196, 227, 266 à 268, 270, 272, 418.
CORDER CATCHPOOL, 252.
Corfou, 86, 388.
Corse, 44, 151, 152, 158, 162.
COT (Pierre), 156, 157, 167, 219, 227, 362.
Côte de l'Or, 115.
COULONDRE, 219, 395, 409.
COURTNEY (Air vice-marshal), 155, 374.
CRANBORNE (lord), 248.
CRIPPS (sir Stafford), 249.
CROOKSHANK (captain), 272, 273.
CURZON, 247.

D

Dakar, 198.
DALADIER, 39 à 43, 45, 46, 56, 60, 82, 88, 96, 130, 132, 133, 135 à 137, 151, 157 à 160, 162, 163, 166, 171, 180, 203, 219, 227, 229 à 233, 235, 241, 268, 288 à 292, 305, 307, 309 à 313, 315, 316, 344, 349, 352, 356, 367, 368, 392, 421 à 423, 429.
Danemark, 181, 191, 389.
Dantzig, 48, 229, 258, 260, 292, 312, 326, 388, 390, 391, 394 à 396, 397, 398, 401.
Danube, 68, 280.
Dardanelles, 211.
DARLAN (amiral), 30, 129, 133, 317, 354.
DAVIDSON (colonel), 325.
DEAT (Marcel), 219, 235, 237, 241.
DEBENEY (général), 384.
DECOUX (amiral), 122, 123.
DEFFONTAINE (major général), 154.
DELBOS (Yvon), 30, 32, 55, 156, 218, 282.
DELMAS (André), 237.
DENAIN (général), 152.
DENTZ (général), 129, 355.
Diego-Suarez, 198.
Dieppe, 170, 330.
DILL (lieutenant général, sir John), 118, 329.
Djibouti, 44, 117, 144, 161, 162, 198, 288, 289, 296, 306, 309, 311, 315, 316.

Dobroudja, 87, 90.
DOLLFUSS (chancelier), 417.
DORIOT (Jacques), 227, 235, 240.
DOUMENC (général), 171, 210, 426.
DRAX (amiral), 210, 426.
DRIEU LA ROCHELLE, 235.
DUCE voir MUSSOLINI.
DUCLOS (Jacques), 239.
DUFF COOPER, 248, 254.
DUMMOND (sir Eric), 279, 280.
DUMOULIN (Georges), 237.
Dunajec, 345.
Dunes (rade des), 198.
DURAND-VIEL (amiral), 54.
Duren, 320.
EDEN (Anthony), 18 à 22, 24 à 27, 31, 37, 38, 42, 55, 70, 94, 103, 124, 154, 156 à 158, 221, 248, 249, 254, 277 à 282, 298, 390, 418, 422.
EDOUARD VIII (roi d'Angleterre), 248.
Egée (mer), 80.
Egypte, 107, 111 à 114, 122, 136, 138, 139, 144, 146, 147, 158, 197, 278, 286, 388.
Erythrée, 21.
Escaut, 321.
Espagne, 29 à 32, 114, 125, 138, 169, 192, 193, 195, 198, 199, 219 à 221, 228, 231, 251, 260, 277, 282 à 284, 300 à 303, 308, 324, 346, 388.
Espagne (guerre civile d'), 29, 30, 55, 136, 216, 219, 284, 296, 300, 301, 302, 309, 416.
Estonie, 203, 208.
Ethiopie, 17 à 22, 37, 75, 104, 120, 121, 151, 165, 296, 298, 300, 339, 385, 416.
Europe, 18, 29, 33, 53, 55, 60, 67, 69, 71 à 73, 75, 76, 101, 104, 115, 124, 133, 146, 201, 202, 218, 228, 229, 238, 244, 257, 258, 260, 278, 314, 339, 344, 347, 380, 420.
Europe centrale, 17, 19, 23, 24, 28, 33, 34, 36, 38, 40, 47, 50, 57, 70, 75, 76, 78, 124, 137, 195, 216, 299, 316, 327, 409, 418, 421.
Europe danubienne, 300, 417, 419.
Europe occidentale, 397.
Europe orientale, 28, 55, 63, 66, 67, 69, 70, 73, 74, 79, 109, 115, 135, 137, 147, 148, 201, 202, 207, 260, 278, 285, 307, 327, 340, 342, 389, 409.
EVILL (Air vice marschal), 380.
Extrême-Orient, 31, 115, 139, 198, 280, 285, 287, 411.
Evreux, 332.

F

FABRE-LUCE (Alfred), 235.
FABRY, 152, 220.

Faklands, 198.
FAULKNER (sir Henry), 192.
FAURE (Paul), 235, 237.
FAURY (général), 148.
FEQUANT (général), 156.
Finlande, 47, 203, 205, 208, 411.
FLANDIN (Paul Emile), 18, 22, 25, 26, 69, 70, 154, 221, 235 à 238.
Flandres (les), 334.
FOCH (général), 146, 328, 384.
Fort de France, 198.
FOURCAULT DE PAVANT, 241.
FOURNIER (colonel), 161.
France, 16, 19, 20, 22, 23, 25 à 30, 32 à 34, 37 à 40, 42 à 47, 49, 65 à 72, 74, 75, 78 à 87, 90, 92 à 104, 107, 108, 114, 115, 117 à 126, 128, 129, 132, 135 à 146, 150 à 152, 155, 157 à 162, 166, 167, 171, 175, 179, 181 à 183, 185, 187, 190, 192, 193, 196, 197, 199, 201, 203, 204, 216, 221, 225, 226, 228 à 231, 238, 239, 241, 243, 257, 258, 264, 265, 267, 271, 272 à 274, 279, 281 à 283, 285, 286, 288 à 291, 293, 296 à 313, 315, 317, 320, 322, 323, 327 à 329, 331, 337 à 341, 346, 349, 350, 352, 353, 357, 359, 362, 363, 367 à 369, 371, 374 à 376, 381 à 388, 391 à 395, 397, 401, 407, 409, 416 à 422, 424 à 429.
FRANCO (général), 29 à 32, 280, 283, 296 à 298, 300, 301, 308.
FRANÇOIS-PONCET (André), 284, 285, 288 à 292, 305, 310, 311, 312, 314.
FRASER (group captain), 375.
FRENCH (Henry), 266, 353.
Front populaire, 29 à 31, 125, 156, 215 à 218, 226, 231 à 233, 249, 361, 385, 386.
FROSSARD, 232, 240, 241.
FROT, 241.

G

GAFENCO (ministre des Affaires étrangères de Roumanie), 290, 391.
Gambie, 115.
GAMELIN (général), 19, 50, 54, 56, 60, 72, 120, 129, 130, 132, 145 à 147, 151, 153, 154, 157, 158, 160, 161, 164, 166, 286, 288, 317, 319 à 321, 324, 326, 328, 329, 333 à 335, 345, 352, 354 à 357, 385, 386, 393 à 395, 397, 400, 421, 424, 425.
Gand, 112, 321, 348.
GAULLE (Charles de), 151, 176, 227, 228.
GAYDA, 292.
Gdynia, 326.

Genève, 20, 25, 65, 66, 68, 71, 73, 74, 206, 217, 406, 418.
Gênes, 302.
GEORGE (Lloyd), 130, 247, 249.
GEORGES (général), 354 à 356, 424.
Gibraltar, 114, 121, 122, 138, 170, 198, 388.
GITTON (Marcel), 239.
GOERING (maréchal), 31, 46, 70, 94, 252, 291.
GORDON-LENNOX (captain Victor), 252.
GORT (général), 166, 326, 328, 329, 335, 353 à 357, 425.
GOULDOWSKI (Madeleine), 234.
Gouvernement :
  américain, voir *Etats-Unis.*
  britannique (voir *Londres*), 19, 20, 25, 27, 28, 39, 42, 49, 58, 88, 103, 105, 111, 120, 121, 129, 159, 169, 171, 217, 230, 259, 260, 297, 312, 314, 316, 326, 387, 395, 398, 408, 409, 416, 417, 419 à 421, 426, 427.
  français (voir aussi BLUM, Front Populaire et *Paris*), 20, 22, 23, 25, 26, 32, 34, 38, 39, 42, 121 à 125, 169, 171, 217, 230, 238, 267, 274, 282, 288, 296, 297, 299, 301, 302, 304, 305, 307, 309 à 314, 316, 317, 363, 367, 384, 385, 392, 395, 408, 416, 418, 421, 422, 427.
  hitlérien, 25, 44.
  italien (voir *Rome*), 25, 37, 39, 40, 298, 300 à 304, 306 à 313, 418, 422.
  polonais (voir *Varsovie*), 169, 395, 425, 427.
  soviétique (voir *Moscou*), 88, 408 à 411, 413.
Grande-Bretagne, 16, 18 à 23, 25 à 30, 32 à 40, 43, 45 à 58, 60, 65, 67, 69 à 72, 74, 78 à 85, 87, 89, 90, 92, 94 à 96, 98, 99, 101, 102, 104, 106, 108, 109, 119 à 126, 128, 129, 135 à 137, 139 à 142, 144 à 146, 150, 152, 153, 156 à 166, 168, 170, 171, 174, 183, 185 à 187, 192 à 194, 198, 201, 203, 204, 207, 217, 221, 230, 238, 243, 245, 247, 250, 251, 254, 256 à 258, 264, 265, 267, 272 à 274, 277, 293, 295 à 317, 320, 322 à 325, 327 à 329, 333, 339 à 341, 350 à 353, 360, 362, 363, 367, 369 à 371, 374, 376, 378, 379, 383, 384, 387 à 391, 395, 396, 401, 407, 408, 416 à 420, 424 à 426, 428.
GRANDI (Dino), 37, 279, 281, 298.
Grèce, 53, 54, 57 à 60, 63, 64, 72 à 74, 76 à 78, 80, 86 à 88, 90, 109, 131, 135, 148, 204, 208, 257, 287, 381, 388, 391.
GROMYKO, 407.
GUARIGLIA, 291, 298.
GUYOT (Raymond), 239.

H

Haïfa, 198, 271.
HAIG (maréchal), 328.
HALIFAX (lord), 33 à 35, 37, 38, 46, 57, 58, 75, 81 à 87, 158, 164, 204 à 211, 260, 270, 282, 284, 289 à 293, 298, 299, 301, 303, 304, 306 à 312, 314, 315, 388, 395, 399, 401, 408.
Halluin, 118.
HANKEY (sir Maurice), 280, 281, 288.
HARRIS (group captain), 374.
HART (Liddell), 154, 287.
HARVEY (Oliver), 205, 208.
Hatay, 291, 292.
Heligoland, 26, 141.
HENDERSON (sir Neville), 211, 409.
HENLEIN (Conrad), 39.
HERRIOT (Edouard), 217, 227, 234, 235, 237, 239.
Hirson, 321.
HITLER (Adolf), 19, 25, 26, 33 à 35, 39, 41, 43, 44, 46, 58, 66 à 68, 70 à 74, 77 à 80, 83, 93, 103, 128, 153, 164, 202, 207, 208, 211, 212, 216, 217, 228 à 230, 235, 237, 239, 240, 253, 256 à 260, 281, 282, 285, 291, 297, 298, 304, 308, 313, 315, 317, 323, 338, 345, 347, 375, 384, 387 à 392, 399, 401, 410, 412, 422, 423, 425, 427.
HOARE (Samuel), 21, 22, 24, 121, 203, 204, 247, 417.
Hollande, voir Pays-Bas.
Hongrie, 64, 65, 69, 85, 191, 380, 389, 390.
HORE-BELISHA (Leslie), 245, 247, 337, 338, 420.
HORNE (sir Robert), 247.
Hudson, 48.
HUNTZIGER (général), 60.
Hyères, 365.
HYNARD, 192.

I

Inde, 31, 147, 197, 211, 221, 320, 338.
Indien (océan), 271.
Indochine, 110, 138, 170.
INGRAMS, 294.
INSKIP (sir Thomas), 84, 184, 279.
Irak, 114, 115, 136, 147, 271.
Iran, 196, 271.
IRONSIDE (sir Edmund), 170, 326, 356, 400.
ISAACS (sir Rufus), 245.
ISMAY (général), 185, 287.
Italie, 17 à 25, 29 à 32, 37 à 39, 44, 46, 51, 54, 57, 65, 67 à 69, 71 à 74, 77, 78, 83, 86, 87, 94 à 101, 104, 106, 108, 109, 113, 114, 117, 120 à 123, 128, 129, 131, 134, 137 à 139, 142 à 145, 151, 152, 161, 162, 165, 166, 169, 173, 193, 199, 220, 227, 260, 272, 277, 278, 280 à 282, 284 à 291, 293, 294, 296 à 303, 305, 306, 308, 309, 311 à 313, 315 à 319, 323, 324, 327, 328, 339, 344 à 347, 349, 360, 368, 370, 375, 376, 378, 380, 385, 401, 416 à 418, 420, 422 à 424.
Irlande (Ulster), 244.
Islam, 278.

J

JACOMET (contrôleur général), 365.
JACQUINOT (Louis), 235.
JAMES (amiral), 154.
JAMET (général), 185, 288, 354.
Japon, 95, 99, 108 à 110, 115, 136, 138, 170, 261, 278, 280, 340.
JEANNENEY (Jules), 240.
JEANTET (Claude), 235.
Jersey, 333.
Jérusalem, 378.
JOFFRE (maréchal), 327.
JOUHAUX (Léon), 237.
JOUVENEL (Bertrand de), 235.
JULIEN (général), 365.

K

KENNARD (sir Howard), 210, 401.
KASPRZICKI (général) 324, 392, 393.
KENNEDY (général de brigade John), 107, 323.
KENNETH DE COURCY, 288.
Kenya, 115, 117.
KERILLIS (Henri de), 230, 234, 235, 237.
Kiel, 141.
KING HALL (commander Stephen), 252.
Kingston, 198.
KIRCHMAYER (général), 392.
Kirkwall, 198.
Koc, 396.
Komintern, 221, 237.
KORDT (Erich), 211.
Koufra, 113.

L

LA CHAMBRE (Guy), 151, 364, 365.
LAFAYE, 241.
LA FERTE (Air vice marshal de), 151, 152.
LA GRANGE, 363.
LANIEL (Joseph), 235.
LA ROCQUE (colonel de), 227, 235.
LANREZAC, 353.
LANSBURY (Georges), 249.
Latvia, 203, 208.
LAVAL (Pierre), 17 à 25, 69 à 71, 120,

121, 152, 216, 217, 237, 241, 288, 296, 304, 416 à 419.
Laval, 332, 334.
Lawson, 338.
Lebret, 241.
Lebrun (Albert), 240, 388.
Leedham (group captain), 365.
Leger (Alexis), 45, 152, 281, 313, 386, 388, 404.
Le Havre, 159, 170.
Ligne Maginot, 106, 139, 143, 144, 326, 343, 346, 347, 349, 361, 401.
Ligne Siegfried, 42, 47, 50, 142, 324, 326, 343, 346, 347, 349, 397, 421, 424, 425.
Lelong (général), 105, 133 à 135, 145, 159, 165, 326, 329, 349.
Le Mans, 332, 334.
Libye, 112, 113, 121, 122, 137, 166, 278, 283, 378, 424.
Lille, 118.
Linnell (colonel), 162.
Lithuanie, 218.
Litvinov, 83, 204 à 206, 212, 218, 230, 405 à 407, 410, 412, 427.
Locarno (traité de), 25, 26, 30, 39, 65 à 67, 95, 123, 124, 153, 216.
Londres, 18, 19, 26, 30, 34, 43, 45, 48, 55, 57 à 59, 61, 65, 67, 70, 73, 79, 81 à 83, 85, 86, 93, 96, 99, 114, 116, 120 à 124, 130, 131, 133 à 135, 137, 138, 143, 145, 147, 151 à 156, 158 à 160, 164 à 166, 171, 179, 181 à 183, 186, 209, 212, 241, 252, 254, 261, 268, 269, 272, 273, 279, 286, 288, 289, 292, 293, 297, 298, 301, 303, 304, 306, 307, 326, 329, 339, 351 à 353, 364 à 366, 368, 374, 375, 378, 384, 387, 388, 390, 392, 395, 396, 405, 406, 409, 412, 421, 427, 429.
Loraine (sir Percy), 288, 290 à 293, 314.
Loriot (commandant), 374.
Lothicn (lord), 252.
Louviers, 332.
Lublin, 344.
Lunéville, 176.
Luxembourg, 320, 334.
Lys, 118.

M

Macdonald (Malcom), 247.
Madrid, 29.
Maisky (Ivan), 81, 206, 251.
Malte, 21, 113, 117, 144, 151, 166, 286, 378.
Manche, 94, 100, 139, 145, 320, 329, 333, 401.
Mandchourie (affaire de), 24.
Mandel (Georges), 232, 234.
Mantes, 332.
Marchandeau, 232.

Margesson (captain David), 247.
Marin (Louis), 220, 231, 234, 235, 237.
Marne, 353.
Maroc, 114, 169.
Maroc espagnol, 29, 113, 114, 138, 345, 424.
Marquet (Adrien), 234, 235.
Marrane (Georges), 232.
Marseille, 69.
Maulde, 112, 118.
Massigli (René), 55, 59, 429.
Maurin (général), 27.
Maurras (Charles), 230, 236, 237, 240.
Méditerranée, 29, 32, 38, 47, 57, 58, 73, 80, 82, 98, 109, 120 à 123, 139, 141, 143, 145, 151, 157, 158, 161, 164, 165, 170, 266, 268, 280 à 282, 285 à 287, 293, 296 à 302, 306, 308, 315 à 317, 327, 345, 391.
Méditerranée occidentale, 31, 100, 122, 138, 260, 300.
Méditerranée orientale, 21, 46, 59, 60, 64, 73, 78, 89, 110, 111, 269, 287, 293, 417.
Mémel, 388.
Mendes-France (Pierre), 231.
Mendigal (général), 365, 369.
Meuse, 321, 348.
Mer :
    Marine allemande, 285, 286, 377.
    Marine britannique (Royal Navy), 97, 110, 123, 143, 145, 266, 269 à 271, 286, 346, 417.
    Comité de Défense impériale, 93, 164, 286, 287, 424.
    Marine française, 125, 143, 271, 274, 416.
    Marine hollandaise, 320.
    Marine italienne, 100.
    Marine polonaise, 342.
    Marine soviétique, 210.
Mexico, 268.
Mexique, 196.
Milan, 290, 291, 296, 303.
Ministère des Affaires étrangères : Foreign Office, 38, 47, 49, 55, 57, 58, 79, 247, 265 à 270, 274, 279 à 281, 283, 284, 286, 288, 291, 294, 298, 301, 419, 427, 428.
    Quai d'Orsay, 59, 230, 281, 301, 310, 313, 316, 385, 388, 393, 394, 428, 429.
Mistler, 299.
Molotov, 205, 206, 208, 209, 211, 406, 407, 411, 412.
Mond (sir Alfred), 245.
Montagnon, 241.
Montherlant (Henry de), 234.
Montpellier, 365.
Monzie (Anatole de), 241, 299.

Moscou, 33, 71, 80, 81, 83, 90, 103, 167, 170, 171, 204 à 212, 217, 218, 220, 239, 404 à 410, 426.
Moselle, 326.
MOUCHARD (général), 154, 155, 374, 378.
Moyen-Orient, 98, 115, 135, 146, 164, 280, 283, 286, 293, 354.
Munich (conférence, crise...), 39, 41, 43, 44, 54 à 56, 74 à 79, 88, 92, 98, 102, 125, 128, 136, 161, 164, 228, 231 à 235, 244, 250 à 256, 263, 270, 272, 283, 284, 286, 300, 303, 314, 345, 384, 387, 395, 400, 412, 416, 427.
MUSSOLINI (Benito), 17, 19 à 21, 31, 38, 41, 46, 58, 68, 69, 71, 86, 87, 102, 121, 123, 235, 260, 278 à 286, 288 à 294, 296, 298 à 300, 302 à 308, 310 à 313, 315 à 317, 417, 418, 422, 423.

N

NAGGIAR (P.E.), 404, 405, 410.
Namur, 112, 322.
Nantes, 98, 118, 159, 330, 332.
Narew, 345.
NEGUS, 21.
NEURATH (von), 54, 279.
New-York, 268.
Nice, 44.
NICOLSON (Harold), 254.
Niger, 113, 117.
Nigéria, 115.
Nil, 24.
NIVELLE (général), 353.
NOEL (Léon), 344, 345, 349, 385, 386, 390 à 395, 399.
NOGUES (général), 170, 354.
Noire (mer), 63, 77, 79, 88, 343, 408.
NOIRET (commandant), 323.
Nord (mer), 141, 142, 145, 317, 321, 344, 354.
Norvège, 191, 193.
Nouvelle-Orléans (La), 268.
Nyon (conférence de), 32, 280.

O

ODEN d'HAL (amiral), 133 à 135, 148.
Otrante (canal d'), 309.
Oual-Oual, 17.

P

Pacifique (océan), 287.
Pacte d'Acier, 288, 290, 291, 316, 422.
franco-soviétique, 25, 55, 67, 68, 70, 84, 167, 205, 216, 217, 220, 367.
germano-soviétique, 90, 103, 116, 134,

202, 238, 288, 327, 365, 410, 428.
PAINLEVÉ (Paul), 130.
Palestine, 31, 114, 115, 136, 256, 278, 280, 286, 293.
PAPEN (von), 59.
Paris, 26, 27, 43, 44, 47, 48, 54 à 59, 61, 65, 70, 71, 81, 87, 96, 98, 99, 120 à 123, 131 à 133, 135, 148, 151, 152, 162, 164, 190, 218, 229, 271, 281, 283, 289, 290, 292, 297, 303, 307, 312, 324, 328, 343, 351, 353, 355, 366, 368, 374, 375, 384, 392, 394, 395, 404 à 406, 410, 412, 424, 427, 429.
Parlements :
britannique, 243 à 245, 260.
— Chambre des Communes, 21, 26, 27, 31, 33, 36, 42 à 44, 46, 48, 78, 79, 82, 85, 253, 279, 282, 298, 303 à 305, 308, 387, 419, 420.
— Chambre des Lords, 308.
français, 217, 218, 226, 238, 241, 317, 422.
— Chambre des Députés, 21, 27, 28, 31, 43, 240, 304, 315.
— Sénat, 231, 240.
germanique (Reichstag), 35, 256, 308.
Partis politiques :
britanniques, 24, 244 à 249, 255, 261.
français, 230, 232, 233 à 240.
PARTRIDGE (sir Bernard), 256.
PAUL (prince de Grèce), 55.
PAYART (Jean), 404 à 407, 410.
Pays-Bas, 45, 109, 129, 137, 139 à 141, 144, 153, 164, 166, 174, 181, 191, 193, 208, 319 à 322, 327, 343, 347, 349, 360, 369, 389, 391, 398, 400, 420.
Peace Ballott, 20, 22, 418.
Pékin, 404.
Pénang, 198.
PERI (Gabriel), 234, 239.
PERTH (Lord), 282, 284, 285, 288, 289, 302, 303, 310, 314.
PERTINAX, 229.
PETAIN (maréchal), 219, 240, 355.
PETIBON (colonel) 326, 332, 335, 343, 354.
Petite Entente, 23, 54, 56, 64, 65, 68, 70, 72, 74, 345.
PHIPPS (sir Eric), 282, 284, 289 à 292, 313.
Picquigny, 332.
PIETRI (ministre de la Marine), 23, 154, 417.
PILSUDSKI, 389.
PINEAU (L.), 264 à 272.
PIRONNEAU (André), 230.
PITCAIRN (Frank), voir COCKBURN.
POIX, 332.
Pologne, 42, 45, 46, 59, 63 à 68, 72, 80 à 85, 87, 89, 103, 109, 131, 134, 135, 137, 147, 148, 167 à 169, 171 à 173,

176, 187, 201 à 208, 210, 211, 217, 218, 239, 257, 258, 260, 285, 287, 314, 319, 322 à 326, 335, 340 à 346, 349, 350, 376, 377, 381 à 392, 394, 396 à 401, 408 à 412, 416, 424 à 426.
POMARET, 240.
Pont de l'Arche, 332.
Port Darwin, 198.
Port-Saïd, 198, 271.
Portsmouth, 117, 133.
Port-Stanley, 198.
Portugal, 191, 260.
POUND (amiral Dudley), 133.
POTEMKINE (ambassadeur), 218, 411.
POWNALL (général), 326, 332, 335.
Prague, 39, 40, 60, 78, 125, 128, 209, 236, 256, 387, 388, 406, 421.
Presse :
américaine,
— New York Times, 107.
britannique,
— Daily Express, 128.
— Daily Mail, 128.
— Daily Telegraph, 26, 252, 308.
— Daily Worker, 26.
— Times, 33, 304, 387.
française,
— Action française, 28, 227, 236, 237, 240, 395.
— Canard enchaîné (le), 229.
— Echo de Paris, 28.
— Liberté (la), 235.
— Œuvre (l'), 229, 237, 395.
soviétique,
— Izvestia (les), 411.
— Pravda (la), 411.
Prusse orientale, 324, 342.
Przemysl, 344.
PUAUX (Gabriel), 38, 299.
PUJO (général), 153.
PURIC, 72.

R

Rabat, 170, 378.
RAMADIER (Edouard), 232, 265.
Rambouillet (accords de), 385.
RAMETTE, 239.
Rapallo (traité de), **66**, 220, 240.
REIBEL (Charles), 235.
Reims, 98, 169, 170, 172, 174, 365.
Rennes, 334.
REYNAUD (Paul), 28, 231 à 235, 237, 238, 363.
Rhénanie, 25 à 28, 60, 68, 72, 79, 95, 123, 124, 128, 152, 153, 216, 217, 347, 349, 384, 416.
Rhin, 153, 321, 326.
RIBBENTROP, 46, 210, 283, 290, 291, 396.
RICHMOND (amiral), 287.

Riom, 175, 359.
ROCHAT (Charles), 404.
RODEN-BUXTON (Charles), 252.
ROLLIN (Louis), 235.
Rome, 19, 31, 44, 68 à 70, 120 à 122, 241, 278 à 282, 284, 285, 288 à 291, 293, 298 à 311, 314, 317, 418, 423.
Rotterdam, 320.
Rouen, 170.
Rouge (mer), 24, 114, 139, 165, 170, 271, 283, 296, 300 à 302, 345, 417.
Roumanie, 42, 45, 53 à 60, 63 à 68, 70, 72, 77, 79 à 81, 83 à 89, 103, 116, 131, 135, 137, 147, 148, 191, 196, 201, 203 à 206, 208, 210, 217, 218, 257, 260, 285, 287, 322, 324, 340 à 342, 376, 380, 381, 387 à 389, 398, 408 à 412.
Royaume Uni, voir *Grande-Bretagne*.
ROZOY (colonel), 134, 172, 375, 378.
Ruhr, 142, 153, 160, 168, 375.
RUNCIMAN (lord), 40, 50, 247.
Russie, voir *U.R.S.S.*
RYDZ-SMIGLY, 384, 385, 397.

S

Sahara, 113.
Saïgon, 198.
Saint-Nazaire, 117, 330.
Saint-Omer, 170, 332.
Saint-Pol-sur-Ternoise, 332.
Saldanba, 198.
Salonique, 54, 117, 421.
Salzbourg, 288.
San, 345.
Sandakan, 198.
Sandomierz, 344.
SANGNIER (Marc), 235.
Sardaigne, 138, 378.
SARRAUT (Albert), 25, 232, 234.
Scapa-Flow, 141.
SCAPINI, 241.
SCHACHT (docteur), 44.
SCHMIDT (Guido), 299.
Scheldt, 112, 348.
SCHNURRE, 208, 407.
SCHUSSNIGG (chancelier), 35 à 38, 281, 299.
SCHWEISGUTH (général), 154, 219.
SEEDS (sir W.), 204, 208, 210, 211, 406.
SEYSS-INQUART, 35.
Siam, 110, 138.
Sicile, 114, 138, 151, 152, 378.
Sierra Leone, 115.
SIMON (sir John), 18, 20, 69 à 71, 158, 203, 247, 253, 260, 396.
SINCLAIR (sir Archibald), 249.
Singapour, 110, 117, 136, 170, 278.
SIROVY (général), 211.

Slessor (J. C.), 160, 161, 166, 329, 349, 375, 380.
Société des Nations (S.D.N.), 16, 18 à 22, 24 à 26, 33, 55, 93, 120 à 122, 216, 227, 236, 277, 280, 345, 384, 385, 416.
Somalie, 21, 114, 296, 302.
Soudan, 117.
Sourits (Iakov), 405, 408, 409.
Southampton, 117.
Souzy (de), 134.
Soviche (commandant), 170.
Soviétique (Etat), voir U.R.S.S.
Spears (général), 356.
Spencer, 252.
Spier (Eugen), 252.
Staline (Joseph), 103, 202, 211, 216, 219, 407, 412, 427.
Stanley (Oliver), 355.
Starling (Frédérick), 264, 266 à 271.
Stettin, 376.
Strang, 208, 266, 267.
Strauss (George), 249.
Stoyadinovitch, 55, 72.
Strésa (conférence de), 18, 20, 23, 37.
Sudètes, 39, 65, 76, 129, 344.
Suède, 191, 193, 196.
Suez (canal de), 21, 24, 121, 138, 270, 271, 289, 307, 308, 309, 418.
Suisse, 129, 137, 139, 144, 191, 208, 319, 320, 349, 398.
Swayne (colonel), 328.
Swinton (lord), 156.
Sydney, 198.
Sylt (ile de), 141.
Syndicats :
— C.G.T., 218, 232, 233, 236, 363.
— S.N.I., 229.
Syrie, 114, 115, 161, 290.

T

Tabouis (Geneviève), 237.
Taurines, 235.
Tavera (contre-amiral), 365.
Tchad, 113, 117.
Tchécoslovaquie, 33 à 35, 39 à 42, 44, 45, 55, 56, 63 à 68, 72, 76, 78 à 80, 94, 102, 129, 160, 195, 218, 219, 235 à 237, 253, 309, 310, 322, 344, 345, 349, 384 à 386, 398, 420.
Terre : (armée de),
— allemande, 143, 381, 390, 400.
— britannique, 97, 106, 145, 259, 420, 421.
   A.S.F., 329, 330.
   B.E.F., 327, 328, 331.
   E.M., 326, 327, 420, 423.
— française, 125, 143, 333, 421, 425.
2e bureau, 195, 374, 388.
Conseil supérieur de la Défense nationale, 164, 288.
   E.M., 326, 327, 420, 423 à 425, 429.
— italienne, 143.
— polonaise (état-major), 424, 425.
— soviétique (Armée Rouge), 219, 239.
Tetu (général), 170.
Thibault, 273.
Thorez (Maurice), 220, 231, 239.
Tilea, 79.
Tillon (Charles), 239.
Titulesco, 54, 70, 218.
Tixier-Vignancour, 241.
Toscano (professeur), 278.
Toukhatchevsky, 220.
Toulon, 122, 365.
Tournai, 112, 348.
Traité germano-polonais, 392.
Tripoli, 117, 271, 278, 286, 346.
Tripolitaine, 113, 144.
Trottzusolz (Adam von), 253.
Tsana (lac), 300.
Tunis, 162.
Tunisie, 44, 45, 112 à 114, 139, 144, 151, 152, 165, 166, 170, 175, 196, 296, 305, 307 à 313, 316, 346, 378, 422.
Turin, 291.
Turquie, 53, 56 à 60, 64, 73, 74, 76, 77, 79 à 83, 86, 87, 89, 90, 109, 114, 131, 135, 147, 148, 204, 208, 287, 291, 323, 381, 388, 391, 409, 411.

U

Ukraine, 167, 285, 308.
Ulster, voir Irlande.
Union Sud-Africaine, 197.
U.R.S.S., 31, 42, 43, 45 à 47, 51, 55, 58, 59, 67, 68, 71, 78, 80 à 85, 88, 89, 103, 110, 116, 131, 140, 142, 167 à 169, 197, 201 à 207, 211, 216 à 221, 226, 230, 237, 239, 256 à 259, 281, 323, 340, 342, 360, 367, 376, 384, 386, 387, 389, 394, 399, 400, 406 à 411, 413, 416, 426, 427.
Utrecht, 321.

V

Vallin (général Louis), 170, 171.
Valois (Georges), 227.
Vansittart (sir Robert), 206, 211, 280.
Varsovie, 58, 68, 80, 210, 299, 326, 344, 384 à 386, 389, 392, 396 à 399.
Vatican, 228, 401.
Venezuela, 196, 271.
Vernon, 332.

Versailles (traité de), 18, 19, 25, 64 à 67, 72, 345, 387.
Vienne (Autriche), 38, 68, 299, 300.
Vichy, 240.
Victoria, 198.
Vistule, 345.
VOROSHILOV (maréchal), 206, 210.
VUILLEMIN (général), 151, 160, 161, 168, 174, 219, 324, 354, 369, 378, 379.

W

WAR (earl de la), 247.
Washington, 65.
WATSON WATT (Robert), 365.
WEILLER (Paul Louis), 363.
WEIZSACHER (de), 409.
Westphalie, 153.
WEYGAND (général), 60, 135, 148, 354, 386.

Weymouth, 198.
WILSON (général), 151.
WILSON (sir Horace), 48.
WOHLTHAT, 48.
WOOD (sir Kingsley), 158, 365.
WOUTERS (major), 374.

Y

Yang Tse, 280.
Yémen, 300.
Yougoslavie, 53 à 56, 59, 63 à 66, 68, 69, 71 à 73, 77, 80, 83 à 86, 90, 109, 148, 191, 278, 324, 388.

Z

ZAY (Jean), 232, 234.